U0626140

张 新 民
教你读财报

张新民◎著

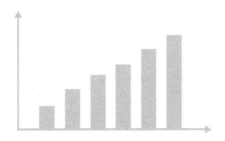

北京联合出版公司
Beijing United Publishing Co.,Ltd.

图书在版编目（CIP）数据

张新民教你读财报 / 张新民著 . -- 北京：北京联
合出版公司，2023.1（2023.5 重印）

ISBN 978-7-5596-6509-6

Ⅰ . ①张… Ⅱ . ①张… Ⅲ . ①会计报表—通俗读物
Ⅳ . ① F231.5-49

中国版本图书馆 CIP 数据核字（2022）第 191055 号

张新民教你读财报

作　　　者：张新民
出 品 人：赵红仕
选题策划：北京时代光华图书有限公司
责任编辑：管　文
特约编辑：高志红
封面设计：新艺书文化

北京联合出版公司出版
（北京市西城区德外大街 83 号楼 9 层　　　100088）
北京时代光华图书有限公司发行
文畅阁印刷有限公司印刷　　新华书店经销
字数 400 千字　　787 毫米 × 1092 毫米　　1/16　　31 印张
2023 年 1 月第 1 版　　2023 年 5 月第 2 次印刷
ISBN 978-7-5596-6509-6
定价：98.00 元

　　熟悉我的朋友，都知道我主要是从事中国企业财务报表分析理论与方法的研究的。我从 1994 年开始对中国企业会计准则及信息披露条件下企业财务报表分析方法展开研究，经过不断努力，到现在基本上解决了中国企业财报分析的理论、工具与方法的问题。

　　对于大多数人而言，不论其是否学习过企业财报分析的课程，其财报分析的能力普遍都是欠缺的。

　　为解决这一问题，在 2021 年，我开发了一门新课——"张新民财报分析训练营"（以下简称"训练营"），希望通过 60 节课、每节课 20 分钟的高强度训练和学习，让有志于进行中国企业财报分析的人具有独立分析特定企业财务报表的能力。

　　视频课程推出以后，受到了广大观众的热烈欢迎，报名参加学习的人非常踊跃。几期下来，学员纷纷建议我把课程的精华内容整理出版。

　　本书就是按照训练营的框架来设立的。在保留训练营基本框架的基础上，我对很多内容进行了整合，并补充了大量新的案例。这样，即使是参加了训练营学习的学员，看到本书后仍然会有耳目一新的感觉，仍然会通过对本书的学习取得新的学习收获。

本书按照三个模块展开，试图让各类人士的财报分析能力都能有较大提高。

第一个模块是财报通识。这部分内容是对现在中国企业披露的企业财报体系进行全新的阐释、解读。本书对财报通识内容的阐释不是一般意义上的介绍，而是充实了大量的我对企业财报分析基础的认知。因此，通识部分的内容虽然看似基础，但已经注入了相当多的与分析有关的基础性和创新性知识。

无论本书的读者有没有财会基础，都应该学习通识内容。后续学习内容与第一个模块内容有较强的呼应性。

第二个模块是分析方法。在这部分内容中，我介绍了两种分析方法：一是国际上普遍采用的影响力大、对于财报一般性分析具有重要价值的**杜邦分析体系**；二是我所创立的**战略视角财报分析框架**。我认为，把这两种方法体系结合起来分析中国企业的财报，会有非常好的效果。

第三个模块是应用场景。在了解了企业基本的财报体系、学习了基本的分析方法以后，我们就可以把对前两者的理解应用于现实的上市公司，以上市公司披露的财报数据及其他相关信息为基础，对企业进行多方面分析。

应用场景部分的内容很具有实战性，值得特别认真地学习。

另外，本书的特色可以概括为：

第一，**含金量高。**之所以说本书的含金量高，是因为本书的核心内容是我近期在对外经济贸易大学 MBA、浙江大学 EMBA 和长江商学院 EMBA 等项目讲授财务报表分析课程的基本框架，因而其质量和强度相当于国内高水平大学 MBA/EMBA 的同类课程——认真掌握本书内容的读者的财报分析能力将达到学习过国内高水平大学商学院财务报表分析课程的学生水平。

第二，**方法实**。本书所讲解的方法可以在实践中立即得到应用。本书所阐释的分析方法，很多是我创立的。这些创新性分析方法是在分析大量中国企业财报的过程中逐渐形成的，学习以后可以立即在实际分析里运用。

第三，**案例新**。无论是写书，还是课堂教学，我有这样一个原则：在案例的选择上，有新案例就不用旧案例；在数据的采集上，特定企业的案例分析有新数据就一定要用新数据。本书所选择的案例是交稿前所能采集到的最新案例，多个案例采集的信息是相关企业 2021 年年报的内容。

第四，**收获大**。这是一本全面提升财报分析能力的书，读者在认真学习并反复实践后的收获会非常大。当然，读者的学习收获不会通过阅读本书而简单得到，还是要自己去演练。

适合学习本书的人群非常广泛：资本市场上的投资人，金融机构从业人员，企业各类管理人员（当然包括财会机构的管理者），大学相关专业（工商管理、经济学、法学等）本科生、研究生以及大学教师等，他们都可以通过本书的学习来提升自己的财报分析能力。

需要向读者说明的是，本书还是我作为负责人所承担的国家自然科学研究基金重大课题"互联网时代的公司财务行为研究（项目号：NSFC-71790604）"的成果。本书中关于资产负债表的战略解读、资产的结构性盈利能力分析、营业利润的结构分析等内容体现在了该重大研究课题支持下所取得的最新研究成果及其实践应用上。

限于作者水平，书中的疏漏和谬误在所难免，恳请读者批评指正。

张新民

2022 年 4 月 2 日于对外经济贸易大学

目录
Contents

㊣㊣㊣

财报通识：从财务报表看企业基本经营状况

㊙㊙㊙

分析方法：杜邦分析体系 VS 张氏财报分析框架

| 第六章 |

中国财报分析利器——张氏财报分析框架 / 295

模块三

应用场景：张氏财报分析框架应用实战

| 第七章 |

企业经营管理特征分析 / 337

模块一

财报通识：
从财务报表看企业基本经营状况

在模块一里，我将带着你认识三张基本财务报表的结构、内容，以及合并报表和母公司报表的基本差异等。

我们处于一个离不开财报数据的时代

作为一个社会人，你经常会有不同的角色。实际上，你可能还没有意识到，无论你是何种角色，你都已经离不开财报数据了。

第一，投资者。

比如你在资本市场做投资——买点股票、债券，你的角色就是投资者了。在你准备投资的时候，你一定想获得不错的投资收益，至少本金要收回来，至于收益，当然是越多越好了。

这就是我们在投资过程中经常谈的问题：一个是安全性，一个是效益性。

你的问题来了：买谁的股票呢？买谁的债券呢？

实际上，所有你可以购买股票或者债券的企业的财报数据都是可以看到的，这些数据包含了大量的投资机会和投资风险信息。这些对投资极具价值的信息，你作为投资者，想到去看了吗？能看得懂吗？

不去了解你投资对象的财报数据，你的投资很难避免盲目性，投资的安全性和效益性也根本谈不上。

有一个我曾经教过的学生对我说："张老师，我怎么炒股总是亏钱呢？"

我问他："你在购买股票前看企业的财报数据吗？"

这个学生说："基本不看。"

我说："一个人偶尔炒股亏损是能够理解的，但是炒股总是亏损你就要找找原因了。你要考虑的问题是——离开了财报数据，你投资的方向还有吗？考察财报数据并不能让你一定赚钱，但一定会让你远离风险。"

作为一个投资者，你如果离开了财报数据，就会失去投资方向，投资风险就会主动找上门来。

第二，管理者。

假设你是一个企业的管理者，是一位 CEO。当你走上领导岗位的时候你会发现，你在单位里面不但受人尊敬，自己的讲话在很大程度上是科学的、说了算的。但如果你敢说出来这样的话——"财务我不懂"，你的形象就会大打折扣。

为什么呢？因为不懂财务的人，即使他的头脑再清楚，他可能还是糊涂的。

作为企业管理者，你如果不懂财务，就会对企业整体的财务系统的风险没有认知，难以主动察觉企业面临的经营风险和财务风险，还不会理解企业管理的成效是什么，更不会知道企业持续发展的基因如何建立。

第三，企业普通员工。

如果你是一个企业的普通员工，你关心什么呢？对于大多数人来讲，除了关心工作强度以外，关心最多的可能是：什么时候加薪？什么时候升职？如果在企业干得好的话，最高会达到什么职级？需要多长时间、取得什么成绩才能达到这个职级？

但你想没想过这些问题：这家企业的效益怎么样？这家企业持续

发展的前景怎么样？当你对自己的薪酬提升有预期的时候，你是不是想过：企业的效益能够支撑员工薪资的高水平增长吗？当你对自己未来的职级提升有期待的时候，你是不是想过：企业能够持续不断地发展下去吗？

而回答这些问题，就需要你了解企业的财报数据。财报信息会告诉你：企业的效益如何，企业持续发展中有没有重大风险，企业持续发展的前景是光明的还是暗淡的，等等。

你可能会说：如果我所在的企业是上市公司，可以通过企业发布的公告来获知财报信息，但如果我所在的企业不是上市公司，财报信息又不向我们普通员工公布，我到哪里去看呢？

实际上，只要具备了财务思维，你即使不能直接接触企业的财报信息，一样可以通过多方面的信息来感知企业的财务状况：在大会小会上，如果领导总是信心满满、神采飞扬地谈论企业的当前业务状况，并不断提升企业的发展业绩目标，往往意味着企业处于业务不断发展的过程中；如果领导总是愁眉不展、唉声叹气甚至要求大家勒紧裤带过日子，则往往意味着企业正面临严峻的市场竞争压力；企业不断招募各类员工，员工出差多、参加相关会议多，企业物流火热，往往意味着企业业务在快速发展；企业门前经常出现各类讨债者，企业时不时拖延工资发放，企业的营销人员非常努力，但产品就是卖不动，订单越来越少，则往往意味着企业现金流转困难；等等。上述表现虽然不是直接的财务数据，但均与财务数据密切相关。你如果具备财务思维，就可以通过这些信息感知企业的财报状况。

而你的财务思维养成、不依赖于财务数据感知企业财务状况的自我能力建设，恰恰是可以通过学习本书来实现的。

第四，消费者。

我们几乎每天都要消费，因此人人都是消费者。作为消费者的你，所消费的无非是两大类商品：一类是快速消费品，一类是耐用消费品。

比如，你日常购买的饮料、食品等都属于快速消费品。很多人有钟情于特定品牌或字号的消费偏好。当你有这种消费偏好的时候，你一定希望所消费的产品的生产商能够持续存在，不断为你提供质量稳定的产品。当然，由于快速消费品的可替换性较强，相同档次的产品可能存在多个品牌，即使某个你中意的品牌消失，一般也不会影响你的整体消费状况。

但如果你消费的是耐用消费品，如住房，你绝不希望你刚刚交付购房款，开发商就陷入财务困境而难以向你交付住房；如果你购买的是汽车，你也绝对不希望你购买的是企业提供的最后一批汽车，你一定希望这个汽车企业能够长期存续。

无论你是快速消费品的购买者还是耐用消费品的购买者，如果你对特定企业的财务状况稍加留意，就会对企业是否能够持续发展有自己的判断——如果消费品的提供者是上市公司，你可以直接从企业发布的财报中获知企业的财务数据。

即使消费品的提供者不是上市公司，只要你具备了财务思维，你也可以通过一些相关信息对企业的财务状况进行感知：经常爆出产品质量问题、产品经常被投诉的企业，如果不能提高产品质量，持续经营将是艰难的；处于国家限制发展行业且规模不大的企业，持续发展的压力也会较大；处于国家鼓励发展的行业且在行业中居于前列的大品牌企业，持续竞争力就会较强；等等。

还是那句话：你的财务思维养成、不依赖于财务数据感知企业财务状况的自我能力建设，恰恰是可以通过学习本书来实现的。

懂不懂财报，人生境界大不同

下面我要说的是：懂财报和不懂财报，人生境界大不同。这种境界的差异，在认知企业和在企业之间进行比较这两方面表现得尤为明显。

想想看，你怎么认知一个企业？你是通过广告、产品还是财务数据认知企业呢？

比如，当你看到格力电器的广告——"让世界爱上中国造"的时候，你想到了什么？

如果仔细琢磨这句广告语的内涵，你很容易想到这样两层含义：第一层，企业的市场布局应该是全球化的，也就是说格力电器是一个具有全球化市场的企业；第二层，让世界爱上中国造，而不是让世界爱上中国空调或格力空调，那就意味着格力电器是一个立志于走多元化发展道路的企业。

所以说，"让世界爱上中国造"的广告语提供了两个非常重要的信息：一是全球化的市场，二是多元化的布局。

那么，企业的财报数据又是怎样印证广告的呢？

请大家去看格力电器截至 2020 年的财报数据，你会发现格力电器的市场主要在中国，主要产品仍然是空调，也就是说财报数据只支持它是一个产品高度专业化、市场高度国内化的企业。企业广告传递的全球化市场和多元化产品布局的信息并没有得到财务数据的支持。财务数据展示的是企业全球化和多元化的战略才刚刚起步。

所以说，认知一个企业，你不能只看广告。如果有可能，你还要看企业的财报情况。

再想想看，企业之间比什么？

在 2021 年的一次学术会议上，有人讲了这样的事：

一位当年在房地产市场呼风唤雨的企业家，在某一年宣布：本公司今年的资产总额已经超过了万科！第二年又宣布：本公司今年的营业收入超过了万科！

都什么时代了，还把资产总额和营业收入作为与竞争对手的竞争成就来看待！这种企业管理者会是能够推动企业持续发展的企业家吗？

一个非常重要的问题来了：企业之间进行比较，应该比什么？

很多人在进行企业间比较的时候非常关心企业的实力和股价。在这里我只说实力。

怎样看一个企业的实力呢？

比如你想看看格力电器和美的集团谁的实力强，你会比什么？

你可能会说，比产品呀！结果发现，格力电器与美的集团的产品结构重叠的主要是空调：格力电器专注于空调，美的集团除了空调外还有大量其他家电产品和机器人及自动化系统业务。两家公司在产品结构上已经具有较大的不可比性了。当然，你可以在产品质量和价格方面对这两个企业进行比较。但这种具体比较很难看出企业的实力强弱。

你可能还会说，那就比营业收入吧——看谁的营业收入多。结果发现，在过去的几年内，格力电器的营业收入已经大幅度低于美的集团了。但你肯定不能简单得出结论：由于格力电器的营业收入低于美的集团，所以格力电器实力不及美的集团。因为还有其他可以展示企业资源及资源利用状况的指标，如企业的毛利率、净利润规模、经营资产的规模、资产报酬率等。在这个阶段，初学者如果看不懂相关术语完全没有关系，在后续的学习中，这些概念你都能学到。

结果有人不服气了：你能不能比较一下资产总规模呢？资产规模越大，企业的实力就应该越强！

在企业之间的比较中，资产总规模也是可以比较的。毕竟账面上的资产规模越大，企业理论上的实力越强。但实际上，当你考察的企业足够多以后，你就会发现，企业的资产大小与企业的实力大小还真不是一回事：当企业资产质量不高的时候，较大的资产规模可能不是实力的体现，而是企业爆雷的基础。

更重要的是，你就算关注了企业之间的资产规模差异，也可能很少关注更本质的东西：企业在花谁的钱经营与发展？

企业用的是谁的钱呢？

很显然，企业在开始设立的时候花的是股东的入资款。后续可能要借一些款，或者由于业务欠一些款——企业在花债权人的钱。再后来是企业用自己的利润获得的资源发展——这还是花股东的钱（企业的利润属于股东）。

你会发现，有些企业运营很长时间了，经营活动不赚钱，投资活动不赚钱，还天天跟股东要钱，跟银行借钱——这种企业在产品市场上赚钱的能力根本不行。这种主要靠股东喂、到处借钱而"充实"资产"实力"的企业，难道你见得还少吗？

你如果真的没怎么见过这样的企业，现在就可以在网上搜一下，看看过去一段时间出现债务违约的企业，长期以来花的是谁的钱。

请再思考一个问题：不懂财报的管理者，能不能成为真正的企业家？请注意，不懂财报的企业管理者，他会追求什么？他也许关注一些财务指标，但更多时候，他可能追求一种表面上看战略色彩极强、实际上盲目色彩更强的所谓做大、做强、做多的扩张活动，甚至经常出现"不惜一切代价要完成某项建设目标或收购某特定企业"的"豪言壮语"。至于做大、做强、做多的扩张活动花谁的钱、未来效益的持续性以及投资的安全性等，则可能最大限度地被忽略了。你如果看一下过去几年中国资本市场上以高业绩承诺和高商誉为特征的已经失败的并购案例，就能体会到，不懂财报的所谓企业家所做出的决策有多么危险。

真正的企业家，如果他的脑海里有一根财务的"弦"，他一定会强调企业各种战略决策行为的几个重要财务后果：一要持续回报给广大股东，二要让债权人感觉到安全，三要持续改进企业产品质量，四要履行其他社会责任等。如果脑海里没有财务的"弦"，那些所谓的企业家是很难做到对这些因素的综合平衡的。

在我看来，不懂财务报表的企业管理者，很难成为真正的企业家。

学习有价值的财报分析方法

大量非财会背景的企业管理者普遍不具备财报分析或者通过财报认识企业的能力。那么，企业里具备财会背景的管理者的财报分析能力又怎么样呢？

几年前，有一个上市公司请我讲授企业财报分析的课程。参加的人都是这个企业的中高层管理者，其中包括几位企业财务机构的负责人。由于进入这个企业的门槛很高，因此，参加培训的企业管理者大都具有硕士学位。

在课程开始的时候，我拿出这个企业的一个竞争对手（也是上市公司）最新发布的年度报告，请参加学习的财务机构负责人讲一下，从竞争对手的财报数据中能够发现什么。

我提出这个问题以后，几位财务机构的负责人面面相觑，没有人愿意讲。

短暂的沉默后，我说："大家都比较客气，希望更有实力的人来讲。这样吧，我直接点将，点到谁，谁就讲一讲吧！"

我在培训前要求企业给我提供参加培训学员的姓名和职务，所以我可以直接点将。

此话一出，现场气氛更加紧张了。

我点了一位二级公司财务机构负责人，请他讲一下。之所以选择他而不选择集团总部财务机构的最高负责人，是因为我实在不知道这位最高负责人是不是能够在面对企业的财报时，马上做出有价值的分析来。

显然，被点到名的学员非常不情愿讲。看得出来，他不希望在同事面前出丑。但是没办法，他只能讲。

他问我："您让我讲什么？"

我说："讲什么都可以！告诉我们你在财报中的发现就行。"

在没有时间准备对财报的分析、也不可能请求其他人帮忙的情况下，这位学员硬着头皮讲了起来：

企业的资产总额年末比年初增加了多少，负债总额年末比年初增加了多少，营业收入本年比上年增加了多少，净利润本年比上年增加了多少……

我听他讲到这里的时候，赶紧打断了他。因为按照这样的套路讲下去，他会花很长时间讲财报数据的大小比较。这种简单比较虽然也有一定价值，但实质性的东西很难通过这种大小比较展示出来。如果给他更多的时间讲这些他自己不明白自己在讲什么、别人也听不明白他在讲什么的"财报解读"，这会让他在同事中形象受损。

我说："时间关系，你就先讲这么多吧。你讲的内容非常专业、非常重要！其他内容我替你讲吧。"

为什么一位工作多年、已经在企业财务管理部门升任领导岗位的财会工作者在面对一个企业的财报数据的时候不能讲出真正有价值的内容呢？一个主要的原因是这位学员缺乏正确的分析方法——至少他在大学期间所学以及工作以后所接触的财报分析方法不能让他具备从财报中发掘有价值信息的能力。

当然，实际工作中还是有能够通过财报看透企业的高手的，但这种高手太少了。

学习有价值的财报分析方法，你就可以具备通过财报认识企业的能力，甚至可以成为通过财报看透企业的高手。

那么，什么是有价值的财报分析方法呢？

有价值的财报分析方法，至少应该能够在财报数据中挖掘出企业在战略执行、战略运行方向、企业竞争力、企业效益与质量、企业价值与企业风险等方面的信息，并能够依据财务信息对企业的发展前景进行预测。

认真学习本书，你就能学到有价值的财报分析方法，并具备通过财报来认识企业的能力。

第一章

揭秘利润表

第一节　面子：利润表告诉了我们什么

1. 先看哪一张财务报表

按照现行的信息披露要求，一个企业的基本财务报表包括三张：资产负债、利润表、现金流量表。实际上，企业公布的基本财务报表还包括第四张——股东权益（或所有者权益）变动表。但根据我的研究，如果会分析前三张报表，也就会分析第四张报表了。因此，本书不对股东权益（或所有者权益）变动表进行分析。

我先问一个问题：如果你学过财报分析，有没有人教过你，面对三张财务报表，你应该先看哪一张？

很遗憾，很多人不知道。很多人以为，企业是按照资产负债表、利润表和现金流量表的顺序来发布报表的，那应该意味着先看资产负债表，再看利润表，最后看现金流量表。

我告诉大家的是：先看哪张报表都可以。

但是如果你想在非常短的时间内对一个企业有感觉，就要先看利润表。

为什么呢？

我现在各用两个字来概括三张基本的财务报表。

资产负债表叫"**底子**"，也就是说资产负债表反映了企业家底的殷实状况——企业有多少资源可以利用，资源的结构是怎样的。

但是我们对于特定的企业，一般对其资产规模和结构不会有太大的感觉——这个世界很难用资产的规模来论大小：不存在资产规模大的企业质量就高的道理。

就像你接触和了解一个特定的人。你在刚刚见到他的时候，肯定很难感受到他拥有多少资源。但你一定能通过观察他集精气神于一体的面部状况来观察他的健康状况。

而利润表特别像一个人的脸，它代表了企业财务绩效的一个形象——企业在特定时间里有没有效益的形象。所以我说利润表代表了一个企业财务状况的脸面，可以用两个字来概括——"**面子**"。

资产负债表展示了企业财务资源的"底子"，利润表展示了企业财务绩效的"面子"，而现金流量表就要谈钱了。

企业现金流量表所反映的是企业在一定时间之内的钱是怎么来的，又是怎么花的（当然了，按照规范的表达，现金流量表里面的"钱"表达为"现金"，但这一"现金"并不是通常意义上的钱，既包括货币资金，也包括企业持有的在短期内容易转化为确定金额的投资。但正常理解现金流量表，就理解为钱从哪里来、又到哪里去的报表就行了）。这种进钱和花钱是什么事呢？显然是企业日常经营、投资和筹资的现金收取和支付的事，这就是企业的"日子"呀！因此，可以用"**日子**"来形容现金流量表。

需要说明的是，"底子""面子""日子"是我从1994年开始研究财报分析时就在考虑的说法，当时的想法是要用通俗的语言向没有财会基础的人展示三张财务报表的特征。直到 20 世纪初，"底子""面子""日子"的概括才最终确定。

后来，又出现了股东权益（或所有者权益）变动表。鉴于企业股东权益中的股权结构与企业治理的极端重要性——企业的股权结构、治理状况以及核心管理团队等对企业的战略制定、战略执行以及企业的运行方向等具有根本性的影响，我又用两个字——**"根子"**来形容这张报表。

现在，"底子""面子""日子"的说法流传很广了，但大多数人不知道这几个词最早是由谁提出来的，甚至还有人把"底子""面子""日子"写在他自己出版的财报分析书的封面上。更有意思的是，由于我认为股东权益（或所有者权益）变动表从财报分析的角度来看不具有重要意义，因而在我的课程和书籍中很少出现股东权益（或所有者权益）变动表的分析内容，所以"根子"并没有流传开。

现在，三张报表各有了一个通俗的解释：底子、面子、日子。

想想看，人们在人际交往时是不是特别重视面子？所以多数人特别注重自己在人前的外表。

其实企业家也一样。一些企业家见面，经常又比又吹。比什么呢？有没有这样比的：最近你们企业战略调整了吗？让谁给做的战略规划？战略做得灵不灵呀？

实际上，企业的战略问题，往往是企业内部极其关注的话题。但一个企业关于战略的重大变化，一般不会在企业家交往中成为主要话题。

企业家见面交流，通常涉及三大问题：

第一大问题，最近企业的产品卖的怎么样？市场竞争环境怎么样？这实际上关注的是企业利润表中营业收入的变化情况。

第二大问题，企业的效益怎么样？今年是盈利还是亏损呢？这实际上关注的是利润表里的另外一个重要信息——企业的盈亏状况。

第三大问题，最近手头上的资金周转怎么样？还能贷到款吗？这实际上涉及的是现金流量表的问题——企业资金周转情况、筹资情况等。

也就是说，企业家见面经常聊的事情一是市场情况，二是效益情况，三是现金流转情况。而前两个问题都在利润表里，第三个问题在现金流量表里。

因此，可以这样说，关注企业短时间内的效益和现金流转情况，一定要考察企业的利润表和现金流量表。

2. 企业利润表项目具有重要的战略内涵

利润表除了可以展示企业营业收入和利润的规模外，还具有极其重要的战略内涵。企业之间的阶段性较量，经常围绕利润表的一些关键指标来展开。而上市公司每年对上一年度业绩预告的内容，也是以营业收入和利润为核心的。

我们看一下格力电器与美的集团的一段往事。

董明珠在 2012 年的 5 月升任为格力电器的董事长。在她担任董事长后，有人问："您当董事长了，格力电器会有什么变化吗？"董明珠说："我当董事长后，格力电器的战略目标将会更加清晰——我们要在2011 年格力电器实现 800 多亿元营业收入的基础上，在 2012 年实现营业收入 1000 亿元。从 2013 年开始，每年增长 200 亿元的营业收入，用五年的时间再造一个格力电器。"

请大家注意，董明珠这段话表面上讲的是利润表的营业收入目标，但实际上就是阶段性的企业战略目标。这就是说，利润表中的营业收入，既是企业市场能力的一种表现，也是企业家高度关注的阶段性战略目标。

那么在董明珠的领导下，格力电器 2012 年、2013 年、2014 年的营业收入情况怎么样呢？我们可以看一下表 1-1，表格里的数据摘自格力电器相关年度的合并利润表（注：本书中各企业的财务数据均摘自相关企业相关年度公开发表的财务报告）。

表 1-1　格力电器 2011—2014 年度合并利润表相关数据　　单位：元

时间	2014 年	2013 年	2012 年	2011 年
报告期	年报	年报	年报	年报
报表类型	合并报表	合并报表	合并报表	合并报表
营业总收入	140,005,393,976	120,043,070,006	100,110,108,848	83,517,252,468
净利润	14,252,954,812	10,935,755,177	7,445,927,983	5,297,340,543
信息披露时间	2015 年 4 月 28 日	2014 年 4 月 25 日	2013 年 4 月 27 日	2012 年 4 月 25 日

请注意看：在 2011 年，格力电器的营业收入是 835 亿元。在董明珠的领导下，格力电器在 2012 年实现了 1,001 亿元的营业收入，超额实现了董明珠确立的阶段性战略目标。需要注意的是，企业 2012 年的营业收入不是 1,000 亿元，而是 1,001 亿元。这种误差在格力电器来看可能有点大。

怎么办呢？

2013 年改进吧。

果然，经过努力，企业在 2013 年比 2012 年更精准地实现了增加 200 亿元的战略目标。但是，需要注意的是，企业 2013 年的营业收入不是 1,200 亿元，而是 1,200.43 亿元。这种误差可能仍然有点大。

怎么办呢？

2014 年继续改进吧。

果然，经过努力，企业在 2014 年比 2013 年更进一步精准地实现了增加 200 亿元的战略目标，营业收入达到了 1,400.05 亿元！

企业的财务数据与企业最高管理者的要求高度吻合，彰显了企业领导人的领导力和企业员工的执行力。

我们再看一下格力电器长期以来的竞争对手——美的集团的行动。

美的集团是怎么设计自己的阶段性营业收入目标的呢？

从美的集团当年的财务数据来看，美的集团应该非常认真地研究了董明珠的管理风格及其对营业收入目标的决定意义。董明珠的性格特点给人的感觉是说到做到，也就是说，美的集团应该预计格力电器将会按照董明珠的要求，精准地实现各年的营业收入。

因此，美的集团就是要力压格力电器，在营业收入这样一个阶段性战略目标上占据上风。

美的集团的逻辑可能是这样的：你的营业收入不是精准实现 1,000 亿元、1,200 亿元和 1,400 亿元吗？你精准我就不精准，但我比你高总可以吧？

看看结果吧（见表 1-2）！

表 1-2　美的集团 2012—2014 年度合并利润表相关数据　　单位：元

时间	2014 年	2013 年	2012 年
报告期	年报	年报	年报
报表类型	合并报表	合并报表	合并报表
营业总收入	142,310,967,020	121,265,180,020	102,713,022,570
净利润	11,646,328,660	8,297,496,430	6,140,889,630
信息披露时间	2015 年 3 月 31 日	2014 年 3 月 29 日	2013 年 3 月 28 日

果然，当格力电器在 2012 年实现营业收入 1,001 亿元的时候，美的集团实现了 1,027 亿元，力压格力电器；当格力电器在 2013 年实现营业收入 1,200 亿元的时候，美的集团实现了 1,213 亿元，继续力压格力电

器；当格力电器在 2014 年实现营业收入 1,400 亿元的时候，美的集团实现了 1,423 亿元，还是力压格力电器！

有意思吧？两个互相视对方为头号劲敌的企业，这个时期在营业收入上展开了激烈的较量——它们都视营业收入为重要的阶段性战略目标。

更有意思的是，在年度报告披露的时间上，美的集团每年都比格力电器早将近一个月。这似乎印证了美的集团在营业收入的展示过程中研究了格力电器各年营业收入的变化规律。

在眼看美的集团已经发布的营业收入超过格力电器的预计目标的时候，格力电器在营业收入的目标上并没有任何变化，格力电器似乎并不介意美的集团的营业收入每年都比自己高一点。如果说格力电器在营业收入的项目上有变化，则是在 2012 年至 2014 年三年内，实现的营业收入与公司预计的营业收入目标之间的误差越来越小。

格力电器的自信心很强：你拿营业收入跟我比，我可以输给你。但是还有一个重要的指标——企业的效益，咱们也比一比吧！

熟悉这两家公司的人都知道，格力电器以聚焦空调著称——空调业务的营业收入占据格力电器营业收入的主体；而美的集团除了不做电视业务以外，其他大家电（空调、洗衣机、冰箱）和小家电等业务领域相当广泛。

常识告诉我们：在营业收入大体相当的情况下，业务聚焦一方的规模效应就会体现出来。因此，格力电器在这个时期的净利润肯定会超过美的集团，变数就是超过多少的问题了。

前面表格的数据显示，格力电器各年的净利润分别是：2012 年为 74 亿元、2013 年为 109 亿元，2014 年则达到了 143 亿元。而美的集团 2012 年为 61 亿元，2013 年为 83 亿元，2014 年为 116 亿元。

在这个时期，两个企业营业收入规模比较，美的集团力压格力电器；在进行净利润比较的时候，格力电器完胜美的集团。

当然，两个企业的掌门人都非常清楚：企业发展和竞争是长跑。在进行营业收入和净利润激烈较量的同时，格力电器很清楚，仅仅靠空调打天下，很难长期与美的集团抗衡下去，必须在多元化方面有所突破；而美的集团可能也意识到，自己的家电形象总感觉科技含量不高，企业如果能进入新的高科技业务领域，进一步完善业务结构，将会实现整体形象的华丽转身。

果然，两个企业在 2016 年至 2017 年间进行了各自的尝试。只是一个没有成功，一个则通过收购成功进入了新的业务领域。

在 2016 年 12 月格力电器股东大会上，企业准备用 130 亿元收购珠海银隆（新能源汽车企业）的议案被否决。实际上，格力电器当年准备进入新能源汽车领域，既有公司业务结构布局的战略意图，也有尽快提升营业收入的考量，毕竟只要有市场，卖汽车的营业收入比卖空调的营业收入增长力度大多了。

这次股东大会的否决，至少在形式上导致格力电器失去了一次在业务结构和业务规模方面进行战略调整的机会。

美的集团也没闲着。2017 年，美的集团斥巨资收购了主要从事机器人及自动化系统业务的德国库卡集团（KUKA）。此次收购战略意义重大。这次收购完成后，美的集团的业务结构出现了新的分类，由原来的大家电、小家电、电机和物流的业务分类升级为暖通空调、消费电器、机器人及自动化系统和其他的分类，至少在业务结构的分类上已经有别于家电了。

近几年，格力电器仍然聚焦专业化，在多元化方面的进展并不大，其与美的集团多元化有新进展的不同已经让两个企业在营业收入规模、净利润规模以及市值规模等方面都出现了显著差异。

3. 回报股东，首先要看利润

企业回报给股东的是什么呢？

我曾经在一个电视节目里看到有人问董明珠："您怎么看格力电器在 2021 年股价出现一定程度下跌的问题？"董明珠回答："我不关心股价的变化！企业没有必要关注资本市场上的投机者，我们对投资者负责！"

当然，不能把资本市场上关注股价变化的人都认为是投机者而非投资者。通过对股价变化预期进行特定企业股票交易的机构或者个人，只要其交易合法，就应该被认为是投资者。

股东对特定企业投资所获得的回报，主要有两种：一是通过股票交易获得利润，二是通过企业的现金股利分配获得收益。

显然，一个企业要想向股东支付现金股利，必须具备两个条件：一是有可供分配的利润；二是要有现金支付能力，就是要有钱。

因此，站在企业向股东分红的立场，企业如果没有利润，是不可能有分红的基础的。

所以说利润表在三张报表中具有极其重要的地位，这个地位就是向我们展示企业的市场能力、战略执行结果以及企业的效益状况。

第二节　什么利润最重要

在利润表里，你能够看到哪些利润的概念？什么利润最重要呢？

1. 利润表的基本结构与主要项目

现在我以上市公司科大讯飞的利润表为例，把企业利润表的真容展示一下（见表 1–3）。

单位：元

表1-3 科大讯飞2018—2020年度利润表

时间	2020年	2020年	2019年	2019年	2018年	2018年
报告期	年报	年报	年报	年报	年报	年报
报表类型	合并报表	母公司报表	合并报表	母公司报表	合并报表	母公司报表
营业总收入	13,024,657,866	6,768,512,820	10,078,688,920	4,973,068,041	7,917,221,903	4,159,216,439
营业收入	13,024,657,866	6,768,512,820	10,078,688,920	4,973,068,041	7,917,221,903	4,159,216,439
营业总成本	12,395,699,543	6,708,691,273	9,630,460,731	5,278,307,612	7,717,269,910	4,416,573,901
营业成本	7,148,431,898	3,600,371,161	5,440,459,541	2,751,959,157	3,956,546,168	2,075,389,330
税金及附加	78,931,002	25,298,328	67,299,576	28,301,487	81,878,318	39,836,308
销售费用	2,084,441,965	1,151,440,060	1,780,156,059	995,059,284	1,725,886,995	959,784,926
管理费用	856,632,560	706,173,066	706,707,046	534,316,136	947,208,386	652,275,815
研发费用	2,211,061,147	1,180,220,014	1,639,545,496	953,237,122	939,224,221	667,667,148
财务费用	16,200,970	45,188,644	−3,706,986	15,434,427	−16,662,516	5,708,233
其中：利息费用	62,416,780	83,496,453	64,852,984	43,041,283	56,750,851	41,843,258
减：利息收入	56,223,591	42,917,633	76,459,440	32,594,534	72,936,548	33,583,063
加：其他收益	741,200,026	223,756,602	663,042,187	300,883,387	352,416,379	182,973,522

（续表）

时间	2020 年	2020 年	2019 年	2019 年	2018 年	2018 年
报告期	年报	年报	年报	年报	年报	年报
报表类型	合并报表	母公司报表	合并报表	母公司报表	合并报表	母公司报表
投资净收益	32,091,500	189,055,074	111,600,575	332,196,183	74,796,025	85,931,253
公允价值变动净收益	355,038,462	379,972,447	-4,422,897	-7,072,570	-143,116	-143,116
资产减值损失	-37,814,813	-10,704,535	-7,013,753	-4,544,739	83,188,339	15,912,140
信用减值损失	-299,411,223	-100,315,750	-223,646,093	-77,755,055		
资产处置收益	17,010,805	453,159	179,322	-1,156	762,653	
营业利润	1,437,073,080	742,038,544	987,967,531	238,466,479	627,783,934	11,404,198
加：营业外收入	141,074,212	11,990,979	74,096,817	7,817,526	68,137,122	15,214,119
减：营业外支出	121,510,855	105,039,749	66,643,483	59,002,361	37,191,512	9,145,194
利润总额	1,456,636,438	648,989,774	995,420,866	187,281,644	658,729,544	17,473,123
减：所得税	14,852,434	-32,716,040	52,350,396	-24,811,064	40,758,456	-22,861,231
净利润	1,441,784,003	681,705,814	943,070,470	212,092,708	617,971,088	40,334,354

利润表是反映企业一定时期盈利情况的报表。请注意，当我们说一个企业的利润表的时候，一定有一个时期的概念：你说的是哪个时期的？是一个月的、一个季度的、半年的，还是一年的？

利润表项目的基本情况是怎样的呢？

利润表的第一个项目叫**营业总收入**，代表的是企业一段时期向外部提供产品或者服务所获得的营业收入总和。在这个学习阶段，你不用纠结这个总收入的内涵。一般来讲，非金融类企业在营业收入的披露中，把正常的经营活动即非金融类的业务带来的营业收入叫营业收入，把金融类的业务带来的营业收入叫其他类金融业务收入。金融机构是另外一种情况。本书所采用的是非金融机构企业的报表，如果这个企业没有其他类金融业务收入，就只有营业收入，这个时候营业收入就等于营业总收入。

第二个项目叫**营业总成本**。大家不用去管这个项目，因为我们没有营业总收入减去营业总成本所对应的利润项目。

我们重点要关注的是利润表里的营业收入、营业成本、税金及附加、销售费用、管理费用、研发费用、利息费用等项目，这部分内容体现了企业开展经营活动的状况及其效益状况。

简单地说，企业获得营业收入以后，必须减掉相关的各项成本和费用，才能够获得利润。

下一个项目是**营业成本**。什么叫营业成本呢？简单一句话，营业成本是企业销售商品或提供服务所发生的直接消耗。对于制造企业而言，营业成本就是已经销售的产品的生产成本，包括直接材料、直接人工和间接制造费用等。

下一个项目是**税金及附加**。税金及附加指的是企业经营主要业务应负担的消费税、城市维护建设税、城镇土地使用税、资源税和教育费附加等，这些税金及附加与营业额直接有关。企业只要有营业收入，就要依法缴纳税金及附加。

下面几个项目是从名称上基本就能够看出来是什么内容的**销售费用**、**管理费用**、**研发费用**和**利息费用**：销售费用是与企业销售活动有关的费用，管理费用是与企业管理机构管理企业有关的费用，研发费用是和企业研究与开发活动有关的费用，利息费用是与企业的债务融资相关而发生的利息。

需要注意的是企业的**财务费用**这个项目。从概念上来说，财务费用是指企业为筹集生产经营所需资金等而发生的相关费用。具体项目有：利息净支出（利息支出减利息收入后的差额）、汇兑净损失（汇兑损失减汇兑收益的差额）、金融机构手续费以及筹集生产经营资金发生的其他费用等。现在的披露方式是除了披露财务费用外，还把其中最重要的利息费用（增加财务费用）和利息收入（减少财务费用）分别披露，可以让信息使用者更清晰地了解企业的融资成本。

下一个项目是**其他收益**。大家记住一点就可以了：其他收益的构成主要是企业获得的政府补贴。

下一个项目是**投资净收益**。这个项目主要涉及企业持有各类投资所产生的投资收益与投资损失相抵后的收益。投资净收益这个项目非常复杂。企业既可以对外投资设立子公司，也可以参股其他企业，还可以在资本市场上进行证券交易，这些都是投资行为，都可能产生投资收益，当然也可能产生投资损失。在具体投资收益的形式上，既有股权投资收益，也有债权投资收益；既有持有期间获得的分红收益、债权利息收益，也有转让价差带来的收益；等等。

下一个项目是**公允价值变动净收益**。这个项目稍微复杂一些。

公允价值是一个很时髦的概念。什么叫公允价值呢？简单地说，就是站在现在的立场看特定资产的价值。假设你有一台电脑，这台电脑买的时候是 20,000 元。你又是在一个企业里面使用这台电脑，这就涉及对这台属于固定资产的电脑计提折旧的问题。

假设这个企业对电脑按照五年计提折旧，预计这台电脑最终没有任何残值。这就是说，这个企业要把20,000元在五年内全部计提折旧。假设按照直线法处理，一年就要计提4,000元的折旧费。五年以后，即使你还在使用这台电脑，它的账面净值也已经变成零了。

这样，在进行了两年折旧处理以后，这台电脑账面价值还有12,000元——固定资产账面净值为12,000元。假设由于技术进步，这时这台电脑也就值2,000元。请注意，现在的价值2,000元就是公允价值。看明白了吗？公允价值就是站在现在的立场看待特定资产的价值。

强调一下：特定资产的公允价值既可能高于它的账面价值，也可能低于它的账面价值。并不是所有的公允价值变动都会导致账面调整，至于哪些需要调整，可以参见财务会计的相关内容。

那么，公允价值变动净收益是怎么回事呢？

假设你自己买股票，买的时候每股100元，到年底涨到了每股180元。你会怎样处理呢？你可能有两种处理方式：第一种方式是直接将其售出——投资回报率已经很不错了，见好就收吧！在这种情况下，你会立即得到投资回报。第二种方式是继续持有——我这股票是每股100元买的，现在已经达到了每股180元，未来还会涨，我要继续等，等涨到每股280元以上再出手。在第二种情况下，你不会有任何财富增加的现实感觉。因为你很清楚：不出手之前的任何股价波动都是浮云！

如果同样的事情发生在企业，第一种情况也是立即获得投资收益；第二种情况就不一样了：作为企业领导人，你看到企业所购买的用于经常性交易的股票从购买时的每股100元（账面价值）涨到年底的每股180元（公允价值）了，你不但高兴，还把会计叫过来说："你看咱这股票公允价值已经到了每股180元了，原来账面上不是每股100元吗？赶紧把账面价值每股100元调成公允价值的每股180元！"

请注意：这每股80元的增值就是利润表里的公允价值变动净收益！

为什么是净收益呢？因为企业可能有很多类似投资，有的涨价了，有的跌价了。最终的涨跌净额导致的企业资产增值或者减值就是公允价值变动净收益。

你会问：这不是造假账吗？我告诉你：还真不是造假账。因为现行会计准则就是这么规定的。

公允价值变动净收益增加的利润虽然是合规性处理的结果，但还是没有对应任何可以支配的资产——既不增加真金白银，也不增加债权，就是一个数字！

所以，你必须在脑海里记住另一个字：虚！

我们经常会说"虚伪"二字。公允价值变动净收益再次告诉我们虚和伪是不一样的：虚是合规的，伪就是假的了。

当然了，虽然公允价值变动净收益为正不增加什么有用的资产，但毕竟给我们透露了一个信息：企业持有的投资增值了！

下一个项目是**资产减值损失**。资产减值损失是指企业因资产（比如固定资产、无形资产、存货等资产）的可回收金额低于其账面价值而造成的损失。前面讲过的电脑账面价值为12,000元、公允价值为2,000元的情形就是固定资产出现了10,000元的减值问题。按照会计准则的规定，企业在年末如果出现这些资产的减值，就要把减值的部分计入利润表，做资产减值损失处理。

与资产减值损失接近的是**信用减值损失**。信用减值损失是指因应收款项的账面价值高于其可收回金额而造成的损失。

假设你一个开公司的朋友李某三年前从你这里借走50万元，约定半年左右还给你，还约定了利息。

结果三年过去了，李某一直以各种理由拒绝偿还欠你的本金和利息。在长期催收无效后，你本来想起诉李某，他却失踪了。

你会怎么办呢？一般人只能是自认倒霉，善于总结的人会总结自己交友不慎的原因，并在以后的人际交往中多加注意。

如果这件事发生在企业会怎么样呢？

李某的欠款（包括本金和利息）形成企业的债权。按照会计准则的规定，企业要在会计年度结束的时候对债权进行减值测试，看看哪些债权可能收不回来。对于可能收不回来的部分，企业就要进行债权减值处理。因债权减值出现的损失就叫信用减值损失。

需要说明的是，以前信用减值损失就是资产减值损失的一个子项目（那时叫坏账损失。现在随着升级为与资产减值损失相并列的项目，坏账损失连名字也改为信用减值损失了）。这种变化是 2019 年后出现的。

下一个项目是**资产处置收益**。通俗地说，资产处置收益是处置固定资产、在建工程及无形资产等获得的净收益。几年前，一个上市公司通过各种挖潜实在是不能实现利润，最后没办法，把自己的两套房产卖了出去，实现了盈利。处置房产获得的利润就属于资产处置收益。这种事一般不会对利润产生根本性、持续性影响。如果持续靠这个项目来支撑企业的利润，企业的经营活动、投资活动就太没有盈利能力了。

接下来就是利润表里的利润区域了。利润表上有三个利润概念，分别是营业利润、利润总额和净利润。

2. 利润表里的三个"利润"

第一，营业利润。

我们在利润表上看到的第一个利润概念是营业利润。

什么是营业利润呢？

如果你望文生义、想当然地去理解：当然是由企业营业收入带来的利润呀！

我要说：没那么简单，而且可能企业的营业利润与营业收入没有关系。

为什么呢？

先强化一下：营业利润就是营业收入、营业成本、税金及附加、销售费用、管理费用、研发费用、财务费用、其他收益、投资净收益、公允价值变动净收益、资产减值损失、信用减值损失及资产处置收益等项目加、减计算出来的结果。

你会发现：这里边的项目够杂乱的。

为什么会显得杂乱呢？因为有的项目与营业收入有关，比如营业成本、税金及附加、销售费用、管理费用、研发费用、利息费用等，其他收益也往往与营业收入关联度较高；有的项目可以说与营业收入没什么关联，比如利息收入、投资净收益、公允价值变动净收益、资产处置收益等；而资产减值损失和信用减值损失则比较复杂，有的与企业的决策失误有关（比如固定资产、在建工程、无形资产和商誉的减值就可能是企业决策失误的结果），有的与企业的营业收入有关（如应收账款和存货的减值与营业收入是有关的），有的则与企业会计处理的选择有关（在进行资产减值处理的时候，企业可能进行选择性处理：当企业缺营业利润的时候，企业往往不愿意计提较高的资产减值损失和信用减值损失；当企业营业利润较高的时候，企业往往计提较高的资产减值损失和信用减值损失。这种处理如果过分，就是财务造假了）。

这就是说，营业利润的构成是一个大杂烩。

从营业利润的构成来看，你是不是可以得到这样的启发：

首先，企业想亏损，其实挺难的。如果企业在预期常规经营活动不行的时候，想获得营业利润，可以早一点拿出一部分钱去做投资，投资获得的利润也归于营业利润。你如果看一下 2021 年以前云南白药和复星医药的财报数据，就会发现在这两个企业的营业利润里，投资净收益和公允价值变动净收益对企业营业利润的贡献是比较大的。你也可以看一下本节所展示的科大讯飞合并利润表里营业利润的结构，投资净收益和公允价值变动净收益对企业营业利润的贡献也比较大。

此外，获得各种补贴也可以充实营业利润。科大讯飞合并利润表里营业利润的结构中，代表企业获得各种补贴的"其他收益"项目贡献就很大。

其次，直接把营业利润与营业收入进行比较，试图考察企业营业收入的获利能力也很难。在现在的利润表结构下，企业完全可能在营业收入不能带来利润的情况下，通过获得各种补贴以及投资收益（包括公允价值变动净收益）来获得较高的营业利润。极端情况下，在经营活动、投资活动都没有盈利能力，各种补贴又无法获得时，企业还可以通过变卖固定资产、无形资产等获得的收益来充实营业利润。

因此，只有对企业的营业利润结构进行分析，才可能对企业靠什么来获得营业利润有正确评价。本书后面的内容将对此进行讨论。

强调一下：**营业利润的营业与营业收入的营业在内涵上已经出现了极大差异。**

第二，利润总额。

营业利润加上营业外收入、减去营业外支出就是利润总额了。

那么，什么是**营业外收入**呢？

从概念上来说，营业外收入是与企业日常营业活动没有直接关系的各项收益，如无法付出的应付款、罚款收入等。

企业怎么会有无法付出的应付款呢？比如说你所在的企业在销售的时候会收取包装物押金。在正常情况下，你今天收取的包装物押金，经过一段时间以后还要还给人家——当对方把包装物退给你的时候，你就要把包装物押金付出去。但也有这样的情况：你收取了包装物押金以后，在规定的时间内，对方不能把包装物还给你了，押金也不要了。这对你的企业而言，就形成了无法付出的应付款。把这部分无法付出的应付款减去无法收回的包装物成本，就形成了营业外收入。

一般来说，营业外收入不会特别多。

什么是营业外支出呢？

从概念上来说，营业外支出是企业除了正常经营和投资活动以外所发生的支出，如罚没支出、捐赠支出和非常损失等。

企业可能会面临各种罚款：违规经营可能被罚、偷税漏税可能被罚，这些罚款就属于营业外支出。中兴通讯在前几年被美国罚款，这笔罚款就形成了中兴通讯的营业外支出。千万不要小看了企业可能面临的罚款，如果罚款额巨大，企业可能会一蹶不振。

还有一种营业外支出叫捐赠支出。比如企业向大学捐款、向灾区捐款所发生的支出就属于捐赠支出。

第三，净利润。

从利润总额往下看，利润总额减去所得税就是净利润。

有的时候你听到企业界人士说的纯利润和税后利润，指的就是这个净利润。

3. 三个"利润"的功用

利润表里的这三个利润有什么作用呢？

利润总额是一个过渡性的概念，在分析中用得不多，净利润和营业利润的功用非常大。

第一，净利润代表了一段时期企业经营管理的最终财务业绩。企业的工作业绩可以有很多表现，如营业收入达到了多少、产能提高了多少、投资支出了多少，但最终财务业绩的主要表现是净利润。净利润为负数，你确实不好意思说财务业绩优秀。基于此，企业之间有时也相互比较净利润的规模或净利润的增长速度。

第二，净利润是给股东进行回报的财务基础。企业对股东回报的重要内容就是定期向股东支付现金股利。显然，如果企业没有净利润，股东肯定是分不到现金股利的。

第三，净利润还是企业估值的基础。在资本市场上，你一定听说过某某企业的市盈率。市盈率是企业股价与每股收益（每股利润）之间的比值，市盈率越高，企业的估值就会越高。用于计算市盈率的每股收益中的收益（利润）就是以合并报表的净利润为基础，通过调整计算出来的。

而营业利润集合了企业经营活动、投资活动、争取补贴以及处置资产等多方面努力的综合成果。需要注意的是，在对企业竞争力、持续发展前景等方面进行分析的时候，仅仅看营业利润的规模是不够的，还要对营业利润的结构进行分析。

按照现在企业财务报表披露的内容对营业利润的结构进行分析，只需要对营业利润的结构进行重新调整、归类，就可以对企业的竞争力、持续发展前景以及风险等方面进行分析了。

思考：营业利润和净利润哪一个更有价值？

实际上，两个利润各有价值：从分析的角度来看，营业利润的价值是更大的；从衡量企业对股东的综合回报能力及估值角度来看，净利润的价值是更大的。

第三节　看基础盈利能力：毛利和毛利率都极其重要

1. 毛利和毛利率

看企业的基础盈利能力，为什么毛利和毛利率都极其重要？

企业的营业收入要减除营业成本、税金及附加、销售费用、管理费用、研发费用、财务费用，再加若干收益、减若干损失等才能获得营业利润。

在这些复杂的项目里，有一个关系和概念特别重要，就是营业收入减去营业成本——企业获得利润的第一步。营业收入减去营业成本就是我们经常说的毛利，用毛利除以营业收入得出来的比率就是毛利率。

为什么毛利特别重要呢？

因为企业的营业收入减去营业成本之后得到的毛利不是经营活动带来的最终利润，要想获得经营活动带来的利润（我们把企业经营活动带来的利润叫作核心利润），还要减掉税金及附加、销售费用、管理费用、研发费用和利息费用。

在减掉了这些项目以后，如果还有利润（核心利润），说明企业经营活动是能够带来正向的利润贡献的，否则企业的经营活动不可能给利润正向的支撑。

毛利率的重要性在哪里呢？

毛利是从绝对额上看企业营业收入的初始盈利能力，而毛利率则展示了企业产品或者服务的初始竞争力。

企业产品或服务在盈利方面的初始竞争力不能仅仅看企业毛利的规模，还要看毛利率的水平——毛利既取决于营业收入，也取决于毛利率。而毛利率与企业产品或服务的个体初始竞争力、结构初始竞争力和整体初始竞争力有关。

2. 考察企业，既要看毛利，更要看毛利率

在考察企业产品或者服务的初始盈利竞争力的时候，既要考虑毛利，也要考虑毛利率。看企业产品或服务的初始竞争力要关注毛利率，看企业最终能不能获得一定规模的核心利润，一定是看毛利的规模。

几年前，我曾经教过一所北京的大学的一个 EMBA 学生电话联系我，说："张老师，我已经 EMBA 毕业了。跟您联系，首先是要向您表示感谢。在 EMBA 课程的学习过程中，您的财务报表分析课程和另外一门营销课是我所学的全部十几门课里最有价值的两门，财务报表分析课程对我公司前一阶段上市尤其有用。其次，当初我一直想让您到我公司来指导指导，但是公司规模比较小，不好意思找您过来。现在我毕业了，公司也上市了。我想请您方便时到公司给我指导指导。"

我当时是在办公室接到他的电话。我就问他："你的公司是做什么的？"

他说："我的公司是一个高科技企业，有自己完整的研发、生产、销售系统，产品在市场里供不应求。企业的发展不错。"

我说："你告诉我一下公司的股票代码，我看看你这公司的情况。"

我一边给他打着电话，一边在网上搜索这个公司最新一期的年报。

简单看了以后，我马上跟他说："你公司的报表我看了。你说的跟财务数据对不上。"

他听了以后很诧异："您看到什么了，就说对不上啊？"

我说："我看了你的利润表了。利润表的营业收入、营业成本与你说的对不上。"

他说："怎么对不上？"

我说："你告诉我，你的公司是一个高新技术企业，产品在市场上供不应求。如果真的像你说的这样，有一个重要的指标应该是比较不错的，这个指标叫毛利率。我看到你公司的毛利率不到20%。一个高新技术企业，产品还供不应求，毛利率可是比较低的了。按照你的说法，你的公司的毛利率达到50%都不算高。"

他说："哎呀，张老师您真厉害！您这是戳到我的公司的痛点了。我这个公司确实是高新技术企业，毛利率也不错，但是那部分业务的规模比较小，主要是产能不足，市场需求还是很旺的。现在产能是制约发展的瓶颈。我就想再发行一部分股票，募集一些新的资金来解决产能扩大问题。但是公司的财务业绩完全靠高新技术产品，有点低。为了增加公司的营业收入和利润的规模，我就开发了一些贸易业务。我的业务都是真的。我现在的贸易业务营业额增加比较快，存货周转速度也快，但毛利率比较低。营业额上去了，净利润也上去了，毛利率却下来了。"

这是一个结合毛利和毛利率判断企业竞争力的例子。我的学生所描述的公司业务及市场状况要求财务数据首先表现出较高的毛利率来，但他在跟我介绍业务的时候，只是谈了企业的高科技属性，并没有谈及贸易类业务。而贸易类业务虽然可以拉升企业的毛利规模和营业利润规模，但必然会降低企业的综合毛利率。

我再讲一下格力电器和美的集团的竞争。

前文讲过：格力电器聚焦空调，美的集团除了在空调、冰箱、洗衣机及其他小家电领域从事生产经营外，几年前又收购了德国 KUKA 集团，增加了一个新的业务——机器人及自动化系统。在 2019 年以前，格力电器长居空调领域第一的位置。

格力电器和美的集团 2020 年的年报出来以后，关注这两个企业的人发现，格力电器的空调业务营业收入已经被美的集团的空调业务超越了。一些人据此评论，美的集团已经把格力电器从空调领域第一的位置上拉下来了。

那么，应该怎样看这个问题呢？我们还是先看一下两个企业的相关财务数据（见表1-4）。

表1-4　格力电器和美的集团相关财务数据对比　　　单位：元

项目	2020 年	2019 年	2018 年
格力电器空调业务			
营业收入	117,881,639,914	138,665,055,104	155,682,359,476
营业成本	77,430,333,762	87,192,449,061	98,890,052,828
毛利	40,451,306,152	51,472,606,043	56,792,306,648
毛利率	34.32%	37.12%	36.48%
美的集团空调业务			
营业收入	121,215,043,000	119,607,379,000	109,394,649,000
营业成本	91,925,363,000	81,626,941,000	75,886,326,000
毛利	29,289,680,000	37,980,438,000	33,508,323,000
毛利率	24.16%	31.75%	30.63%

企业财报解析：格力电器与美的集团的竞争

我们先看一下两个企业2018年、2019年和2020年空调业务走势的情况。

格力电器空调业务的营业收入从2018年的1,557亿元开始，在2018年、2019年和2020年经历了连年下滑的过程。至2020年，格力电器空调业务的营业收入跌至1,179亿元。

与此下跌趋势相反，美的集团空调业务的营业收入从2018年的

1,094 亿元开始，在 2018 年、2019 年和 2020 年经历了连年增长的过程。至 2020 年，美的集团空调业务的营业收入达到了 1,212 亿元，终于在空调业务的营业收入上超越了格力电器。

但是，我要说，这个超越在当年更多的是数字意义，实际意义是不大的。

为什么这样讲呢？

第一，我们说美的集团在空调业务领域超越了格力电器，指的是营业收入的规模。但是，必须看到，在 2020 年，美的集团空调业务营业收入仅仅超过了格力电器空调业务营业收入约 33 亿元，这个规模在千亿元数量级上的比重是很低的。

第二，我们看一下两个企业空调业务毛利率的走势。

虽然格力电器空调业务毛利率长期高于美的集团空调业务毛利率，但在 2018 年和 2019 年，美的集团空调业务毛利率均高于 30%，且美的集团各年的毛利率低于格力电器空调业务毛利率约 6 个百分点。

到了 2020 年，格力电器虽然面临营业收入继续下滑的窘境，但其空调业务毛利率仍然达到 34% 以上，且高于美的集团空调业务毛利率 10 个百分点以上。这说明，美的集团为了实现在空调业务营业收入上超越格力电器，牺牲了过多的毛利率，代价还是比较大的。

美的集团空调业务毛利率的大幅度下滑，致使其虽然在空调业务营业收入上赢了格力电器，但格力电器在产品的市场竞争力和毛利额的贡献上，仍然是竞争力更强的一方。

我想表达的意思是：比较企业，除了看营业收入以外，毛利额和毛利率的比较更能展示出企业间的比较优势。

当然，企业的较量是长跑。请读者持续关注两个企业竞争格局的变化。

第四节　看发展潜力：核心利润

利润表中的营业收入是企业家经常较量的重要指标，净利润是企业家经常追求的阶段性盈利指标。但是从分析的角度来看，对企业有没有发展潜力、有没有市场竞争力等问题，是不可能仅仅通过考察营业收入和净利润就能进行判断的。我在上一节专门谈到了毛利和毛利率的极端重要性。

但是，考察企业的发展潜力，仅仅看毛利和毛利率还不行。

为什么呢？因为企业的营业利润太杂了，我们如果想以营业利润为基础看企业有没有发展的潜力的话，就必须在企业营业利润结构的认识上有新的突破。

我先引用一下上市公司长安汽车的一些财报数据。表1-5是长安汽车2015年至2020年合并利润表的数据。

1.营业利润的构成和信息结构是动态变化的

在利润表中，营业利润的构成及信息结构是不断演化和发展的。近几年的变化主要集中在管理费用、研发费用及营业外收入上。一些项目的内涵也在发生着动态变化。

第一，关于营业收入、营业成本和销售费用。

在2020年的信息披露中，根据新的会计准则的要求，原收入准则下与收入直接相关的促销费用计入销售费用，而在新收入准则下需调整冲减当期营业收入；原计入销售费用的运输费，则调整计入当期营业成本。这些变化将使企业2020年利润表中营业收入、营业成本、毛利、销售费用等项目的构成，相关比率如毛利率、销售费用率等与此前各个年度之间存在一定的口径差异，具有一定的不可比性。

表 1-5 长安汽车 2015—2020 年度合并利润表

单位：元

时间	2020 年	2019 年	2018 年	2017 年	2016 年	2015 年
报告期	年报	年报	年报	年报	年报	年报
报表类型	合并报表	合并报表	合并报表	合并报表	合并报表	合并报表
营业总收入	84,565,544,147	70,595,245,133	66,298,270,390	80,012,205,182	78,542,441,757	66,771,580,528
营业收入	84,565,544,147	70,595,245,133	66,298,270,390	80,012,205,182	78,542,441,757	66,771,580,528
营业总成本	86,332,260,744	72,555,259,150	69,310,155,140	81,422,020,297	78,703,286,521	66,681,533,452
营业成本	72,473,471,727	60,232,585,428	56,583,468,369	69,363,032,741	64,487,605,909	53,406,710,708
税金及附加	3,228,273,574	2,488,057,068	2,305,917,984	3,074,023,009	3,629,619,041	2,941,577,704
销售费用	3,413,296,855	4,591,170,886	5,283,255,346	3,978,124,860	5,293,744,701	4,954,522,138
管理费用	4,273,555,031	2,265,231,519	2,782,755,531	5,280,296,494	5,128,856,385	4,899,212,097
研发费用	3,153,888,007	3,169,063,761	2,543,265,379			
财务费用	-210,224,450	-190,849,512	-427,062,035	-524,973,961	-305,390,915	-150,805,630
其中：利息费用	46,672,055	40,109,730	11,700,010			
减：利息收入	341,543,221	245,520,359	476,922,767			

（续表）

时间	2020年	2019年	2018年	2017年	2016年	2015年
报告期	年报	年报	年报	年报	年报	年报
报表类型	合并报表	合并报表	合并报表	合并报表	合并报表	合并报表
加：其他收益	797,901,407	1,537,625,621	2,873,192,103	1,613,343,217		
投资净收益	3,153,614,177	-2,109,369,113	-71,306,777	6,906,324,932	9,619,016,255	9,497,409,093
公允价值变动净收益	2,035,390,666	889,154,889				
资产减值损失	-1,517,807,107	-395,506,650	238,554,565	251,517,155	468,851,401	630,316,436
信用减值损失	-107,743,060	-125,657,732				
资产处置收益	29,465,046	56,658,864	8,561,075	41,774,452		
营业利润	2,624,104,532	-2,107,108,138	-201,438,350	7,151,627,486	9,458,171,491	9,587,456,168
加：营业外收入	61,938,557	49,703,849	916,219,225	104,330,128	983,119,331	514,920,558
减：营业外支出	89,458,044	184,962,615	56,555,551	75,068,057	91,466,041	90,491,722
利润总额	2,596,585,045	-2,242,366,905	658,225,324	7,180,889,557	10,349,824,780	10,011,885,004
减：所得税	-691,893,598	406,764,986	-65,134,058	-27,547,713	73,230,121	89,331,468
净利润	3,288,478,643	-2,649,131,891	723,359,382	7,208,437,270	10,276,594,659	9,922,553,536

第二，关于管理费用与研发费用。

你如果认真看长安汽车这一时期的利润表，就会发现该企业在 2018 年及以前没有研发费用。难道是企业此前没有发生研发费用吗？当然不是。

原因在于，企业的研究与开发费用长期与管理费用合在一起进行披露。直到 2018 年，利润表的管理费用才一分为二：和研究与开发有关的费用作为独立的项目单独列示，剩余部分继续以管理费用的名义存在。

这样，从可比的口径上来说，从 2018 开始，管理费用和研发费用之和相当于以前年度的管理费用。

第三，关于营业外收入、其他收益和资产处置收益。

看长安汽车这一时期的利润表的营业利润构成，你会发现该企业在 2016 年及以前没有其他收益和资产处置收益，在 2017 年，其他收益和资产处置收益横空出世。

原因在于，在 2016 年及以前，企业的其他收益和资产处置收益合在一起属于营业外收入。2017 年，利润表的营业外收入一分为三：与政府补贴有关的收入作为独立的其他收益项目单独列示，驰援营业利润；与非流动资产有关的处置收益作为独立的资产处置收益项目单独列示，充实营业利润；剩余的营业外收入内容继续以营业外收入的名义存在。

这样，从可比的口径上来说，2017 年及以后的营业外收入与以前年度的营业外收入不具有可比性，2017 年及以后的营业利润与以前年度的营业利润也不具有可比性。

第四，关于资产减值损失与信用减值损失。

长安汽车这一时期的利润表的营业利润构成，还能看到该企业在 2019 年以前没有信用减值损失。2019 年，信用减值损失在营业利润里出现了，成为减少营业利润的因素。

实际上，在 2019 年以前，营业利润里只有资产减值损失一个项目，涵盖了一定时期所有资产的减值因素。2019年，资产减值损失一分为二，其中与债权减值有关的损失（坏账损失）起了一个新名字，叫信用减值损失，并从资产减值损失中分离出来，形成营业利润的减少因素。其余的资产减值损失继续以资产减值损失的名义存在。

这样，从可比的口径上来说，2019年及以后的资产减值损失与信用减值损失之和相当于以前年度的资产减值损失，2019年及以后的资产减值损失与以前年度的资产减值损失不具有可比性。

第五，关于财务费用、利息费用和利息收入。

长安汽车这一时期的利润表的营业利润构成，你还能发现该企业在2018年以前的财务费用下面没有利息费用和利息收入。2018年，在财务费用下面出现了进一步说明财务费用组成内容的利息费用和利息收入。

企业的财务费用构成基本上是稳定的，包括利息净支出（利息支出减利息收入后的差额）、汇兑净损失（汇兑损失减汇兑收益的差额）、金融机构手续费以及筹集生产经营资金发生的其他费用等。

实际上，在2018年以前，财务费用是把上述因素混合在一起进行披露的。2018年，为了更清晰地展示企业财务费用中的两个主要项目——利息费用和利息收入的构成情况，利润表的财务费用下增设了利息费用和利息收入这两个项目。

由于财务费用本身的构成没有变化，从可比的口径上来说，2018年及以后的财务费用与以前年度的财务费用具有可比性。但是，新增加的利息费用和利息收入信息对我们后续更清晰地分析企业2018年及以后的利润结构提供了便利。

2. 多方面贡献的营业利润会误导对营业收入盈利能力的评价

下面我们从长安汽车2015年的营业利润开始看起，看看是哪些因素对企业的营业利润做出了贡献。

企业财报解析：长安汽车的营业利润结构

该企业 2015 年的营业收入是 667.72 亿元，营业利润是 95.87 亿元。按照常规的认识，你一定会把营业利润与营业收入做直接对比，并得出营业利润率为 14.35%（营业利润率 = 营业利润 / 营业收入 ×100%）。

应该说，这个营业利润率是比较不错的。

但是，我在前文讲过，导致营业利润变化的除了营业收入的因素以外，还有其他因素，包括投资净收益、公允价值变动净收益等。在当年，与补贴有关的收入和非流动资产处置收益还归属于营业外收入，因此，补贴收入和资产处置收益还没有形成对企业营业利润的支撑。

这样，在 2015 年，营业利润的两大支柱是营业收入带来的利润和投资净收益。

仔细观察一下企业利润表，你会看到该企业 2015 年的投资净收益达到了 94.97 亿元！而企业的营业利润只有 95.87 亿元，这说明，支撑企业营业利润的主体是投资净收益，而不是营业收入带来的利润。

考虑到企业 2015 年的资产减值损失为 6.30 亿元，企业的营业收入还是贡献了一部分利润，大概是 7.20 亿元。

看到这里，你对这个企业盈利能力的前景有什么认识呢？

企业的合并利润表展示了企业整体的盈利能力。长安汽车的营业收入在达到 667.72 亿元规模的条件下只贡献了几亿元的利润，支撑企业营业利润的居然是投资净收益。这一方面固然说明企业当年的投资质量是很高的，另一方面也说明企业的营业收入贡献利润的能力是比较低的。

一个以产品经营为主要经营活动的企业，其产品经营就应该对企业的营业利润起到支撑性作用。但数据显示，这个企业经营活动的盈利能力确实不行，这一般意味着企业产品的市场竞争力不强。

到了 2016 年，企业利润表里的亮点除了营业收入比 2015 年有所增长，达到了 785.42 亿元以外，营业利润的结构和规模变化不大：企业营业利润的支柱仍然是营业收入带来的利润与投资净收益。

在营业利润的规模为 94.58 亿元的情况下，投资净收益的贡献依然强劲——达到了 96.19 亿元，营业收入对利润的贡献仍然很小——任营业收入增长 100 多亿元，营业收入就是难以贡献较高利润。

可见，企业产品的市场竞争力不强的问题继续存在。

我们接着看一下 2017 年的情况。

2017 年，利润表结构的一个重大变化是：长期"委身"于营业外收入的补贴收入和非流动资产处置收益终于独立了，分别以其他收益和资产处置收益的名义进入营业利润，为关键时刻强力支持营业利润奠定了坚实的基础。

从基本数据来看，该企业 2017 年的业绩还是不错的：营业收入历史性地突破 800 亿元大关，营业利润也有不错的表现——虽然营业利润仅实现了 71.52 亿元，比上年下降很多，但考虑到市场竞争的因素，这个业绩还是不错的。

但是，如果继续考察企业营业利润的结构，你感受到的一定不是喜悦，而是担忧。

正是在这一年，该企业利润的结构出现了转折式的变化。

考虑到企业 2017 年的资产减值损失是 2.52 亿元，经过各方努力所实现的扣除资产减值损失前的营业利润为 74.04 亿元。

在支撑这 74.04 亿元的诸因素中，投资净收益终于撑不住了，2017 年下降到 69.06 亿元——仍然是企业营业利润的中流砥柱！而代表补贴收入的其他收益一亮相，就为企业的营业利润贡献了 16.13 亿元！这两个因素加在一起，已经达到了 85.19 亿元——远超企业的营业利润！

这说明企业 800 亿元的营业收入并没有贡献利润，反而"贡献"了亏损！

在 2016 年及以前，企业营业收入对于利润的贡献是不强，但还能贡献一些利润。但在 2017 年，经营活动实现了亏损。

一路走来，你会发现：这个企业的营业利润从来不是靠营业收入：开始靠投资净收益，在投资净收益扛不住的时候，靠补贴收入了。

这样走下去，企业离亏损还远吗？

到了 2018—2019 年，营业利润更渐入困境。

实际上，看这个企业的利润表，你会发现：企业的营业收入无论有多少，都从来不是支撑营业利润的主力军。支撑企业营业利润的是另外两大因素：一个是投资净收益，另一个是补贴收入。如果这两项也扛不住或者不扛了，企业的营业利润就该是负数（亏损）了。

数据显示：该企业在 2018 年补贴收入达到 28.73 亿元、投资净收益为 -0.71 亿元的情况下，营业利润居然为 -2.01 亿元，这说明企业的各种努力都无法抑制亏损。

在 2018 年和 2019 年，这个企业的利润表出现了新的情况：企业的公允价值变动净收益在 2019 年有数字了，且有一定规模，这意味着企业持有的一些投资增值了；利息收入和利息费用在 2018 年开始披露；信用减值损失在 2019 年独立出来了。

2019 年，企业的营业利润陷入谷底：在其他收益和公允价值变动净收益合力贡献了 24 亿多元的情况下，企业的营业利润为 -21.07 亿元，与投资净收益的 -21.09 亿元基本相当。

这还是意味着企业的经营活动没有贡献利润。

最后，我们看看 2020 年吧。

2020 年，企业的营业收入创历史新高，达到 845.66 亿元，营业利润和净利润也实现了扭亏为盈！

是不是感觉很高兴呢？

但如果看营业利润的结构，你会发现企业支撑营业利润的因素够热闹的。

先看看几个正的营业利润支撑点：企业在 2020 年实现的营业利润是 26.24 亿元。直接看到的几个支撑点为：利息收入为 3.42 亿元，其他收益为 7.98 亿元，投资净收益为 31.54 亿元，公允价值变动净收益为 20.35 亿元，资产处置收益为 0.29 亿元，上述几个项目加在一起为 63.58 亿元，远超营业利润的 26.24 亿元。

如果在 63.58 亿元的基础上，减去企业的资产减值损失 15.18 亿元和信用减值损失 1.08 亿元，上述诸因素仍然贡献了 47.32 亿元的利润，这个数字还是远高于营业利润的 26.24 亿元。

这意味着企业即使达到 845.66 亿元的营业收入，经营活动还是不能直接贡献利润。

当然，企业这么长时间在经营活动没有什么利润贡献能力的条件下仍然在持续经营，其实挺不容易的。在新能源汽车发展迅猛的今天，长安汽车如果能够抓住机会，把自己产品的盈利能力潜力挖掘出来，未来还是有可能实现财务业绩的增长的。请继续关注该企业 2021 年报以后的财务数据。

---

3. 企业经营活动盈力能力分析需要新概念——核心利润

前面的案例显示：长安汽车在这一时期一直没有解决的问题是经营活动的盈利能力问题，而营业利润也需要进一步解构。

对于企业经营活动盈利能力的分析，显然不能简单地考察营业利润。

实际上，我在前面几节的内容中提到过，需要造一个新概念——**核心利润**来解决企业经营活动盈利能力的分析问题。

核心利润的概念最早由我和钱爱民教授在十几年前的一篇文章中提出，当时的计算公式是：

核心利润 = 营业收入 − 营业成本 − 营业税金及附加 − 销售费用 − 管

理费用 – 财务费用

由于与核心利润计算相关的项目逐渐发生了变化，核心利润的计算公式也在不断变化。

按照最新的利润表结构，核心利润的计算可以按照下面的公式进行：

核心利润 = 营业收入 – 营业成本 – 税金及附加 – 销售费用 – 管理费用 – 研发费用 – 利息费用

需要注意的是，**利息费用要不要从核心利润里面减掉是可以讨论的**。

首先要说明的是，企业的利息费用是企业在债务筹资过程中发生的应该计入利润表的那部分利息，主要反映了企业的债务筹资成本，与企业的债务融资管理有关。

那么，**企业的债务筹资与营业收入有关系吗**？

这要具体地看。

有的企业经营活动产生的现金流量净额较为充分，日常经营活动根本不用债务筹资。在这种情况下，企业的利息费用与营业收入应该没有什么关系。

有的企业由于各种原因，经营活动产生的现金流量净额小于零，处于入不敷出的状态，需要债务筹资来充实。在这种情况下，与补充企业经营性流动资金有关的债务筹资产生的利息费用就与营业收入有关。

但是，**为了简便起见，现在的计算公式保留了减除利息费用的做法**。在具体分析以及企业业务部门的绩效评价中，就应该具体情况具体分析了。

核心利润的概念建立以后，你就可以通过计算核心利润来考察企业营业收入的盈利能力了。

我们还是以长安汽车的利润表信息为基础，看看该企业各年的核心利润是如何表现的（见表 1–6。提示：在 2018 年以前，核心利润的计算是减去财务费用；从 2018 年开始，核心利润的计算是减去利息费用）。

单位：元

表 1-6　长安汽车 2015—2020 年度利润表信息

项目	2020 年	2019 年	2018 年	2017 年	2016 年	2015 年
营业收入	84,565,544,147	70,595,245,133	66,298,270,390	80,012,205,182	78,542,441,757	66,771,580,528
营业成本	72,473,471,727	60,232,585,428	56,583,468,369	69,363,032,741	64,487,605,909	53,406,710,708
毛利	12,092,072,420	10,362,659,075	9,714,802,021	10,649,172,441	14,054,835,848	13,364,869,820
毛利率	14.30%	14.68%	14.65%	13.31%	17.89%	20.02%
税金及附加	3,228,273,574	2,488,057,068	2,305,917,984	3,074,023,009	3,629,619,041	2,941,577,704
销售费用	3,413,296,855	4,591,170,886	5,283,255,346	3,978,124,860	5,293,744,701	4,954,522,138
管理费用	4,273,555,031	2,265,231,519	2,782,755,531	5,280,296,494	5,128,856,385	4,899,212,097
研发费用	3,153,888,007	3,169,063,761	2,543,265,379			
财务费用	−210,224,450	−190,849,512	−427,062,035	−524,973,961	−305,390,915	−150,805,630
其中：利息费用	46,672,055	40,109,730	11,700,010			
核心利润	−2,023,613,102	−2,190,973,259	−3,212,092,229	−1,158,297,962	308,006,636	720,363,511
核心利润率	−2.39%	−3.10%	−4.84%	−1.45%	0.39%	1.08%

数据显示，企业的核心利润从 2017 年起往后就没有出现过正数。看得出来，企业经营活动的盈利能力长期不佳。

有了核心利润的概念，我们还可以造一个比率——**核心利润率（核心利润率＝核心利润／营业收入 ×100%）**，用以衡量企业营业收入获得核心利润的能力。

根据表 1-6 的数据计算，结果显示，即使是在企业核心利润为正数的时期，企业的核心利润率也是很低的。较低的核心利润率意味着经营活动的盈利能力不强。

> **小结：**
>
> 本节的讨论是要告诉读者，按照常规的中文概念简单比较营业利润与营业收入会被引入歧途。核心利润概念的建立可以更好地分析企业经营活动的盈利能力。

第五节 企业的营业利润是怎么凑出来的：三支柱

本节讲一下企业的营业利润是怎么凑出来的。

我之所以用一个"凑"字，是针对现在利润表中营业利润较为复杂的构成——既有与营业收入有关的利润因素，又有与营业收入基本没有关系的因素，还有与政策有关的因素，更有偶发性的资产处置因素——提出来的。总之一句话：营业利润的营业内涵已经严重偏离了营业收入的初心。

上一节我们对长安汽车长达六年的营业利润进行了考察，发现了这个企业营业收入的两个特点。一是无论营业收入如何，营业收入基本不能带来正的利润贡献（即核心利润大多不是正数）；二是企业总能出现东方不亮西方亮的营业利润结构：投资净收益如果行，就让投资净收益来扛营业利润；投资净收益如果不行了，就与补贴收入一起扛起企业营业利润的大旗；必要的时候，公允价值变动净收益和资产处置净收益也可以为营业利润贡献出自己的力量。

这就提出了一个重要问题：能不能再进一步梳理、归类营业利润，以让其结构更加清晰？

根据现在企业利润表的信息披露情况，我把营业利润的结构梳理成三支柱、两搅局。

1. 三个支柱：核心利润、其他收益和杂项收益

你可能会想：利润表项目够多、够杂的，能理出三个支柱吗？

确实，现在的营业利润就是大杂烩套着小杂烩，够热闹的。一个利润表能热闹成这样，挺不容易的。

第一个支柱是企业营业收入带来的核心利润。

按照现在利润表的项目关系，核心利润计算如下：

核心利润 = 营业收入 – 营业成本 – 税金及附加 – 销售费用 – 管理费用 – 研发费用 – 利息费用

对于大多数企业的合并报表而言，核心利润应该在营业利润的贡献中居于核心地位。

第二个支柱是企业获得的各种补贴收入，在利润表上的项目是其他收益。

对于大多数企业而言，补贴收入不应该居于企业营业利润的支柱地位。但自从 2017 年补贴收入从营业外转入营业内后，在一些企业的营业利润中，其他收益贡献很大。基于这种现实情况，我把补贴收入作为营业利润的一个支柱来看待。

第三个支柱是杂项收益。

杂项收益是指除了核心利润以及补贴收入以外的其他使企业营业利润增加的项目，包括但不限于利息收入、投资净收益、公允价值变动净收益等项目。

资产处置收益项目比较特殊，我们就把它归于杂项收益吧。

2.营业利润的每个支柱都是竞争力

我们经常说，干什么吃喝什么。既然企业以经营为主要活动，营业收入带来的核心利润就应该居于营业利润的主导地位或者核心地位——核心利润应该为营业利润做出较大的贡献。

但实际上，企业所面临的经营与投资环境非常复杂，企业的人力资源储备及其优势、企业财务资源的配置等因素均会导致企业营业利润出现不同的结构：

长于经营活动、经营活动在市场上有较强竞争力的企业，其核心利润可能居于营业利润的主导地位。但如果企业面临着激烈的市场竞争、竞争地位下降或者外部环境出现重大不利因素，企业的这种盈利能力下降极有可能导致核心利润对营业利润贡献力下降的情况。

善于研究补贴政策、企业各种活动符合补贴政策、及时申请补贴并能够获得补贴，也是企业竞争力的一种表现。

杂项收益对营业利润贡献大的企业往往在投资等方面有较强的竞争力。必须注意的是，从利润结构与资产结构的对应关系看，企业的经营资产产生核心利润和补贴收益，货币资金的规模带来利息收入，常规性投资带来投资净收益，持有的以公允价值计量的投资产生公允价值变动净收益，对非流动资产的处置产生资产处置收益等。

这就是说，当企业的杂项收益对营业利润贡献度较大的时候，企业极有可能在投资管理上有较强的能力。

3. 三支柱的结构与企业持续盈利能力

虽然说企业的三个支柱哪个都是竞争力，但持续的盈利能力还是要看核心利润的状况。

为什么这样讲呢？

我在前文讲过，企业的经营资产产生核心利润。一般来说，企业合并资产负债表中的经营资产往往占据资产的主导地位。从资产结构与营业利润结构的对应关系看，占据主导地位的经营资产的利润贡献（包括核心利润与其他收益）理应占据营业利润的主导地位，企业持续经营的重心也应该聚焦在经营资产与主营业务及其盈利能力的管理上。

企业获得的各种补贴收入往往取决于阶段性的国家和地方政策，包括产业政策、地方经济政策以及地方发展战略等。由于国民经济发展的动态性、地区发展战略的动态调整性以及企业相对竞争地位的波动性等因素的影响，企业获得的各种补贴收入往往具有阶段性、临时性的特征，很难出现持续性获得某种特定补贴的情况。

杂项收益的规模，主要取决于企业的投资能否释放出效益来。与企业的核心利润相比，杂项收益的风险性和波动性往往更强。

换句话说，在谈论一个企业利润表某些项目成长性的时候，我们可以说营业收入与核心利润预期可以实现某种程度的增长，而这种增长通过企业上下的努力是可以实现的。但我们很难说预期可以获得多少补贴收入、多少投资收益。因此，核心利润更多展示了企业的核心竞争力。

你可能会说：张老师，其他收益（补贴收益）与杂项收益是比较容易看出来的，但核心利润计算起来可费劲了，项目太多了。直观分析核心利润对企业营业利润的贡献是不是不现实？

我要说的是：没关系，大多数情况下的分析，完全没有必要非常精准地把核心利润计算出来。

你只需要考察营业利润三支柱的基本关系，就完全可以达到分析的目的：

首先，营业利润加上资产减值损失和信用减值损失，就可以得出三支柱合在一起对营业利润的贡献；

其次，迅速找到其他收益，考察其他收益占三支柱对营业利润贡献的比重；

再次，简单加总利息收入、投资净收益、公允价值变动净收益、资产处置收益，考察杂项收益占三支柱对营业利润贡献的比重；

最后，核心利润的规模和占三支柱对营业利润贡献的比重自然就出来了。

下面我们按照核心利润三支柱的框架对企业营业利润进行分析，体会一下企业持续盈利能力问题。

先回过头来想一想长安汽车利润表的情形。

在长安汽车 2015 年至 2020 年各年营业利润的构成中，我们已经看到了，无论企业营业收入高低，核心利润在这一时期从来就没有对营业利润产生什么重要贡献。支撑各个年度营业利润的，要么是杂项收益里的投资净收益，要么是补贴收益，要么是杂项收益里的公允价值变动净收益、利息收入和资产处置收益等。

有意思的是，本应随着营业收入的变化在利润表上出现某些波动的核心利润，在各个年度间表现得非常稳定——稳定的不能贡献像样规模的核心利润；本应在年度间具有波动性的杂项收益和其他收益，加在一起的规模虽然波动，但对核心利润的贡献力非常稳定——除了个别年份外，其他年份的贡献均保持了较高水平！

概括起来，企业的历史业绩可以这样描述：核心利润的稳定性在于持续性的盈利能力不强；杂项收益与其他收益的稳定性不在于规模，而在于对维持企业营业利润为正的贡献力。

因此，长安汽车如果在核心利润的能力建设上不能取得突破，想拥有持续的盈利能力是比较困难的。

企业财报解析：科大讯飞合并利润表的"三支柱"

我们再回过头来考察一下科大讯飞合并利润表中的三支柱问题。

从科大讯飞2018年至2020年合并利润表的数据可以看到，科大讯飞的营业收入成长性相当不错——2018年为79亿元，2019年为101亿元，2020年为130亿元；营业利润的成长性也是不错的——2018年为6.28亿元，2019年为9.88亿元，2020年为14.37亿元。更重要的是，企业营业利润的增长速度显著高于营业收入的增长速度。

但如果我们看营业利润的结构，就会发现另外的问题（见表1-7）。

表1-7　科大讯飞2018—2020年度合并利润表信息　　单位：元

时间	2020 年	2019 年	2018 年
报告期	年报	年报	年报
报表类型	合并报表	合并报表	合并报表
营业收入	13,024,657,866	10,078,688,920	7,917,221,903
营业成本	7,148,431,898	5,440,459,541	3,956,546,168
税金及附加	78,931,002	67,299,576	81,878,318
销售费用	2,084,441,965	1,780,156,059	1,725,886,995
管理费用	856,632,560	706,707,046	947,208,386
研发费用	2,211,061,147	1,639,545,496	939,224,221
利息费用	62,416,780	64,852,984	56,750,851
核心利润	582,772,514	379,668,218	209,726,964

（续表）

时间	2020 年	2019 年	2018 年
报告期	年报	年报	年报
报表类型	合并报表	合并报表	合并报表
其他收益	741,200,026	663,042,187	352,416,379
杂项收益	460,364,358	183,816,440	148,352,110
其中：利息收入	56,223,591	76,459,440	72,936,548
投资净收益	32,091,500	111,600,575	74,796,025
公允价值变动净收益	355,038,462	−4,422,897	−143,116
资产处置收益	17,010,805	179,322	762,653
资产减值损失	−37,814,813	−7,013,753	83,188,339
信用减值损失	−299,411,223	−223,646,093	
营业利润	1,437,073,080	987,967,531	627,783,934

　　表 1–7 是我为了便于分析整理出来的。从表 1–7 可以看出：在 2018 年至 2020 年间，无论企业的营业利润是多少，补贴收益均占营业利润 50% 以上，成为支撑企业营业利润的第一大主力；第二大主力虽然是核心利润，但企业的杂项收益对营业利润的贡献规模也是比较大的，如果核心利润不努力，很有可能在未来被杂项收益抢了风头。

　　表 1–7 告诉我们，该企业产品尽管让营业收入增长较快，但产生核心利润的能力并不强。

企业财报解析：宁德时代合并利润表的"三支柱"

　　下面我们再看一个新公司——宁德时代新能源科技股份有限公司（以下简称"宁德时代"）合并利润表的表现（见表 1–8）。

表 1-8 宁德时代 2019—2020 年度合并利润表信息　　　　单位：元

时间	2020 年	2019 年
报告期	年报	年报
报表类型	合并报表	合并报表
营业收入	50,319,487,697	45,788,020,642
营业成本	36,349,153,592	32,482,760,513
税金及附加	295,129,894	272,228,106
销售费用	2,216,709,533	2,156,553,542
管理费用	1,768,115,241	1,832,673,930
研发费用	3,569,377,694	2,992,107,517
利息费用	640,434,317	289,254,465
核心利润	5,480,567,426	5,762442,569
其他收益	1,135,940,386	646,371,588
杂项收益	1,653,977,908	1,027,365,850
其中：利息收入	1,494,600,959	1,078,256,966
投资净收益	−117,648,608	−79,604,902
公允价值变动净收益	286,915,936	27,331,582
资产处置收益	−9,890,379	1,382,204
资产减值损失	−827,489,419	−1,434,329,164
信用减值损失	−341,982,530	−235,676,386
营业利润	6,959,489,551	5,758,793,258

从表 1-8 可以看出：在 2019 年至 2020 年间，企业的营业利润成长态势明显。企业的核心利润牢牢占据营业利润的主体，为支撑企业营业利润的第一大主力；补贴收益占营业利润的比重并不大，支撑企业杂项收益的主力军是利息收入，其他杂项收益并不多。企业聚焦主业、主业具有较强盈利能力的色彩是比较明显的。

小结：

企业营业利润的三个支柱：第一个支柱核心利润，与企业经营活动的盈利能力有关；第二个支柱其他收益，与政府的相关政策有关；第三个支柱杂项收益，是以投资净收益为主的各项收入或收益。

第六节　企业的营业利润是怎么凑出来的：两搅局

1. 两个搅局者：信用减值损失和资产减值损失

从利润表的格式来看，三个支柱加在一起并不等于营业利润。在得出营业利润前，还有两个需要减掉的项目：一个是信用减值损失，一个是资产减值损失。

我把这两个减值损失说成是两个搅局因素——在一定程度上可以影响营业利润。

我们先看一下企业利润表，体会一下这两个搅局因素在什么地方。

我们以科大讯飞利润表为例来说明这个问题。

紧挨着营业利润有两个项目，一个是信用减值损失，一个是资产减值损失。

前文提到过：在 2019 年以前，没有单独的信用减值损失，只有资产减值损失。那个时候所有的资产减值损失都归入"资产减值损失"项目。2019 年发生了变化，资产减值损失一分为二：债权资产减值叫信用减值损失，作为营业利润的减少因素单独进入利润表；剩余的资产减值继续以资产减值损失的名字进入利润表。

那么，什么是资产减值损失呢？

资产的内涵非常好理解：**企业拥有的可以用货币表现的各种资源就是资产。**

你到一个单位去，一眼能够看到的都是资产。你看见什么了呢？有各种运输车辆、办公楼、办公家具、门禁系统、车间、厂房、建筑工地上的在建工程，还可能看到生产线上的产品、原材料库里面的货物、仓库里的产成品，等等。这些都是资产。

但你看到的并不是企业的全部资产。还有一些看不见的资源，比如企业账上记载的银行存款你肯定看不见，企业账上记的各种债务人的欠账（就是企业的债权资产）你也看不见。还有一些无形资产比如企业的专有技术、专利等，如果企业不告诉你，你肯定不知道；企业对外投资所持有的股权和债权，如果不告诉你，你也是不知道的。

所以大量看得见和看不见的、企业能够利用并能够在报表里展示的资源，都是资产。

企业账面上记载的资产的价值量，大多是按照业务发生时的交易价格等确定的。

比如，一个商品流通企业购入了一批用于销售的货物（属于存货资产），采购成本是200万元。在采购发生后，会计就把货物（存货）的采购成本作为相关货物的账面价值入账了，这样，企业存货账面价值就增加了200万元。

按照相关规定，**企业的资产要在会计年度结束（中国按照日历年度来确定会计年度）的时候进行减值测试，看是否发生了减值。如果发生了减值，就要把资产的账面价值调减，将新增加的损失部分计入利润表，作为资产减值损失冲减利润。**

在商品流通企业采购货物的例子中，企业采购的存货原本打算以高于账面的进价出售。假设由于市场环境发生变化等原因，企业的存货在当年年底（12月31日）还在库房里，且经过评估发现，这些存货如果最终被卖掉将导致账面亏损40万元。

这就是说，在当年的12月31日，企业的存货出现了减值40万元。按照会计准则的规定，企业存货资产的账面价值要调整为160万元，同时还要将已经减值的40万元计入利润表，企业的营业利润将因此而减少40万元。

除了存货以外，企业的其他资产如固定资产、无形资产、对外投资等都有可能由于各种原因出现减值。这些资产出现减值以后，就要将相应资产的账面价值调到减值后的水平（如前文例子中的存货价值从200万元调减到160万元），同时把本期新增加的减值损失计入利润表的资产减值损失，作为营业利润减少的因素。

而信用减值损失则是由于债务人的偿债能力下降所导致的企业债权减值损失。企业由于经营活动所产生的债权，反映在应收账款、合同资产等项目里。当债权出现减值因素时，企业就要把相应债权的价值调到减值后的水平，把本期新增加的债权减值计入利润表的信用减值损失，作为营业利润减少的因素。

千万不要小看了这两个减值损失的能量，特定情况下，这两个减值损失可能成为企业发生巨额亏损的罪魁。

企业财报解析：易见股份合并利润表里的"两搅局"

下面我们看一下上市公司易见股份年度报告中与合并利润表有关的信息（见表1-9）。

表 1-9　易见股份 2019—2020 年度报告中合并利润表相关信息　单位：元

项目	2020 年	2019 年
报告期	年报	年报
报表类型	合并报表	合并报表
营业总收入	9,716,988,143.33	15,346,630,416.20
营业收入	9,094,288,561.54	14,174,455,094.91
利息收入	622,699,581.79	1,172,175,321.29
营业成本	9,038,700,175.12	13,943,211,705.51
利息支出	591,933,121.48	279,149,034.86
税金及附加	14,562,141.53	13,863,582.55
销售费用	416,091.99	1,026,345.26
管理费用	72,326,028.20	58,426,576.48
研发费用	37,627,293.78	23,514,375.80
财务费用	97,540,479.37	21,307,353.79
利息费用	90,642,758.50	29,182,984.29
利息收入	8,571,106.19	13,441,166.73
其他收益	8,251,790.07	5,971,951.28
投资收益	3,922,547.70	987,134.75
信用减值损失	−11,611,341,443.76	−143,312,291.61
资产减值损失	−273,788,245.37	0.00
资产处置收益	0.00	−5,535.80
营业利润	−12,009,072,539.50	869,772,700.57
营业外收入	2,031,611.11	0.00
营业外支出	12,372,724.09	1,996,251.31
利润总额	−12,019,413,652.48	867,776,449.26
所得税费用	67,102,720.05	−24,673,861.63
净利润	−12,086,516,372.53	892,450,310.89

这个公司的利润表数据显示，在 2020 年，企业的净利润由上一年的盈利变为当年的巨亏。出现巨亏的原因，固然与 2020 年度的营业收入出现大幅度下滑有关，但实际上，出现巨亏的主要原因还真不是企业的经营活动和投资活动，而是企业计提的两项减值损失——信用减值损失和资产减值损失的规模合在一起几乎与营业利润的亏损规模相当！

因此，企业在获得营业利润之前，还有信用减值损失和资产减值损失这两个搅局者。在分析企业营业利润构成的时候，要特别注意这一点。

2. 导致企业出现资产减值损失的三个因素

第一个是管理因素。

企业的很多资产都是日常经营管理的结果。比如企业存货采购多少、企业的货物卖给谁、什么样的价格条件和结算方式等，都与企业的日常经营管理有直接关系。不同的管理水平可能导致不同的资产质量，质量低的资产就会出现资产减值的问题。

几年前，我教过的一个学生在一个出版社当了社长。他就联系我说："张老师，您能不能通过出版社的财报数据，给我们提一些建议？"

我说："好呀！你把财务报表拿来让我看看吧。"

很快，他就亲自把出版社上一年度经审计的财务报表拿给了我。

这是一套被注册会计师出具了标准无保留意见审计报告的财务报表。很快，我发现该出版社的存货周转速度比较慢，平均周转速度一年只有一次，而且利润表里面的资产减值损失连续两年都是零，当然存货减值损失肯定也是零了。

我为什么认为这个出版社的存货周转速度是比较慢的呢？因为

我的好几本书一年要印刷多次，可以简单粗略地理解为印一次就周转一次。我相信这个出版社一定有一年多次印刷的书，但整体周转速度只有一次，说明有的书存在积压问题。

我就对他说："你尽快办两件事。一是盘点一下库存的书籍，看看账面上的书与库房里面的书是不是对得上，有没有存货减损、丢失的问题；二是了解一下注册会计师给你们服务了几年，在审计的时候对你们社的存货可能有减值问题是否进行了关注？"

很快，他告诉我："经过对库房的盘点，我们不仅发现有不少书已经很长时间没有人买了，还发现丢了一些书。"

我问："丢的书都是周转快的畅销书或者新书吧？"

他说："是。"

我说："这就对了。卖不动的书谁偷啊！贼都不偷的书，你说这还是资产吗？这些所谓的资产早就应该进行减值处理了。"

我继续问："会计师事务所的事问清楚了吗？"

他回答："问清楚了。这个所已经给我们服务几年了，但事务所对存货减值的事有过什么具体的意见和建议，工作人员没有印象。"

我说："你换一家别的事务所吧。"

他问："为什么呢？工作人员反映他们亲和力很强，审计费也不高，还很好合作。"

我说："他们的职业能力太差。出版社里最重要的资产就是存货，而存货特别容易出现减值损失。因为很多书具有时效性，像你这平均存货周转一年一次的情况，他们稍微素质高点就会提醒或者要求你们进行减值测试。这种事务所就是混日子的，再便宜也不能用。"

第二个是决策因素。

具有格局性、方向性的资产配置往往是企业决策的结果，而决策失误也会导致资产出现减值。

哪些资产的减值更多体现企业决策因素呢？

实际上，企业非流动资产（非流动资产的概念和主要项目以后会做较为详细的介绍）里面的固定资产、在建工程、商誉、长期股权投资等的基本格局往往是企业决策的结果，这方面的资产减值往往是决策导致的。当然，有的时候企业的资金让大股东或者其他关联方拿走了，就是不还，这方面所形成的债权减值损失（信用减值损失）也应归于决策因素，因为一般管理者和业务人员既无动机也没有权利和能力把企业的资金鼓捣到大股东和其他关联方去。

2022年1月28日，上市公司江苏广信感光新材料股份有限公司（以下简称"广信材料"）发布了2021年的年度业绩预告。业绩预告显示，公司2021年归属于上市公司股东的净利润规模约为 -3.3 亿元至 -4.4 亿元。

广信材料在业绩预告中发布的导致公司归属于上市公司股东的净利润大幅下降的主要原因是：

（1）计提商誉减值

公司以往收购股权形成一定金额的商誉。截至2021年12月31日，公司商誉余额合计为 41,881 万元。公司根据《会计监管风险提示第 8 号——商誉减值》及相关会计政策规定，对前期收购子公司形成的商誉进行了初步减值测试，预计本期计提的商誉减值额为 27,000 万元至 37,000 万元。公司计提商誉减值准备导致本报告期业绩大幅下降，实际计提金额需根据评估机构的评估报告及会计师事务所审计数据确定。

剔除商誉减值因素影响，2021年公司实现归属于上市公司股东的净利润预计为：亏损 6,000 万元至 7,200 万元。

（2）其他影响事项

公司涂料板块受新冠肺炎疫情、华为事项、原材料价格上涨等因素影响业绩下滑，收入规模及利润水平未能覆盖边际成本，导致利润亏损。公司受行业市场情况变动及上游原材料价格的大幅上涨影响，2021年的毛利率和净利润水平有所下滑。

（3）非经常性损益影响

预计公司本报告期的非经常性损益约为180万元，上年同期为1,066.79万元。本期非经常性损益主要系政府补助。

从整个业绩预告的内容看，即使没有商誉减值损失的处理，企业的经营活动也还是亏损的，但不能称之为巨亏。导致巨亏的，恰恰是商誉减值损失的计提。而商誉是企业对外收购导致的，对外收购一定是决策问题。

截至2021年12月31日，公司商誉余额合计为41,881万元，但企业预计计提的商誉减值额就可能达到27,000万元至37,000万元。这意味着企业的商誉几乎"全军覆没"——当年收购时导致出现巨额商誉的各项因素看来都变成了故事。

第三个是核算因素。

这句广告语你一定不陌生：不是所有牛奶都叫特仑苏！

我把这句广告语换一下：不是所有资产减值都要立即进行处理！

前面的两个导致资产减值的因素不管你是不是处理，该发生的时候就会发生。但是，企业在财务报表上展示出来的资产减值和信用减值的规模并不是在企业的资产减值一出现就进行处理的。

第一，这有一个损失发生的时间和企业信息披露的时间差问题。按照现行规定，上市公司财务数据的信息披露，可以在第一季度结束后、半年结束后、九个月结束后以及一年结束后进行。这样，企业最快就是在上述各个期间结束后进行相关信息的披露。而对于企业资产减值情况的系统处理，则是在年度报告中进行。因此，在现行信息披露要求和技术水平的条件下，及时精准披露资产减值损失和信用减值损失一时还难以实现。

第二，企业是否进行资产减值处理，除了减值因素本身，还有对企业盈亏的考量。

这就是说，当企业发生的减值损失与企业在不进行减值损失处理时的利润或亏损相比无足轻重的时候，企业往往就会按照相应资产减值的程度进行减值损失的确认；当企业发生的减值损失与企业在不进行减值损失处理时的利润或亏损相比金额巨大或对企业盈亏可能产生颠覆性影响的时候，企业往往就会推迟进行资产减值处理。

下面再看一下上市公司星期六股份有限公司（以下简称"星期六"）发布 2021 年度业绩预告后，深圳证券交易所上市公司管理一部在第二天（2022 年 1 月 20 日）就发出《关于对星期六股份有限公司的关注函》（公司部关注函〔2022〕第 25 号，以下简称"关注函"）。关注函的主要内容为：

你公司于 2022 年 1 月 19 日披露的《2021 年度业绩预告》（以下简称《业绩预告》）显示，2021 年度你公司归属于上市公司股东的净利润为亏损 4.3 亿元至 6.45 亿元，扣除非经常性损益后的净利润为亏损 4.1 亿元至 6.15 亿元。

业绩变动原因为：一是 2021 年第四季度加大对库龄较长的鞋类库存的促销力度，由此产生经营亏损及计提存货跌价准备等，影响利润金额为 –2 亿元至 –2.5 亿元，预计全年计提坏账准备及存货跌价准备 2.8 亿元至 3.5 亿元；二是对 2017 年收购北京时尚锋迅信息技术有限公司（以下简称"时尚锋迅"）及北京时欣信息技术有限公司（以下简称"北京时欣"）两家时尚新媒体公司产生的 3.61 亿元商誉计提减值准备 1.80 亿元至 2.70 亿元；三是股权激励计划摊销费用 8,008 万元。

《业绩预告》还显示，你公司 2018 年购买的资产杭州遥望网络科技有限公司（以下简称"遥望网络"）在直播电商领域发展迅速，2021 年实现了较快速度的增长，全年成交订单量突破 1 亿单，销售 GMV 超 100 亿元，为 2020 年同期的约 2.5 倍……

我部对上述事项表示关注，请你公司就下列问题进行说明：

1. 关于业绩预告，请你公司：

结合 2021 年度营业收入及其扣除情况，说明你公司是否还触及《股票上市规则（2022 年修订）》5.1.1 条第一款第（四）项等情形，如是，请对《业绩预告》进行补充披露，并及时、充分披露风险提示。

请年审会计师对上述问题进行核查并发表明确意见。

2. 关于存货跌价准备，请你公司：

结合行业环境、业务开展情况、促销力度等变化因素，说明 2021 年计提存货跌价准备较 2020 年大幅增加的原因及合理性，2021 年计提存货跌价准备的会计政策、确定依据较 2020 年是否发生重大变化，如是，说明变化的具体原因，在此基础上说明以前年度计提存货跌价准备是否充分，你公司是否存在盈余管理的情形。

请年审会计师对上述问题进行核查并发表明确意见。

3. 关于时尚锋迅和北京时欣，请你公司：

（1）说明对该两家公司进行商誉减值测试的具体过程，包括核心参数选取、相关测算依据和商誉减值损失的确认方法，相较于 2020 年商誉减值测试相关核心参数选取及测算依据等方面的差异（如有）及合理性；

（2）说明 2020 年你公司对上述公司未计提任何商誉减值准备是否谨慎、合理、准确，是否符合企业会计准则等有关规定，是否影响你公司 2020 年盈亏性质。

请年审会计师对上述问题进行核查并发表明确意见。

4. 关于遥望网络，请你公司：

（1）说明《业绩预告》仅披露遥望网络经营规模而不披露实现利润相关情况的原因，是否存在违反《股票上市规则（2022 年修订）》2.1.1 条、2.1.6 条的行为；

（2）说明遥望网络 2021 年预计营业收入、净利润及扣非后净利润等主要财务数据，及其较 2020 年的变动幅度，结合行业环境变化、经营业务的开展情况等，说明业绩变动的原因及合理性；

......

请年审会计师对上述问题（2）（3）（5）进行核查并发表明确意见。

5. 关于出售鞋类销售业务及资产，请你公司：

（1）说明近年收购互联网广告、互联网营销等资产后，相关业务与你公司原有鞋类主业的整合情况及效果，未能充分发挥协同效应的原因（如适用），实际情况与你公司前期收购公告相关披露情况是否一致，不一致的，说明原因及合理性，在此基础上说明前期收购公告相关披露是否真实、准确、完整；

（2）充分提示以品牌管理、供应链服务、互联网广告、互联网营销业务等轻资产运营方式及相关业务开展的风险。

请你公司就上述问题做出书面说明。同时，提醒你公司及全体董事、监事和高级管理人员严格遵守《证券法》《公司法》等法律以及本所《股票上市规则》等规定，真实、准确、完整、及时、公平地履行信息披露义务。

本案例展示的内容涉及多方面的问题：一是经营问题，如存货的促销和减值后处理问题；二是战略问题，如对商誉减值的处理问题；三是在2021年度的财务业绩中集中出现大规模减值损失的会计处理是否恰当的问题。

无论企业做出什么样的说明或者解释，企业的信息披露被监管机构关注本身就说明企业的相关会计处理的影响足够大。（请继续关注该企业后续财务业绩的走势。）

当然，你可能会说：企业的资产减值损失和信用减值损失专业性很强，我怎么能知道是否恰当以及是什么原因导致的损失呢？

其实，分析这类信息需要坚持一点：常识性。

虽然会计处理是专业性的，但会计信息的基础应该与企业的日常业务和经济发展的一般规律高度相关。

俗话说：冰冻三尺非一日之寒。大多数情况下，资产减值损失、信用减值损失是日常经营和管理不断积累起来的，也有极少数情形是突然发生的。因此，对企业发生的减值损失的明细状况的关注，将有助于你判断减值损失的性质。

我们下面继续看一下易见股份2020年和2021年利润表中信用减值损失和资产减值损失的具体内容（见表1-10）。

表 1-10 易见股份 2020—2021 年度利润表相关数据　　　单位：元

项目	2020 年	2021 年
信用减值损失：		
应收票据坏账损失	−2,000.00	−1,012,054.72
应收账款坏账损失	−12,785,158.51	11,334,897.33
预付款项坏账损失	3,424,156,599.93	
其他应收款坏账损失	11,657,734.47	−6,682,957.71

（续表）

项目	2020 年	2021 年
长期应收款坏账损失	2,081,049.10	272,406.71
其他流动资产坏账损失	8,186,233,218.77	139,400,000.00
合计	11,611,341,443.76	143,312,291.61
资产减值损失：		
长期股权投资减值损失	273,788,245.37	
合计	273,788,245.37	

数据显示：导致企业出现减值损失的主体是信用减值损失的预付款项减值损失和其他流动资产坏账损失。

出现一年内集中爆发债务人的欠账收不回来的情况，你可能会问：债务人都是谁呀？谁下令把钱打出去的？预付账款是买东西预付出去的，什么时候预付出去的？钱付出去了，买的东西迟迟不到，企业采取什么措施了吗？

还是那句话：减值损失的确认是会计的专业问题，但常识和企业发展的一般规律还是要遵循的。

所以，你在看一个企业资产减值损失、信用减值损失的时候，不能简单地看它对利润的负面影响有多大，更应该思考这种减值损失意味着什么：是经营问题、决策问题、用人问题，还是调节年度间盈亏问题。

第二章

揭秘资产负债表

第一节　底子：资产负债表告诉了我们什么

资产负债表告诉了我们什么呢？

1. 资产负债表的结构与基本关系

我们先看一下科大讯飞资产负债表的一些最基本的关系。表 2–1 是 2018 年 12 月 31 日至 2020 年 12 月 31 日上市公司科大讯飞的资产负债表情况。

请大家注意：我在信息的采集中保留了母公司资产负债表与合并资产负债表。目前，你不用去关注两者的区别，合并报表的问题我会在后文进行讲解。

在本节，我以科大讯飞母公司的资产负债表为基础进行讲解。

表2-1　科大讯飞2018—2020年度资产负债表相关数据

单位：元

时间	2020-12-31	2020-12-31	2019-12-31	2019-12-31	2018-12-31	2018-12-31
报告期	年报	年报	年报	年报	年报	年报
报表类型	合并报表	母公司报表	合并报表	母公司报表	合并报表	母公司报表
流动资产：						
货币资金	5,350,027,393	3,737,106,295	3,828,625,627	2,819,890,531	2,401,052,033	847,737,053
交易性金融资产						
衍生金融资产						
应收票据及应收账款	5,733,281,899	4,481,385,165	5,307,881,199	3,323,132,334	3,591,794,707	1,989,671,862
应收票据	265,369,330	177,679,650	220,722,763	164,618,244	202,487,680	183,838,872
应收账款	5,467,912,569	4,303,705,516	5,087,158,436	3,158,514,090	3,389,307,027	1,805,832,990
应收款项融资						
预付款项	204,993,017	71,724,150	144,944,408	70,872,011	24,914,218	9,151,479
其他应收款（合计）	436,239,169	858,778,568	407,615,471	1,020,916,200	341,734,090	802,071,501

（续表）

时间	2020-12-31	2020-12-31	2019-12-31	2019-12-31	2018-12-31	2018-12-31
报告期	年报	年报	年报	年报	年报	年报
报表类型	合并报表	母公司报表	合并报表	母公司报表	合并报表	母公司报表
应收股利		174,825,000	1,460,135	174,825,000	0	54,007,050
应收利息		0				
其他应收款	436,239,169	683,953,568	406,155,337	846,091,200	341,734,090	748,064,451
存货	2,378,935,700	1,260,518,056	826,407,627	239,305,097	1,039,577,509	249,040,980
合同资产	480,185,851	35,621,380				
一年内到期的非流动资产	290,464,717	86,422,341	111,362,773	37,248,981	298,298,136	115,322,126
其他流动资产	103,969,198	6,320,775	803,101,908	698,277,546	65,028,362	14,277,020
流动资产合计	14,978,096,944	10,537,876,731	11,429,939,014	8,209,642,700	7,762,399,056	4,027,272,020
非流动资产：						
可供出售金融资产		903,431,671		555,718,138	436,550,356	382,770,006
其他非流动金融资产	1,082,191,506		648,236,868			

（续表）

时间	2020-12-31	2020-12-31	2019-12-31	2019-12-31	2018-12-31	2018-12-31
报告期	年报	年报	年报	年报	年报	年报
报表类型	合并报表	母公司报表	合并报表	母公司报表	合并报表	母公司报表
长期应收款	1,007,891,263	337,072,118	683,037,670	34,881,716	636,897,979	47,398,160
长期股权投资	567,091,670	6,189,838,143	421,938,087	5,579,633,567	378,880,370	4,077,513,129
投资性房地产	233,699,917	34,721,077	202,239,354	18,340,577	21,429,493	19,043,325
固定资产（合计）	1,839,011,067	921,115,461	2,001,062,055	1,005,664,020	1,907,341,648	772,020,291
在建工程（合计）	267,414,007	86,723,971	135,596,586	52,885,782	282,003,485	247,765,674
无形资产	1,908,355,237	795,931,123	2,051,324,853	926,904,669	1,625,259,649	801,441,660
开发支出	1,087,369,464	897,416,109	739,462,999	603,860,431	625,569,137	382,980,478
商誉	1,110,918,321		1,120,803,483		1,122,148,175	
长期待摊费用	138,044,227	6,117,750	164,687,782	11,576,918	138,888,812	12,833,717
递延所得税资产	610,707,151	228,992,281	496,789,280	170,612,928	331,432,841	129,489,335
其他非流动资产	5,301,045	5,294,954	5,718,055	5,718,055	33,782,687	33,782,687
非流动资产合计	9,857,994,875	10,406,654,657	8,670,897,072	8,965,796,801	7,540,184,632	6,907,038,462

（续表）

时间	2020-12-31	2020-12-31	2019-12-31	2019-12-31	2018-12-31	2018-12-31
报告期	年报	年报	年报	年报	年报	年报
报表类型	合并报表	母公司报表	合并报表	母公司报表	合并报表	母公司报表
资产总计	24,836,091,819	20,944,531,388	20,100,836,086	17,175,439,501	15,302,583,688	10,934,310,482
流动负债：						
短期借款	642,621,532	642,621,532	733,208,696	733,208,696	716,565,864	711,565,864
交易性金融负债			2,853,765	2,853,765	143,116	143,116
应付票据及应付账款	5,234,491,514	3,190,164,508	3,088,101,652	1,770,915,295	2,163,057,334	1,508,487,051
应付票据	2,405,992,624	1,253,227,300	1,046,625,405	394,147,800	291,326,285	
应付账款	2,828,498,891	1,936,937,208	2,041,476,247	1,376,767,495	1,871,731,049	
预收款项			868,169,727	151,955,370	773,874,302	167,173,754
合同负债	1,668,203,863	308,442,665				
应付职工薪酬	717,468,551	298,939,454	546,008,246	237,503,612	460,868,360	222,694,927
应交税费	406,163,308	166,618,827	313,974,658	98,673,618	259,756,961	72,080,730
其他应付款（合计）	1,200,826,072	5,425,743,609	1,177,496,866	4,212,798,406	1,277,220,881	1,614,303,767

（续表）

时间	2020-12-31		2019-12-31		2018-12-31	
报告期	年报	年报	年报	年报	年报	年报
报表类型	合并报表	母公司报表	合并报表	母公司报表	合并报表	母公司报表
一年内到期的非流动负债	185,192,052	110,000,000	30,000,000	30,000,000	110,000,000	110,000,000
其他流动负债	337,140,495	33,160,708	106,018,814	10,771,672	51,244,259	
流动负债合计	10,392,107,387	10,175,691,304	6,865,832,424	7,248,680,433	5,812,731,076	4,406,449,210
非流动负债：						
长期借款	82,474,789		397,598,743	150,000,000	367,059,981	90,000,000
预计负债	702,985,684		616,284,162		574,473,617	1,274,005
递延所得税负债	110,649,296	52,862,413	83,951,790	17,941,851	51,340,852	10,190,251
递延收益－非流动负债	576,063,699	110,178,960	402,332,964	47,894,607	285,221,564	57,080,271
非流动负债合计	1,472,173,468	163,041,372	1,500,167,658	215,836,458	1,278,096,014	158,544,527
负债合计	11,864,280,855	10,338,732,676	8,366,000,083	7,464,516,890	7,090,827,090	4,564,993,737

（续表）

时间	2020-12-31	2020-12-31	2019-12-31	2019-12-31	2018-12-31	2018-12-31
报告期	年报	年报	年报	年报	年报	年报
报表类型	合并报表	母公司报表	合并报表	母公司报表	合并报表	母公司报表
所有者权益（或股东权益）：						
实收资本（或股本）	2,224,737,717	2,224,737,717	2,198,575,067	2,198,575,067	2,092,530,492	2,092,530,492
资本公积	7,338,910,143	8,343,998,865	6,969,153,219	7,826,501,916	4,587,725,576	4,988,410,899
减：库存股	878,587,546	878,587,546	767,786,702	767,786,702	1,040,117,443	1,040,117,443
其他综合收益	321,289		508,978		460,602	
盈余公积	219,078,117	219,078,117	150,907,535	150,907,535	116,407,831	116,407,831
未分配利润	3,763,545,727	696,571,560	2,866,600,688	302,724,794	2,214,097,711	212,084,965
归属于母公司所有者权益合计	12,668,005,447	10,605,798,712	11,417,958,785	9,710,922,611	7,971,104,770	6,369,316,745
少数股东权益	303,805,518		316,877,218		240,651,828	
所有者权益合计	12,971,810,964	10,605,798,712	11,734,836,003	9,710,922,611	8,211,756,598	6,369,316,745
负债和所有者权益总计	24,836,091,819	20,944,531,388	20,100,836,086	17,175,439,501	15,302,583,688	10,934,310,482

　　资产负债表是反映企业某个时点资产、负债与所有者（股东）权益的规模及关系的报表。请注意，当我们说某个企业资产负债表的时候，一定有一个时点的概念：你说的是哪一天的？是某个月末、某个季末、某个半年末，还是某个年末的资产负债表？

　　所以说，**资产负债表是一个时点报表。**

2. 流动资产与非流动资产

　　我们先看一下资产负债表的基本关系。这个基本关系是企业的资产总额，也叫资产总计，这个数字在 2020 年 12 月 31 日是 209 亿元，等于负债和所有者权益的总计。

　　资产总计与负债和所有者权益总计，这两个数字是恒等的。

　　什么是资产？简单来说，**企业拥有的可以用货币表现的各种资源就是资产。**用更专业的表达是这样的：**企业拥有或者控制、由过去的交易引起、能够用货币计量并能够带来未来经济利益流入的各种资源。**

　　请注意资产概念内涵的几个要点：一是拥有或控制，二是由过去交易引起，三是能够用货币计量，四是能够在未来有用。

　　现在暂时不用去琢磨概念的内涵，只需要关注企业资产的主要项目有哪些就可以了。

　　在资产方，**资产分为流动资产和非流动资产**两大类。

　　（1）流动资产

　　从概念上来说，**流动资产一般指一年之内能够转化为货币资金，或者一年内能够被快速消耗或销售的资产。**

　　具体来说，流动资产主要包括这样几个项目（请注意：流动资产的排序是按照周转快慢来的——周转快的，排在前面）：

　　第一项是货币资金。货币资金是当然的流动资产。

第二项和第三项分别是交易性金融资产和衍生金融资产。记住一句话就行了：这是期限比较短、往往在资本市场上随时可以交易的股权和债权投资等，预期在一年之内可以收回来，属于短期投资。

第四项是因赊销引起的债权——应收票据及应收账款，后面还有一个由应收票据及应收账款转换过去的应收款项融资。关于应收款项融资，记住一句话就够了：在性质上属于赊销债权。

第五项是预付款项。这是企业在采购货物的时候预先打出去的款项。预付款项将在未来转化为企业所购买的货物。

第六项是其他应收款。这是企业发生的与日常经营活动没什么关系的业务所产生的债权，比如大股东从企业拿钱、关联方从企业借钱、企业员工借钱等，都属于其他应收款。

第七项是存货。从名字上就可以体会存货所涉及的内容：在仓库里存放的原材料、在车间里正在加工的在产品以及在成品库里存放的产成品属于存货，商品流通企业摆在货架上的待售商品也是存货，房地产开发企业正在开发的楼盘也是存货。

思考：

房地产开发企业正在开发的楼盘往往经历一年以上的开发时间，怎么也属于流动资产呢？

注意：对于特殊行业，如房地产开发行业，流动资产的内涵要拓展一下——在一个经营周期内可以转化为现金的资产也属于流动资产。这样，开发时间长于一年的在开发楼盘也是房地产开发企业的流动资产——存货。

第八项是"奇葩的"合同资产。为什么说是"奇葩的"合同资产呢？

因为企业各项资产的形成，往往都是签订合同的结果：我们所讲过的应收票据及应收账款、存货资产的形成，哪一项资产没合同？为什么只有现在这个项目叫合同资产？

不用纠结了。你只需要记住这一点就可以了：合同资产也是企业的商业活动所形成的债权，只不过回收的速度比较慢——排在存货后面，意味着周转速度比存货还慢。

第九项是一年内到期的非流动资产，是从非流动资产转过来的具有投资性质的资产。

第十项是其他流动资产，主要包括企业预付的一些税金和短期投资。

（2）非流动资产

非流动资产是企业一年以上转化为货币资金的投资或者长期被利用的资源。

非流动资产主要有下面几项：

第一项是可供出售金融资产，第二项是其他非流动金融资产，第四项是长期股权投资。请记住这三项资产的共同特征：一是投资期限长于一年，二是不参与企业的经营活动，三是对利润的贡献体现为投资收益。

第三项是长期应收款，是企业融资租赁产生的应收款项和采用递延方式分期收款所产生的应收款项。

第五项是投资性房地产，第六项是固定资产，第七项是在建工程，是企业用于经营活动、管理活动的各种设施，如房屋、建筑物、运输车辆、办公设备等。

第八项是无形资产，是那些不具有实物形态，但企业可以长期利用的资源，包括土地使用权、专利权、专有技术、企业的管理信息系统等。

第九项是开发支出，是企业在产品开发方面所发生的支出。

第十项是商誉，一般出现在合并报表中。关于这个项目，我会在后文做更多分析。

3. 负债与所有者（股东）权益

下面看一下负债与所有者（股东）权益。

为什么负债和所有者（股东）权益的规模与资产一样多呢？

请注意：**资产回答了企业有哪些资源，而负债和所有者（股东）权益回答了企业的资源是谁给的**。

企业的资源是谁给的呢？

第一，是股东给的。股东（也叫所有者）给的资源体现在哪里呢？请在股东权益部分找一下股本和资本公积这两个项目。记住这一点就可以了：股本和资本公积之和的主体部分就是股东给企业的入资贡献。

第二，是企业借的。从哪里借呢？银行、金融机构、债券购买者等。企业借入的资源体现在哪里呢？请在负债里面找一下，看看哪些项目像借款项目。

比如，科大讯飞负债项目中的短期借款、交易性金融负债、一年内到期的非流动负债和长期借款等，都属于企业由于借入资金而产生的负债。有的公司还发行债券，那企业的负债就会涉及应付债券等。

第三，是在企业业务持续开展过程中获得的各种资源，这些资源主要涉及与企业业务有关的上下游向企业提供的资源。

比如，企业在购入存货的时候，在合同中约定，在货物到达后的一段时期才进行货款支付，这就会形成应付票据和应付账款负债；又比如，销售产品或者提供服务之前，在合同中约定，在货物发出之前或服务提供之前，购买方要向企业支付预付款，企业在收到款项一段时期之后才提供产品或服务。这样，在企业收到款项的时候，就会形成预收款项或合同负债这样的负债（不要理会合同负债与预收款项有什么不同，在分析的时候把合同负债理解为预收款项就可以了）。

当然，如果你在一个单位上班，工资是在上班一段时间之后发放，你在收到工资之前实际上就在为企业提供资源。企业欠员工的工资就是员工向企业提供的资源。

概括来说，负债中的应付票据、应付账款、预收款项、合同负债、应付职工薪酬、应交税费、其他应付款等都属于企业由于业务的开展，与企业业务有关的各方向企业提供的资源。

第四，利润积累。反映企业利润积累对企业资源的贡献的两个项目是盈余公积和未分配利润。从本质上来说，盈余公积和未分配利润是企业经营管理者努力的结果。

为什么资产与负债和所有者权益是恒等的呢？

实际上，企业的任何资源（资产）都属于两类人：一类是债权人，另一类是股东。

有没有例外呢？没有例外。

在企业设立之初，肯定是股东先投钱（形成股本或实收资本、资本公积），过一段时间钱不够了，就找银行借（形成各种与借入资金有关的负债）。这不就是早期企业的资源形成过程吗？

再后来企业开展业务，产品走向市场。企业逐渐对供应商、经销商所形成的上下游有欠账的能力了——这将导致企业相应的负债增加。

逐渐地，企业有利润了，形成盈余公积和未分配利润。

所以，资产负债表的资产与负债和所有者权益是恒等的关系：资产展示了企业资源规模和结构，就是企业拥有的资源实力；负债和所有者权益展示了企业资源的来路，反映了企业的赋能者是谁。

4. 流动负债与非流动负债

与资产按照流动性划分为流动资产和非流动资产类似，负债也按照偿还期限划分为流动负债和非流动负债。

流动负债是企业一年内应该偿还的债务，非流动负债是企业一年以上需要偿还的债务。

具体的负债和股东权益项目，就不进行详细介绍了。有兴趣的读者可以看一下财务会计的教材或者在网络上搜索一下相关的概念。

小结：

我把资产负债表的基本关系阐释成资产是实力，负债和所有者权益所展示的利益各方是企业的赋能者。企业的资源所展示出来的实力永远与赋能者赋予企业的资源规模相等。

第二节　资源结构：流动资产——活力

1. 流动资产：经营与非经营

流动资产的具体项目包括货币资金、交易性金融资产、衍生金融资产、应收票据、应收账款、应收款项融资、预付款项、其他应收款、存货、合同资产、一年内到期的非流动资产和其他流动资产等项目。

流动资产是流动性较强的资产，流动资产的状况决定了企业资产的活力。

如果你对上述流动资产项目进行进一步考察，会发现这些项目在企业中发挥的作用明显不同：有的与经营活动有直接关联，有的则与投资活动有直接关联。

这里面有一个特殊的项目，就是货币资金。

货币资金既可以参与经营活动，也可以参与投资活动——是经营与投资的后备资源。

因此，我们可以在进行流动资产结构性分析的时候，**将流动资产结构性划分为三部分：第一部分是货币资金，属于经营活动或者投资活动的后备力量；第二部分是与经营活动有关的项目，我把这部分流动资产叫作经营性流动资产**，包括应收票据、应收账款、应收款项融资、预付款项、存货、合同资产以及部分其他流动资产（很多公司的其他流动资产的主要构成是预付税金和短期投资，如理财等，预付税金与经营活动直接相关，短期投资则属于投资活动）等；**第三部分则是与投资活动有关的项目，我把这部分流动资产叫作投资性流动资产**，包括交易性金融资产、衍生金融资产、部分其他应收款（在企业母公司其他应收款显著大于合并其他应收款的情况下，母公司其他应收款大于合并其他应收款的差额是母公司向子公司提供资金的基本规模，属于投资性质的资产）、一年内到期的非流动资产和部分其他流动资产等。

上述对流动资产的结构性划分意义非常重大：

在企业流动资产中大量是货币资金，经营性流动资产和投资性流动资产两项规模均不大的情况下，企业可能处于初创阶段——企业刚刚获得投资方的投资，还没有大规模开展经营或者投资活动；如果企业在设立后，流动资产中长期出现大量货币资金且经营性流动资产和投资性流动资产两项规模均不大，则极有可能意味着企业处于战略困惑期——钱放在那里长期不动用，不知道往哪里投资，企业不知道往哪个方向走。

企业流动资产在剔除货币资金后，经营性流动资产占据主导地位、投资性流动资产规模不大的时候，往往意味着企业具有较为完备或者独立的生产经营体系，企业聚焦特定的产品或者服务。

企业流动资产在剔除货币资金后，投资性流动资产占据主导地位、经营性流动资产规模不大的时候，往往意味着企业并不具备较为完备或者独立的生产经营体系，企业主要聚焦投资活动。在这种情况下，企业的主要经营活动是通过母公司进行对外控制性投资来组织的。

比如，在 2020 年 12 月 31 日，科大讯飞母公司的流动资产规模为105.38 亿元（详见本章表 2–1），其中，货币资金为 37.37 亿元。虽然这个规模占流动资产整体的比重还是比较大的，但占流动资产比重最大的是应收票据、应收账款、预付款项和存货，这几项之和达到了 58.14 亿元，而具有投资色彩的部分其他应收款、一年内到期的非流动资产则规模不大。

这个结构意味着该企业的流动资产聚焦经营活动，且采购、销售系统较为完备，企业流动资产中的对外投资规模并不大。

下面我们看一下中国联通 2020 年度报告中的资产情况（见表 2–2）。

在 2020 年 12 月 31 日，中国联通母公司流动资产的规模为1,596,328,709 元，且与货币资金的规模完全一样：企业没有任何经营性流动资产和投资性流动资产。从这样的一个流动资产结构根本看不出企业的战略意图，但你不能简单说该企业处于战略困惑期。对企业战略意图的考察就要借助于非流动资产了。

表 2-2　中国联通 2020 年度报告中资产负债表相关数据　　单位：元

时间	2020-12-31	2020-12-31	2019-12-31	2019-12-31
报告期	年报	年报	年报	年报
报表类型	合并报表	母公司报表	合并报表	母公司报表
流动资产：				
货币资金	35,215,402,475	1,596,328,709	38,665,306,851	509,663,009
交易性金融资产	1,560,063,669		201,854,202	
应收票据及应收账款	19,934,133,599		20,620,873,818	
应收票据	473,265,790		163,957,193	
应收账款	19,460,867,809		20,456,916,625	
预付款项	6,758,909,674		4,196,289,289	
其他应收款（合计）	3,403,492,348		2,800,608,159	921,985,605
应收股利				917,780,560
应收利息			63,986,724	4,205,045
其他应收款	3,403,492,348		2,736,621,435	
存货	1,951,390,703		2,359,148,173	
合同资产	822,749,051		1,308,225,927	
其他流动资产	39,007,515,458		13,451,543,702	4,601,138
流动资产合计	108,653,656,977	1,596,328,709	83,603,850,121	1,436,249,752
非流动资产：				
债权投资		3,046,096,088		
其他债权投资	721,083,937			
其他权益工具投资	1,838,300,911		3,323,130,688	

（续表）

时间	2020-12-31	2020-12-31	2019-12-31	2019-12-31
报告期	年报	年报	年报	年报
报表类型	合并报表	母公司报表	合并报表	母公司报表
其他非流动金融资产	933,690,125		568,316,711	
长期应收款	546,557,108		262,717,275	
长期股权投资	44,458,188,640	101,631,578,479	41,216,417,882	101,256,848,479
固定资产（合计）	315,331,979,845	3,577,295	312,533,736,358	3,801,947
在建工程（合计）	47,155,612,294		53,464,962,586	
在建工程	46,703,320,757		52,911,260,219	
工程物资	452,291,537		553,702,367	
使用权资产	29,052,403,370		33,900,554,955	
无形资产	24,942,470,340	8,515,950	25,746,168,495	8,764,590
开发支出	981,162,727		678,243,878	
长期待摊费用	2,851,607,849		2,439,942,449	
递延所得税资产	208,114,399		369,979,729	
其他非流动资产	4,800,601,886		6,122,597,585	3,042,122,315
非流动资产合计	473,821,773,431	104,689,767,812	480,626,768,591	104,311,537,331
资产总计	582,475,430,408	106,286,096,521	564,230,618,712	105,747,787,083

下面我们看一下美的集团 2020 年度报告中的资产情况（见表 2-3）。

表 2-3　美的集团 2020 年度报告中资产负债表相关数据　　单位：元

时间	2020-12-31	2020-12-31	2019-12-31	2019-12-31
报告期	年报	年报	年报	年报
报表类型	合并报表	母公司报表	合并报表	母公司报表
流动资产：				
货币资金	81,210,482,000	49,240,180,000	70,916,841,000	52,291,056,000
交易性金融资产	28,239,601,000	16,614,658,000	1,087,351,000	
衍生金融资产	420,494,000		197,412,000	
应收票据及应收账款	28,282,873,000		23,432,339,000	
应收票据	5,304,510,000		4,768,520,000	
应收账款	22,978,363,000		18,663,819,000	
应收款项融资	13,901,856,000		7,565,776,000	
预付款项	2,763,710,000	45,306,000	2,246,177,000	36,877,000
其他应收款（合计）	2,973,945,000	28,318,670,000	2,712,974,000	18,369,865,000
其他应收款	2,973,945,000	28,318,670,000	2,712,974,000	18,369,865,000
存货	31,076,529,000		32,443,399,000	
合同资产	3,236,848,000			
其他流动资产	49,548,987,000	20,533,745,000	75,880,423,000	42,665,884,000
流动资产合计	241,655,325,000	114,752,559,000	216,482,692,000	113,363,682,000
非流动资产：				
发放贷款及垫款	1,113,501,000		790,101,000	
其他债权投资	21,456,155,000	20,064,155,000		
其他权益工具投资	46,651,000			
其他非流动金融资产	3,360,849,000	80,937,000	1,750,107,000	487,564,000
长期应收款	981,623,000		1,208,079,000	

（续表）

时间	2020-12-31	2020-12-31	2019-12-31	2019-12-31
报告期	年报	年报	年报	年报
报表类型	合并报表	母公司报表	合并报表	母公司报表
长期股权投资	2,901,337,000	54,991,161,000	2,790,806,000	52,605,859,000
投资性房地产	405,559,000	476,839,000	399,335,000	518,828,000
固定资产（合计）	22,239,214,000	749,835,000	21,664,682,000	878,239,000
在建工程（合计）	1,477,302,000	204,304,000	1,194,650,000	155,681,000
无形资产	15,422,393,000	684,997,000	15,484,179,000	700,836,000
商誉	29,557,218,000	—	28,207,065,000	—
长期待摊费用	1,300,962,000	97,078,000	1,267,127,000	123,548,000
递延所得税资产	7,208,635,000	287,360,000	5,768,993,000	189,888,000
其他非流动资产	11,255,879,000	10,141,031,000	4,947,603,000	4,359,507,000
非流动资产合计	118,727,278,000	87,777,697,000	85,472,727,000	60,019,950,000
资产总计	360,382,603,000	202,530,256,000	301,955,419,000	173,383,632,000

在 2020 年 12 月 31 日，美的集团母公司流动资产的规模为 114,752,559,000 元，其中货币资金的规模为 49,240,180,000 元，占比很高。除了有少量预付款项外，企业的应收账款、应收票据、应收款项融资、存货与合同资产等均为零。这意味着企业几乎没有经营性流动资产。在投资性流动资产方面，企业除了具有较大规模的交易性金融资产和其他流动资产（在企业很少经营活动的情况下，其他流动资产主要应为投资性应用），还有一定规模向子公司提供的资金（母公司其他应收款为 28,318,670,000 元，合并其他应收款规模为 2,973,945,000 元，两者之间的差额就是母公司向子公司提供资金的基本规模。实际上，在母公司经营活动不多的情况下，其他应收款全部有可能是向子公司提供的资金。但限于条件，我们不能特别精准确定母公司向子公司提供的资金）。

从这样的流动资产结构来看，企业流动资产具有较强的投资主导的特性。企业流动资产的战略意图非常清晰：自己基本不从事经营活动，具体的经营活动是通过对子公司进行投资，由子公司来完成的。

2. 影响流动资产结构的四个因素

在按照我的分析思路把母公司的流动资产进行结构化分解，分解为货币资金、经营性流动资产和投资性流动资产的条件下，影响企业流动资产结构的因素也就容易识别了。

影响企业流动资产结构的主要因素可以归纳为四个。

第一，战略选择。

有的企业具有较强的经营活动的历史积累，具备较为完备的生产经营系统，核心竞争力较为突出。这种情况下，母公司就可能采取强化自身核心竞争力的资源配置，以自身的经营活动为基础，辅以恰当规模的对外投资，这样的企业采取的发展战略往往是经营主导的发展战略。在这种情况下，企业的流动资产在剔除货币资金后，经营性资产会占据较大比重。

而有的企业在一开始就立足于多元化的发展战略，自身并不怎么直接参与经营活动，企业只进行投资管理活动，在这种情况下，企业的流动资产在剔除货币资金后，投资性资产会占据较大比重。

第二，管理风格。

有的母公司对子公司的资金采取集中统一管理、子公司需要资金首先由母公司支持的管理模式。在这种情况下，母公司向子公司提供资金的通道往往是其他应收款，从而导致母公司的其他应收款居高不下，而合并报表的其他应收款则显著低于母公司的其他应收款规模。

有的母公司则对子公司采取分权化管理的模式。在这种情况下，子公司需要的资金主要由子公司自己去筹集。如果采用此模式，母公司的其他应收款规模不会很大，从而其他应收款的规模在母公司流动资产中的占比也不会太高。

第三，行业特征。

不同行业企业的经营性流动资产结构可能存在显著差异：有的企业经营周期较长（如房地产开发企业），从而导致企业的存货占流动资产比重较高；有的企业产品时效性强，需要较低的存量和较快的周转速度，因而存货的规模就不会太大。

第四，经营策略与竞争地位。

在企业由于发展阶段和竞争地位等原因只能采取赊销为主的经营策略条件下，企业流动资产中的赊销债权规模就会比较大；在企业具有较强的市场竞争地位、产品供不应求的条件下，企业的赊销业务不会很大，因而其应收票据及应收账款的规模就不会太大。

3. 其他应收款

在前面的案例讲解中，母公司其他应收款有不同的表现：有的干脆就没有（如中国联通），有的规模并不太大（如科大讯飞），有的则比较大（如美的集团）。而如果你观察合并报表，会发现不同企业的其他应收款的规模差异也较大。

关于其他应收款，我强调几点：

第一，无论是母公司其他应收款还是合并其他应收款，其数字与企业常规经营活动的关联度一般是比较低的。

第二，如果出现母公司其他应收款的规模大于合并其他应收款的规模，两者之间的差额就是母公司向子公司提供资金的基本规模。

第三，如果合并其他应收款的规模不高于合并资产规模的 1%，其他应收款可能带来的风险不必过度关注；如果合并其他应收款的规模高于合并资产的 1%，就要考察其结构，关注债务人是谁了。因为过高的合并其他应收款，极有可能是关联方占用的资金。一旦出现这种情况，这部分债权发生坏账的可能性就比较大了。

简单一句话：正常条件下，合并报表中的其他应收款的规模不应该很大。

> **小结：**
>
> 　　在本节中，我对流动资产进行了结构性剖析，把流动资产分为三类，并结合案例对不同的流动资产结构的战略含义进行了分析。
>
> 　　本节的结构分析法，对理解流动资产具有重要意义。

第三节　资源结构：非流动资产——潜力

流动资产是流动性较强的资产，流动资产的状况决定了企业资产的活力。而非流动资产将在企业长期发挥作用，其规模、结构和质量决定了企业的发展潜力。

1. 非流动资产：经营与非经营

我在前文谈到，非流动资产的具体项目包括可供出售金融资产、其他非流动金融资产、长期应收款、长期股权投资、投资性房地产、固定资产、在建工程、无形资产、开发支出、商誉等项目。

如果对上述非流动资产项目做进一步考察，会发现这些项目与流动资产的结构类似，但在企业中发挥的作用明显不同：有的与经营活动直接关联，有的则与投资活动直接关联。

非流动资产可以结构性划分为两部分：第一部分是与经营活动有关

的项目，我把这部分非流动资产叫作**经营性非流动资产**，包括长期应收款、投资性房地产、固定资产、在建工程、无形资产、开发支出、商誉等；**第二部分则是与投资活动有关的项目**，我把这部分非流动资产叫作**投资性非流动资产**，包括可供出售金融资产、其他非流动金融资产、长期股权投资等。

上述对非流动资产的结构性划分意义同样非常重大：

企业非流动资产中经营性非流动资产占据主导地位、投资性非流动资产规模不大，往往意味着企业具有较为完备或者独立的生产经营体系，企业聚焦特定的产品或者服务。

企业非流动资产中投资性非流动资产占据主导地位、经营性流动资产规模不大，往往意味着企业并不具备较为完备或者独立的生产经营体系，企业聚焦投资活动。在这种情况下，企业的主要经营活动是通过母公司进行对外控制性投资来组织的。

在母公司非流动资产的构成中，无论是投资性资产多，还是经营性资产多，**都体现了企业的发展潜力**：非流动经营资产奠定了企业开展生产经营活动的技术装备基础和基础设施能力，非流动投资性资产尤其是长期股权投资结构与方向则决定了子公司的业务发展方向以及企业的扩张方式——企业既可以直接投资设立子公司，也可以通过并购来实现业绩的直接增长。

把流动资产的结构与非流动资产的结构结合在一起分析，就能够确定企业的发展运行方向。

企业财报解析：科大讯飞母公司非流动资产分析

我还是以科大讯飞 2020 年 12 月 31 日母公司资产负债表（详见本章表 2-1）的相关信息为基础展开分析。

在 2020 年 12 月 31 日，科大讯飞母公司的非流动资产规模为 104.07亿元，经营性非流动资产包括长期应收款、投资性房地产、固定资产、在建工程、无形资产、开发支出等项目，这几项之和约为 30.73 亿元，而具有投资色彩的项目可供出售金融资产、其他非流动金融资产、长期股权投资之和的规模为 70.93 亿元。

这个结构意味着企业的非流动资产聚焦投资活动，而与经营活动有关的资产也有一定规模，且项目比较全面，固定资产、无形资产、开发支出等都有一定规模。

结合我们对科大讯飞母公司流动资产结构的分析，有意思的情况出现了：在关于流动资产结构的分析中，剔除货币资金以后的流动资产中，经营性流动资产占据流动资产的主体部分；现在对于母公司非流动资产结构分析，又发现企业的非流动资产中，投资性资产占比较高。

怎么看待这个问题呢？

从整体来看，母公司具有完整的经营资产体系——固定资产、无形资产、在建工程、存货、预付款项、应收票据与应收账款均有一定规模，这是具有完整生产经营体系企业的资产结构特征，这应该意味着母公司有自己较为独立的产品生产经营系统。

但同时必须看到，母公司两项可能包含控制性投资的资产项目——长期股权投资与其他应收款均表现出了母公司数据大于合并数据的态势，越合并越小的差额代表着母公司向子公司进行投资所发生的基本投资规模。这就意味着，企业在进行自身的产品生产经营的同时，还在进行对外控制性投资，以实现更大的资源整合或系统协调效应。

至于企业的经营性流动资产较多，经营性非流动资产较少，可能是由企业的行业特点决定的。在投资性资产的结构方面，企业长期股权投资的规模远大于其他应收款中所包含的被子公司占用的资金规模，则说明母公司对子公司的投资可能更多采取了直接投资设立企业或者收购其他企业的方式，而对子公司日常资金支持并不多。这种对子公司资金支持不多的情形的发生，一方面可能是由于母公司在对子公司的资金管理体制上更多采取分权化的模式，子公司自己解决所需资金问题；另一方面则可能是子公司根本就不缺钱，也就不用母公司提供资金了。

企业财报解析：中国联通母公司非流动资产分析

下面我们以中国联通2020年度报告中的资产情况（详见本章表2-2）对该公司母公司非流动资产的结构进行分析。

在2020年12月31日，中国联通母公司的非流动资产规模为104,689,767,812元，可能属于经营性非流动资产只有固定资产和无形资产两项，且规模极低。而具有投资色彩的项目虽然只有债权投资和长期股权投资两项，但其规模之和占据了非流动资产的主体，且长期股权投资规模巨大。

这个结构意味着企业的非流动资产聚焦投资活动，而可能与经营活动有关的所谓固定资产和无形资产可能也不一定从事经营活动：固定资产和无形资产既可以用于经营活动，也可以用于投资管理活动。以几百万元级别的固定资产和无形资产规模显然难以组织起与中国联通业务有关的经营活动。

结论：企业的非流动资产几乎是投资资产。

结合我们上一节对中国联通母公司流动资产结构的分析（母公司流动资产只有一项货币资金，战略意图不明），我们可以得出结论：中国联通母公司基本上不从事生产经营活动，主要从事投资管理活动。企业的业务是通过子公司完成的。从母公司其他应收款没有任何数字来看，母公司对子公司也没有提供货币资金的支持。

企业财报解析：美的集团母公司非流动资产分析

下面我们再以美的集团 2020 年 12 月 31 日母公司资产负债表（详见本章表 2–3）的相关信息为基础展开分析。

在 2020 年 12 月 31 日，美的集团母公司的非流动资产规模为 87,777,697,000 元，经营性非流动资产包括投资性房地产、固定资产、在建工程、无形资产等项目，这几项之和为 2,115,975,000 亿元，而具有投资色彩的项目其他债权投资、其他非流动金融资产、长期股权投资之和的规模为 751,136,253,00 元。

这个结构意味着企业的非流动资产聚焦投资活动，而与经营活动有关的资产——投资性房地产则可能为企业带来一定的营业收入。至于固定资产和无形资产以及在建工程可能也不一定是为经营活动准备的，还是那个道理：固定资产和无形资产既可以用于经营活动，也可以用于投资管理活动。我们在上一节已经分析过，该企业几乎没有经营性流动资产。这也在一定程度上说明企业的固定资产、无形资产和在建工程主要是为企业的投资管理服务的。

结论：企业的非流动资产是以投资资产为主的。

结合上一节对美的集团母公司流动资产结构的分析，我们可以得出综合性结论：美的集团母公司基本不从事生产经营活动，主要从事投资管理活动。企业的业务是通过子公司完成的。从母公司其他应收款有一定规模的情况来看，母公司对子公司提供了一定规模的货币资金支持。母公司的投资性房地产可能是企业从事少量经营活动的经营资产。

---

2. 影响非流动资产结构的三个因素

与影响企业流动资产结构的主要因素类似，影响企业非流动资产结构的主要因素也可以归纳为三个。

第一，战略选择。

在企业具有较强的经营活动的历史积累，具备较为完备的生产经营系统、核心竞争力较为突出的情况下，母公司往往采取强化自身核心竞争力的资源配置，以自身的经营活动为基础，辅以恰当规模的对外投资，这样的企业采取的发展和战略往往是经营主导的发展战略。在这种情况下，企业的非流动资产中的经营性资产会占据较大比重。

而有的企业在一开始就立足于多元化的发展战略，自身并不怎么直接参与或从事经营活动，只进行投资管理活动。在这种情况下，企业的非流动资产中的投资性资产会占据较大比重。

多元化战略的实施，既可以通过企业自己直接投资设立企业来实现，也可以通过并购来实现。在通过并购来实现企业扩张的情况下，企业的收购代价如果过大，就会在合并报表中出现巨额商誉（商誉是收购方的收购对价高于被收购企业按照收购股权比例计算的净资产公允价值的部分，实质是收购方在收购过程中的代价。资产减去负债除了叫股东权益、所有者权益外，还叫净资产）。

第二，行业特征。

不同行业企业的经营性非流动资产结构可能存在显著差异：有的行业的企业需要大规模非流动资产投入才可以正常开展经营活动，此类企业的在建工程往往规模大，转化为固定资产所需要的时间较长，固定资产、在建工程甚至无形资产的早期投入要求较高，从而导致企业的非流动经营资产在经营资产中的占比较高；有的行业的企业只需要规模不大的固定资产和无形资产的投资就可以正常开展经营活动，从而导致企业的非流动经营资产在经营资产中的占比较低。

第三，经营策略。

即使在特定的行业里，不同的经营策略如产品的市场定位、企业的技术装备水平的选择等都会导致企业的非流动资产的规模和结构在企业间出现显著差异：把产品定位于高端、追求高技术含量设施建设的企业往往在非流动经营资产上的投资较多，从而导致非流动经营资产的规模较大。

一个企业的非流动资产的规模和结构，不是自然形成的，而是企业战略选择的结果。而不同的非流动资产的结构决定了企业未来发展的潜力。

当然，企业资产的规模和结构只是展示了企业已经具有的发展基础。至于能不能持续取得预期的财务业绩，还要看企业的具体管理。

第四节　资源结构：非流动资产——无力

企业里还有一部分对企业可能仅仅是数据、难以产生实质性贡献的资产，我把这部分非流动资产称为"无力"的无形资产。

1. 并购可导致企业资产无形化、无力化

你可能会说：前文不是讲过，非流动资产是企业发展的潜力呀，难道还有难以对企业产生实质性贡献的资产吗？

本节就是要讲一讲，非流动资产里面可能隐藏着一些没有什么能力的所谓资产。

企业财报解析：天神娱乐因并购导致的非流动资产的无形化

我先让大家看一个案例。这个案例是要说明一下因并购导致的非流动资产的无形化问题：企业的非流动资产里如果有大量的因并购导致的商誉，这样的"资产"对企业未来业绩的持续支撑将是比较困难的。

下面列示的是上市公司大连天神娱乐股份有限公司（以下简称"天神娱乐"）2014 年至 2019 年合并报表的相关数据（见表 2-4、表 2-5）。

表 2-4　天神娱乐 2014—2019 年度合并报表相关数据

单位：元

时间报告类型	2019-12-31 年报 合并报表	2018-12-31 年报 合并报表	2017-12-31 年报 合并报表	2016-12-31 年报 合并报表	2015-12-31 年报 合并报表	2014-12-31 年报 合并报表
流动资产：						
货币资金	401,033,291	789,132,779	1,821,935,168	557,389,179	723,548,742	228,364,950
交易性金融资产	480,697,463	480,697,463				
应收票据	200,000	5,400,000	1,000,000			
应收账款	282,868,668	638,147,032	643,480,407	408,152,490	416,323,630	86,406,366
预付款项	155,601,109	203,990,330	145,316,959	23,391,424	80,968,765	3,700,485
其他应收款（合计）	153,147,389	584,216,366	354,886,737	96,162,538	21,968,452	15,422,298
存货	41,782,277	30,563,507	48,631,804			
一年内到期的非流动资产				1,700,762	4,048,525	
其他流动资产	34,676,457	110,559,632	280,955,901	57,228,635	154,477,716	219,388
流动资产合计	1,550,006,655	2,842,707,110	3,296,206,977	1,144,025,028	1,401,335,829	334,113,487
非流动资产：						
可供出售金融资产		579,333,092	1,575,311,292	1,463,163,300	739,128,544	348,731,927
其他权益工具投资	366,065,588					
其他非流动金融资产	68,914,600					

（续表）

时间	2014-12-31	2015-12-31	2016-12-31	2017-12-31	2018-12-31	2019-12-31
报告期	年报	年报	年报	年报	年报	年报
报表类型	合并报表	合并报表	合并报表	合并报表	合并报表	合并报表
长期股权投资	16,499,508	1,395,231,063	67,653,796	2,319,702,475	1,939,115,026	2,210,300,191
固定资产（合计）	8,849,658	11,491,407	11,796,929	28,374,939	94,246,812	88,081,221
无形资产	4,260,136	15,227,363	41,253,832	141,687,875	135,703,546	97,812,653
商誉	0	3,664,466,682	4,552,774,567	6,541,432,761	2,618,179,149	1,856,330,359
长期待摊费用	1,459,167	4,119,244	8,984,312	59,931,136	81,800,627	61,450,941
递延所得税资产	8,447,861	17,554,240	33,470,721	25,557,926	16,863,872	1,170,802
其他非流动资产	21,800,000	57,290,566	67,137,735	412,233,155	261,969,064	57,431,338
非流动资产合计	410,048,257	5,904,509,108	6,246,235,194	11,104,231,558	5,727,211,188	4,807,557,694
资产总计	744,161,744	7,305,844,937	7,390,260,222	14,400,438,535	8,569,918,298	6,357,564,349

表2-5　天神娱乐2014—2019年度合并利润表相关数据

单位：元

时间	2014年	2015年	2016年	2017年	2018年	2019年
报告期	年报	年报	年报	年报	年报	年报
报表类型	合并报表	合并报表	合并报表	合并报表	合并报表	合并报表
营业收入	475,541,247	940,847,582	1,674,860,622	3,101,374,995	2,598,811,185	1,334,906,169
资产减值损失	1,263,501	25,403,369	29,691,962	94,553,626	6,375,245,730	−536,730,464
营业利润	255,528,893	366,928,672	561,869,943	1,357,928,876	−5,344,793,775	−1,159,844,677

这是一个通过并购实现企业资产规模、营业收入和营业利润实现过山车式变化的典型案例。

我们先看一下这个企业的 2014 年报表情况。在 2014 年 12 月 31 日，企业资产规模很小，资产总额只有 7.44 亿元。如果去除当天货币资金 2.28 亿元和长期股权投资 0.16 亿元，实际参与经营的资产约为 5 亿元。以这样的年末资产（当然，推动企业营业收入的是平均经营资产。很多企业平均经营资产与年末数据差异不会特别大）推动的营业收入在 4.76 亿元，并产生了 2.56 亿元的营业利润，虽然不能说业绩辉煌，但还是说得过去的。

到了 2015 年底，企业的资产总额直接蹿升到了 73.06 亿元。你先别为企业取得资产总额历史性突破而欢呼，先看一下增加最大的项目是哪一项？你很快会发现，增加最大的项目是商誉，商誉从年初的零直接增加到了 36.64 亿元，并且占合并资产总额 50% 以上。

在我看来，商誉是企业资产中最无力的无形资产（尽管我们在报表上看到商誉与无形资产是两个项目）。在这个阶段你只需要记住：商誉与企业的商业信誉无关。商誉是收购方（就是这个企业）在收购其他企业时所付出的对价中超过被收购企业净资产公允价值的部分，通俗理解就是额外付出的收购企业代价。强调一下，商誉只增加收购方纸面上的"资产"价值，不会增加任何一方的盈利能力。

果然，在 2015 年，企业营业收入、营业利润比上一年增加不少，从简单的利润表数据对比上，好像企业交出了不错的答卷。但如果你结合资产规模看一下，会发现天神娱乐收购其他企业后的资产增加了很多，但企业增加的营业收入和营业利润与资产增加的规模相比，是不是有点小呢？

如果被收购企业长期不能贡献像样的营业收入和利润，商誉减值是早晚的事。

我们继续往下看。

在 2016 年底，企业的资产总额略有增加。在资产总额略有增加的情况下，企业的合并商誉又出现了大幅度增长——继续买买买！到这个时候，企业的商誉已经远超合并资产总额的 50% 了！真是只有想不到的，没有做不到的。

那么，利润表又是怎样表现的呢？

在 2016 年，企业营业收入、营业利润比上一年还是增加不少。从简单的利润表数据对比上，企业也交出了不错的答卷。毕竟对被收购企业而言，有的是收购的第一年，有的是收购的第二年，在业绩上总要有所贡献。

2017 年底，企业的资产总额又开始蹿升了，达到了创纪录的 144 亿元！只是企业的合并商誉又出现了大幅度增长——达到了 65.41 亿元！商誉的规模虽然没有达到合并资产总额的 50%，但也着实太大了！

那再看看利润表吧。

在 2017 年，企业营业收入、营业利润与上一年相比上了一个大台阶！营业收入、营业利润在资产快速增长、企业并购的东风中交出了相当不错的答卷！只是，企业的这种看似"良性"的发展，未来能持续下去吗？这么大的商誉，未来会是什么下场？

2018 年和 2019 年，伴随着企业营业收入坚定地往下走，企业商誉开始计提减值损失，营业利润也扛不住了，连续两年出现巨额亏损。连续两年的亏损，把 2014 年以来的所有"利润"都亏回去了。企业编织的并购发展愿景无情地破碎了。原来，2017 年的业绩是"回光返照"。

到 2019 年底，商誉从最辉煌的 65.41 亿元跌落到 18.56 亿元。

即使这 18.56 亿元的商誉，未来仍然有较大的价值减损空间。

在写本书的时候，我查了一下天神娱乐 2020 年年度报告，发现企业在 2020 年底的商誉降到了 6.20 亿元。在 2020 年，企业又对商誉计提了 12.44 亿元的减值损失！

看到了吗？短短几年，企业的商誉就从风光无限到被打回原形——并购对象的盈利能力严重不及预期！商誉这种纸面上资产的本质暴露无遗。

这是一个触目惊心的通过并购把企业搞残的典型。

所以，对于无形化色彩强、规模大的资产组——商誉、无形资产、开发支出等，要保持高度的警惕。毕竟，企业的资产只能通过相互有机整合才能创造价值。

当然，在收购具有盈利能力的企业的过程中，出现商誉和无形资产评估增值是很正常的。但无论如何，对于收购方所增加的商誉和无形资产的评估价值只是一个纸面上的数字。这个数字如果过大，企业就会由于收购而导致资产的无形化。

2. 收购过程中商誉与无形资产无形化的整体考察

在不断出现商誉爆雷、高商誉收购越来越被关注的背景下，企业收购也出现了一些新的情况。

下面是上市公司紫金矿业 2020 年度报告中的资产情况（见表 2-6）。

表 2-6　紫金矿业 2020 年度报告中的资产情况　　单位：元

时间	2020-12-31	2020-12-31	2019-12-31	2019-12-31
报告期	年报	年报	年报	年报
报表类型	合并报表	母公司报表	合并报表	母公司报表
流动资产：				
货币资金	11,955,339,296	4,978,921,732	6,225,144,800	2,243,044,214
交易性金融资产	1,930,142,166	154,103,201	687,951,525	10,235,923
应收票据及应收账款	1,141,449,611	577,170,602	944,115,730	571,503,669

（续表）

时间	2020-12-31	2020-12-31	2019-12-31	2019-12-31
报告期	年报	年报	年报	年报
报表类型	合并报表	母公司报表	合并报表	母公司报表
应收票据				
应收账款	1,141,449,611	577,170,602	944,115,730	571,503,669
应收款项融资	1,584,054,139	141,745,670	1,318,505,074	321,021,579
预付款项	1,410,054,078	26,232,815	1,323,248,170	46,092,085
其他应收款（合计）	1,195,047,565	9,348,643,976	899,847,411	10,392,972,218
应收股利		177,294,000		
应收利息	27,494,423		18,840,754	103,600,001
其他应收款	1,167,553,142	9,171,349,976	881,006,657	10,289,372,217
存货	18,064,160,420	84,958,826	14,886,554,158	104,366,458
一年内到期的非流动资产	40,255,087		956,692,852	
其他流动资产	1,941,901,571	148,973,363	1,352,336,396	112,197,698
流动资产合计	39,262,403,933	15,460,750,185	28,594,396,116	13,801,433,844
非流动资产：				
债权投资	255,811,321			
其他权益工具投资	6,482,326,358	273,612,810	4,410,441,677	252,868,971
其他非流动金融资产	37,500,000	37,500,000	951,779,422	
长期股权投资	7,099,654,913	45,379,313,351	6,924,416,093	36,167,925,305
投资性房地产	124,070,873		130,373,389	
固定资产（合计）	48,545,670,954	3,288,166,669	38,624,766,390	3,383,189,644
在建工程（合计）	15,236,029,582	424,961,450	5,876,829,425	349,783,508
在建工程	14,909,935,802		5,279,257,840	347,311,523
工程物资	326,093,780		597,571,585	2,471,985
使用权资产	238,255,309	4,052,312	354,772,381	5,403,083

（续表）

时间	2020-12-31	2020-12-31	2019-12-31	2019-12-31
报告期	年报	年报	年报	年报
报表类型	合并报表	母公司报表	合并报表	母公司报表
无形资产	46,760,243,982	262,257,963	24,162,508,461	269,926,397
商誉	314,149,588		314,149,588	
长期待摊费用	1,301,906,634	199,938,953	1,205,837,946	222,490,412
递延所得税资产	1,182,983,944	270,081,624	836,666,816	270,686,426
其他非流动资产	15,472,243,012	12,444,168,528	11,444,009,515	10,684,801,932
非流动资产合计	143,050,846,470	62,584,053,660	95,236,551,103	51,607,075,678
资产总计	182,313,250,403	78,044,803,845	123,830,947,219	65,408,509,522

比较一下紫金矿业 2020 年末与 2019 年末商誉的规模，你会发现数据没有变化。你可能马上就有这样的印象：本年度该企业没有因为收购而使资产无形化或无力化。

我要告诉你的是：该企业在 2020 年不但进行了收购，还进行了三次。之所以没有出现商誉，是因为企业的收购价完全等于被收购企业的公允评估价，只是没有"惊动"商誉罢了。

到底是怎么回事呢？

企业财报解析：紫金矿业的收购情况分析

紫金矿业 2020 年年报中的相关信息对三次收购进行了披露。

（1）大陆黄金

本集团之子公司紫金美洲于 2019 年 12 月 2 日与大陆黄金签署《安排协议》，拟通过现金方式以每股 5.50 加元向大陆黄金现有全部已发行股份和待稀释股份发出协议收购，总对价约为 1,335,786,131 加元。

截至 2020 年 2 月 27 日，该股权收购所需的境内外审批或备案手续全部完成。2020 年 3 月 3 日，紫金美洲以现金方式支付对价 1,335,786,131 加元，折合人民币 6,910,788,547 元，该股权收购于 2020 年 3 月 5 日完成交割，至此，紫金美洲持有大陆黄金 100% 股权。收购完成后，大陆黄金正式从加拿大多伦多交易所及美国 OTCQX 国际市场退市。

大陆黄金的可辨认资产和负债于购买日的公允价值和账面价值如表 2-7 所示。

表 2-7　大陆黄金可辨认资产和负债于购买日的公允价值和账面价值　单位：元

项目	2020 年 3 月 5 日公允价值	2020 年 3 月 5 日账面价值
货币资金	194,736,936	194,736,936
交易性金融资产	256,300,371	1,769,992
应收账款	1,647,802	1,647,802
其他应收款	94,863,932	94,863,932
存货	392,950,305	225,191,777
其他流动资产	55,856,465	55,856,465
固定资产	662,333,728	530,719,683
在建工程	3,767,666,884	3,767,666,884
使用权资产	13,341,044	13,341,044
无形资产	9,298,917,880	938,580,871
递延所得税资产	185,650,023	185,650,023
其他非流动资产	105,004,605	105,004,605
交易性金融负债	5,350,971	5,350,971
应付账款	106,747,20	106,747,20
应付职工薪酬	12,894,240	12,894,240
应交税费	12,700,111	12,700,111
其他应付款	367,276,884	367,276,884

（续表）

项目	2020年3月5日公允价值	2020年3月5日账面价值
一年内到期的非流动负债	24,127,273	24,127,273
其他流动负债	2,551,652,695	2,551,652,695
应付债券	340,317,826	340,317,826
租赁负债	13,341,044	13,341,044
长期应付款	347,775,581	347,775,581
预计负债	102,639,951	102,639,951
递延所得税负债	2,624,661,362	
其他非流动负债	1,608,996,290	1,354,465,911
净资产	6,910,788,547	875,740,327

此次收购的交易对价恰恰等于公允评估价6,910,788,547元。这样，商誉就是零了。

请注意，在评估过程中，一些资产出现了增值的情况，如无形资产、固定资产、交易性金融资产和存货等，但增值最大的还是无形资产，从账面价值的938,580,871元增加到9,298,917,880元，增加的幅度非常大。

不仅收购大陆黄金没有产生商誉，另外两次收购同样没有产生商誉：让收购价等于公允评估价，就不会产生商誉了。

我把后两次收购的相关信息摘录如下：

（2）巨龙铜业

本集团全资子公司西藏紫金实业有限公司（以下简称"西藏紫金实业"）于2020年6月6日与西藏藏格创业投资集团有限公司、西藏中胜矿业有限公司、深圳臣方资产管理有限公司、肖永明、巨龙铜业、藏格控股股份有限公司、西藏汇百弘实业有限公司分别签署《关于西藏巨龙铜业有限公司之股权转让协议》。根据上述协议，西藏紫金实业拟以现

金方式出资人民币 3,882,750,000 元收购巨龙铜业 50.1% 的股权（见表
2-8、表 2-9）。此外，根据协议补充条款，当驱龙铜多金属矿（含荣木
措拉铜多金属矿）二期新增 15 万吨 / 日采选工程达到协议约定条件时，
西藏紫金实业将给予本次出售巨龙铜业股权的股东一定补偿。截至 2020
年 7 月 9 日，巨龙铜业完成工商变更登记，至此，本集团获得巨龙铜业
50.1% 股权，能主导巨龙铜业的相关活动。

表 2-8　西藏紫金实业收购情况

单位：元

项目	2020 年 7 月 9 日公允价值	2020 年 7 月 9 日账面价值
无形资产	12,984,305,146	703,821,053
净资产	10,432,008,406	949,825,146
归属于母公司的净资产	10,430,883,048	
取得的净资产（50.1%）	5,225,872,407	

表 2-9　交易对价结构

单位：元

交易对价结构	金额
其中：现金	3,882,750,000
其他非流动负债 – 或有对价	1,343,122,407
合计	5,225,872,407

（3）圭亚那金田

本集团于 2020 年 6 月 11 日与圭亚那金田签署《安排协议》，通过
现金方式以每股 1.85 加元的价格收购圭亚那金田现有全部已发行且流
通的普通股。截至 2020 年 8 月 24 日，本集团通过公开市场累计购入
12,597,200 股圭亚那金田股份。于 2020 年 8 月 24 日，本集团以现金方
式支付对价 299,638,920 加元（折合人民币 1,571,162,610 元）收购圭亚
那金田剩余 161,966,984 股（见表 2-10、表 2-11）。该项交易适用非同
一控制下多次交易分步取得企业控制权的会计处理。于 2020 年 8 月 25

日，该《安排协议》根据加拿大商法备案完成后，本集团完成此次收购，持有圭亚那金田100%股权。圭亚那金田已于2020年8月25日发布公告，并正式从加拿大多伦多交易所退市。

表2-10 圭亚那金田收购情况　　　　　　　　　　　单位：元

项目	2020年8月25日公允价值	2020年8月25日账面价值
无形资产	1,185,872,424	
取得的净资产	1,693,361,892	911,416,669

表2-11 交易对价结构　　　　　　　　　　　　　　单位：元

交易对价结构	金额
其中：现金	1,571,162,610
原持有股权在购买日的公允价值	122,199,282
合计	1,693,361,892

能不能体会出三次收购的共同点呢？

总结一下：

第一，每一次收购的交易对价都等于被收购企业的公允评估价，这样就不会产生商誉。

第二，对被收购企业资产的公允价值评估中，有的资产减值，有的资产增值，但增值最多的是无形资产。

第三，虽然这三次收购都没有产生商誉，但收购完成后，紫金矿业的无形资产会由于被收购企业的并入而增加很多纸面上的数字，而这些数字对被收购企业没有任何影响。

当然，评估师的评估是专业、独立、客观、公正的，企业的交易对价等于被收购企业的公允价值也是经过企业的决策程序完成的。

只是，常识告诉我们：当收购一个有盈利前景的企业的时候，出现商誉是正常的。现实中，收购一个企业不产生商誉不难，但收购多家企业都不产生商誉就不容易了。

实际上，不论怎么变，企业在收购过程中有几个数据必须注意：一是被收购企业的账面净资产是多少，二是企业的收购代价是多少。至于有没有商誉，就要与因收购导致的无形资产评估增值统一考量了：商誉多了，因并购导致的无形资产评估增值就可能下来了；商誉少了，因并购导致的无形资产评估增值就可能上去了。

就是这么个账。

对企业并购，除了关注可能导致的资产无形化外，还需要特别关注被收购企业在未来持续释放业绩的前景：收购持续释放业绩（既可能是自身的财务业绩，也可能是与其他企业整合释放出更多的财务业绩）的企业，即使收购代价大些，也是值得的。

如果被收购企业未来释放业绩的能力不强，则过高的商誉和无形资产评估增值爆雷就是大概率会发生的了。

希望本节案例所涉及的被收购企业都物超所值。

第五节　赋能结构：负债——造血还是输血

1. 造血型负债和输血型负债

我们可以从负债的结构考察企业是靠输血还是造血来赋能。

在看企业资产负债表的时候，你已经接触到了流动负债和非流动负债的概念。流动负债与非流动负债是按照偿还期限来划分的，这种划分没有考虑债务的另外一种结构——是由债务融资引起的，还是由经营活动引起的。

实际上，从引发企业债务的原因（不是期限）角度将负债分为经营性负债和金融性（或有息）负债，对看清企业的生存之道具有更重要的意义。

为什么呢？

从本质上来说，企业的经营性负债由企业业务的规模以及企业对上下游关系的竞争地位决定，负债中的应付票据、应付账款、预收款项、合同负债、应付职工薪酬、应交税费、其他应付款、长期应付职工薪酬等都属于经营性负债。由于这部分负债所固有的企业自身业务发展的属性，我把这些负债称为**"造血型负债"**。造血型负债反映了企业业务发展对企业资源的贡献力。

当企业的业务规模较大、产品市场竞争地位较高、对上下游的收付款环节具有较强主动性时，经营性负债就会占据企业负债的较大比重；反之，当企业市场竞争地位不高、利用上下游商业信用能力较差时，即使企业的业务有一定规模，也不可能由于业务的关系形成较高规模的应付票据、应付账款和预收款项（或合同负债）。

企业的**金融性负债**是由企业各类融资所形成的负债，负债中的短期借款、交易性金融负债、一年内到期的非流动负债、长期借款、应付债券、租赁负债等都属于金融性负债。金融性负债的规模反映了企业曾经具有的债务融资能力。由于这些负债所具有的外部直接输入货币资金或其他资源的属性，我把这些负债称为**"输血型负债"**。输血型负债反映了外部金融资源对企业的贡献力。

企业发展到一定阶段，由于现有资源不足，企业经营或者扩张的资金需求只能由债务融资来满足，且企业又具有债务融资能力的情况下，企业就有可能获得金融性负债。企业金融性负债的规模，既取决于企业的资金需求，又取决于企业的债务融资能力，更取决于企业债务融资所支持对象的前景——当债务融资所支持的经营或者投资对象未来盈利能力较好的时候，企业的债务融资即使规模大、融资成本较高，也不会导致企业债务违约、财务危机的发生；相反，当债务融资所支持的经营或者投资对象未来的盈利能力具有较大不确定性的时候，企业的债务融资即使规模不大、融资成本不高，也有可能在未来导致企业债务违约、财务危机的发生。

2. 造血型负债、输血型负债与企业竞争力

造血型负债与输血型负债在企业负债中的占比既与企业的发展阶段有关，也与企业的竞争力有关。

在企业发展的早期阶段，企业的产品或者服务的市场形象还没有建立，企业发展所需资金很难通过自己的经营活动从上下游的业务联系中获得，除了股东入资以外，只能依赖于债务融资。在这个阶段，企业的负债构成中，金融性负债往往占据主导地位。

在企业发展到一定阶段，随着企业产品或者服务市场的不断发展，企业的产品形象和商业信用形象已经完全建立并具有显著竞争优势的情况下，企业发展所需资金就可以通过自身经营活动从与上下游的业务联系中获得，具备这种优势的企业往往具有较高规模的应付票据、应付账款、预收款项与合同负债。在这个阶段，企业的负债构成中，经营性负债往往占据主导地位。

企业发展一段时期以后，如果经营活动持续不具有显著市场竞争力，企业不能通过与上下游的业务联系来维持现金流量的运转，此时就需要借助债务融资来支持经营活动的正常运转。这个阶段的债务融资支持经营活动与企业发展早期通过债务融资支持经营活动具有本质上的不同：早期的债务融资支持经营活动时，企业处于向上发展的阶段，未来光明，前景可期；在企业经营活动难以为继而不得已进行债务融资时，企业的经营活动往往处于困境，甚至处于市场竞争的全方位劣势状态，未来前景可能具有较大不确定性。

因此，对企业债务结构的造血型负债与输血型负债的结构性考察，

要结合多方面因素来进行。

我先讲一下我与格力电器董明珠的一次关于格力电器债务风险的交流。

在 2002 年到 2008 年间，我在格力电器做了六年独立董事。那个时候，朱江洪是董事长，董明珠是副董事长、总裁。

有一次，我与董明珠聊到了格力电器的风险问题。董明珠跟我讲："格力电器没有风险。第一，我没有贷款；第二，我有利润；第三，我的利润所带来的现金流量非常充分，我有花不完的钱；第四，我每年坚持向股东支付现金股利，我从资本市场里边拿到的筹资比我给股东分的红少多了！我向他们分的现金股利远远高于他们给格力电器的入资。格力电器哪儿有风险呢？"

请注意，如果你去看格力电器各年的资产负债表，你会发现这个企业的资产负债率（负债除以资产）并不低，一段时期其资产负债率在70% 左右徘徊。在用比率分析来判断企业风险的分析方法看来，企业的资产负债率就有点高了。

但董明珠的见解恰恰说明了另外的道理：负债的规模不重要，结构很重要！

"我没有贷款"并不绝对意味着企业没有任何金融性负债，而应理解为在企业的债务结构中金融性负债占比较低——当企业的负债规模较大、金融性负债占比较低的时候，企业的负债主体一定是经营性负债。

用本节讲的债务分类方法来解释，格力电器的债务结构中，输血型负债很少，造血型负债很多！

这就是格力电器债务结构中所展示出来的竞争力。

下面我们用两个企业债务结构的数据来做进一步说明。

企业财报解析：科大讯飞的债务结构

我们通过分析科大讯飞2020年12月31日的资产负债表数据来对该企业债务结构进行考察（以母公司资产负债表为基础）。为方便阅读，我把科大讯飞母公司2018—2020年度负债和所有者权益信息摘录如下（见表2-12）。

表2-12 科大讯飞母公司2018—2020年度负债和所有者权益信息 单位：元

时间	2020-12-31	2019-12-31	2018-12-31
报告期	年报	年报	年报
报表类型	母公司报表	母公司报表	母公司报表
流动负债：			
短期借款	642,621,532	733,208,696	711,565,864
交易性金融负债		2,853,765	143,116
应付票据及应付账款	3,190,164,508	1,770,915,295	1,508,487,051
应付票据	1,253,227,300	394,147,800	
应付账款	1,936,937,208	1,376,767,495	
预收款项		151,955,370	167,173,754
合同负债	308,442,665		
应付职工薪酬	298,939,454	237,503,612	222,694,927
应交税费	166,618,827	98,673,618	72,080,730
其他应付款（合计）	5,425,743,609	4,212,798,406	1,614,303,767
一年内到期的非流动负债	110,000,000	30,000,000	110,000,000
其他流动负债	33,160,708	10,771,672	
流动负债合计	10,175,691,304	7,248,680,433	4,406,449,210
非流动负债：			
长期借款		150,000,000	90,000,000

（续表）

时间	2020-12-31	2019-12-31	2018-12-31
报告期	年报	年报	年报
报表类型	母公司报表	母公司报表	母公司报表
预计负债			1,274,005
递延所得税负债	52,862,413	17,941,851	10,190,251
递延收益-非流动负债	110,178,960	47,894,607	57,080,271
非流动负债合计	163,041,372	215,836,458	158,544,527
负债合计	10,338,732,676	7,464,516,890	4,564,993,737
所有者权益（或股东权益）：			
实收资本（或股本）	2,224,737,717	2,198,575,067	2,092,530,492
资本公积	8,343,998,865	7,826,501,916	4,988,410,899
减：库存股	878,587,546	767,786,702	1,040,117,443
盈余公积	219,078,117	150,907,535	116,407,831
未分配利润	696,571,560	302,724,794	212,084,965
归属于母公司所有者权益合计	10,605,798,712	9,710,922,611	6,369,316,745
所有者权益合计	10,605,798,712	9,710,922,611	6,369,316,745
负债和所有者权益总计	20,944,531,388	17,175,439,501	10,934,310,482

首先应该看到的是，科大讯飞母公司报表在 2018 年 12 月 31 日至 2020 年 12 月 31 日期间，在各年年末，负债占负债与所有者权益总计的比例都没有达到 50%。这意味着支撑企业资产的主力军是所有者权益。

在债务结构上，我们重点看一下，企业典型的金融性负债是短期借款、交易性金融负债、一年内到期的非流动负债和长期借款。显然，母公司报表在 2018 年 12 月 31 日至 2020 年 12 月 31 日期间每年末这三项金融性负债加在一起的规模都不超过 10 亿元。这说明，企业并不依赖金融性负债来支持自己的资产增长。

支持资产增长的主要是应付票据及应付账款、预收款项与合同负债、应付职工薪酬、应交税费以及其他应付款等项目。这些项目中的其他应付款规模有点大，且合并报表的数据远远小于母公司数据，说明母公司对子公司进行了较大规模的资金集中（后文会讨论母公司与子公司的资金管理问题）。

这个结构非常清楚：企业的造血型负债占据负债主体，且对资产规模形成了较大规模支撑。这应该意味着科大讯飞的业务具有一定的市场竞争力。

企业财报解析：秋林集团的债务结构

下面我们看一下哈尔滨秋林集团股份有限公司（以下简称"秋林集团"）2020年度报告中的部分数据（见表2-13）。

表2-13 秋林集团2020年度报告中的相关数据 单位：元

时间	2020-12-31	2020-12-31	2019-12-31	2019-12-31
报告期	年报	年报	年报	年报
报表类型	合并报表	母公司报表	合并报表	母公司报表
流动资产：				
货币资金	415,113,349	304,792,757	391,926,264	369,822,318
应收票据及应收账款	2,210,467		233,611,966	
应收票据				
应收账款	2,210,467		233,611,966	
预付款项	1,061,503	694,814	9,098,361	585,438
其他应收款（合计）	25,550,869	113,400,065	42,542,026	32,088,461
其他应收款	25,550,869	113,400,065	42,542,026	32,088,461
存货	337,515,978	1,290,326	337,715,404	1,967,524

（续表）

时间	2020-12-31	2020-12-31	2019-12-31	2019-12-31
报告期	年报	年报	年报	年报
报表类型	合并报表	母公司报表	合并报表	母公司报表
其他流动资产	5,698,907	2,074,475	6,089,824	1,762,206
流动资产合计	787,151,073	422,252,438	1,020,983,845	406,225,948
非流动资产：				
发放贷款及垫款	600,000		2,228,500	
其他权益工具投资	10,500,000		10,500,000	
长期股权投资		88,296,951	86,773,694	175,070,644
投资性房地产	14,502,248	14,502,248	15,108,331	15,108,331
固定资产（合计）	170,280,184	54,522,685	177,515,643	60,486,318
固定资产	152,915,330		160,150,789	
固定资产清理	17,364,854		17,364,854	
在建工程（合计）	566,360		329,204	
生产性生物资产	455,070		476,289	
无形资产	67,431,710	53,853,295	70,516,437	56,139,804
商誉	10,890,883		10,890,883	
长期待摊费用	13,921,288	9,915,461	15,048,495	10,614,642
递延所得税资产	99,277		7,001,779	6,734,143
非流动资产合计	289,247,019	221,090,640	396,389,254	324,153,882
资产总计	1,076,398,092	643,343,078	1,417,373,099	730,379,830
流动负债：				
短期借款	556,841,459		556,841,459	
应付票据及应付账款	185,960,675	111,246,630	181,027,410	108,305,139
应付票据	60,000,000	60,000,000	60,000,000	60,000,000
应付账款	125,960,675	51,246,630	121,027,410	48,305,139
预收款项			37,028,774	14,764,072

（续表）

时间	2020-12-31	2020-12-31	2019-12-31	2019-12-31
报告期	年报	年报	年报	年报
报表类型	合并报表	母公司报表	合并报表	母公司报表
合同负债	29,800,586	9,283,523		
应付职工薪酬	11,009,365	3,857,384	10,790,767	3,620,400
应交税费	168,269,918	294,534	168,417,526	717,980
其他应付款（合计）	632,470,187	387,925,460	393,209,054	273,596,111
应付利息	413,492,718	223,299,447	204,998,333	110,640,732
应付股利	561,754	561,754	561,754	561,754
其他应付款	218,415,716		187,648,967	162,393,626
一年内到期的非流动负债	870,800,000	703,600,000	870,800,000	703,600,000
其他流动负债	3,101,403	443,889		
流动负债合计	2,458,253,593	1,216,651,421	2,218,114,991	1,104,603,701
非流动负债：				
应付债券	497,697,613	497,697,613	495,332,439	495,332,439
预计负债	310,281,900	1,205,817,363	310,281,900	1,087,481,693
递延所得税负债	9,304,697	4,297,460	10,248,563	4,815,267
递延收益－非流动负债	8,074,567		8,074,567	
非流动负债合计	825,358,778	1,707,812,436	823,937,469	1,587,629,400
负债合计	3,283,612,371	2,924,463,857	3,042,052,460	2,692,233,102
所有者权益（或股东权益）：				
实收资本（或股本）	617,585,803	617,585,803	617,585,803	617,585,803
资本公积	1,500,932,519	1,490,904,819	1,500,932,519	1,490,904,819
盈余公积	89,289,828	48,318,902	89,289,828	48,318,902
一般风险准备	179,907		179,907	
未分配利润	-4,422,220,718	-4,437,930,303	-3,839,745,428	-4,118,662,796

（续表）

时间	2020-12-31	2020-12-31	2019-12-31	2019-12-31
报告期	年报	年报	年报	年报
报表类型	合并报表	母公司报表	合并报表	母公司报表
归属于母公司所有者权益合计	-2,214,232,660	-2,281,120,779	-1,631,757,371	-1,961,853,272
少数股东权益	7,018,382		7,078,010	
所有者权益合计	-2,207,214,278	-2,281,120,779	-1,624,679,361	-1,961,853,272
负债和所有者权益总计	1,076,398,092	643,343,078	1,417,373,099	730,379,830

这次我们用合并报表的数据来进行说明，如何考察这家企业整体的负债结构情况。

首先要看到的是，企业的合并资产在2020年经历了大幅度下滑，资产总计从2019年末的1,417,373,099元降低到2020年末的1,076,398,092元。与此同时，企业的负债总额又在增加，从2019年末的3,042,052,460元增加到2020年末的3,283,612,371元，且资产总额均远远小于负债总额。这说明，企业早就进入资不抵债的境地了。

秋林集团是一个较有名气的集团，已经在产品市场和资本市场上存续多年了。经过多年的经营，落到如此地步，企业的经营对资产的支撑就可想而知了。

我们看一下秋林集团债务结构吧！

在2020年12月31日企业高达3,283,612,371元的负债中，典型的经营性负债如应付票据、应付账款、合同负债、应付职工薪酬、应交税费、其他应付款等项目的规模约为6.13亿元，典型的金融性负债如短期借款、应付利息、一年内到期的非流动负债和应付债券等项目的规模约为23.39亿元！

这样的债务结构，说明企业的造血型的经营性负债贡献不足，输血型的金融性负债占据企业负债的主体。

更严重的是，企业一年内到期的非流动负债和短期借款，2020年末与2019年末的数据完全一样，说明企业在一年内，一直都没有能力清偿这些债务。

考虑到该企业的资产规模2020年末相比2019年末出现大幅度下降、企业资不抵债的财务数据结构，实际上表明企业在更早的时候就逐渐陷入财务困境了。

小结：

在这一节，我讲了企业债务结构的另外一种考察：我们在关注流动负债、非流动负债的同时，更要关心企业的债务结构是以造血型债务为主还是输血型债务为主。简单地说，就是企业是靠经营还是举债来支持资产的增长。如果企业输血型债务特别多，远超它的经营性负债，这样的企业靠输血活着的色彩就很强；反之如果企业造血型债务比较多，远超它的金融性负债，这样的企业靠造血活着的色彩就很强，就更有价值和竞争力。

第六节 赋能结构：股东权益——造血还是输血

1. 股东的输血型贡献和造血型贡献

从资产负债表股东权益的结构来看，其主要包括这四项：股本或实收资本、资本公积、盈余公积和未分配利润。如果你对在一些企业股东权益中出现的其他项目感兴趣，可以参考一下财务会计书籍或直接在网络上进行搜索。

简单地说，股本或者实收资本是股东对企业具有分红权的入资。比如，一个上市公司发行的股票，在一股 1 元的情况下，无论你花多少钱购买的这一股，都只有 1 元具有分红权：一个企业的两个股东，在不同时间购买了这个企业的股份，一个是按照一股 10 元购买股份，一个是按照一股 18 元购买股份。不管代价多大，分红权只按照你购买的股份的份数来确认。因此，两个股东的分红权是一样的。

有多种途径可以导致企业资本公积增加。现阶段，你需记住：股东对企业的非分红性入资将形成资本公积。什么意思呢？假设企业发行股票，一股 25 元。如果你按照每股 25 元的价格购买企业发行的股票，你就向企业入资 25 元。但你只有一股的权利，你在股东名录里面会被记载上名字和股份数。而另外的 24 元则是你作为股东对企业的非分红性入资，在会计上做资本公积处理。

当然，企业的股本增加除了通过发行股票的方式来实现，也可以通过企业分配股票股利的方式来实现：企业如果有利润不想向股东支付现金股利，可以进行股票股利的分配，如有的企业推出每 10 股送 10 股的股票股利分配方案，就是把企业的未分配利润转为股本。这种分配不会改变股东的财富和相对股权比例关系，因为每一个股东的股份数增加的比例是相同的。

在某些条件下，企业的资本公积也可以增加股本。

尽管如此，从根本上来说，增加股本和资本公积的主要途径是股东对企业直接入资，是股东对企业的直接赋能。

我把股东对企业的入资称为"股东的输血型贡献"。

企业获得净利润以后，是不能直接向股东分红的。

按照规定，企业在获得净利润后，要先将一部分留在企业用于长期发展，因而要按照规定计提一部分法定盈余公积。法定盈余公积计提规模达到一定标准时，企业可以按照自己意愿继续计提任意盈余公积。因此，你看到的股东权益中的盈余公积是企业计提的法定盈余公积和任意盈余公积之和。

未分配利润是企业截至特定时间节点的累计获得的净利润减去盈余公积和向股东分配的利润后剩余的利润。

可见，企业盈余公积的高低，既与企业净利润规模有关，也与企业想把多少利润留在企业用于未来发展的意愿有关；企业未分配利润的高低，除了与企业净利润的规模以及企业计提的盈余公积的规模有关外，还与企业的利润分配政策有关：不分利润或非常不愿意向股东分红，只向股东分配最低规模的股利，企业未分配利润自然就高了。

从权益的归属来看，盈余公积和未分配利润无疑是属于股东的，因而属于股东权益的组成部分。

但是，从盈余公积和未分配利润的来源来看，其显然是企业的经营管理者努力的结果。至少，这部分股东权益不是股东直接带来的，而是股东入资后企业经营管理的成绩。

因此，在我的分析中，我把这部分不是股东直接入资、由企业利润积累而来的利润，称为"股东的造血型贡献"。虽然叫股东的造血型贡献，但真正的贡献者是企业的经营管理者。

2. 输血型贡献、造血型贡献与企业发展的原动力

在股东权益中清晰区分股东的输血型贡献和造血型贡献，对于考察企业发展的原动力意义重大。

与债务结构的分析类似，股东的造血型贡献与输血型贡献在企业股东权益中的占比既与企业的发展阶段有关，也与企业的竞争力有关，还与企业的股利分配政策有关。

在企业发展的早期阶段，企业的产品或者服务的市场形象还没有建

立，企业很难通过自己的经营活动和投资活动产生大规模利润，因而也就不可能有较高规模的盈余公积和未分配利润。股东的贡献，只能是股东入资为主。这个阶段，企业的股东权益构成中，代表股东输血型贡献的股本和资本公积往往占据主导地位。

在企业发展到一定阶段后，随着企业产品或者服务市场的不断发展，企业的产品可能会形成显著的竞争优势，企业的盈利能力就可能持续增长。在这个阶段，企业的股东权益构成中，代表股东造血型贡献的盈余公积和未分配利润的占比会逐渐增加。

在企业发展了一段时期以后，如果经营活动、投资活动持续不能获得利润，甚至出现亏损，企业未分配利润就可能出现负数。当企业亏损达到相当高的水平、未分配利润出现严重负数并导致企业股东权益变成负数的时候，企业就出现了非常严重的财务困境——资不抵债，面临债务重整、破产重整，甚至是破产清算。这时，企业的股东权益构成中，代表股东造血型贡献的盈余公积和未分配利润的规模加在一起的负数会超过股东入资（股本加资本公积之和）的规模。

在企业的产品具有显著市场竞争力，仍然希望股东追加投资，而股东有意愿和能力追加入资的情况下，新的股东对企业的入资将增加企业的股本和资本公积规模。此时，在股东权益的结构中，股东的输血型贡献会随着股东新的入资而在股东权益中所占比重有所增加。

因此，对企业股东的造血型贡献与输血型贡献的结构性考察，要结合多方面因素来进行。

下面我还是用两个企业的信息来讨论一下，股东权益的结构所孕育着的企业发展原动力方面的重要信息。

企业财报解析：双汇发展的股利分配

第一个案例是河南双汇投资发展股份有限公司（以下简称"双汇发展"）2020年度报告利润分配和发行股票有关的信息。

在双汇发展2020年度报告发布以后，有朋友针对企业年报中关于企业股利分配政策和发行股票的信息表达了批评意见，说：双汇发展有点不像话。一方面，双汇发展把企业当年获得的大部分利润都分配给股东了，似有掏空企业之嫌；但另一方面，企业又在年内发行股份从资本市场筹资。如果企业少分一些利润，完全可以不用发行股票筹资了。

到底是怎么回事呢？

我找来双汇发展2020年度报告，很快就看到了相关信息。我把信息摘录如下：

（1）利润分配方案

在"重要提示"部分，赫然出现了公司的利润分配方案："公司经本次董事会审议通过的利润分配预案为：以3,464,661,213股为基数，向全体股东每10股派发现金红利16.8元（含税），送红股0股（含税），不以公积金转增股本。"

（2）资产负债表中的股东权益部分

表2-14 双汇发展2020年度报告中资产负债表的股东权益部分 单位：元

时间	2020-12-31	2020-12-31	2019-12-31	2019-12-31
报告期	年报	年报	年报	年报
报表类型	合并报表	母公司报表	合并报表	母公司报表
实收资本（或股本）	3,464,661,213	3,464,661,213	3,319,282,190	3,319,282,190
资本公积	8,072,272,036	12,064,823,599	1,250,180,578	5,242,732,141

（续表）

时间	2020-12-31	2020-12-31	2019-12-31	2019-12-31
报告期	年报	年报	年报	年报
报表类型	合并报表	母公司报表	合并报表	母公司报表
盈余公积	1,831,906,632	1,831,906,632	1,831,906,632	1,831,906,632
一般风险准备	109,386,472		64,079,525	
未分配利润	10,284,817,369	5,823,731,769	10,022,251,034	5,431,057,992
归属于母公司所有者权益合计	23,763,043,723	23,185,123,213	16,487,699,958	15,824,978,954
少数股东权益	369,675,244		627,690,854	
所有者权益合计	24,132,718,967	23,185,123,213	17,115,390,812	15,824,978,954
负债和所有者权益总计	34,703,881,762	27,665,212,152	28,633,340,531	20,925,924,738

（3）利润表部分信息

表 2-15 双汇发展 2020 年度报告中利润表相关数据　　单位：元

时间	2020 年	2020 年	2019 年	2019 年
报告期	年报	年报	年报	年报
报表类型	合并报表	母公司报表	合并报表	母公司报表
营业总收入	73,935,193,285	41,269,622,082	60,348,305,744	39,299,837,383
营业收入	73,862,643,467	41,269,622,082	60,309,731,763	39,299,837,383
其他类金融业务收入	72,549,819		38,573,981	
利息收入	72,512,896		38,487,695	
手续费及佣金收入	36,923		86,285	
营业总成本	65,663,296,051	41,076,281,934	53,525,288,223	39,168,921,007
营业成本	61,114,007,702	39,448,597,188	48,976,782,884	37,512,981,015
税金及附加	340,640,363	49,943,824	297,129,008	46,785,338
销售费用	2,660,816,209	1,229,799,038	2,705,930,380	1,181,843,212

（续表）

时间	2020 年	2020 年	2019 年	2019 年
报告期	年报	年报	年报	年报
报表类型	合并报表	母公司报表	合并报表	母公司报表
管理费用	1,392,263,457	288,112,605	1,308,001,261	299,924,301
研发费用	95,809,346	14,223,219	88,284,315	16,179,234
财务费用	32,513,153	45,606,060	97,447,156	111,207,908
其中：利息费用	98,647,307	103,184,212	122,075,794	136,690,367
减：利息收入	68,929,301	59,939,632	44,866,867	27,622,399
其他业务成本（金融类）	27,245,820		51,713,220	
利息支出	26,748,793		51,025,017	
手续费及佣金支出	497,027		688,203	
加：其他收益	173,779,512	26,537,615	188,368,925	1,666,886
投资净收益	393,615,360	5,849,681,599	142,743,112	5,217,544,893
公允价值变动净收益	−4,662,519	−27,552,180	27,879,592	21,262,514
资产减值损失	−838,771,542	−32,183,932	−334,907,147	−22,098,814
信用减值损失	−2,918,560	−868,054	141,774	232,316
资产处置收益	10,632,051	306,608	4,432,084	−131,581
营业利润	8,003,571,536	6,009,261,804	6,851,675,859	5,349,392,590
加：营业外收入	30,937,901	21,868,540	16,577,096	7,798,491
减：营业外支出	61,550,982	38,144,322	29,759,622	8,604,568
利润总额	7,972,958,454	5,992,986,023	6,838,493,333	5,348,586,513
减：所得税	1,603,156,127	63,646,879	1,172,504,439	29,491,134
净利润	6,369,802,328	5,929,339,144	5,665,988,894	5,319,095,379
减：少数股东损益	114,288,336		228,376,329	
归属于母公司所有者的净利润	6,255,513,991	5,929,339,144	5,437,612,565	5,319,095,379

（4）现金流量表部分信息

表 2-16　双汇发展 2020 年度报告中现金流量表相关数据　　单位：元

时间	2020 年	2020 年	2019 年	2019 年
报告期	年报	年报	年报	年报
报表类型	合并报表	母公司报表	合并报表	母公司报表
经营活动产生的现金流量净额	8,821,926,788	199,035,095	4,423,615,424	−338,224,325
取得投资收益收到的现金	215,340,925	5,870,138,756	142,409,315	5,290,855,625
吸收投资收到的现金	6,965,847,058	6,965,847,058		
分配股利、利润或偿付利息支付的现金	5,776,113,807	5,644,151,000	2,050,953,744	1,960,408,781

（5）持股前几名的股东情况

表 2-17　双汇发展前几名股东情况

股东名称	股东性质	持股比例	报告期末持股数量
罗特克斯有限公司	境外法人	70.33%	2,436,727,364
香港中央结算有限公司	境外法人	1.90%	65,749,228
中国证券金融股份有限公司	境内非国有法人	1.67%	57,971,092

在对上述财务数据进行分析前，我先解读一下：

第一，按照分红方案，企业将向股东支付现金股利 5,820,630,837.84 元。

第二，分红的主体是母公司，因此，母公司有没有利润基础进行分红，需要看母公司净利润。母公司 2020 年实现的净利润为 5,929,339,144 元，略高于企业当年准备分配的现金股利；合并报表中归属于母公司所有者的净利润的规模也达到了 6,255,513,991 元。也就是说，无论是母公司的净利润，还是合并报表中的归属于母公司所有者的净利润，均高于母公司准备用于分红的利润。企业的净利润完全可以支持企业的利润分配规模。

第三，母公司的利润来源主要是投资净收益，2020年达到5,849,681,599元。

第四，母公司利润所带来的现金流量规模主要看两个地方：一个是现金流量表中"经营活动产生的现金流量净额"，一个是"取得投资收益收到的现金"。而母公司现金流量表中这两个数据分别为199,035,095元和5,870,138,756元，这两部分现金加在一起足够支付现金股利。

第五，母公司股本年末（3,464,661,213股）比年初（3,319,282,190股）增加了145,379,023股，占初股份3,319,282,190股约4.38%；母公司年末资本公积（12,064,823,599元），比年初资本公积（5,242,732,141元）增加了6,822,091,458元。现金流量表显示，此次募集资金一共收到现金6,965,847,058元。

第六，母公司股东权益的结构中，代表股东输血型贡献的股本与资本公积之和大于代表股东造血型贡献的盈余公积与未分配利润之和。

第七，企业的股权结构高度集中。

怎么看待这些信息呢？

首先，无论是母公司的盈利能力还是母公司利润带来现金的能力，都是可以支持企业现金股利分配的。应该说，企业的利润分配底气是足的。

其次，由于企业的股权高度集中，分配的利润也主要汇往了大股东。

再次，企业的筹资效率相当高。仅仅发行股份145,379,023股，就募集资金6,965,847,058元。

最后，为什么企业不把利润更多地留给企业，而要去发行股份筹资呢？

请注意，企业2020年度的现金股利分配是基于当年末的股权结构进行的。你已经看到了，企业的股权高度集中，分配后的利润也主要分给大股东——让企业的利润由全体股东分享。而企业增发的股份只占企业年初股份份额的 4.38%，这种比例的股份稀释对原有的股权结构难以形成重要影响。简单地说，企业算了一笔账：是把利润留在企业支持企业长期发展，还是增发股份募集资金？如果把利润留在企业，表面上是全体股东牺牲了眼前的现金分红，为企业未来发展做出了贡献，但最大的贡献者是大股东——大股东放弃了现金股利而支持企业长期发展；如果把利润分掉，企业发展所需资金再通过发行股票的方式来解决，则企业现有的利润主要由大股东分享（当然，全体股东都是利润分享者），而未来发展所需资金则由增发的 4.38% 股份的股东来支持，且增发的股份对大股东不构成任何公司治理意义上的影响。

强调一下：从数据对比来看，母公司 2020 年 12 月 31 日股东权益的结构中，股东的输血型贡献较多，造血型贡献较少。即使如此，我们也不能简单得出结论：企业的盈利能力不足，对资产的贡献度不大。从前面资料中的数据可以看出，尽管母公司 2020 年度实现了不少利润，但年末股东权益中的未分配利润比年初没有增加多少——企业年度内的利润大都分配掉了。

在企业具备盈利能力的情况下，不同的股利分配政策也会使得股东的输血型贡献与造血型贡献出现数据对比上的不同。

企业财报解析：宁德时代的股利分配

第二个案例是宁德时代 2020 年度报告利润分配和发行股票有关信息。

在宁德时代 2020 年度报告发布以后，有人针对企业年报中关于企业股利分配政策和发行股票的信息也表达了批评意见，说宁德时代有点抠门。一方面，企业发行股票募集了大量资金，股价很高；但另一方面，企业又不愿意向股东分利润。

这又是怎么回事呢？

我找来宁德时代 2020 年度报告，很快就看到了相关信息。我把信息摘录如下：

（1）利润分配方案

在"重要提示"部分，公司的利润分配方案是这样的："经公司 2021 年 4 月 26 日董事会审议通过的利润分配预案为：以公司 2020 年 12 月 31 日总股本 2,329,474,028 股为基数，向全体股东每 10 股派发现金 2.4 元（含税），合计派发现金股利 559,073,766.72 元。本年度不送股，不进行资本公积转增股本。"

（2）资产负债表中的股东权益部分

表 2-18 宁德时代 2020 年度报告中资产负债表的股东权益部分 单位：元

时间	2020-12-31	2020-12-31	2019-12-31	2019-12-31
报告期	年报	年报	年报	年报
报表类型	合并报表	母公司报表	合并报表	母公司报表
实收资本（或股本）	2,329,474,028	2,329,474,028	2,208,399,700	2,208,399,700
资本公积	41,662,151,603	43,144,505,255	21,630,448,578	23,112,308,480
减：库存股	710,020,553	710,020,553	1,074,894,790	1,074,894,790
其他综合收益	1,126,992,951	1,034,923,697	620,819,645	576,704,113
盈余公积	1,157,782,634	1,164,737,014	1,097,245,470	1,104,199,850
未分配利润	18,640,918,704	15,462,589,180	13,652,965,292	12,414,990,452
归属于母公司所有者权益合计	64,207,299,367	62,426,208,621	38,134,983,894	38,341,707,806
少数股东权益	4,987,417,050		4,052,891,263	
所有者权益合计	69,194,716,417	62,426,208,621	42,187,875,158	38,341,707,806
负债和所有者权益总计	156,618,426,941	121,821,063,053	101,351,976,711	85,851,417,388

（3）利润表部分信息

表 2-19　宁德时代 2020 年度报告中利润表相关数据　　单位：元

时间	2020 年	2020 年	2019 年	2019 年
报告期	年报	年报	年报	年报
报表类型	合并报表	母公司报表	合并报表	母公司报表
营业收入	50,319,487,697	42,114,970,747	45,788,020,642	39,494,999,139
营业成本	36,349,153,592	32,358,440,324	32,482,760,513	29,445,494,659
税金及附加	295,129,894	194,973,788	272,228,106	203,844,170
销售费用	2,216,709,533	2,111,974,153	2,156,553,542	2,011,470,529
管理费用	1,768,115,241	1,230,564,798	1,832,673,930	1,299,390,977
研发费用	3,569,377,694	2,907,400,489	2,992,107,517	2,529,115,712
财务费用	−712,642,421	−849,569,820	−781,621,300	−822,132,613
其中：利息费用	640,434,317	390,896,564	289,254,465	206,900,406
减：利息收入	1,494,600,959	1,384,063,604	1,078,256,966	1,011,910,924
加：其他收益	1,135,940,386	723,820,581	646,371,588	528,924,410
投资净收益	−117,648,608	−271,736,545	−79,604,902	−47,231,244
公允价值变动净收益	286,915,936	286,915,936	27,331,582	27,331,582
资产减值损失	−827,489,419	−666,821,373	−1,434,329,164	−1,031,970,918
信用减值损失	−341,982,530	−253,660,195	−235,676,386	−18,839,259
资产处置收益	−9,890,379	−5,097,693	1,382,204	7,151,019
营业利润	6,959,489,551	3,974,607,726	5,758,793,258	4,293,181,296
加：营业外收入	94,318,063	67,874,432	62,428,113	43,037,754
减：营业外支出	71,254,205	45,996,170	60,456,806	40,075,669
利润总额	6,982,553,409	3,996,485,989	5,760,764,564	4,296,143,381
减：所得税	878,635,357	352,791,378	748,090,666	458,329,902
净利润	6,103,918,052	3,643,694,611	5,012,673,898	3,837,813,479
减：少数股东损益	520,579,342		452,366,465	
归属于母公司所有者的净利润	5,583,338,710	3,643,694,611	4,560,307,433	3,837,813,479

（4）现金流量表部分信息

表2-20 宁德时代2020年度报告中现金流量表相关数据　　单位：元

时间	2020年	2020年	2019年	2019年
报告期	年报	年报	年报	年报
报表类型	合并报表	母公司报表	合并报表	母公司报表
经营活动产生的现金流量净额	18,429,902,632	10,557,211,219	13,471,954,557	10,813,472,244
取得投资收益收到的现金	24,087,086	10,595,927	2,563,085	
吸收投资收到的现金	20,536,360,992	19,612,837,568	1,217,784,890	495,810,491
分配股利、利润或偿付利息支付的现金	898,809,819	754,838,209	573,302,389	493,574,365

（5）持股前几名的股东情况

表2-21 宁德时代持股前几名股东情况

股东名称	股东性质	持股比例	报告期末持股数量
瑞庭投资	境内非国有法人	24.53%	571,480,527
黄世霖	境内自然人	11.20%	260,900,727
宁波联合创新新能源投资管理合伙企业（有限合伙）	境内非国有法人	6.78%	157,900,338
香港中央结算公司	境外法人	5.58%	130,087,469
李平	境内自然人	4.81%	111,950,154

在对上述财务数据进行分析以前，我先解读一下：

第一，按照分红方案，企业将向股东支付现金股利559,073,766.72元现金股利。

第二，分红的主体是母公司，因此，需要看母公司净利润。母公司2020年实现的净利润为3,643,694,611元，远远高于企业当年准备分配的现金股利；合并报表中"归属于母公司所有者的净利润"的规模更是高达 5,583,338,710 元，也远远高于企业当年准备分配的现金股利。也就是说，无论是母公司的净利润，还是合并报表中的归属于母公司所有者的净利润，均远远高于母公司准备用于分红的利润。企业的净利润完全可以支持企业更大规模的利润分配。

第三，母公司的利润来源比较杂，利息收入、其他收益、公允价值变动净收益等都有贡献，核心利润也有一定贡献。

第四，母公司利润所带来的现金流量：现金流量表中"经营活动产生的现金流量净额"为 10,557,211,219 元，"取得投资收益收到的现金"为 10,595,927 元。表明母公司经营活动产生现金流量的能力相当强，母公司自身的现金流量净额完全可以解决企业较大规模现金股利分配的问题。

第五，母公司的股本年末（为 2,329,474,028 股）比年初（为 2,208,399,700 股）增加了 121,074,328 股，约占初股份 2,208,399,700 股的 5.48%；母公司年末资本公积（为 43,144,505,255 元），比年初资本公积（为 23,112,308,480）增加了 20,032,196,775 元。现金流量表显示，年度内募集资金一共收到现金 19,612,837,568 元。

第六，企业的股权较为分散。

怎么看待这些信息呢？

首先，无论是母公司的盈利能力还是母公司利润带来现金的能力，都是可以支持企业现金股利分配的。应该说，企业的利润分配底气，尤其是现金流量的底气是相当充足的。

其次，在企业的股权集中度相对不高的情况下，分配的利润也将汇往较为分散的股东。

再次，企业的筹资效率相当高。仅仅发行股份 121,074,328 股，就募集资金 19,612,837,568 元。

最后，在企业货币资金相当充裕的条件下，企业为什么不把利润更多地分配给股东呢？

请注意，企业处于快速成长期，股权分散不应该理解为企业对现金股利的分配积极性不太高的理由。应该看到的是，企业是希望动员更多的现金资源来支持企业经营业务的扩大和对外控制性投资的布局。

还是要强调一下：由于企业对现金股利分配政策采取了趋于保守、把更多利润留存在企业的政策，因而从数据的绝对额来看，母公司 2020 年 12 月 31 日股东权益的结构中，股东的造血型贡献明显比年初大了。但是，由于年度内企业进行了高效率的发行股票融资，使得企业的股本加资本公积的规模比年初有更大的增加，才使得年末在比例关系上表现出股东输血型贡献占比较高，但这绝不能抹杀股东的造血型贡献。

宁德时代的案例再次说明，在企业具备盈利能力的情况下，不同的股利分配政策、企业年度内的股权融资等都会使得股东的输血型贡献与造血型贡献出现数据对比上的不同。

小结：

　　本节我讲了对股东权益结构的另一种诠释——股东的输血型贡献和造血型贡献。股东的输血型贡献和造血型贡献结构，既与股东在年度内的新增入资有关，也与企业年度内的盈利状况有关，还与企业所采取的年度内的现金股利分配政策有关。

　　如果企业股东权益中造血型贡献持续增长，应该意味着企业的管理层取得了较好的财务业绩。无论如何，企业财务业绩的持续改进都有管理层的功劳。如果在管理层持续努力取得财务业绩的同时，企业对管理层的绩效激励制度进行相应调整，推出更有竞争力的激励政策，企业管理层的努力方向会与股东预期的方向更加吻合。

第七节 简单而复杂的关系：流动资产与流动负债

我们知道，资产方有一项流动资产，负债方有一项流动负债。

流动资产和流动负债之间有什么关系呢？

1. 营运资本（金）和流动比率

流动资产是一年之内可以转化为货币的资产，或可以被快速消耗或销售的资产，如企业因销售而引起的收款期短于一年的应收票据及应收账款、应收款项融资、存货、预付款项、合同资产等项目就属于流动资产，短时间内预期收回的投资如交易性金融资产、衍生金融资产和包含理财性投资的其他流动资产以及从非流动资产转来的一年内到期的非流动资产等也属于流动资产。

而流动负债则是企业一年之内应该偿还的债务，如企业因采购与销售及日常经营活动而产生的付款期短于一年的应付票据及应付账款、预收款项、合同负债、应交税费、应付职工薪酬、其他应付款等项目就属于流动负债，一年内预期需要偿还的债务融资如短期借款、交易性金融负债和从非流动负债转来的一年内到期的非流动负债等也属于流动负债。

既然都是按照期限划分的，流动资产与流动负债之间是不是应该有一个关系呢？

可以从两个方面对流动资产和流动负债的关系进行考察：

第一，做减法。用流动资产减去流动负债，这个概念有几种叫法：一种叫净流动资产，一种叫营运资本，还有一种叫营运资金。实际上，营运资金与营运资本是一回事，就是英文 working capital 中文翻译的不同表达。

一般来说，营运资本反映了企业流动资产对流动负债的保证程度。

如果从字面意义去理解，在流动资产质量较高的情况下，流动资产大于流动负债应该意味着企业短期内的周转没有问题。

顺便讲一下与流动资金有关的故事。非常有意思的是，如果你留心，会经常听到企业界人士谈论流动资金或者资金问题：公司最近流动资金（或资金）缺乏，周转不灵；公司流动资金（或资金）充裕；等等。但是，你如果看会计类的教科书，基本上很难看到关于资金、流动资金的概念了。只是在资产负债表上给资金留了点面子，保留了货币资金的项目，而这个项目在英文中就是现金（cash），根本就不是什么资金。

这是怎么回事呢？

中国内地在1993年7月1日以后实施了《企业会计准则》。实施准则后，中国内地的会计的概念基本上与国际惯例一致了，也有了资产、流动资产的概念了。至此，与流动资产相对应的流动资金、与资产相对应的资金等概念也就没了。

当然，日常交往的口语中，我们还能听到资金、流动资金等说法。实际上，当人们谈论资金、流动资金的时候，往往是将其理解为钱或者货币资金的。也就是说，当人们说缺资金、缺流动资金的时候，缺的就是钱，就是货币资金。

第二，做除法，用流动资产除以流动负债，得出一个财务比率叫流动比率。

为什么要算比率呢？比率计算出来的结果无非是高或者低。就像我们每个人在体检的时候测血压，就是要看看你的血压是不是在正常的范围，是不是处于健康状态。

问题来了：流动比率的安全范围是多少呢？

我告诉你答案：没有标准。

但如果你看各种财务会计的教科书、各种财务报表分析的书籍，它们大都会告诉你，一般企业的流动比率在2∶1左右是比较健康的。

这个所谓 2 : 1 的安全比率是谁说的呢？我没有找到最早的出处，但我一开始读的美国人写的财务会计的教科书上就是这么写的。大量的后来人就把这个 2 : 1 当成经来念了——反正是美国人说的，灵不灵我就不管了。

简单想一下，也好理解：流动资产对流动负债的保证关系，如果保持在 2 : 1 左右，流动资产对流动负债纸面上的保证程度确实是不错的。流动比率如果比较低，流动资产对流动负债的保证程度就显得不足，企业资产的流动性就比较差。

到现在，这个所谓 2 : 1 的安全比率还在到处流传。

这就是我们学经典的美国教材所中的毒，这个毒中得很深。

错在哪里了？因为这个所谓的经验比值是从概念出发的，而流动比率概念本身不仅无视流动资产在结构上的差异，还无视了流动负债结构上的差异。

流动资产与流动负债的对应关系远比纸面上的数据对应关系复杂得多。我们看一个极端的例子（为说明问题，忽略各种税金、运费等）。

假设有这样一个企业，流动资产是 20 亿元，流动负债是 100 亿元。你如果计算营运资本，就会发现企业的营运资本是小于零的，流动资产对流动负债的保证程度不足；如果计算流动比率，就会发现这个比率是 1 : 5，严重低于 2 : 1 的所谓安全比率。

但如果我进一步告诉你，这是一个产品毛利率高达 90% 的企业，流动资产只有一项存货，流动负债也只有一项预收款项。这个时候就变成了流动资产的存货 20 亿元对流动负债的预收款项 100 亿元。

如果你是这个企业的领导，你会由于企业流动资产的账面规模小于流动负债账面规模而担心企业资产的流动性问题吗？

显然，企业不可能为自己的流动性担心：流动资产的 20 亿元中，只需要拿出 10 亿元就可以偿付预收货款 100 亿元的负债。而企业剩余的 10 亿元存货，还可能继续获得 100 亿元的预收款项，只要企业产品有足够的市场。实际上，贵州茅台就有点这种感觉。

在这个例子中，流动资产的价值被低估，流动负债的偿还压力被夸大——流动资产账面价值（20 亿元）与周转后可以用于偿还债务的价值（200 亿元）之间有巨大差异，流动负债中预收款项的偿还并不需要支付真金白银，只需要付出合同约定的存货就可以了。

请记住一点：在企业存在预收款项（合同负债）的条件下，毛利因素是不需要支付现金去偿还的——企业的预收款项与合同负债在一定程度上会夸大流动负债和负债总额。

所以说，这个比率从概念出发可能是正确的，但从结构出发就可能是错误的。

2. 流动资产与流动负债的结构性分析

我在前文有关内容中，强调过流动资产可以分为货币资金、经营性资产和投资性资产，在负债的讨论中还专门谈了输血型负债和造血型负债，把由经营活动产生的负债称为造血型负债，把由债务融资性活动产生的负债称为输血型负债。

上述分析已经奠定了下述内容的分析基础。

现在，我再讲一下营运资本概念的由来。

我在多年以前曾经看过一个材料，这个材料谈到了营运资本概念的由来（顺便提及一下，我并没有对营运资本这个概念进行过其他考证，下面所谈内容基于我看到的这个材料）。

根据这个材料，营运资本早期产生于货郎卖货——货郎赶着马车去卖货。

请注意：货郎赶着马车去卖货，就是早期流动的企业。这个"企业"有货郎（人力资源），有马车和马（技术装备），有车上边的各种商品（存货），当然还有钱（货币资金）。

你想都能想得出来这个场景。材料里说，早期的会计处理，把与车和马有关的这部分资源，叫固定资本（fixed capital）。实际上就是我们现在讲的固定资产的概念。与货有关的相关资源，叫营运资本（working capital）。营运资本的核心就是与存货有关的资产和负债，存货天然就是营运资本的组成部分。

想一想这个流动企业的经营情况：存货资产被卖掉后，如果当时就收到了钱，就会由于存货的减少而增加货币资金，因此，货币资金就是营运资本的重要内容；如果货郎把存货卖完后没拿到钱而拿到了一张欠条，这张欠条就是现代意义上的应收账款，所以应收账款债权也是营运资本的重要组成部分；如果存货在购买的时候需要给供货商打预付款，预付款项又构成了营运资本的组成内容。

所以说在营运资本的概念里，核心项目是存货，然后是货币资金和应收账款（当时没有应收票据，也没有应收款项融资，更没有合同资产），再往后就是预付款项了。也就是说与存货的采购、销售有关的债权债务和货币资金，都是流动企业的营运内容。

可见，早期营运资金资本的核心内容，表现在流动资产里，是与存货采购销售和"营运"业务有关的货币资金、应收账款、存货和预付款项等项目，这些项目不断转换形态（就是流动），最终变成现金并实现资产增值（利润增加）。资产项目的形态变化（流动）是流动资产的本质特征。

营运资本在负债方面是怎样表现的呢？

假设这个流动"企业"采购货物，货物已经收到了，但相关的购货款还没有支付给供应商，这就形成了应付账款；还有人想买的货物需要通过货郎代为采购，把代购款交给货郎，这就使"企业"形成了预收款项。

在这个时期，货郎并不给自己发工资——没有应付职工薪酬，也没有什么税费的系统性核算等。

因此，早期营运资本在流动负债里的项目就是两个：一个是应付账款，一个是预收款项（那时没有什么应付票据、合同负债这些项目）。与流动资产的流动（转化形态）类似，这两个流动负债项目也是不断转化形态（周转）的：与预收款项有关的存货一旦提交给买方，预收款项就没有了；与应付账款有关的债务一旦按照约定支付出去，应付账款也就没有了。

所以最早意义上的营运资本，就指的是以存货为核心的买和卖所形成的存货、债权、债务以及货币资金。

请注意，在这个阶段，流动资产中并没有很多投资项目，流动负债中也没有那么多债务融资项目。

这个阶段流动资产各个项目在流动，流动负债各个项目也在流动，而且流动资产与流动负债也没有明显的一年以内或一个经营周期转化为货币资金的概念。

后来流动资产和流动负债的概念怎么变了呢？

因为随着经济的不断发展，企业对外投资、筹资活动越来越与早期意义的营运交织在一起，并形成一些资产和负债。在这种情况下，只有把流动资产概念进行"篡改"或者"歪曲"，才能让那些没有安身之处的非营运的项目（就是与企业投资、债务融资有关的项目）顺利进入流动资产和流动负债。

演变到现在，营运资本变成了流动资产减去流动负债之差；流动资产也不再谈流动的本质——经营活动形成项目的流动，而被改为以一年（或一个经营周期）为界可以转化为货币资金或者被快速消耗、销售的资产；流动负债也不谈与企业经营活动的关系，而是强调偿还期限在一年以内。

这样一改就把符合期限，但是与企业经营活动没有关系的项目都归入了流动资产和流动负债。

之所以讲这么多营运资本概念的演变，我是想要特别强调，营运资本的核心项目是以存货为核心的与存货购买和销售有关的项目，包括流动资产中的货币资金、应收账款、应收票据、预付款项、合同资产、存货，以及流动负债中的应付票据、应付账款、预收款项、合同负债、应付职工薪酬、应交税费和其他应付款等项目。

下面的问题是：那些进入流动资产和流动负债中与营运或营业没有关系的流动资产、流动负债项目，在分析中怎么处理呢？

我们前文的学习已经为现在的分析奠定了基础。对流动资产和流动负债要进行细分，看一下，哪些跟经营有关，哪些跟投融资有关。

第一，流动资产的结构梳理。流动资产里的交易性金融资产、衍生金融资产与经营就没关系，但属于投资性项目。货币资金比较特殊：既可能与经营活动没关系也可能有关系——如果企业经营活动不缺钱，货币资金就与经营活动没有关系；如果企业经营活动缺钱，货币资金要补充经营用资金，那它就与经营活动有关系。其他应收款与经营活动关联度较小，一年内到期的非流动资产也与经营活动的直接关联度较低。其他流动资产的情况比较特殊：部分内容（如与税金有关的内容）与经营活动有关，另一部分内容则属于投资（如与理财等有关的内容）。

请注意，除了货币资金和其他应收款（母公司巨额其他应收款如果是给子公司提供的资金，也是投资资产）外的与经营活动没有关系的项目（一年内到期的非流动资产、交易性金融资产、衍生金融资产、部分其他流动资产等），基本与投资有关。

总结一下：流动资产里的项目有的是真流动，有的是真投资。如果这样看，流动资产的结构就简单了。

第二，流动负债的结构梳理。与流动资产相似，流动负债里除了我们前文讲过的与经营活动有关的项目外，大多与债务融资（就是企业借钱）有关——包括短期借款、交易性金融负债、一年内到期的非流动负债、应付利息等。

很明显，对于大多数企业，流动负债可以分为两类：一类是金融性负债（有息负债），与债务融资有关；一类是经营性负债，与经营活动有关。

小结：

我在本节重点讲了流动资产和流动负债的结构问题，就是要告诉大家：由于流动资产与流动负债之间有较为复杂的对应关系，对企业营运资本的分析绝不能简单化为比率分析。我们不仅要关注比例，更要关注营运资本概念的核心营运项目的具体表现、投资项目的内在质量以及综合因素考量下企业的短期债务偿还能力。

第八节　简单而复杂的关系：总资产与负债

1. 资产负债率不是洪水猛兽

不知道此前你是不是曾经关注过企业负债与资产之间的关系？如果关注过，你一定听说过关于企业风险的一个重要指标——资产负债率（资产负债率 = 负债总计 / 资产总计 ×100%）。

甚至于直到今天，很多企业在考核子公司业绩的时候，会把子公司资产负债率不得高于某个水平作为考核指标。

我先讲一件我经历的事。

几年前，有一个学生电话联系我，说："张老师，我们想请您帮我们出出主意。"

我问："什么事呀？"

学生说："我们公司最近正在去杠杆。我们想请您做一个咨询性课题，您给我们做个调研、出出主意，看我们怎么样把这个去杠杆的工作做得更好。"

我问："你们去的是什么杠杆呀？你们的杠杆指的是什么呀？"

学生说："就是资产负债率，就是要降低资产负债率。"

我说："你们公司可能把去杠杆理解歪了。我先给你打个比方，假设一个企业的资产负债率达到了90%，就是说它的总资产是100，它的总负债是90，股东权益只有10。如果是这样的话，你们是不是认为资产负债率和企业的杠杆已经够高的了？"

他说："是够高的了。"

我继续说："如果这个企业的负债里没有任何贷款，全部是经营负债，如此高的经营负债，主要是靠业务规模和竞争优势形成的。你说这是竞争优势呢，还是风险呢？"

他说："听您这么说，应该是竞争优势。"

我继续说："这种企业往往有较高的盈利能力和现金支付能力。之所以资产负债率高，一方面是因为企业有很高的应付票据、应付账款和预收款项，导致负债比较高；另一方面是企业每年把获得的大部分利润都分给股东了，从而导致股东权益每年增加不多，所以资产负债率就高了。这个企业难道要为了降低资产负债率，进行所谓的去杠杆，业务就不做了吗？"

他说："不是不是，这种情况引起的高资产负债率我们不限制。"

我说："好。我再举另外一个极端的例子。假设另外一个企业，资产负债率还是90%。企业的负债全是贷款。但是这个企业处于发展的早期阶段，贷款了以后正在搞建设——进行固定资产建设，正在盖楼、盖厂房，预计企业的经营前景和盈利前景都很好，未来偿债能力应该不成问题。现在，房子盖了一半了，贷款也花了一多半了。贷款很多已经变成了水泥、钢筋等建筑材料。企业应不应该在这个阶段为了降低资产负债率，索性把在建工程拆掉变卖成现金还银行，然后告诉银行：就这么多钱了，我先把钱还给你，明天就去破产清算？能这样吗？"

他说："不能。"

我说："那你们要降的是什么呀？"

他说："就是把资产负债率降下来。"

我说："这个很简单。不就是降低资产负债率吗？你们公司盈利情况怎么样？如果盈利情况比较好，有利润以后，减少向股东支付现金股利就会对降低资产负债率有帮助。"

他说："张老师，不好意思，我们公司的盈利能力不强，每年基本上能做到微利，不太可能靠利润降低资产负债率。"

我说："那也简单。你们公司的股东向企业追加投资就可以降低资产负债率了。"

他说："那是不可能的。据我了解，股东不可能向我们公司追加投资。"

我说："你这个调研我已经做完了。你说的这件事我该出的主意已经出了，看来都不可行。你们这么简单地对待资产负债率会把公司害了。"

把资产负债率简单理解为企业风险的重要标志，对企业管理危害极大。

那么,什么是杠杆和去杠杆呢?

百度百科上是这样说的:"杠杆"是指负债经营,"杠杆率"是指负债率,"去杠杆"是指避免企业负债经营或尽量降低企业负债率,"去杠杆化"是指用股权融资代替债权融资作为企业融资的主导方式乃至唯一方式。

看明白了吗?这个杠杆和去杠杆的概念与那个联系我的学生的公司所要做的是一致的:把资产负债率视为企业的重要风险因素,尽最大可能降低企业的资产负债率。

这是多么有害的认识!

实际上,有很多企业虽然资产负债率较高,但其产品在市场上长期具有显著竞争优势。在这类企业的债务结构中,金融性负债并不多,债务的主体是经营型负债。

如果一个企业的债务结构中,经营性负债占据主体并能持续发展,则这种企业的高资产负债率或高杠杆率是竞争优势而不是风险。

所以,资产负债率不是洪水猛兽。

2. 资产结构与负债结构

仅仅关注资产负债率的简单思维方式错在哪里呢?

错在既没有考虑负债结构,也没有考虑资产结构。

先看看负债结构。

我已经在前文提到过,企业的负债可以分为造血型负债和输血型负债。造血型负债指的是经营性负债,输血型负债指的是由各类债务融资导致的负债。

因此,从负债结构的角度考虑问题,企业应该计算三个资产负债率。

哪三个资产负债率呢?

第一,资产负债率,即用负债总额除以资产总额所得出来的比率。

虽然这个比率没那么重要,但这么时髦的比率全世界都在计算,我敢不计算吗？

在我看来，**资产负债率的价值不在于其数据高低所展示出来的企业风险大小，而是要看一下在企业的全部资源里，债权人整体有多大的贡献。**

再强调一下：关注资产负债率，不是要看企业的风险，而是要看企业资源的贡献者是谁。

请注意：在把资产负债率作为企业风险度量的主要因素的有害"理论"指导下，一个企业的资产负债率如果达到 70% 以上，就意味着企业的资产负债率比较高，企业的风险比较大了。

下面讲一件我曾经经历的事。

多年前，我在一个企业做独立董事。某年 4 月召开的董事会将讨论几项上市公司对其他企业的担保议案。企业的管理还是比较规范的：董事会秘书提前一段时间就把拟被担保企业的基本情况（包括财务数据）提供给了全体董事。

董秘提交的材料包括了拟被担保企业（均为非上市公司）截至上年末和本年前三个月的财务数据。在其中一个拟被担保企业的财务数据中，我看到了这样的情况：

企业上年末的资产规模、结构与本年 3 月 31 日的资产规模和结构基本一致，本年前三个月的利润为正数，但规模很小。在上一年 12 月 31 日，该企业的资产负债率约为 80%，而到本年的 3 月 31 日，该企业的资产负债率约为 60%。企业 3 月 31 日的实收资本、盈余公积和未分配利润与上年 12 月 31 日基本一致，但资本公积由年初的零增加到了一个与实收资本、盈余公积和未分配利润规模相当的数据，负债规模则有所降低。

看到此情况，我立即联系了董秘，请他了解一下，这个企业在短短的三个月内资本公积从零增加到较大规模的原因。

董秘答应了，并对我的认真表示感谢。

但几天过去后，董秘并没有对我关注的问题进行回复。

眼看就要到开会的时间了，我沉不住气了，直接打电话给董秘，继续询问上述情况。

董秘回答："张教授，我在接到您的电话后，马上就联系了那家企业，要求尽快就您的问题进行回复。但这几天他们一直没有回复我，我也不好意思催他们。"

我说："既然是这样，如果对方不回应，你就不要再问了。我知道是怎么回事。"

董秘问："您知道是怎么回事？"

我说："对。"

董秘继续问："是怎么回事呢？"

我说："本来企业的资本公积没有任何变化——这个企业的资产结构和规模在三个月内没有什么变化，这说明企业大的资产结构保持稳定。在这种情况下，企业的资本公积不太可能有变化。作为一个非上市公司，资本公积的增加一般是股东向企业注入了非分红性入资，但由于资产大的结构没有变化，这种股东入资是不可能的。

"实际情况可能是：这个企业担心资产负债率高于70%，按照监管规定，即使我们的董事会通过了对这个企业的担保议案，相关议案还要提交临时股东大会投票。这个企业一是怕麻烦，二是担心临时股东大会通不过，所以就把负债里面的一些数据调整到资本公积了，以显得资产负债率还不算高。"

我告诉董秘："请转告董事长，这个企业有财务信息不实的嫌疑。建议撤销对其的担保议案。如果我在董事会上看到这个企业的担保议案，我会投反对票。"

在我的坚持下，该担保议案被取消了。

这件事说明，尽管给资产负债率定一个 70% 的风险门槛缺乏科学性，但这一比率在实践中还是受到广泛关注的。

第二，资产有息负债率，即用有息负债总额除以资产总额所得出来的比率。

企业之所以发生有息负债，正常情况下主要是解决如下问题：一是支持日常经营活动的周转；二是支持企业的非流动资产布局，如购建固定资产、在建工程、无形资产、租赁资产以及对外投资等。

非常清晰的是，企业对有息负债的偿还基础是债务融资所推动的经营或者投资活动要有盈利能力以及偿还债务本金和利息的现金能力。一旦企业的债务融资所推动的经营与投资活动不能产生预期的盈利和现金流量，企业对有息负债的偿还就会出现困难，企业的风险也会因此提高。

思考：资产有息负债率达到多高，企业的偿债风险就比较大了？

根据我的研究，资产有息负债率达到 50% 的时候，企业的偿债风险就比较高，需要关注了。这是因为，在企业资产有息负债率达到 50% 的时候，企业的股东入资加上利润积累和经营性负债的总规模就会小于或等于资产总额的 50%，这意味着企业股东与业务对企业资源的贡献度相对不足。

第三，资产经营负债率，即用经营负债总额除以资产总额所得出来的比率。

企业的经营性负债是由企业的业务规模和竞争地位决定的，资产经营负债率反映了企业的经营活动对企业资产的支撑度或者贡献度。一个竞争优势明显的企业，经营性负债可能形成企业资产支撑的主体。

在企业持续发展的条件下，资产经营负债率不存在上限。

企业财报解析：紫鑫药业的资产经营负债率

下面我们看一下吉林紫鑫药业股份有限公司（以下简称"紫鑫药业"）2021 年季度报告中合并资产负债表的部分财务数据（见表 2-22）。

表 2-22　紫鑫药业 2021 年季度报告中合并资产负债表部分数据　单位：元

项目	2021 年 12 月 31 日	2021 年 9 月 30 日
流动负债：		
短期借款	3,632,511,565.95	3,922,305,618.32
应付账款	453,527,424.91	369,093,408.41
合同负债	26,045,862.84	26,625,764.93
应付职工薪酬	38,965,451.16	33,839,789.83
应交税费	58,128,962.80	70,905,240.83
其他应付款	534,191,896.29	831,611,722.98
其中：应付利息	342,907,605.09	595,111,547.90
一年内到期的非流动负债	681,403,681.18	676,503,500.00
其他流动负债	6,218,971.12	6,224,591.49
流动负债合计	5,430,993,816.25	5,937,109,636.79
非流动负债：		
长期借款	1,084,757,902.81	1,339,976,654.92
租赁负债		6,481,093.33
长期应付款	200,000.00	416,100.00

（续表）

项目	2021年12月31日	2021年9月30日
递延收益	251,686,727.27	248,768,306.48
递延所得税负债	387,934.33	409,787.05
非流动负债合计	1,337,032,564.41	1,596,051,941.78
负债合计	6,768,026,380.66	7,533,161,578.57
所有者权益（或股东权益）:		
股本	1,280,759,826.00	1,280,759,826.00
资本公积	1,533,957,243.14	1,533,957,243.14
其他综合收益	7,498,011.09	8,554,582.48
盈余公积	93,148,278.45	93,148,278.45
未分配利润	822,556,058.86	481,739,576.19
归属于母公司所有者权益合计	3,737,919,417.54	3,398,159,506.26
少数股东权益合计	2,798,974.67	2,784,373.47
所有者权益合计	3,740,718,392.21	3,400,943,879.73
负债和所有者权益总计	10,508,744,772.87	10,934,105,458.30

　　由于资产等于负债加所有者权益，因此，不用看资产规模，你就应该知道，在2021年9月30日的时候，这个公司合并资产总额为10,934,105,458.30元。

　　首先看一下资产负债率：用负债合计75.33亿元除以资产总额109.34亿元，我们得到企业的资产负债率是68.90%。虽然接近了一般人认为的70%的风险警戒线，但简单以此比率认定企业的偿债风险就有些过于简单了。

　　我们再看一下企业的有息负债率。在2021年9月30日，企业的有息负债主要包括短期借款、应付利息、一年内到期的非流动负债、长期借款、租赁负债和长期应付款等项目。这些项目加在一起的规模约为

65.41 亿元，这样，资产有息负债率为 65.41/109.34 × 100% = 59.77%。

我在前文讲到，资产有息负债率达到 50% 左右的时候，其偿债风险就比较高了。

因此，这个企业未来对各项有息负债的偿还状况需要高度关注。

最后，是关于这个企业的资产经营负债率。实际上，用合并报表的数据，如果简单处理，直接做减法就可以了：资产负债率是 68.90%，资产有息负债率是 59.77%，而资产有息负债率加资产经营负债率等于资产负债率。这样，资产经营负债率就等于 9.13%。

这个比率说明，企业的经营活动对资产的贡献度比较低，企业的业务能力不强。

业务能力不强的企业，盈利能力很难强；业务能力、盈利能力都不强的企业，偿债能力会强吗？

再强调一下：我不是通过资产负债率而是通过资产有息负债率来考察企业的偿债压力的。我认为资产有息负债率在考察企业偿债风险方面是更有价值的。

作业：

如果有时间，大家可以去找一下格力电器 2012 年以来各年的资产负债表，计算一下这个企业的资产负债率、资产有息负债率、资产经营负债率并对企业的偿债风险进行评价（提示：用母公司资产负债表数据）。

第三章

揭秘现金流量表

第一节　日子：现金流量表告诉了我们什么

1. 盈利和赚钱不是一回事

在学习利润表的时候，大家已经清楚了：利润表告诉了我们企业在一段时期内的营业收入情况、盈利与亏损状况，告诉了我们哪些因素使得企业的利润增加，哪些因素导致了企业的亏损，等等。

资产负债表是某一天的资产规模、结构状况以及支撑企业资源的债务和所有者权益的规模和结构——企业某一天有钱并不等于全年有钱，某一天有负债并不等于全年有负债。就像我们的身体状况一样：每个人每天的健康状况是不一样的——你的血压时时在变，你的血糖时时在变。资产负债表的时点特性就要求我们既要考察某一特定时点的资源状况，还要比较式考察一段时期内企业资源规模与结构的变化情况，这就是为什么我们在看资产负债表的时候，一定是既能看到某个时间节点的资产、负债和所有者权益状况，也能看到这个时期期初的资产、负债和所有者权益状况。

在进一步回答现金流量表告诉了我们什么之前，我再强调一下，利润表只是告诉了我们企业的盈利状况，告诉了我们营业利润的结构是三支柱、两搅局，但并没有告诉我们企业是不是赚到了钱——**盈利不等于赚钱**。

这是怎么回事呢？

你只需要记住：利润表的编制，是按照会计的权责发生制或者应计制来进行的。在进行利润表的编制过程中，企业关注的是有关的业务是否已经完成，与商品或者服务采购、销售有关的风险和收益的权利是否已经转移，而不是现金是否流动。

举几个具体的例子。

在企业赊销商品的时候，当与商品有关的风险和收益已经转移到买方的时候，卖方就认为销售过程已经完成了。此时，买方是否向卖方支付现金都不影响卖方在利润表里面确认营业收入：如果买方直接支付现金给卖方，卖方利润表里营业收入增加的同时，货币资金也增加了；如果买方当时并没有支付现金，但承诺未来一段时间内支付现金，则卖方利润表里营业收入增加的同时，货币资金并不增加，而是应收账款或者应收票据增加。

当企业在利润表里确认折旧费用的时候，企业并没有新的与折旧有关的现金流出——与固定资产购建有关的货币资金早就支付出去了。

当企业确认公允价值变动净收益的时候，利润表里只是增加了一个数字，并没有任何现金流入。

当企业在利润表里对企业的资产减值损失和信用减值损失进行处理的时候，企业不会因为这两个减值而减少货币资金。

我总结三句话吧：

利润表里导致利润增加的项目（如营业收入、其他收益、利息收入、投资净收益、公允价值变动净收益、资产处置收益以及营业外收入等）增加，并不一定导致企业的货币资金增加。

利润表里导致利润减少的项目（如营业成本、税金及附加、销售费用、管理费用、研发费用、利息费用、资产减值损失、信用减值损失、营业外支出以及所得税费用等）增加，并不一定导致企业的货币资金减少。

企业的净利润增加并不等于货币资金的等额增加。

现在问题来了：反映企业赚钱的报表是哪张？

答：是现金流量表。

所以，如果想了解企业是不是赚钱了，钱的来路如何，又去往何处，就要看现金流量表了。

简单地说，**现金流量表是反映企业一段时期内货币资金分类收支情况的报表。**

需要注意的是，**现金流量表里的现金内涵与一般意义上的货币资金有所不同：现金流量表里的现金内涵既包括货币资金，也包括一部分短期内可以快速按照既定金额回收的短期投资（这部分短期投资叫现金等价物）。**

读者把现金流量表里的现金理解为货币资金对分析财报是没有大的影响的。

2. 现金流量表的基本结构和主要项目

下面我们以科大讯飞 2020 年度报告中的现金流量表为基础，了解一下企业现金流量表的基本结构和主要项目（见表 3-1）。

表 3-1　科大讯飞 2020 年度报告中的现金流量表相关信息　　　单位：元

时间	2020 年	2020 年	2019 年	2019 年
报告期	年报	年报	年报	年报
报表类型	合并报表	母公司报表	合并报表	母公司报表
经营活动产生的现金流量：				
销售商品、提供劳务收到的现金	12,620,462,119	5,986,411,760	9,299,910,155	4,057,626,978
收到的税费返还	178,344,682	67,814,093	208,381,538	79,709,586
收到其他与经营活动有关的现金	980,749,549	304,802,216	765,580,474	472,830,597
经营活动现金流入小计	13,779,556,350	6,359,028,069	10,273,872,167	4,610,167,162
购买商品、接受劳务支付的现金	6,268,778,755	3,244,058,433	4,280,341,139	2,807,871,601
支付给职工以及为职工支付的现金	2,586,296,211	1,162,929,530	2,539,513,994	1,069,861,168
支付的各项税费	824,351,847	250,281,565	586,816,483	155,026,173
支付其他与经营活动有关的现金	1,829,374,680	1,244,750,050	1,335,732,041	1,145,541,092
经营活动现金流出小计	11,508,801,494	5,902,019,578	8,742,403,657	5,178,300,034
经营活动产生的现金流量净额	2,270,754,856	457,008,491	1,531,468,510	−568,132,871
投资活动产生的现金流量：				
收回投资收到的现金	738,692,246	799,670,157	113,216,611	110,448,555
取得投资收益收到的现金	26,585,080	106,377,927	4,360,882	108,023,857
处置固定资产、无形资产和其他长期资产收回的现金净额	217,929,622	20,538,483	4,405,420	2,256,928

（续表）

时间	2020 年	2020 年	2019 年	2019 年
报告期	年报	年报	年报	年报
报表类型	合并报表	母公司报表	合并报表	母公司报表
处置子公司及其他营业单位收到的现金净额	66,504,710			
收到其他与投资活动有关的现金	36,412,994	42,917,633	42,782,386	30,170,858
投资活动现金流入小计	1,086,124,653	969,504,200	164,765,299	250,900,198
购建固定资产、无形资产和其他长期资产支付的现金	1,249,374,592	897,042,591	1,886,592,074	1,133,536,760
投资支付的现金	568,834,643	634,451,684	1,177,165,620	1,996,391,252
取得子公司及其他营业单位支付的现金净额	3,204,241			
支付其他与投资活动有关的现金		483,819,473		332,658,480
投资活动现金流出小计	1,821,413,477	2,015,313,748	3,063,757,695	3,462,586,491
投资活动产生的现金流量净额	−735,288,823	−1,045,809,548	−2,898,992,395	−3,211,686,293
筹资活动产生的现金流量：				
吸收投资收到的现金	532,223,502	491,088,544	2,929,033,336	2,865,481,002
其中：子公司吸收少数股东投资收到的现金	41,134,958		63,552,335	
取得借款收到的现金	1,358,245,947	1,347,397,010	835,003,200	834,464,438

（续表）

时间	2020 年	2020 年	2019 年	2019 年
报告期	年报	年报	年报	年报
报表类型	合并报表	母公司报表	合并报表	母公司报表
收到其他与筹资活动有关的现金		1,426,962,441		3,062,147,610
筹资活动现金流入小计	1,890,469,449	3,265,447,995	3,764,036,537	6,762,093,050
偿还债务支付的现金	1,601,011,710	1,500,038,819	876,565,864	841,565,864
分配股利、利润或偿付利息支付的现金	375,299,218	311,130,273	285,379,318	258,203,864
其中：子公司支付给少数股东的股利、利润	3,700,000			
支付其他与筹资活动有关的现金	9,336,371	9,336,371	22,188,256	22,188,256
筹资活动现金流出小计	1,985,647,298	1,820,505,463	1,184,133,437	1,121,957,983
筹资活动产生的现金流量净额	−95,177,849	1,444,942,532	2,579,903,099	5,640,135,067
汇率变动对现金的影响	−3,030,767	−2,221,485	862,326	547,087
现金及现金等价物净增加额	1,437,257,417	853,919,990	1,213,241,540	1,860,862,989
期初现金及现金等价物余额	3,419,947,192	2,592,948,616	2,206,705,652	732,085,626
期末现金及现金等价物余额	4,857,204,608	3,446,868,606	3,419,947,192	2,592,948,616

从表的基本结构，你能清晰看到，现在的现金流量表把现金流量分成了三大类：经营活动产生的现金流量、投资活动产生的现金流量和筹

资活动产生的现金流量，而每一类现金流量又都分为现金流入量和现金流出量。

（1）经营活动产生的现金流量

经营活动产生的现金流量有哪些呢？

经营活动产生的现金流入量主要有三项。一是销售商品、提供劳务收到的现金，这就是企业销售活动的回款呀！二是收到的税费返还，这个很容易理解。三是收到其他与经营活动有关的现金，这个项目就比较复杂了，企业之间差异很大。我列示一下科大讯飞2020年度报告中合并现金流量表中的相关信息（见表3-2）。

表3-2　科大讯飞2019—2020年度收到的其他与经营活动有关的现金 单位：元

项目	2020年	2019年
政府补助	835,465,844.29	633,469,389.10
单位往来	43,709,350.26	96,938,013.45
个人往来	7,658,540.49	12,747,243.54
其他	93,915,813.99	22,425,827.77
合计	980,749,549.03	765,580,473.86

对于不同企业，还要关注一下这个"其他"。

经营活动产生的现金流出量有四项。一是购买商品、接受劳务支付的现金，二是支付给职工以及为职工支付的现金，三是支付的各种税费。这几个项目从字面上就很容易理解是什么内容。四是支付其他与经营活动有关的现金，又是一个"其他"。我还是列示一下科大讯飞年度报告中合并现金流量表的相关信息（见表3-3）。

表 3-3　科大讯飞 2019—2020 年度支付的其他与经营活动有关的现金 单位：元

项目	2020 年	2019 年
差旅、交通费	99,062,911.96	149,982,051.23
保证金	202,156,488.48	99,719,040.78
办公、会务费	88,726,083.31	111,539,854.45
业务招待费	127,031,734.59	94,655,334.08
广告宣传费	350,589,522.65	225,812,669.58
租赁、物业费	184,616,435.62	156,762,756.60
捐赠、赞助支出	79,453,254.28	18,296,802.49
外包服务费	423,550,895.69	234,722,490.93
合作交流费	42,494,029.39	47,320,835.06
其他	231,693,324.09	196,920,206.23
合计	1,829,374,680.06	1,335,732,041.43

请注意看一下这里面的内容，是不是感觉很杂？我要说的是，对这个"其他"要格外关注。有的企业这个"其他"就是藏污纳垢的地方：大股东占用资金、向关联方提供资金等都可能归于这个"其他"。

（2）投资活动产生的现金流量

投资活动产生的现金流入量主要有这样几项：一是收回投资收到的现金，这就是企业把一些持有的股权、债权再卖出去或者换回来的活动所收到的款项；二是取得投资收益收到的现金，企业所收到的现金股利等就归属于这个项目；三是处置固定资产、无形资产和其他长期资产收回的现金净额，就是企业对固定资产、无形资产和其他长期资产进行处置所收到的现金净额；四是处置子公司及其他营业单位收到的现金净额，这与收回投资收到现金有点类似，是对子公司股权或其他经营单位处置所收到的现金；五是收到其他与投资活动有关的现金——这个项目也是比较复杂的。我列示一下科大讯飞2020年度报告中合并现金流量表的相关信息（见表3-4）。

表3-4　科大讯飞2019—2020年度收到的其他与投资活动有关的现金 单位：元

项目	2020年	2019年
利息收入	34,497,004.23	42,782,386.33
支付的取得子公司的现金净额	1,915,990.24	
合计	36,412,994.47	42,782,386.33

这个内容让人感觉很困惑：与我们前文讲的项目分类并不一致。

我们再看一下紫金矿业2020年度报告中合并现金流量表的相关信息（见表3-5）。

表3-5　紫金矿业2019—2020年度收到的其他与投资活动有关的现金 单位：元

项目	2020年	2019年
收回三个月以上定期存款的现金		3,000,000
收回理财产品	65,401,352	457,685,011
合计	65,401,352	460,685,011

显然，紫金矿业的信息披露确实有投资现金流入量的味道。

投资活动产生的现金流出量有这样几项：一是购建固定资产、无形资产和其他长期资产支付的现金，二是投资支付的现金，三是取得子公司及其他营业单位支付的现金净额，四是支付其他与投资活动有关的现金。除了"其他"项目以外，前面几个项目从字面上就很容易理解是什么内容。由于科大讯飞2020年度报告中合并现金流量表的这个项目是零，所以我没有办法再展示科大讯飞的"其他"项目的相关信息了。

我们再看一下紫金矿业2020年度报告中合并现金流量表的相关信息（见表3-6）。

表3-6 紫金矿业2019—2020年度支付的其他与投资活动有关的现金 单位：元

项目	2020年	2019年
期限超过一年的大额存单	255,811,321	
合营公司建设运营款	2,174,860,525	1,394,540,898
与并购子公司相关的费用	48,342,623	123,910,136
合计	2,479,014,469	1,518,451,034

紫金矿业的这个"其他"的结构和内容让我们看到了其他项目的复杂性。

需要注意的是，**固定资产、无形资产等在资产负债表里叫经营资产，但在现金流量表里，与固定资产、无形资产等有关的现金流入量和流出量都属于投资活动现金流量。**请注意这种不同报表之间的概念差别。

（3）筹资活动产生的现金流量

筹资活动产生的现金流入量主要有这样几项：一是吸收投资收到的现金，就是企业通过发行股票等方式获得的股东入资款；二是取得借款收到的现金；三是发行债券收到的现金（科大讯飞没有这一项）；四是收到其他与筹资活动有关的现金。前面几项的内涵是比较清楚的，最后的"其他"需要注意其具体内容。由于科大讯飞2020年度报告中合并现金流量表的这个项目是零，所以我展示一下紫金矿业2020年度报告中合并现金流量表的相关信息（见表3-7）。

表3-7 紫金矿业2019—2020年度收到的其他与投资活动有关的现金 单位：元

项目	2020年	2019年
处置股权给少数股东	51,101,779	20,630,903
向第三方公司借款	979,709,265	114,946,726
合计	1,030,811,044	135,577,629

紫金矿业的展示告诉我们：不是所有的借款都计入"取得借款收到

的现金"。

最后我们再看看筹资活动产生的现金流出量。**筹资活动产生的现金流出量**有这样几项：一是偿还债务支付的现金，二是分配股利、利润或偿付利息支付的现金，三是支付其他与筹资活动有关的现金。与前面一样，除了"其他"项目以外，前面几个项目从字面上就很容易理解是什么内容。我们先看看科大讯飞 2020 年度报告中合并现金流量表的这个"其他"项目的情况（见表 3-8）。

表 3-8　科大讯飞 2019—2020 年度支付的其他与筹资活动有关的现金　单位：元

项目	2020 年	2019 年
支付限制性股票回购款	9,336,370.50	22,188,255.60
合计	9,336,370.50	22,188,255.60

再看一下紫金矿业 2020 年度报告中合并现金流量表的相关信息（见表 3-9）。

表 3-9　紫金矿业 2019—2020 年度支付的其他与筹资活动有关的现金　单位：元

项目	2020 年	2019 年
支付巨龙铜业／塞紫铜于收购日前的第三方款项	910,921,505	109,588,200
偿还第三方公司借款	116,766,641	85,135,094
购买少数股东权益	199,663,905	1,169,055,198
支付租赁负债款	184,235,335	107,641,592
手续费和其他	113,361,881	136,150,284
合计	1,524,949,267	1,607,570,368

从科大讯飞和紫金矿业在相同的"其他"项目中所披露的内容来看，不同企业由于在特定时期的筹资活动可能存在显著差异，因而在项目的构成上会出现较大差异。

我在本节中之所以展示了几个"其他"项目的构成，是要让读者养成关注"其他"项目内容的习惯。因为我注意到上市公司所披露的"其他"项目内容差异很大，千奇百怪。

> **小结：**
>
> 本节我向读者展示了现金流量表的基本结构和主要内容。初步了解了企业现金流量表告诉我们的内容：企业日常现金流转的基本结构。通过后续的学习，你会对企业赚钱与盈利、现金流量表的价值有更深刻的认识。

第二节　经营活动现金流量：赚钱能力在这里体现

1. 现金流量与现金流动

现金流量与现金流动有什么关系？利润表的盈利与现金流量表的赚钱应该怎样去考察？

为了讨论现金流量与现金流动的问题，我先说一下现金流量表的来历。

从企业报表披露的顺序来看，资产负债表和利润表是很早就出现的财务报表，现金流量表很晚才出现。我在20世纪80年代初学会计的时候，企业的财务报表体系中还没有现金流量表。

资产负债表和利润表有一个非常大的问题，就是你只能了解企业的资源与盈利状况，却看不出企业盈利了，是不是赚钱了？我在前文讲过，按照权责发生制编制的利润表一定是这样的：有利润不一定有相应的现金流量进入企业。这在实践中就可能会出现企业对利润表的造假——企业可以通过会计手段把利润按照企业管理层的意图"制造"或"调整"出来。也就是说财务造假在利润表里是有很大发挥余地的。很多企业由于财务造假，利润表上的数据可以在短时间内很繁荣，但企业可能很快就扛不住了。为什么呢？企业利润上去了，但并没有收到现金，资金周转不灵，有利润没钱，利润虚自然难以持续。

虽然财务造假主要发生在利润表，但由于利润表与资产负债表的内在联系，企业利润虚必然导致资产虚，企业利润表造假的另一面就是资产负债表造假。

怎么办呢？办法总比困难多。既然利润表有局限，那能不能把表现企业利润质量的、表现企业活力的那些要素整合到一起，再造出一个新的财务报表来呢？于是现金流量表应运而生。

在 20 世纪 80 年代后期，美国就开始要求企业编制现金流量表。中国内地 1993 年开始搞会计改革，1998 年才开始编制现金流量表。当然我们的现金流量表结构与美国的、国际会计准则的现金流量表在项目上是有所差别的，即使与中国香港的现金流量表在项目上也不一样。各个国家或者地区的报表项目之间出现差异是很正常的——对某些项目重要性的认识不太一样，就会导致对某些现金流量分类的差异。

现金流量表的英文是 Cash Flow Statement。那么，cash flow 应该翻译成什么？从字面来看，把它翻译成现金流量、现金流动和现金流都是可以的。请注意：现金流动既可以是动词，也可以是名词，现金流量一定是名词。

因此，这张报表就可以有两个译名——现金流量表或者叫现金流动表。在我的印象中，这两个译名最早是由厦门大学的著名会计学家常勋教授提出来的。他是在中央广播电视大学出版的《西方财务会计》教材里面，说 Cash Flow Statement 既可以叫现金流量表，也可以叫现金流动表。现在，主流的叫法是现金流量表，基本上没有人说现金流动表。

但是我要告诉大家，如果从中文语法的角度来讲，现金流量是一个静态展示的概念——展示现金流量的结构和规模；而现金流动是动起来的概念，流动有从哪里来、到哪里去的意思，而流量的来龙去脉的色彩是不强的。你在看现金流量表的时候，如果有现金流动的概念，你就会主动对一个企业的货币资金从哪里来、到哪里去的逻辑关系进行考察。

我们以科大讯飞2020年度合并现金流量表的信息，从现金流量和现金流动两个角度来对相关信息进行考察，看有什么不同。

从现金流量的角度看，企业在2020年，现金及现金等价物增加了1,437,257,417元。其中，经营活动贡献了2,270,754,856元，投资活动贡献了–735,288,823元，筹资活动贡献了–95,177,849元。

这就是说，算下来，一年的投资活动和筹资活动导致了企业的现金及现金等价物的规模减少，而中流砥柱是经营活动现金流量。

从现金流动的角度看，该企业在2020年，经营活动获得的2,270,754,856元现金流量净额在填补了投资活动现金流量的亏空735,288,823元和筹资活动现金流量的亏空95,177,849元后，使得企业现金及现金等价物增加了1,437,257,417元，为企业未来的经营、投资和筹资活动提供了新的现金支持。

简单地说，从现金流动的角度看，从逻辑关系来看，该企业在2020年的货币资金是靠经营活动打天下的，既支持了投资活动，也支撑了筹资活动。

实际上，还有一个溯源性的现金流动逻辑关系，这就是：

企业的筹资活动是企业一切现金流动的发起端。企业在获得筹资活动的现金流入量（主要是股东入资和债务融资）后，首先支持企业的投资活动现金流出量（主要是购建固定资产和无形资产等、对外投资），然后支持经营活动现金流出量（主要是支付给职工以及为职工支付现金、购买商品接受劳务支付现金）或支持自身的偿还债务的筹资活动现金流出量；

经营活动产生现金流入量（主要是销售商品提供劳务收到现金、收到各种补贴等）解决自身经营活动现金流出量问题（主要是支付给职工以及为职工支付现金、购买商品接受劳务支付现金、支付各种税费、分配股利、利润或偿付利息支付等），然后用经营活动现金流量的富余资金支持投资活动现金流出量、筹资活动现金流出量（偿还债务）等；

企业在投资活动现金流出后，在未来将会获得取得投资收益收到现金、收回投资收到现金等。

作业：

找到任意一个企业的现金流量表，用现金流量和现金流动的不同视角对这个企业的现金流量表进行考察。

2. 两个赚钱点

我们在看利润表的时候，看到了企业的营业利润的结构是三支柱、两搅局，营业利润盈利的因素是三支柱。

那面对现金流量表，我们也要问了：企业的赚钱点在哪里？

现金流量表的结构告诉我们：企业赚钱点有两个，一是经营活动产生的现金流量净额，二是取得投资收益收到的现金。

那么问题来了：企业收到的补贴收入带来的现金，属于什么活动？

答案是属于经营活动。因为现在的做法是补贴收入带来的现金计入经营活动现金流入量。

在合并报表上，对于大多数企业而言，经营活动产生的现金流量净额构成了企业赚钱的主要途径。

想想也是这样：资产结构的配置主要为经营活动服务、主要从事经营活动的企业，赚钱肯定是由经营活动来完成的。当然，在某些情况下，企业的经营活动现金流量能力还真不强，与经营活动关联不大的投资规模反而带来更多的利润和现金流量。但这不是规律。企业发展的规律是：投资大的往往投资回报也大，收到的现金也就越多。

需要注意的是，企业的投资收益项目很杂，不一定每一项投资收益带来的现金流量都表现为"取得投资收益收到的现金"，如企业通过买入、卖出操作的投资收益收到的现金就不会在"取得投资收益收到的现金"项目里面反映。

那么新的问题就出现了：怎样衡量企业经营活动现金流量净额是不是充分呢？你不能说一个企业的经营活动产生现金流量的规模是 100 多亿元就充分，另外一个企业的经营活动产生现金流量的规模是 30 亿元就不充分。

实际上，从利润的结构与经营活动产生现金流量的结构的对应关系来看，企业利润表里的核心利润加上补贴收入带来了现金流量表里的经营活动产生现金流量净额。这样，企业经营活动产生现金流量净额是否充分，主要应该看加上补贴收入后的核心利润能带来多少现金流量净额。

我造了一个概念和一个公式来衡量企业经营活动产生现金流量净额是否充分。这个概念是核心利润获现率，是指用企业经营活动产生现金流量净额除以核心利润加补贴收入之和所形成的比率，计算公式是：

核心利润获现率 = 经营活动产生现金流量净额 /（核心利润 + 其他收益）

这个比率多高比较好呢？根据我的观察，这个比率如果能够达到 1.2 ~ 1.5 就比较充分了。

这就是说，盈利质量好的企业，应该有这样一种境界：既有利润，更有现金流量；既有核心利润，更有经营活动现金流量净额。

你看到这里可能会问：如果一个企业经营活动的现金流量净额远高于核心利润加其他收益，那意味着什么？请注意，意味着这个企业产品的市场竞争力很强，对于上下游关系管理做得非常好。这是一种什么样的境界呢？企业一定是预收款（合同负债）多，赊销款少；应付票据和应付账款多，预付款项少。

如果说一个企业核心利润加补贴收入挺多的，但经营活动的现金流量净额不多，这又是一种什么情况呢？

企业的应收账款、应收票据的增长可能是非常快的，预收款（合同负债）的规模可能是不大的，存货的增加可能是很多的。这样的企业往往流动资产比流动负债的关系还不错呢——流动资产多，流动负债少。实际上，这种企业可能没有很强的竞争力，过高的利润对应的资产主要是应收账款和存货。这样的利润反而具有潜在的资产质量恶化的风险。

我们可以看一下苏宁易购的相关信息。

2022年1月29日，苏宁易购集团股份有限公司（以下简称"苏宁易购"）董事会发布了《关于预计计提减值准备、投资损失事项的提示性公告》，公告中关于"应收账款坏账准备"的说明是这样的：

"于2021年12月31日，信用风险显著增加且已发生信用减值的客户主要为苏宁便利超市（南京）有限公司及其附属子公司和与客户成立的联营公司等。公司参考历史信用损失经验，结合当前状况以及对未来经济状况的预测，评估了不同场景下预计可回收的现金流量，并根据其与合同应收的现金流量之间的差额，计提预期信用损失约19.66亿元，对归属于上市公司股东的净利润影响约15亿元。"

在当天，深圳证券交易所上市公司管理一部就向苏宁易购发出

《关于对苏宁易购集团股份有限公司的关注函》（公司部关注函〔2022〕第97号，以下简称"关注函"），关注函关注的第一个主要内容是这样的：

"报告期内，你公司对苏宁便利超市（南京）有限公司及其附属子公司的应收账款计提预期信用损失，请具体说明该客户与你公司发生应收账款的交易背景，包括但不限于交易发生的时间、内容、金额、账龄、历史回款情况、该客户与你公司是否构成关联关系、交易是否履行了相应的信息披露义务和审议程序等，结合该客户报告期内的经营情况，说明上述信用风险显著增加的依据和发生时点，说明你公司选择在报告期内计提预期信用损失的依据和合理性。"

从苏宁易购对应收账款计提减值损失事项迅速引起监管机构的关注可以看到，此项处理不仅关系到企业在2021年对债权进行减值处理是否恰当，还涉及此前企业形成此项债权的那个年度，企业的营业收入和利润的处理是否恰当的问题。

企业这样进行会计处理的逻辑是，企业的业务是这样发生的：早期企业营业收入和利润都增加了，但营业收入增加的不是货币资金而是债权，而债权经过一段时间以后就变成损失了。

至于取得投资收益收到的现金与投资收益之间的关系，由于太复杂，我只能说投资收益收到的现金越多越好。

小结：

这节我重点谈了现金流量、现金流动的问题，重点谈了现金流量表上的两个赚钱点，介绍了核心利润获现率。有了这些知识储备，你再看现金流量表，就会处于不同的境界了。

第三节　投资活动现金流量：投出去的钱干了什么

企业投出去的钱干了什么呢？

1.投资活动现金流出量和企业战略实施的关系

企业财报解析：科大讯飞的投资活动现金流量

我们先看一下科大讯飞在2019年至2020年的投资活动现金流量，为方便阅读，我把这部分现金流量信息摘录如下（见表3-10，我加入了经营活动产生的现金流量净额）。

请注意观察企业的投资活动现金流出量，重点关注购建固定资产、无形资产和其他长期资产支付的现金和投资支付的现金这两个项目的情况。

根据科大讯飞的数据，我们可以用两个"活跃"来概括。

第一个活跃，是企业购建固定资产、无形资产和其他长期资产支付的现金连续两年比较活跃，不仅母公司连续出现较大规模支出，合并报表连续两年的支出规模也比较大，意味着子公司也在强化这方面的支出。

如此活跃的支出意味着什么呢？你应该从战略角度考虑这个问题：第一，企业可能希望通过强化购建固定资产、无形资产和其他长期资产支付的现金支出来扩大自己的产能建设，为未来的业务发展奠定基础；第二，企业可能要进入新的业务领域，相关支出是在为开展新的业务进行基础设施建设。

当然，这些支出能够带来什么，需要考察企业未来的几个方面。

一是企业的营业收入规模和结构的变化：在企业按照原有业务结构强化能力建设的情况下，企业的营业收入结构一般会保持稳定，营业收

169

单位：元

表 3–10 科大讯飞 2019—2020 年度的投资活动现金流量

时间	2020 年	2020 年	2019 年	2019 年
报告期	年报	年报	年报	年报
报表类型	合并报表	母公司报表	合并报表	母公司报表
经营活动产生的现金流量净额	2,270,754,856	457,008,491	1,531,468,510	−568,132,871
投资活动产生的现金流量：				
收回投资收到的现金	738,692,246	799,670,157	113,216,611	110,448,555
取得投资收益收到的现金	26,585,080	106,377,927	4,360,882	108,023,857
处置固定资产、无形资产和其他长期资产收回的现金净额	217,929,622	20,538,483	4,405,420	2,256,928
处置子公司及其他营业单位收到的现金净额	66,504,710			
收到其他与投资活动有关的现金	36,412,994	42,917,633	42,782,386	30,170,858
投资活动现金流入小计	1,086,124,653	969,504,200	164,765,299	250,900,198
购建固定资产、无形资产和其他长期资产支付的现金	1,249,374,592	897,042,591	1,886,592,074	1,133,536,760
投资支付的现金	568,834,643	634,451,684	1,177,165,620	1,996,391,252
取得子公司及其他营业单位支付的现金净额	3,204,241			
支付其他与投资活动有关的现金		483,819,473		332,658,480
投资活动现金流出小计	1,821,413,477	2,015,313,748	3,063,757,695	3,462,586,491
投资活动产生的现金流量净额	−735,288,823	−1,045,809,548	−2,898,992,395	−3,211,686,293

入的规模往往会增加；在企业为进入新的业务领域而进行能力建设的情况下，企业的营业收入结构可能会出现变化，营业收入的规模往往也会增加；在企业购建固定资产、无形资产和其他长期资产支付的现金所进行的是无效建设的情况下，企业营业收入的规模和结构与上述支出没有什么关系，企业未来的固定资产、在建工程以及无形资产等出现巨额资产减值就很正常了。

二是核心利润的规模变化：有效的购建固定资产、无形资产和其他长期资产支付的现金将在未来提升企业营业收入的规模和结构、改善毛利率的同时，提升企业的核心利润。如果经历了多年的购建固定资产、无形资产和其他长期资产支付的现金的投资，企业还是不能在营业收入、毛利率以及核心利润上有改善，企业这类投资的有效性就是存疑的。

三是企业在相关资产上的减值处理。在购建固定资产、无形资产和其他长期资产支付的现金导致的效益不佳后，企业应该立即进行相关资产的减值测试，并确认已经发生的减值损失。在实际操作中，企业可能对资产的减值测试是很及时的，但考虑到减值损失对利润表的影响，企业可能会推迟对相关减值的确认。

科大讯飞的购建固定资产、无形资产和其他长期资产支付的现金应该是较有成效的：在2020年之前的几年，企业的营业收入、毛利率和营业利润都是持续增长的。当然，每年的业务所依赖的固定资产、无形资产等可能是以前年度建设的结果。

第二个活跃，是企业投资支付的现金连续两年比较活跃，不仅母公司连续两年出现较大规模支出，合并报表连续两年的支出规模也比较大，且母公司的支出规模均大于合并报表的数据。

其一，母公司投资支付的现金规模大于合并报表投资支付的现金规模，这意味着母公司的投资支出中至少有一部分是对子公司的控制性投资。这种支出的意义重大：企业在强化控制性投资。

其二，合并报表的投资支付的现金意味着企业年度内进行了非控制性投资等各种投资，包括参股性投资、债权投资、资本市场上的股票债券投资等。这部分投资，有的具有战略性，如一些参股性投资可能就是未来企业强化投资的方向；有的不具有战略性，如在资本市场上进行活跃交易的各种投资，这类投资只是为了把闲置资金盘活，试图获取一些投资收益。收回投资收到的现金的活跃度在一定程度上证实了这一点。

企业财报解析：爱美客的投资活动现金流量

下面我们看看爱美客 2020 年度报告中现金流量表的相关信息（表3-11）。

表 3-11　爱美客 2020 年度报告中现金流量表相关数据　单位：元

时间	2020 年	2020 年	2019 年	2019 年
报告期	年报	年报	年报	年报
报表类型	合并报表	母公司报表	合并报表	母公司报表
经营活动产生的现金流量净额	425,677,596	427,039,796	309,715,080	325,910,730
投资活动产生的现金流量：				
收回投资收到的现金	1,550,000,000	1,550,000,000	810,000,000	817,658,597
取得投资收益收到的现金	15,139,986	15,139,986	6,970,378	6,970,378
处置固定资产、无形资产和其他长期资产收回的现金净额	14,265	14,265	3,100	30,900
购建固定资产、无形资产和其他长期资产支付的现金	32,106,065	32,051,665	32,596,505	32,441,112
投资支付的现金	2,449,297,990	2,451,297,990	810,000,000	816,834,000
资活动现金流出小计	2,481,404,055	2,483,349,655	842,596,505	849,275,112
投资活动产生的现金流量净额	−916,249,804	−918,195,404	−25,623,027	−24,615,238

从爱美客的数据来看，我们可以用一个"不活跃"、一个"活跃"来概括。

一个不活跃，是企业购建固定资产、无形资产和其他长期资产支付的现金连续两年规模都不大，母公司与合并报表连续两年的支出规模都很接近，说明这类支出主要集中在母公司，子公司这方面的支出非常少。

这意味着什么呢？这意味着或由于行业特点原因或由于企业发展的战略选择，企业的业务发展主要是在原有的固定资产和无形资产的基础上进行的，企业的业务开展和业务发展不太需要进行大规模的基础设施建设，企业的轻资产色彩较强。

一个活跃，是企业投资支付的现金连续两年比较活跃，不仅母公司连续两年出现较大规模支出，合并报表连续两年的支出规模也比较大，且母公司的支出规模均大于合并报表的数据。

第一，母公司投资支付的现金规模大于合并报表投资支付的现金规模。这种支出的意义虽然重大——企业在强化控制性投资，但由于合并报表的数据与母公司的数据差异不大，应该意味着企业在两年间的控制性投资规模不是很大。

第二，合并报表的投资支付的现金有的具有战略性，有的不具有战略性。2019年合并报表中的投资支付的现金与收回投资收到的现金几乎一致，意味着当年合并报表中的多数投资不具有战略性，而2020年合并报表中的投资支付的现金显著大于收回投资收到的现金，意味着当年合并报表中的大部分投资还是收益性投资，而部分投资可能是战略性投资。

企业财报解析：宁德时代的投资活动现金流量

下面我们看看宁德时代2020年度报告中现金流量表的相关信息（见表3-12）。

表 3-12　宁德时代 2020 年度报告中现金流量表相关信息　单位：元

时间	2020 年	2020 年	2019 年	2019 年
报告期	年报	年报	年报	年报
报表类型	合并报表	母公司报表	合并报表	母公司报表
经营活动产生的现金流量净额	18,429,902,632	10,557,211,219	13,471,954,557	10,813,472,244
投资活动产生的现金流量：				
收回投资收到的现金	44,779,762	93,000,000	0	17,880,000
取得投资收益收到的现金	24,087,086	10,595,927	2,563,085	
处置固定资产、无形资产和其他长期资产收回的现金净额	24,649	6,665	15,088,255	397,195
处置子公司及其他营业单位收到的现金净额			10,026,813	
收到其他与投资活动有关的现金	2,735,874,411	2,928,836,351	15,477,402,748	19,153,204,953
投资活动现金流入小计	2,804,765,908	3,032,438,943	15,505,080,902	19,171,482,148
购建固定资产、无形资产和其他长期资产支付的现金	13,302,355,759	5,769,178,017	9,626,986,411	4,798,596,798
投资支付的现金	4,088,418,480	4,214,664,366	907,758,219	6,239,540,000
支付其他与投资活动有关的现金	466,447,835	1,267,739,657	3,114,021,021	1,315,862,123
投资活动现金流出小计	17,857,222,074	11,251,582,041	13,648,765,650	12,353,998,922
投资活动产生的现金流量净额	−15,052,456,167	−8,219,143,098	1,856,315,252	6,817,483,227

从宁德时代的数据来看，我们也可以用一个"活跃"、一个"不活跃"来概括。

一个活跃，是企业购建固定资产、无形资产和其他长期资产支付的

现金连续两年比较活跃，母公司的规模很大，合并报表的规模更大，这意味着母公司和子公司都在强化企业经营活动的能力建设。

这应该表明企业投资活动的主旋律是聚焦经营——既可能是原有业务的能力建设，也可能是进入新业务领域的能力建设，企业未来的业务发展前景可期。

一个不活跃，是与企业购建固定资产、无形资产和其他长期资产支付的现金相比，企业投资支付的现金规模较小（除去2019年母公司的投资支付的现金规模），且母公司的支出规模连续两年均大于合并报表的数据。

第一，在2019年，母公司投资支付的现金规模远远大于合并报表投资支付的现金规模。这说明当年母公司的投资重点是强化控制性投资；在2020年，合并报表的数据与母公司的数据差异不大，应该意味着企业的投资重点转向非控制性投资。

第二，合并报表展示的投资支付的现金具有战略性。这可以从连续两年的合并报表中的收回投资收到的现金规模不大来验证——企业并不是频繁进行投资交易的，长期持有的投资才可能具有战略意义。

---

2. 投资活动现金流出量的资金来路：经营活动还是筹资活动

投资活动现金流出量具有战略意义：要么是为扩大生产经营能力而进行建设，要么是对外进行具有战略意义的投资。

那么，企业的这些具有战略意义的投资所需资金是从哪里来的呢？

从现金流量表的结构来看，企业投资活动现金流出量所需资金来源就是两个：一是经营活动产生的现金流量，二是筹资活动产生的现金流量。此外，企业已经保有的现金存量也可以用于投资活动。

我还是以前文提到的三个企业的财务数据为基础进行讨论。

企业财报解析：科大讯飞的投资活动现金流出量

先看一下科大讯飞的情况。

由于母公司经营活动产生的现金流量净额中可能包含了与子公司之间较为复杂的内部联系，我们后面都以合并现金流量表的数据来分析。

在 2019 年，科大讯飞经营活动产生的现金流量净额为 15.31 亿元，而企业仅购建固定资产、无形资产和其他长期资产支付的现金就达到 18.87 亿元，再加上企业投资支付的现金 11.77 亿元，经营活动产生的现金流量净额远远不能解决这两项投资活动现金流出量的需要。

这意味着企业的两项投资活动现金流出量的资金来源，要么继续消耗企业现存的现金存量，要么通过筹资活动来解决。

在 2020 年，情况出现了重大改观：科大讯飞经营活动产生的现金流量净额为 22.71 亿元，而企业购建固定资产、无形资产和其他长期资产支付的现金达到 12.49 亿元，企业投资支付的现金为 5.69 亿元，经营活动产生的现金流量净额完全可以解决这两项投资活动现金流出量的需要。

这里需要说明两点：

一是企业经营活动产生现金流量是随时发生、不断积累的，而投资活动现金流出量的支出往往是在某一特定时点一次性或分次大额支付的，如果企业投资活动现金流出量所动用的资金来自经营活动，可能会出现在特定时间点经营活动现金流量不能提供充分支持的问题，这仍然需要部分融资或消耗现有现金存量。

二是在 2020 年企业收回投资收到的现金为 7.39 亿元，超过了企业投资支付的现金为 5.69 亿元的规模，这似乎意味着企业这部分投资不需要其他途径的现金支持。但实际上，收回投资收到的现金与投资支付的现金在时间节点上是有差异的：可能在某个时间节点企业投资需要支付现金，在另外的时间节点又集中收回投资。因此，企业的此类投资活动在年度内的不同时间仍可能需要部分融资或消耗现有现金存量。

企业财报解析：爱美客的投资活动现金流出量

下面我们再看看爱美客的情况。

连续两年，爱美客经营活动产生的现金流量净额远远超过企业购建固定资产、无形资产和其他长期资产支付所需资金，这意味着企业完全可以不筹资，仅靠经营活动产生的现金流量净额解决自身经营活动发展所需基础设施建设的资金来源问题。

连续两年，爱美客投资支付的现金远远高于企业经营活动产生的现金流量净额，这意味着企业这部分投资所需资金要么消耗企业现存的现金存量，要么通过筹资活动来解决。

企业财报解析：宁德时代的投资活动现金流出量

最后，我们再看看宁德时代的情况，还是用合并报表数据来讨论。

连续两年，宁德时代经营活动产生的现金流量净额均超过了企业购建固定资产、无形资产和其他长期资产支付的现金以及投资支付的现金之和，这意味着企业完全可以不筹资，仅靠经营活动产生的现金流量净额解决自身经营活动发展所需基础设施建设以及对外投资扩张的资金来源问题。

但是，需要注意以下几点：

经营活动产生的现金流量净额有自己的使命，在这个使命完成以后才可以对投资活动进行支持。经营活动现金流量要用于这几个方面：补偿固定资产折旧及无形资产和其他非流动资产摊销、支付利息、向股东支付现金股利（当然，你可以说，取得投资收益收到的现金也可以用于向股东分红，但经营活动产生的现金流量净额是更直接的可以向股东分红可以利用的钱）等，这些问题解决以后，如果还有剩余，是可以支持投资活动现金流出量的。

即使企业经营活动产生的现金流量净额在完成上述支付以后，还有余力支持企业投资活动现金流出量，但由于企业经营活动产生现金流量的逐渐累积特性，其与投资活动现金流出量的支出可能出现时间差，企业的投资活动现金流出量仍然需要部分融资或消耗现有现金存量。

实际上，企业投资活动反映了企业的战略意图，而经营活动产生的现金流量净额决定于企业的核心利润的规模以及企业经营现金流量的管理水平和企业综合竞争力。这就意味着，企业经营活动产生的现金流量净额没有义务或能力一定要满足企业投资活动的战略资金需求。从根本上来说，企业投资活动现金流出量应该由筹资活动来支持。当然，如果企业经营活动产生的现金流量净额可以解决企业投资活动现金流出量的资金需求，只能说明企业的经营活动处于较为旺盛的发展阶段——既有较为理想的盈利能力，也有较强的现金获取能力。但如果企业的投资雄心太大，资金需求过多，即使企业经营活动产生的现金流量净额较为充足，也难以满足企业投资活动现金流出量的需求。

小结：

在本节，我们讨论了企业投资活动现金流出量的战略属性以及资金来路的问题。企业投资活动就是要花钱的，所以很多企业投资活动产生的现金流量净额是小于零的。

对于大手笔进行投资活动资金安排的企业，除了关注资金的来路以外，还要关注这些投资支出在未来贡献了什么——是增加了经营能力、改善了盈利能力还是带来了投资收益？这些是需要通过未来的财务数据来说明的。

我们还讨论了经营活动现金流量以及投资活动现金流量重点看什么的问题：经营活动产生的现金流量净额重点考察的是净额的充分性，投资活动现金流量重点考察企业投资活动现金流出量的规模以及战略属性和资金来路。

第四节　筹资活动现金流量：缺钱找谁

1. 筹资环境与筹资行为

我们在前文谈到过企业筹资活动的现金流量，企业缺钱了，可以有这样几个渠道找钱：一个是跟股东要，一个是跟各种金融机构要，另外企业可以发行债券，等等。我们现在看一下报表里是怎么反映的。

企业财报解析：科大讯飞的筹资活动现金流量

下面我先摘录科大讯飞 2020 年度报告中的筹资活动现金流量的内容（见表 3-13）。

表3-13　科大讯飞2020年度报告中的筹资活动现金流量信息　单位：元

时间	2020年	2020年	2019年	2019年
报告期	年报	年报	年报	年报
报表类型	合并报表	母公司报表	合并报表	母公司报表
筹资活动产生的现金流量：				
吸收投资收到的现金	532,223,502	491,088,544	2,929,033,336	2,865,481,002
其中：子公司吸收少数股东投资收到的现金	41,134,958		63,552,335	
取得借款收到的现金	1,358,245,947	1,347,397,010	835,003,200	834,464,438
收到其他与筹资活动有关的现金		1,426,962,441		3,062,147,610
筹资活动现金流入小计	1,890,469,449	3,265,447,995	3,764,036,537	6,762,093,050
偿还债务支付的现金	1,601,011,710	1,500,038,819	876,565,864	841,565,864
分配股利、利润或偿付利息支付的现金	375,299,218	311,130,273	285,379,318	258,203,864
其中：子公司支付给少数股东的股利、利润	3,700,000			
支付其他与筹资活动有关的现金	9,336,371	9,336,371	22,188,256	22,188,256
筹资活动现金流出小计	1,985,647,298	1,820,505,463	1,184,133,437	1,121,957,983
筹资活动产生的现金流量净额	−95,177,849	1,444,942,532	2,579,903,099	5,640,135,067

从科大讯飞的筹资活动产生的现金流量结构来看，在吸收投资收到的现金、取得借款收到的现金、偿还债务支付的现金以及分配股利、利润或偿付利息支付的现金等项目上，母公司报表数据与合并报表数据相当接近，这说明企业的筹资活动主要发生在母公司，子公司只有极少的筹资活动。

需要注意的是，在2019年和2020年，母公司的"收到其他与筹资活动有关的现金"规模较大，合并报表该项目的数据均为零，这应该是母公司整合子公司筹资活动所收到的现金，从合并报表的角度来看，这个现金流量是不存在的。

从筹资活动现金流入量来看，企业的融资渠道主要是两个：一个是在"吸收投资收到的现金"中反映的股东入资，一个是借款。

连续两年，企业都从股东那里拿到现金，表明企业发行股票筹资的规模较大。

前文可以看到，科大讯飞在2020年全年经营活动产生的现金流量净额是较高的，可以对企业投资活动现金流出量形成重大支持。

连续两年"吸收投资收到的现金"的规模远超当年投资活动现金流出量的需求，这就导致企业的现金存量逐渐增加。

有意思的是，在各年筹资活动"吸收投资收到的现金"和经营活动产生的现金流量净额的共同作用下，企业的现金已经相当充裕了。在这种情况下，无论是2019年还是2020年，企业都有一定规模的"取得借款收到的现金"和"偿还债务支付的现金"，而且当年的借款规模与还款规模大致相当。

从一般意义上来讲，企业的这种债务融资有非需求的色彩——企业经营活动与筹资活动所产生的现金流量净额之和完全可以解决企业投资活动的资金需求。对于这种非需求性筹资的行为，我将在本节后面进行讨论。

企业财报解析：爱美客筹资活动的现金流量

下面我摘录一下爱美客2020年度报告中的筹资活动现金流量的内容（见表3-14）。

表3-14　爱美客2020年度报告中的筹资活动现金流量信息 单位：元

时间	2020年	2020年	2019年	2019年
报告期	年报	年报	年报	年报
报表类型	合并报表	母公司报表	合并报表	母公司报表
筹资活动产生的现金流量：				
吸收投资收到的现金	3,473,316,460	3,473,316,460	6,566,000	
其中：子公司吸收少数股东投资收到的现金			6,566,000	
取得借款收到的现金				
筹资活动现金流入小计	3,473,316,460	3,473,316,460	6,566,000	
偿还债务支付的现金				
分配股利、利润或偿付利息支付的现金			45,000,000	45,000,000
其中：子公司支付给少数股东的股利、利润				
支付其他与筹资活动有关的现金	32,512,883	32,512,883	5,596,359	4,020,000
筹资活动现金流出小计	32,512,883	32,512,883	50,596,359	49,020,000
筹资活动产生的现金流量净额	3,440,803,576	3,440,803,576	-44,030,359	-49,020,000

从爱美客的筹资活动产生的现金流量结构来看，企业的筹资活动非常清爽，连续两年，企业没有任何的借款和还款活动。企业的筹资主要是向股东要钱：2019年是子公司向其非控制性股东（少数股东）要了数量不多的钱，而在2020年，企业发行股票募集资金达到了34.73亿元。这对于爱美客这样的企业，应该是较高的筹资规模了，可以在很大程度上解决企业未来发展所需资金问题。

企业财报解析：宁德时代筹资活动的现金流量

最后，我再摘录一下宁德时代2020年度报告中的筹资活动现金流量的内容（见表3-15）。

表3-15 宁德时代2020年度报告中的筹资活动现金流量信息 单位：元

时间	2020 年	2020 年	2019 年	2019 年
报告期	年报	年报	年报	年报
报表类型	合并报表	母公司报表	合并报表	母公司报表
筹资活动产生的现金流量：				
吸收投资收到的现金	20,536,360,992	19,612,837,568	1,217,784,890	495,810,491
其中：子公司吸收少数股东投资收到的现金	923,523,424		721,974,399	
取得借款收到的现金	9,450,920,679	2,434,000,000	4,616,632,168	1,473,902,227
收到其他与筹资活动有关的现金	13,199,266,408	4,665,600,000	1,498,800,000	1,498,800,000
筹资活动现金流入小计	43,186,548,078	26,712,437,568	7,333,217,058	3,468,512,718
偿还债务支付的现金	4,743,701,234	1,798,934,361	2,418,452,429	1,248,832,421
分配股利、利润或偿付利息支付的现金	898,809,819	754,838,209	573,302,389	493,574,365
其中：子公司支付给少数股东的股利、利润	7,825,843			
支付其他与筹资活动有关的现金	112,602,486	1,575,026,626	173,132,704	53,298,974
筹资活动现金流出小计	5,755,113,539	4,128,799,195	3,164,887,523	1,795,705,760
筹资活动产生的现金流量净额	37,431,434,539	22,583,638,372	4,168,329,535	1,672,806,959

从宁德时代的筹资活动产生的现金流量结构来看，企业的筹资活动非常适合用两个字来概括：热闹。

从筹资活动现金流入量来看，企业的融资渠道表面上是两个，一个是在"吸收投资收到的现金"中反映的股东入资，一个是借款。此外，"收到其他与筹资活动有关的现金"也有一定规模，我查了一下该公司的报表附注，发现这是"发行债券收到的现金"，还是债务融资。

连续两年，企业能拿钱的地方都拿了：从股东那里拿钱，从金融机构拿钱，发行债券拿钱。企业的全方位融资行为，表明企业筹资能力非常强。

我们从前文中看到，宁德时代在2020年全年经营活动产生的现金流量净额是较高的，可以对企业投资活动现金流出量形成重大支持。

在经营活动产生的现金流量净额非常充分的条件下，企业还进行全方位融资，应该理解为是有更大的战略目标需要这些资金。

需要注意的是，企业的债务融资有新的特点：无论是母公司数据还是合并报表数据，无论是2019年还是2020年，无论是企业经营活动产生的现金流量净额加投资收到的现金是多么充裕，母公司和子公司都进行了债务融资，且都偿还了相当规模的贷款，但总的态势是借款多、还款少，最终导致企业的贷款规模还是提高的。

宁德时代筹集到的巨额资金未来怎么用，将在相当程度上决定企业的发展前景。

---

2. 非需求性债务融资为哪般

这三个案例中，除了爱美客以外，科大讯飞和宁德时代都给人这样的感觉：明明经营活动产生的现金流量净额加上吸收投资收到的现金规模足够大，大到完全可以满足企业投资活动现金流出量的规模，但企业就是出现了相当规模的"取得借款收到的现金"，同时又发生了相当规模的"偿还债务支付的现金"——企业似乎出现了非需求性的贷款。

实际上，有不少上市公司都是这样：一方面，企业经营活动现金流量、筹资活动现金流量对投资活动现金流出量有充分支持能力；另一方面，又进行一定规模（有的时候是大规模）的借款还款，导致企业债务规模和利息费用均加大的财务后果。

想一想你自己居家过日子吧。

你可能使用信用卡。使用信用卡消费后，在一段时间之内你如果把钱还上，就不会发生什么利息费用。如果信用卡消费采用这个机制——在你消费的时候就开始计算利息，你还款的时候要还本付息，那么你若在消费的时候还有存款可用，还会用信用卡吗？

什么意思呢？

作为一个正常的人，你绝对不会在有钱可以支配的条件下，还去借那些产生利息的债务。如果债务没有利息，借一下玩一玩是可以的。

企业难道不知道借款是要产生利息的吗？为什么那么多企业，似乎并不缺钱，还在进行产生利息的借款呢？

如果从财务关系来看，企业在不缺钱的情况下还进行债务融资，就会导致不利的财务后果：

企业利润表的利息费用增加，会导致企业营业利润下降。

企业资产负债表的资产总额随着不需要贷款的举借而增加，在营业收入一定的情况下，企业总资产周转率会恶化；在营业利润由于利息费用下降的情况下，企业总资产报酬率也会恶化。

但是，企业的生存、发展与金融机构的关系并不是这样简单的关系，众多企业出现疑似非需求性融资背后必然有财务以外的逻辑。

有多种原因会导致企业出现疑似非需求性债务融资：

第一，我们所看到的财务信息是企业定期发布的，而企业现金流量则是动态发生的，现金流入量与现金流出量之间可能存在时间上的不匹配。以年度报告为例，我们看到的只是在一年内企业的经营、投资、筹资活动现金流量情况，但我们不知道三类现金流量发生的时间关系。比如，企业在年度内的1月10日发行股票、募集资金与在12月30日发行股票、募集资金，在年度现金流量表中的表现是一样的；又比如，企业在1月10日购买固定资产支付现金与在12月30日购买固定资产支付现金，在年度现金流量表中的表现也是一样的。这样，企业的现金流入量与现金流出量之间的时间匹配可能与我们看到的年度数据差异很大。为了解决这个问题，企业可能在年度内就会出现临时性的借款和还款。这种信息在年度报告上给人的感觉可能是企业有非需求性、不必要的融资，但这些融资在企业的实际经营、投资过程中是有意义的。

第二，企业与金融机构之间可能存在某种战略协作关系。我们在财务报表上看到的只是财务数据，但企业与金融机构之间如果存在战略协作关系，则一方面，企业与金融机构发生的债务融资的借入与偿还会显著支持金融机构的常规业务，另一方面，金融机构有可能利用自身的信息优势和其他资源优势为企业提供投资风险规避、市场开拓等帮助，从而让企业的投资收益更大，营业收入增加更多，核心利润表现更好。这就是说，从债务融资和偿还的角度，企业似乎是在债务借入与偿还之间进行空转，且搭上了利息费用，但企业在更大的空间上获得了更大的利益。

第三，企业的经营特点导致年度财务数据难以反映企业经营周期的全貌。我们现在信息披露的最长周期是一年，但企业的经营周期很多是长于一年的，比如房地产开发企业等。当企业的经营周期长于一年的时候，企业在现金流量表上反映的经营活动现金流入量与现金流出量之间的数量对比极有可能与企业业务发生的时间之间出现脱节。例如在一个年度内，企业大多数时间处于花钱的状态，接近年末的时候，企业的经营活动现金流入量陆续到账。一年之内偏晚时间到账的经营活动现金流入量的"远水"根本就不能解除一年之内偏早时间需要支付经营现金的"近渴"。这样，企业在缺乏经营资金的时期就需要进行债务融资，在经营活动现金流入量到账后，再对债务进行清偿。

当然，也不能排除企业为了保持与金融机构的"和气"关系，在金融机构的要求下，完全是为了照顾金融机构的利益而进行债务融资。

小结：

本节我们讨论了企业筹资活动现金流量的结构与支持方向。从讨论中你应该能体会到，企业的筹资结构是固定的，但如何利用不同的资金来源为企业发展服务则不仅仅是财务管理问题，也是影响企业生存和发展的大问题。

第五节 资产、利润和现金流量：哪个重要

到现在为止，我分别讲了利润表、资产负债表、现金流量表，你已经看到了每一张报表都有它自己的价值，都提供了独特的信息。

你可能会问：这三张报表哪个重要呢？

我是这样看待三张报表的价值的：资产负债表是核心，既是企业发展的根本动力，也是企业发展的结果；利润表展示了企业一段时期经营管理的财务绩效，检验了企业的工作成绩；现金流量表则展示了企业一段时期财务管理的中枢——现金流量管理的具体形态。

1.资产负债表是核心

从资产负债表要告诉我们的信息来看，应该特别注意这一点：

股东入资和债务融资使得企业具有了发展的基本资源条件，对股东入资和债务融资所获得资产的结构安排体现了企业发展的战略。由于企业的逐利性，经过一段时间的资源配置和管理，企业应该能够在符合战略的方向上获得现金流量和利润。

在企业刚设立的时候，肯定没有利润表的事，因为在这个阶段企业还没有向市场提供产品或者服务。但在这个阶段，企业可以为未来所从事的经营活动进行基础设施建设、人力资源招聘，甚至投资设立其他企业或者并购其他企业。

但这个阶段有现金流量表的事：企业接受股东入资、通过贷款收到现金等都属于筹资活动现金流量；企业购建固定资产等，属于投资活动现金流量；企业招聘人力资源，属于经营活动现金流量。

在实践中，你会发现，有的企业在股东入资、债务融资以后，很快就向市场提供了产品，并实现经营活动现金流量的收支平衡甚至收大于支。如果企业不需要扩大再生产，企业的筹资到此为止——企业的经营活动完全可以实现现金流量的收支平衡。

这个阶段企业的业务，既与现金流量表有关，也与利润表有关。

很快打开市场、实现经营活动现金流量收支平衡的企业，不论是否有利润，企业资产负债表中的货币资金都不会越来越少，只能越来越多。

能够持续发展的企业，不仅要有正数的经营活动产生的现金流量净额，还要有正数的利润，尤其是营业收入要能够产生正数的核心利润。如果企业长时间不能产生正数的利润，企业股东权益中的未分配利润就会是负数，如果这个负数太大，大到能够导致股东权益是负数，企业就到了资不抵债的境地了。

但有的企业（尤其是一些创新型创业企业）在一段时间的经营后，确实能够形成一定的产品基础或者市场形象，甚至有部分营业收入产生，但就是不能通过自己的产品较快实现经营活动现金流量的收支平衡，经营活动产生的现金流量净额在一段时间内总会小于零。我们一般会说这样的企业在烧钱。

想想看，企业在烧谁的钱？

企业设立后所拥有的资源主要是股东入资，早期也可能有部分债务融资。所以企业早期烧的钱是债权人和股东的钱，主要是股东的钱。

在企业持续烧钱、不能实现正数的经营活动现金流量净额的情况下，企业资产中的货币资金就会越来越少，企业烧的钱主要变成这样几项资产或费用：可能变成资产项目中的开发支出，也可能变成利润表费用项目中的研发费用、管理费用或销售费用等。

但由于在这个阶段企业的市场往往不大，营业收入往往不足以促使企业实现正数的核心利润，因而这个阶段的企业不仅经营活动产生的现金流量净额小于零，利润也会小于零。

这种背景的企业，债务融资的能力也不会很强。

问题来了：持续地烧钱，钱从哪里来？

需要特别强调的是：处于持续烧钱状态的企业，如果经过一段时间的实践证明烧钱所从事的业务不太可能有很好的市场前景，则应该及时终止既有的烧钱业务，继续寻找新的烧钱方向或者终止企业已有的活动。

但还有很多处于持续烧钱状态的企业，其烧钱所从事的业务可能有较好的市场前景，这种企业就需要新的资本来支撑。为吸引新的投资者以支撑企业的烧钱活动，创业者们所要做的重要工作是向潜在的股东展示企业光明的发展前景。

如果顺利，新的资本到位，企业继续维持烧钱状态，直到市场不断扩大并最终获得利润，或者最终不能烧出市场来，企业失败。

从前文可以看出，企业设立以后的发展，只要是涉及现金流量的业务，就会对现金流量表产生影响；只要有市场业务发生，就会对利润表产生影响。

而产生现金流量的业务，在对现金流量表产生影响的同时，也会对资产负债表中的货币资金项目产生影响；产生利润的业务，在对利润表产生影响的同时，也会对资产负债表中的盈余公积和未分配利润项目产生影响。

所以说，资产负债表是财务报表的核心。

2. 利润表展示了企业一段时期经营管理的财务绩效

到现在为止，我对利润表的介绍，不仅仅涉及利润表，对现金流量表部分和资产负债表部分也有涉及。

即使本节关于资产负债表的部分，我也谈及了利润表的问题。

与资产负债表展示企业资产结构及其来路的全面性不同，利润表只是展示一段时期企业经营管理财务绩效的部分。

难道企业还有其他的经营管理的业绩吗？

当然有了。

比如，企业在基础设施建设的质量与进度、企业研发进展、企业内部控制系统的建立与完善、企业的人力资源规模与结构优化等，这些业绩在利润表上是难以反映的。

但利润表又非常重要。因为无论是企业的产品或者服务市场的竞争地位，还是回报股东以及缴纳包括所得税在内的各种税金，利润表的表现是至关重要的。在股权交易过程中，企业利润表的历史表现和未来趋势对企业的估值意义更大。

从资源利用的有效性来说，企业利润的结构与资产负债表的结构展示了企业资产结构的相对效益：企业合并报表中的平均非经营资产（包括货币资金）对应的利润构成企业的杂项收益（包括利息收入、投资净收益、公允价值变动净收益等），企业合并报表中的平均经营资产对应的利润是企业的核心利润加其他收益。通过比较经营资产报酬率与非经营资产报酬率就可以比较企业资产结构的相对效益。

没有了利润表，你就不知道企业的资源结构到底是为了什么，也不会知道资产配置和布局的相对效益。

下面我们看一下上市公司金龙鱼 2020 年度报告中的合并资产负债表相关信息（见表 3-16、表 3-17）。

表 3-16　金龙鱼 2020 年度报告中合并资产负债表相关数据　单位：元

时间	2020-12-31	2019-12-31
报告期	年报	年报
报表类型	合并报表	合并报表
流动资产：		
货币资金	55,334,057,000	64,611,973,000
交易性金融资产	2,493,233,000	482,768,000
衍生金融资产	874,167,000	1,065,079,000
应收票据及应收账款	7,133,487,000	6,188,406,000
应收票据		
应收账款	7,133,487,000	6,188,406,000
应收款项融资	1,059,227,000	974,213,000
预付款项	5,091,484,000	2,535,774,000
其他应收款（合计）	4,193,901,000	1,415,179,000
应收股利		37,402,000
应收利息		
其他应收款	4,193,901,000	1,377,777,000
存货	40,181,880,000	34,550,680,000

（续表）

时间	2020-12-31	2019-12-31
报告期	年报	年报
报表类型	合并报表	合并报表
其他流动资产	3,544,331,000	4,096,395,000
委托贷款		98,633,000
流动资产合计	119,905,767,000	116,019,100,000
非流动资产：		
其他权益工具投资	891,563,000	1,492,310,000
长期股权投资	2,705,600,000	2,346,506,000
投资性房地产	212,457,000	230,990,000
固定资产（合计）	27,177,684,000	24,439,091,000
在建工程（合计）	6,341,260,000	4,497,307,000
在建工程	6,341,260,000	4,494,381,000
工程物资		2,926,000
使用权资产	274,450,000	279,739,000
无形资产	12,620,159,000	12,602,665,000
商誉	5,987,688,000	5,968,620,000
长期待摊费用	150,665,000	143,372,000
递延所得税资产	533,258,000	417,697,000
其他非流动资产	2,376,771,000	2,247,568,000
非流动资产合计	59,271,555,000	54,665,865,000
资产总计	179,177,322,000	170,684,965,000

表 3-17 金龙鱼 2020 年度报告中合并利润表相关数据　　　　单位：元

时间	2020 年	2019 年
报告期	年报	年报
报表类型	合并报表	合并报表
营业总收入	194,921,555,000	170,743,420,000
营业收入	194,921,555,000	170,743,420,000
营业总成本	182,023,309,000	163,021,713,000
营业成本	170,887,877,000	151,275,557,000
税金及附加	455,731,000	409,581,000
销售费用	8,472,248,000	8,024,850,000
管理费用	2,853,121,000	2,574,379,000
研发费用	182,841,000	183,823,000
财务费用	−828,509,000	553,523,000
其中：利息费用	1,848,605,000	2,833,206,000
减：利息收入	2,563,537,000	3,015,064,000
加：其他收益	345,341,000	234,322,000
投资净收益	−2,289,783,000	1,012,765,000
公允价值变动净收益	−1,259,194,000	261,536,000
资产减值损失	−739,743,000	−2,102,153,000
信用减值损失	−796,000	−33,131,000
资产处置收益	−35,512,000	−26,372,000
营业利润	8,918,559,000	7,068,674,000
加：营业外收入	268,404,000	51,284,000
减：营业外支出	241,151,000	161,847,000
利润总额	8,945,812,000	6,958,111,000
减：所得税	2,380,997,000	1,394,475,000
净利润	6,564,815,000	5,563,636,000

从 2020 年 12 月 31 日的资产结构来看，在全部 1,792 亿资产总额中，货币资金、交易性金融资产、衍生金融资产、其他权益工具投资、长期股权投资等非经营资产（注：金龙鱼现金流量表显示，企业经营活动产生的现金流量净额远大于零，这意味着企业的经营活动不需要额外资金支持，因而货币资金归于非经营资产）的规模之和约为 623 亿元，占全部资产的 35%。企业 2019 年 12 月 31 日的资产总额的规模为 1,707 亿元，比 2020 年末资产总额略少，但经营资产和非经营资产的结构大体与 2020 年末相当。这种资产结构将深刻影响企业利润表的结构。

企业在 2020 年合并利润表的营业利润是 89.19 亿元，在剔除资产处置收益和资产减值损失、信用减值损失后的利润为 96.95 亿元——这些利润来自企业 2020 年的平均资产。其中，杂项收益（包括利息收入、投资净收益和公允价值变动净收益）由平均非经营资产产生，核心利润加其他收益由平均经营资产产生。

非常遗憾的是，该企业 2020 年合并利润中，利息收入、投资净收益和公允价值变动净收益之和为负数。这意味着该企业的非经营资产尤其是各种投资没有为企业带来利润。企业的经营资产支撑起了营业利润。

通过这样的比较分析可以确认，该企业的投资资产部分在管理上需要总结和提高、改进的地方很多。

3. 现金流量表展示了企业一段时期财务管理的中枢——现金流量管理的具体形态

比起利润表，现金流量表展示的内容就更少了。

我们已经知道了，现金流量表展示的基本上就是企业在一段时期内钱从哪里来、又到哪里去的脉络关系，以及三类活动各自对企业现金存量的贡献情况。

从企业管理的角度来看，与现金流量表有关的工作虽然涉及一个企业的各个方面，但调度现金流量的中枢在财务管理部门。因此，现金流量表反映了企业财务管理的中枢——现金流量管理的状态。

但与资产负债表和利润表结合起来，现金流量表仍然有超越现金流量结构展示的价值：企业的经营活动产生的现金流量净额与核心利润加其他收益之和相比（通过计算核心利润获现率），可以考察企业核心利润的含金量；企业投资活动现金流出量中的购建固定资产、无形资产及其他长期资产支付的现金必然支持企业非流动性的经营资产如固定资产、无形资产、生产性生物资产等的建设和配置，其建设质量不仅要看相关资产的物理质量，更要在未来企业利润表的营业收入、毛利率与核心利润的成长性等方面接受检验。

因此，从重要性角度来看，三张报表各有自身的价值。但同时，三张报表又是一个整体，缺一不可。

最后，我简单讲一下三张报表的数据关系：

现金流量表的三类现金流量净额之和构成了一段时期结束的时候企业现金及现金等价物的增加规模，而现金及现金等价物的主体就是资产负债表里的货币资金。在很多情况下，企业没有现金等价物，此时货币资金期末与期初之差就是现金流量表最后的现金及现金等价物的净增加额。因此，现金流量表是展开说明企业货币资金一段时期增减变化的原因的报表。

利润表在形成净利润以后，要按照规定计提盈余公积，向股东分配利润。向股东分配利润后的剩余利润，就是未分配利润。盈余公积和未分配利润构成了资产负债表中股东权益的组成部分。这就是说，企业的利润表在很大程度上解释了企业一段时期内盈余公积和未分配利润增减变化的具体原因。

第四章

揭秘合并报表

第一节　再进一步：合并报表与母公司报表

你如果看了前文的案例，可能会注意到，我有的时候是看合并报表，有的时候是看母公司报表。

如果看多了上市公司的财务报表，你就会发现有的企业只有母公司报表，没有合并报表；有的企业既有母公司报表也有合并报表。

实际上，有的企业出现合并报表，完全是由企业发展战略导致的。出现合并报表的企业，其母公司的资产一定进行了长期股权投资，而且是控制性投资。

在前文关于资产结构的讨论中，我曾经讲过资产结构与战略之间的关系。本节将是对相关内容的进一步深化。

1. 企业战略选择与资产负债表结构

首先我们看一下企业的发展路径或者成长路径。

比如，你在设立一个企业的时候，可以有两种不同的选择：

　　第一种选择，跟几个志同道合的人合伙，对某个业务领域有感觉，立志于在该业务领域里通过研发创立出新的市场。这时候你的合伙人选择就可能比较多样：有的是搞技术的，对技术研发的产品市场有信心；有的是有资金的，可以解决企业发展早期的资金需求；等等。你们几个志同道合的人一起设立企业，之后聚焦某种产品或某种业务，然后把产品推向市场。

　　这是很多企业在发展过程中所走的一条路。我们可以说这样的企业聚焦经营活动，聚焦业务，聚焦专业化，以自己的业务和产品来占领市场、获得收益，这是一条特别普遍的企业发展之路。

　　在第一种选择下，企业资产负债表内的资产除了货币资金以外，基本上都是经营资产，包括应收票据、应收账款、应收款项融资、存货、预付款项、合同资产、固定资产、在建工程和无形资产等，投资尤其是大规模控制性投资不多。

　　第二种选择，认为自己直接搞业务太累了，不想这样搞。怎么办呢？

　　你从一开始就搞投资管理，而不搞经营管理。经营活动怎么组织呢？你与其他股东设立企业再去投资设立一个或者多个子公司甚至孙公司，让子公司或者孙公司去做具体业务。这样的话，你的企业将主要搞投资管理而不是经营管理。这样，你日常管理中经营的概念是弱的，投资的概念是强的。

　　这就是两种企业的发展路径。第一种路径是企业直接聚焦经营活动，以具体的业务去打市场，获取利润；第二种路径就比较潇洒了，聚焦投资活动，自己不经营，去搞投资，从而获得投资收益。这两种企业发展的路径是截然不同的，孰优孰劣很难说。

　　在第二种选择下，企业资产负债表内的资产除了货币资金以外，基本上都是投资资产，尤其是长期股权投资的规模会比较大。而经营资产——应收票据、应收账款、应收款项融资、存货、预付款项、合同资产、固定资产、在建工程和无形资产等，应该不会多。企业即使有一定规模的固定资产和无形资产，也可能不是为了搞经营活动，而是为了投资管理。

你可能会问：有没有第三种选择呢？

我要告诉你：确实有第三种选择，而且做出这种选择的企业也很多。

这第三种选择就是：自己在从事某些产品或者服务的经营活动的同时，也通过对外控制性投资设立子公司或分公司的方式，由子公司或分公司去组织一些经营活动。

在第三种选择下，企业资产负债表内的资产除了货币资金以外，经营资产——应收票据、应收账款、应收款项融资、存货、预付款项、合同资产、固定资产、在建工程和无形资产等的规模会比较大，而投资资产，尤其是长期股权投资会有一定的规模。

2. 控制性投资与合并报表

问题来了：在企业对外有控制性投资的情况下，投资方报表中就会出现一定规模的长期股权投资（做第二种选择和第三种选择的企业资产中都会包含一定规模的长期股权投资）。

想想看：你账（表）上的长期股权投资在子公司那里的具体内容会是什么呢？具体内容就是被投资对象（子公司或者孙公司）账（表）上一个一个的个别资产。

比如，你的企业对外投资 1,000 万元货币资金设立子公司。在你公司的账上，货币资金减少了 1,000 万元，这 1,000 万元变成了另外一项资产——长期股权投资。

而在子公司账上呢？

子公司账上就会增加 1,000 万元货币资金（资产），当然，股东权益里的实收资本也会增加 1,000 万元。

随后，企业由于自己生产经营需要，开始购建固定资产、无形资产、存货等。子公司账上的货币资金就相应减少，转变成了各项经营资产。

在这个过程中，你公司（当有了子公司后，你的公司就变成了母公司）的长期股权投资一直是没有变化的，因为子公司的业务与母公司无关。

这就是说，母公司长期股权投资是稳定的，但子公司的资产是动态变化的。

经过一段时间，你想了解一下你账上投资的子公司的资产结构变成什么样了，应该怎么办呢？

办法你可能想到了：让各个子公司、孙公司提供它们的报表，这样你就可以清晰地看到你的每个对外控制性投资都变成了什么资产。

但问题随之而来：你是看到了子公司、孙公司的报表，但你如果想了解子公司、孙公司们对你的企业的资产增量贡献，以及你进行了大量投资以后，母公司与子公司加在一起的企业整体资产规模方面的信息，就不好办了。

你会说：子公司的资产加上母公司资产，不就是企业整体的资产规模了吗？

还真不是这样。

我们还是按照刚才的例子来讨论。

假设你的公司对外投资 1,000 万元设立企业。这件事发生以后，你的公司（母公司）资产结构发生变化——货币资金减少 1,000 万元，长期股权投资增加 1,000 万元，资产总额没有变化。

子公司账上的货币资金（资产）增加 1,000 万元，实收资本增加 1,000 万元。

思考两个问题：第一，母公司和子公司的资产加在一起会增加多少？第二，母公司与子公司的真实资产规模是多少？

答案是：

第一，母公司和子公司的资产加在一起会增加1,000万元，因为子公司的资产增加了1,000万元，母公司资产总额没有变化，只是资产结构出现变化。

第二，母公司与子公司的真实资产规模并没有变化：母公司只是把货币资金从母公司转移到了子公司，母公司与子公司整体资产实力没有任何变化。

所以，子公司资产直接与母公司资产相加就会夸大企业整体的资产规模。

怎么办呢？

请看一下母公司报表与子公司报表之间的内在联系：在母公司对子公司刚刚开始投资的时候，母公司的长期股权投资就是子公司一项一项的个别资产。随着子公司经营活动的不断展开，子公司可能去借款，可能吸纳其他股东入资，可能会由于业务发展而出现对供应商的应付票据和应付账款负债或预收买方的货款——子公司的这些活动都会让子公司为母公司控制的这个范围内的资产实力增强。

鉴于此，就可以考虑把母公司的长期股权投资分解为子公司一项一项的资产，再与母公司的其他资产加在一起，形成一个新的报表，这就是合并报表。

所以说，合并报表就是把母公司报表与子公司报表在剔除了相互之间的重复因素以后整合在一起的报表。

顺便说一下，当母公司与子公司的关系出现以后，**母公司与子公司就构成了财务关系意义上的企业集团**（哪怕母公司的"面子"中没有集团的名分）。因此，**合并报表也叫集团报表**。

3. 控制性投资在哪里

我在前文已经讲过了，母公司在对外进行控制性投资的时候，资产中会出现一项长期股权投资。

但企业在设立子公司以后，可能还要向子公司提供资金支持。企业向子公司提供资金支持的通道有多个：一个是其他应收款，一个是预付款项，一个是其他流动资产，另外就是其他非流动资产等。

怎么识别控制性投资的项目呢？

非常简单。企业控制性投资主要出现在长期股权投资、其他应收款、预付款项、其他流动资产和其他非流动资产这几个项目中。但并不是每一个项目都出现控制性投资。

一般来说，出现控制性投资的项目会出现合并报表的数据小于母公司数据的情况。这是由合并报表的编制原理决定的：母公司的控制性投资要被分解为子公司的个别资产，所以合并资产负债表中不再包括控制性投资的原有项目信息。

我们下面看一下金龙鱼 2020 年度报告中母公司报表与合并报表的情况（见表 4-1。我在这里收录了企业资产负债表整体）。

表 4-1　金龙鱼 2020 年度报告中母公司报表与合并报表　　单位：元

时间	2020-12-31	2020-12-31	2019-12-31	2019-12-31
报告期	年报	年报	年报	年报
报表类型	合并报表	母公司报表	合并报表	母公司报表
流动资产：				
货币资金	55,334,057,000	19,838,035,000	64,611,973,000	8,826,872,000
交易性金融资产	2,493,233,000	902,979,000	482,768,000	
衍生金融资产	874,167,000		1,065,079,000	55,638,000
应收票据及应收账款	7,133,487,000	38,065,000	6,188,406,000	99,755,000
应收票据				

时间	2020-12-31	2020-12-31	2019-12-31	2019-12-31
报告期	年报	年报	年报	年报
报表类型	合并报表	母公司报表	合并报表	母公司报表
应收账款	7,133,487,000	38,065,000	6,188,406,000	99,755,000
应收款项融资	1,059,227,000		974,213,000	
预付款项	5,091,484,000		2,535,774,000	
其他应收款（合计）	4,193,901,000	512,003,000	1,415,179,000	157,754,000
应收股利		504,361,000	37,402,000	145,018,000
应收利息		7,634,358		
其他应收款	4,193,901,000	7,642	1,377,777,000	12,736,000
存货	40,181,880,000		34,550,680,000	
其他流动资产	3,544,331,000	5,370,666,000	4,096,395,000	4,400,000
委托贷款		13,780,022,000	98,633,000	9,450,467,000
流动资产合计	119,905,767,000	40,441,770,000	116,019,100,000	18,594,886,000
非流动资产：				
其他权益工具投资	891,563,000	551,937,000	1,492,310,000	579,365,000
长期股权投资	2,705,600,000	61,754,084,000	2,346,506,000	57,271,084,000
投资性房地产	212,457,000	96,850,000	230,990,000	106,922,000
固定资产（合计）	27,177,684,000	347,767,000	24,439,091,000	378,025,000
在建工程（合计）	6,341,260,000		4,497,307,000	
在建工程	6,341,260,000		4,494,381,000	
工程物资			2,926,000	
使用权资产	274,450,000		279,739,000	
无形资产	12,620,159,000	603,852,000	12,602,665,000	606,341,000
商誉	5,987,688,000		5,968,620,000	
长期待摊费用	150,665,000		143,372,000	
递延所得税资产	533,258,000	11,755,000	417,697,000	80,746,000

（续表）

时间	2020-12-31	2020-12-31	2019-12-31	2019-12-31
报告期	年报	年报	年报	年报
报表类型	合并报表	母公司报表	合并报表	母公司报表
其他非流动资产	2,376,771,000	984,180,000	2,247,568,000	45,000,000
非流动资产合计	59,271,555,000	64,350,425,000	54,665,865,000	59,067,483,000
资产总计	179,177,322,000	104,792,195,000	170,684,965,000	77,662,369,000
流动负债：				
短期借款	62,383,285,000	24,916,667,000	73,442,024,000	16,199,344,000
衍生金融负债	2,604,739,000		816,645,000	
应付票据及应付账款	6,823,675,000	116,000	9,992,945,000	529,000
应付票据	1,076,107,000		4,600,836,000	
应付账款	5,747,568,000	116,000	5,392,109,000	529,000
合同负债	4,611,743,000		3,443,189,000	
应付职工薪酬	1,264,475,000	133,737,000	1,067,476,000	128,713,000
应交税费	1,389,476,000	2,809,000	595,128,000	11,499,000
其他应付款（合计）	3,751,164,000	63,103,000	3,910,629,000	81,032,000
应付利息				
应付股利	7,070,000		84,304,000	
其他应付款	3,744,094,000		3,826,325,000	
一年内到期的非流动负债	63,055,000		2,890,292,000	2,088,450,000
其他流动负债	2,803,040,000	5,050,000	2,503,048,000	390,000
流动负债合计	85,694,652,000	25,121,482,000	98,661,376,000	18,509,957,000
非流动负债：				
长期借款	4,736,784,000		2,393,493,000	1,000,000,000
衍生金融负债	164,172,000		43,910,000	
租赁负债	184,017,000		175,926,000	

（续表）

时间	2020-12-31	2020-12-31	2019-12-31	2019-12-31
报告期	年报	年报	年报	年报
报表类型	合并报表	母公司报表	合并报表	母公司报表
预计负债	11,266,000			
递延所得税负债	327,176,000		284,631,000	
递延收益－非流动负债	481,666,000		392,485,000	
其他非流动负债	84,122,000		258,297,000	
非流动负债合计	5,989,203,000		3,548,742,000	1,000,000,000
负债合计	91,683,855,000	25,121,482,000	102,210,118,000	19,509,957,000
所有者权益（或股东权益）：				
实收资本（或股本）	5,421,592,000	5,421,592,000	4,879,432,000	4,879,432,000
资本公积	36,894,882,000	61,981,091,000	24,685,640,000	48,068,683,000
其他综合收益	600,382,000	22,301,000	618,240,000	54,464,000
盈余公积	1,219,629,000	1,219,629,000	510,039,000	510,039,000
未分配利润	39,397,115,000	11,026,100,000	34,105,831,000	4,639,794,000
归属于母公司所有者权益合计	83,533,600,000	79,670,713,000	64,799,182,000	58,152,412,000
少数股东权益	3,959,867,000		3,675,665,000	
所有者权益合计	87,493,467,000	79,670,713,000	68,474,847,000	58,152,412,000
负债和所有者权益总计	179,177,322,000	104,792,195,000	170,684,965,000	77,662,369,000

请记住：母公司资产中的数据大于合并报表数据的项目就是包含了控制性投资的项目。

在2020年12月31日，具有这个特性的母公司资产包括：其他流动资产、委托贷款、长期股权投资三个项目。虽然我们不能从这些数据中准确推算出企业控制性投资的规模，但仍然可以在相当程度上体会企业控制性投资的力度。

那合并报表和母公司报表，哪一张报表更重要？先看哪张报表呢？

在企业有两张报表的情况下，如果只看一张报表就看合并报表，因为合并报表在整体上展示了企业的资源规模、结构和效益等情况；但如果想看企业发展战略是怎么实施的，实施成效怎么样，就要把两张报表结合起来看。

小结：

在本节，我讲了合并报表和母公司报表之间的关系。在面对两张报表的时候，看母公司报表，你能够了解企业的战略发起情况（母公司的资产结构体现了企业的战略选择），也要看合并报表——合并报表展示了战略执行的结果。

第二节　合并报表与母公司报表的差别

合并报表和母公司报表之间有什么差别呢？

1. 合并报表与母公司报表的根本差别

实际上，合并报表与母公司报表的根本差别在于编制依据和编制范围上的不同。

母公司报表的编制依据是母公司自己的账簿，业务范围只涉及母公司自己。也就是说，母公司这个单位存在，自己保有完整的账簿记录，这些账簿记录着企业自身发生的各种业务。无论是资产负债表、利润表还是现金流量表，都表明母公司这个特定单位所拥有的资源、所取得的效益和现金流量情况。

合并报表编制的依据是母公司和子公司、孙公司的报表以及相关文件，业务范围涵盖了母公司、子公司和孙公司等。合并报表所代表的这个单位在现实中是不存在的：母公司、子公司和孙公司各自保有自己的账簿记录，开展各自的业务。无论是合并资产负债表、合并利润表还是合并现金流量表，都不表明有任何企业可以单独支配这些资产，可以独享利润及现金流量。在母公司出现并购的情况下，被并购企业并入合并报表的资产价值甚至都不能用被并购企业的账面价值，而要用并购时评估师出具的评估报告中的资产公允价值。

因此，合并报表是在整体上展示母公司所控制的集团账面上的资源规模、结构、债务结构、股东权益的结构以及效益和现金流量情况的报表，在一定程度上展示了企业的价值。

在考察母公司所控制的企业集团整体实力、盈利能力以及现金流转状况的时候，一定要看合并报表。

2. 合并资产负债表与母公司资产负债表

从资产负债表的角度来看，合并报表与母公司报表之间的差异可以归纳为三种情况：一是有的项目越合并越大；二是有的项目越合并越小；三是有两个独特的项目，一个叫商誉，另一个叫少数股东权益。

对照金龙鱼 2020 年度报告中的资产负债表，我们讨论一下这几种情况。

第一，越合并越大的项目。

你可以看到，资产负债表中的大多数项目是越合并越大的——货币资金、交易性金融资产、衍生金融资产、应收票据及应收账款、应收款项融资、预付款项、存货、其他应收款、其他权益工具投资、投资性房地产、固定资产、在建工程、使用权资产、无形资产、长期待摊费用、递延所得税资产等资产项目都是越合并越大。

在负债方，基本上所有的负债项目都是越合并越大的。

一般来说，越合并越大的项目，基本上意味着母公司和子公司在相关项目上没有交集或交集较少，各自组织自己的相关活动。比如，母公司购买一些交易性金融资产，子公司、孙公司也各自购买一些交易性金融资产，这样，在合并报表上，合并交易性金融资产的规模就是母公司、子公司和孙公司交易性金融资产项目金额的直接相加。又如，母公司购买固定资产，子公司、孙公司也购买自己的固定资产，在合并报表上，合并固定资产的规模就是母公司、子公司和孙公司固定资产项目金额的直接相加。

第二，越合并越小的项目。

在母公司资产中的数据大于合并报表数据的项目就是包含了控制性投资的项目。

从金龙鱼的资产负债表中可以看到，在 2020 年 12 月 31 日，具有越合并越小特性的资产项目只有其他流动资产、委托贷款、长期股权投资三个项目。

实际上，在合并资产负债表上越合并越小的项目可能远远多于这三个项目，而会出现差异的原因也不仅仅是母公司对子公司所提供的投资资金。

我们下面看一下格力电器 2020 年度报告中的相关信息（见表 4-2）。

表 4-2 格力电器 2020 年度报告中的相关数据　　单位：元

时间	2020-12-31	2020-12-31	2019-12-31	2019-12-31
报告期	年报	年报	年报	年报
报表类型	合并报表	母公司报表	合并报表	母公司报表
流动资产：				
货币资金	136,413,143,860	123,828,677,860	125,400,715,268	121,906,528,984
交易性金融资产	370,820,500	370,820,500	955,208,584	945,701,634
衍生金融资产	285,494,154	76,680,617	92,392,626	
应收票据及应收账款	8,738,230,905	3,548,791,695	8,513,334,545	3,873,270,521

（续表）

时间	2020-12-31	2020-12-31	2019-12-31	2019-12-31
报告期	年报	年报	年报	年报
报表类型	合并报表	母公司报表	合并报表	母公司报表
应收票据				
应收账款	8,738,230,905	3,548,791,695	8,513,334,545	3,873,270,521
应收款项融资	20,973,404,595	18,642,206,012	28,226,248,997	24,599,149,450
预付款项	3,129,202,003	17,963,607,702	2,395,610,555	16,755,065,016
其他应收款（合计）	147,338,548	2,307,154,985	159,134,399	2,757,398,838
应收股利		2,932,373		
应收利息				
其他应收款	147,338,548	2,304,222,611	159,134,399	2,757,398,838
存货	27,879,505,159	13,884,110,380	24,084,854,064	9,763,530,440
合同资产	78,545,526			
一年内到期的非流动资产			445,397,710	
其他流动资产	15,617,301,914	9,773,701,904	23,091,144,217	11,140,701,427
流动资产合计	213,632,987,165	190,395,751,657	213,364,040,965	191,741,346,310
非流动资产：				
发放贷款及垫款	5,273,805,582		14,423,786,409	
其他债权投资	502,202,293		296,836,282	
其他权益工具投资	7,788,405,891	7,505,139,670	4,644,601,698	4,271,848,596
其他非流动金融资产	2,003,483,333	2,003,483,333	2,003,483,333	2,003,483,333
长期股权投资	8,119,841,062	24,619,357,367	7,064,186,161	20,224,198,957
投资性房地产	463,420,861	22,173,606	498,648,692	24,475,731
固定资产（合计）	18,990,525,088	2,706,217,466	19,121,930,757	2,965,550,179
固定资产	18,983,485,129		19,111,024,793	
固定资产清理	7,039,959		10,905,964	

（续表）

时间	2020-12-31	2020-12-31	2019-12-31	2019-12-31
报告期	年报	年报	年报	年报
报表类型	合并报表	母公司报表	合并报表	母公司报表
在建工程（合计）	4,016,082,730	570,077,307	2,431,051,410	262,245,183
在建工程	4,016,082,730		2,431,051,410	
无形资产	5,878,288,763	780,743,893	5,305,541,099	761,621,258
商誉	201,902,704		325,919,391	
长期待摊费用	8,567,924		2,718,105	
递延所得税资产	11,550,292,201	10,926,393,867	12,541,085,078	12,019,079,099
其他非流动资产	788,118,031	97,653,135	948,328,035	195,330,891
非流动资产合计	65,584,936,464	49,231,239,644	69,608,116,450	42,727,833,227
资产总计	279,217,923,628	239,626,991,300	282,972,157,415	234,469,179,537
流动负债：				
短期借款	20,304,384,742	15,862,663,592	15,944,176,463	11,188,890,759
应付票据及应付账款	53,031,731,117	63,542,218,628	66,942,023,596	68,110,779,052
应付票据	21,427,071,950	19,177,017,665	25,285,207,844	23,013,715,200
应付账款	31,604,659,167	44,365,200,963	41,656,815,752	45,097,063,852
预收款项			8,225,707,662	11,832,592,136
合同负债	11,678,180,425	14,594,653,911		
应付职工薪酬	3,365,355,469	1,306,897,770	3,430,968,964	1,398,044,643
应交税费	2,301,355,583	777,604,965	3,703,779,716	1,819,362,037
其他应付款（合计）	2,379,395,717	1,773,107,761	2,712,692,974	4,897,515,153
其他流动负债	64,382,254,284	59,737,975,078	65,181,491,855	64,375,139,452
其他金融类流动负债	1,036,060,794		3,427,458,978	
流动负债合计	158,478,718,131	157,595,121,705	169,568,300,210	163,622,323,232

（续表）

时间	2020-12-31	2020-12-31	2019-12-31	2019-12-31
报告期	年报	年报	年报	年报
报表类型	合并报表	母公司报表	合并报表	母公司报表
非流动负债：				
长期借款	1,860,713,816	143,254,262	46,885,883	
长期应付职工薪酬	149,859,788	149,859,788	141,021,228	141,021,228
递延所得税负债	1,411,111,103	848,906,844	927,789,301	528,382,788
递延收益－非流动负债	437,033,702	74,814,702	240,504,270	51,891,300
非流动负债合计	3,858,718,409	1,216,835,597	1,356,200,683	721,295,316
负债合计	162,337,436,540	158,811,957,302	170,924,500,892	164,343,618,548
所有者权益（或股东权益）：				
实收资本（或股本）	6,015,730,878	6,015,730,878	6,015,730,878	6,015,730,878
资本公积	121,850,281	184,850,282	93,379,501	179,564,696
减：库存股	5,182,273,854	5,182,273,854		
其他综合收益	7,396,060,195	7,763,409,044	6,260,291,981	6,462,024,096
盈余公积	3,499,671,557	3,497,114,024	3,499,671,557	3,497,114,024
一般风险准备	497,575,772		489,855,827	
未分配利润	102,841,596,378	68,536,203,624	93,794,643,539	53,971,127,295
归属于母公司所有者权益合计	115,190,211,207	80,815,033,998	110,153,573,283	70,125,560,990
少数股东权益	1,690,275,881		1,894,083,240	
所有者权益合计	116,880,487,088	80,815,033,998	112,047,656,523	70,125,560,990
负债和所有者权益总计	279,217,923,628	239,626,991,300	282,972,157,415	234,469,179,537

请重点关注合并报表数据小于母公司数据的项目。

可以看到，格力电器资产负债表中合并报表数据小于母公司数据的项目集中在预付款项、其他应收款、长期股权投资、应付票据及应付账款、合同负债与其他应付款（2019 年 12 月 31 日）。

从项目的性质来看，这些越合并越小的项目，有的是母公司向子公司进行控制性投资所占用的资金（长期股权投资和其他应收款），有的是母公司与子公司的买、卖业务所形成的债权和债务（预付款项、应付票据及应付账款、合同负债等），有的则是母公司对子公司部分资金进行集中管理的痕迹（如年初的其他应付款）。

上述关系的具体分析将在本书后面展开。

第三，商誉。

合并报表和母公司报表的一个最大的差别是商誉：合并资产负债表中有商誉，母公司资产中没有商誉。

第四，少数股东权益。

在合并资产负债表的股东权益部分，出现了一个新的项目——少数股东权益。母公司报表里面没有这个项目。

少数股东权益是怎么回事？

假设你是一个母公司，你投资设立一个企业。

对于被投资企业，你是 100% 的持股。这样，在编制合并报表的时候，你就要把被投资企业（子公司）所有的资产、负债都合并到你自己的报表里，这是 100% 持有子公司的情况。

但假设你对子公司持股 80%，当然也控制了这个企业。剩下的 20% 股份是别的机构或者个人出资的。你在编制合并报表的时候，是把这个子公司 100% 的资产和负债合并进来，还是把它的资产乘以 80% 合并进来呢？

现在主流的处理方法是：你要把子公司 100% 的资产负债都合并进来。为什么？因为你控制的是 100% 的子公司整体，不是 80%。当然了，你的权益份额是 80%，也就是你分红的时候分 80% 就行了。在把子公司

100% 的资产负债合并进来后出现了什么问题呢？子公司的资产减去负债所形成的股东权益，其中有 20% 不是你的，是人家非控制性股东（就是那 20% 股份的持有者）的。在编制合并资产负债表的时候，就给合并进来以后股东权益中属于子公司非控制性股东的权益起了一个新名字，叫少数股东权益。

少数股东权益越多，意味着母公司对子公司的持股比例越低，也意味着企业在实现对子公司控制的过程中的代价越小。

3. 合并利润表与母公司利润表

从利润表的角度来看，合并报表与母公司报表之间的差异可以归纳为三种情况：一是有的项目越合并越大；二是有的项目越合并越小；三是有一个独特的项目，叫少数股东损益。

下面我先列示一下格力电器 2020 年度报告中的利润表，然后讨论一下这几种情况（见表 4-3）。

表 4-3　格力电器 2020 年度报告中利润表信息　　单位：元

时间	2020 年	2020 年	2019 年	2019 年
报告期	年报	年报	年报	年报
报表类型	合并报表	母公司报表	合并报表	母公司报表
营业总收入	170,497,415,702	107,841,790,174	200,508,333,611	136,219,366,184
营业收入	168,199,204,405	107,841,790,174	198,153,027,540	136,219,366,184
其他类金融业务收入	2,298,211,298		2,355,306,071	
营业总成本	146,260,681,865	90,052,942,931	170,723,573,765	118,640,571,940
营业成本	124,229,033,681	76,008,352,345	143,499,372,581	98,709,058,850
税金及附加	964,600,694	174,392,631	1,542,983,749	594,645,728
销售费用	13,043,241,798	11,169,691,826	18,309,812,188	17,663,837,022
管理费用	3,603,782,804	808,715,696	3,795,645,600	963,036,368

（续表）

时间	2020 年	2020 年	2019 年	2019 年
报告期	年报	年报	年报	年报
报表类型	合并报表	母公司报表	合并报表	母公司报表
研发费用	6,052,563,108	4,811,036,303	5,891,219,716	4,450,053,310
财务费用	−1,937,504,660	−2,919,245,871	−2,426,643,430	−3,740,059,339
其中：利息费用	1,088,369,395	840,469,134	1,598,276,259	792,553,518
减：利息收入	3,708,312,903	4,434,457,505	3,698,387,243	4,022,458,639
其他业务成本（金融类）	304,964,441		111,183,361	
加：其他收益	1,164,120,111	233,757,468	936,148,645	104,241,039
投资净收益	713,010,072	12,402,627,036	−226,634,781	4,621,766,926
公允价值变动净收益	200,153,472	56,685,743	228,264,068	−6,160,582
资产减值损失	−466,270,322	−178,340,890	−842,893,300	−788,564,505
信用减值损失	192,824,693	2,282,469	−279,448,586	−116,414,495
资产处置收益	2,945,975	1,733,177	4,911,230	2,293,132
营业利润	26,043,517,838	30,307,592,247	29,605,107,122	21,395,955,759
加：营业外收入	287,160,722	46,252,801	345,706,663	42,197,397
减：营业外支出	21,741,131	9,176,433	598,106,557	561,145,019
利润总额	26,308,937,429	30,344,668,615	29,352,707,229	20,877,008,138
减：所得税	4,029,695,234	2,659,156,933	4,525,463,625	2,394,694,613
净利润	22,279,242,195	27,685,511,683	24,827,243,604	18,482,313,524
减：少数股东损益	104,134,058		130,602,235	
归属于母公司所有者的净利润	22,175,108,137	27,685,511,683	24,696,641,369	18,482,313,524

第一，越合并越大的项目。

你可以看到，利润表中的大多数项目是越合并越大的——营业收入、营业成本、税金及附加、销售费用、管理费用、研发费用、利息费用、其他收益、公允价值变动净收益、资产减值损失、信用减值损失、

213

资产处置收益等项目都是越合并越大。

一般来说，越合并越大的项目，基本上意味着母公司和子公司在相关项目上没有交集或交集较少，各自组织相关活动。比如，母公司对外销售产品或者提供服务，子公司、孙公司也各自对外销售产品或者提供服务，这样，在合并报表上，合并营业收入的规模就是母公司、子公司和孙公司营业收入项目金额的直接相加。其他项目也是如此。

但越合并越大的项目并不一定意味着母公司和子公司之间完全没有业务交集。在母公司和子公司主体对外销售的条件下，母公司和子公司之间还可能有采购和销售的业务往来。比如，子公司销售一部分产品或者服务给母公司，子公司的销售收入就不会在合并报表的营业收入中体现，因为合并利润表的营业收入展示的是整个集团对集团外的营业收入，集团内部成员单位之间的业务在编制合并报表时已经剔除了。与此类业务相关的子公司向母公司出售产品或者服务的营业成本也不会在合并报表中体现，因为站在整个集团的角度看，子公司向母公司提供的产品或者服务本来就不是销售。

在格力电器的资产负债表信息中，你已经看到了，资产负债表中的预付款项、应付票据及应付账款、合同负债等都是合并报表的数据小于母公司数据，说明母公司和子公司之间有一定规模的采购和销售。而合并报表的主要经营项目都是越合并越小，说明母公司与子公司之间的业务规模不是特别大。

第二，越合并越小的项目。

从格力电器的利润表可以看到，在 2020 年，具有越合并越小特性的利润表项目是利息收入和投资净收益这两个项目。

母公司的利息收入大于合并利息收入，意味着母公司可能对向子公司提供的资金收取了利息；母公司的投资净收益大于合并投资净收益，意味着母公司收取了相当规模的子公司分回来的现金股利。

第三，少数股东损益。

在合并利润表的净利润下面，出现了一个新的项目——少数股东损益。母公司报表里面没有这个项目。

与编制合并资产负债表类似，在编制合并利润表的时候，母公司要把子公司的全部收入、费用等加上母公司的相应数据形成合并利润表（当然要剔除母子公司之间发生的内部业务往来）。但在对子公司持股比例低于100%的情况下，合并净利润显然夸大了归属于母公司所有者的利润。

为解决这个问题，在编制合并利润表的时候，就给合并净利润中子公司或孙公司利润中属于非控制性股东的净利润起了一个名字，叫少数股东损益，在合并净利润下面减掉，形成归属于母公司所有者的净利润。

4. 合并现金流量表与母公司现金流量表

从现金流量表的角度来看，合并报表与母公司报表之间的差异也可以归纳为三种情况：一是有的项目越合并越大；二是有的项目越合并越小；三是有两个独特的项目，叫子公司吸收少数股东投资收到的现金和子公司支付给少数股东的股利、利润。

下面我先列示一下格力电器2020年度报告中的现金流量表，然后讨论一下这几种情况（见表4-4）。

表4-4　格力电器2020年度报告中现金流量表信息　　　单位：元

时间	2020 年	2020 年	2019 年	2019 年
报告期	年报	年报	年报	年报
报表类型	合并报表	母公司报表	合并报表	母公司报表
经营活动产生的现金流量：				
销售商品、提供劳务收到的现金	155,890,384,314	93,602,519,755	166,387,697,954	112,341,680,711

（续表）

时间	2020 年	2020 年	2019 年	2019 年
报告期	年报	年报	年报	年报
报表类型	合并报表	母公司报表	合并报表	母公司报表
收到的税费返还	2,484,293,128	2,108,659,340	1,854,373,548	1,465,166,073
收到其他与经营活动有关的现金	4,698,328,013	35,640,698,960	2,796,063,838	51,510,498,359
经营活动现金流入（金融类）	819,758,866		4,157,787,974	
经营活动现金流入小计	163,892,764,321	131,351,878,055	175,195,923,314	165,317,345,142
购买商品、接受劳务支付的现金	121,793,121,344	88,931,239,009	94,214,771,390	105,224,849,036
支付给职工以及为职工支付的现金	8,901,277,137	3,521,483,801	8,831,213,736	3,453,320,938
支付的各项税费	8,184,052,901	3,915,413,843	15,128,311,797	9,443,887,671
支付其他与经营活动有关的现金	15,530,492,100	18,625,111,286	21,526,452,793	19,406,931,681
经营活动现金流出（金融类）	−9,754,816,469		7,601,459,505	
经营活动现金流出小计	144,654,127,012	114,993,247,938	147,302,209,221	137,528,989,325
经营活动产生的现金流量净额	19,238,637,309	16,358,630,116	27,893,714,094	27,788,355,817
投资活动产生的现金流量：				
收回投资收到的现金	9,520,639,757	1,154,839,757	3,130,974,036	4,302,974,036
取得投资收益收到的现金	305,411,730	3,616,084,603	426,919,989	201,582,777
处置固定资产、无形资产和其他长期资产收回的现金净额	6,631,830	2,552,697	9,614,514	3,947,642
收到其他与投资活动有关的现金	4,322,649,440	5,376,248,383	4,878,025,331	7,274,898,789
投资活动现金流入小计	14,155,332,758	10,149,725,440	8,445,533,871	11,783,403,244
购建固定资产、无形资产和其他长期资产支付的现金	4,528,646,805	806,766,397	4,713,187,966	1,390,377,306

（续表）

时间	2020 年	2020 年	2019 年	2019 年
报告期	年报	年报	年报	年报
报表类型	合并报表	母公司报表	合并报表	母公司报表
投资支付的现金	3,561,055,957	6,623,118,162	7,192,756,039	8,174,203,390
取得子公司及其他营业单位支付的现金净额	425,875,377	150,000,000	774,183,781	
支付其他与投资活动有关的现金	5,542,024,469	8,155,280,839	7,040,454,685	14,656,152,091
投资活动现金流出小计	14,057,602,607	15,735,165,398	19,720,582,472	24,220,732,787
投资活动产生的现金流量净额	97,730,150	−5,585,439,957	−11,275,048,601	−12,437,329,543
筹资活动产生的现金流量：				
吸收投资收到的现金	14,670,000		326,850,000	
其中：子公司吸收少数股东投资收到的现金	14,670,000		326,850,000	
取得借款收到的现金	37,599,791,535	29,395,517,582	21,268,257,924	16,640,128,940
收到其他与筹资活动有关的现金		878,448,565		3,805,792,928
筹资活动现金流入小计	37,614,461,535	30,273,966,147	21,595,107,924	20,445,921,868
偿还债务支付的现金	29,475,431,120	24,568,052,850	27,657,703,656	23,372,991,990
分配股利、利润或偿付利息支付的现金	14,236,014,440	13,662,321,384	13,159,380,388	13,031,345,175
其中：子公司支付给少数股东的股利、利润	411,607,065			
支付其他与筹资活动有关的现金	15,014,513,474	15,508,240,630		2,041,863,710
筹资活动现金流出小计	58,725,959,033	53,738,614,864	40,817,084,045	38,446,200,875
筹资活动产生的现金流量净额	−21,111,497,498	−23,464,648,717	−19,221,976,121	−18,000,279,007
汇率变动对现金的影响	−372,392,144	−548,526,630	203,761,625	693,156,236

（续表）

时间	2020 年	2020 年	2019 年	2019 年
报告期	年报	年报	年报	年报
报表类型	合并报表	母公司报表	合并报表	母公司报表
现金及现金等价物净增加额	−2,147,522,183	−13,239,985,187	−2,399,549,003	−1,956,096,496
期初现金及现金等价物余额	26,372,571,821	30,359,765,967	28,772,120,824	32,315,862,464
期末现金及现金等价物余额	24,225,049,638	17,119,780,780	26,372,571,821	30,359,765,967

第一，越合并越大的项目。

可以看到，现金流量表中的大多数项目是越合并越大的——销售商品、提供劳务收到的现金，购买商品、接受劳务支付的现金，支付给职工以及为职工支付的现金，购建固定资产、无形资产和其他长期资产支付的现金等项目都是越合并越大。

与合并利润表和母公司利润表的关系类似，现金流量表中越合并越大的项目，基本上意味着母公司和子公司在相关项目上没有交集或交集较少，各自组织相关活动产生现金流量。

第二，越合并越小的项目。

从格力电器的利润表可以看到，在 2020 年度，具有越合并越小特性的现金流量表项目一共有七项：收到其他与经营活动有关的现金、支付其他与经营活动有关的现金、取得投资收益收到的现金、收到其他与投资活动有关的现金、投资支付的现金、支付其他与投资活动有关的现金、支付其他与筹资活动有关的现金等项目。

上述项目中，有的是与母公司对子公司的投资支出（投资支付的现金合并前后的差额是母公司向子公司投资的基本规模）和收到投资收益（取得投资收益收到的现金合并前后的差额是母公司收到的子公司分回来的现金股利的基本规模），有的是母公司以货币资金的方式对子公司的资金支持（支付其他与经营活动有关的现金合并前后的差额是母公司向子公司提供的现金支持的基本规模），有的是母公司集中整合子公司资金（收到其他与经营活动有关的现金合并前后的差额是母公司集中子公司资金的基本规模）等。

因此，合并前后的差额反映了丰富的母公司与子公司之间的资金往来、业务往来以及投资关系信息。

5. 子公司吸收少数股东投资收到的现金和子公司支付给少数股东的股利、利润

子公司吸收少数股东投资收到的现金意味着子公司在年度内所吸纳的非控制性股东的入资，而子公司支付给少数股东的股利、利润则代表子公司年度内向子公司的股东所支付的现金股利。

这里面更具有意义的是子公司吸收少数股东投资收到的现金。企业在这方面的筹资多少，应该意味着企业子公司的初始融资能力强弱或者母公司愿意在多大程度上与其他股东一起共同治理子公司。

小结：

在本节，我强调了合并报表和母公司报表的差别问题。我特别提醒读者需要重点关注的几个地方：一是三张报表中越合并越小的项目，体会母公司和子公司之间的联系；二是商誉，商誉往往是企业存在重大风险的地方；三是关注少数股东权益和少数股东损益，体会母公司对子公司的持股状况和控制力；四是关注利润表和现金流量表的投资收益、取得投资收益收到的现金之间的关系，体会子公司对母公司的分红贡献。

第三节　少数股东权益与少数股东损益真的少吗

1. 少数股东权益、少数股东损益的"少"不是规模小，而是非控制

合并报表与母公司报表的一个重要差别就在于，合并资产负债表的负债和所有者权益中增加了一个少数股东权益，合并利润表的净利润下面增加了一个少数股东损益。

问题是：少数股东真的少吗？

所谓少数，实际上是指非控制。

一般来说，在合并资产负债表中，少数股东权益的规模要小于归属于母公司所有者权益，因为母公司对子公司的持股比例一般会超过 50%。

例如，我们在上一节看到的金龙鱼合并资产负债表中的少数股东权益就远远小于归属于母公司所有者权益，这也是很多企业的常态。

但也有例外。

我们可以看一下上市公司中国联通 2020 年度报告中资产负债表的部分项目情况（见表 4-5）。

表 4-5　中国联通 2020 年度报告中资产负债表相关数据　单位：元

时间	2020-12-31	2020-12-31	2019-12-31	2019-12-31
报告期	年报	年报	年报	年报
报表类型	合并报表	母公司报表	合并报表	母公司报表
流动资产：				
货币资金	35,215,402,475	1,596,328,709	38,665,306,851	509,663,009
其他应收款（合计）	3,403,492,348		2,800,608,159	921,985,605
流动资产合计	108,653,656,977	1,596,328,709	83,603,850,121	1,436,249,752

（续表）

时间	2020-12-31	2020-12-31	2019-12-31	2019-12-31
报告期	年报	年报	年报	年报
报表类型	合并报表	母公司报表	合并报表	母公司报表
非流动资产：				
债权投资		3,046,096,088		
长期股权投资	44,458,188,640	101,631,578,479	41,216,417,882	101,256,848,479
固定资产（合计）	315,331,979,845	3,577,295	312,533,736,358	3,801,947
无形资产	24,942,470,340	8,515,950	25,746,168,495	8,764,590
非流动资产合计	473,821,773,431	104,689,767,812	480,626,768,591	104,311,537,331
资产总计	582,475,430,408	106,286,096,521	564,230,618,712	105,747,787,083
流动负债：				
负债合计	251,001,474,834	1,797,758,429	240,734,699,805	2,998,108,328
所有者权益（或股东权益）：				
归属于母公司所有者权益合计	147,708,515,154	104,488,338,092	143,327,302,175	102,749,678,755
少数股东权益	183,765,440,420		180,168,616,732	
所有者权益合计	331,473,955,574	104,488,338,092	323,495,918,907	102,749,678,755
负债和所有者权益总计	582,475,430,408	106,286,096,521	564,230,618,712	105,747,787,083

请注意，在 2020 年 12 月 31 日，中国联通合并报表中的所有者权益合计为 331,473,955,574 元，归属于母公司所有者权益合计只有 147,708,515,154 元，而少数股东权益达到了 183,765,440,420 元，在数量上绝不是"少数"的概念了。

怎么会出现这样的情况呢？

看一下母公司的资产规模与合并资产规模，你会发现，两者相差是比较大的，达到了 4,762 亿元（即合并资产 5,825 亿元减去母公司资产 1,063 亿元）。合并资产大于母公司资产，代表了母公司控制性投资的资产扩张效果。

而母公司的控制性投资规模大概是多少呢?

母公司的资产结构非常简单:投资资产就是非流动资产的长期股权投资,母公司规模为 1,016 亿元,合并报表长期股权投资规模为 445 亿元。这就是说,母公司的控制性投资最大规模是 1,016 亿元,最小规模是 571 亿元(1,016 亿元减去 445 亿元)。

为什么不能直接确定企业控制性投资的规模,而是只能判断企业控制性投资的大概范围呢?因为我们看到的是企业的报表数字:在母公司的长期股权投资中,既有控制性投资,也可能有非控制性投资;而合并报表中的长期股权投资则全部是非控制性投资。但合并报表的长期股权投资既可能是母公司的非控制性长期股权投资,也可能是子公司的非控制性长期股权投资,或者是母公司、子公司甚至孙公司等非控制性长期股权投资之和。

即使按照母公司长期股权投资的最大可能规模 1,016 亿元来看,母公司的长期股权投资实现的资产扩张效果 4,762 亿元也是相当大的。这其中,就有少数股东的贡献——在 2020 年 12 月 31 日,少数股东对合并资产的贡献规模达到了 1,838 亿元。

这是中国联通在设立子公司过程中较多吸纳其他股东入资并同时对子公司实施控制的结果。中国联通在设立绝大部分子公司的时候,其子公司的入资比例一定是少于 50% 的。由于子公司多为非上市公司,为了实现对子公司的控制,母公司应该会与其他股东一起成为一致行动人,从而达到以较少股份投资来控制被投资企业低成本扩张的目的。

2. 怎样看待少数股东的"多"和"少"的问题

到现在为止,在少数股东的问题上,我们看到了两类企业:一类是与归属于母公司所有者权益的规模相比,少数股东权益的规模较小;另一类是少数股东权益的规模大于归属于母公司所有者权益的规模。

问题来了：怎样看待少数股东权益规模的大和小的问题？

企业设立子公司的时候，在股权结构的安排上，既可以采取全资子公司的结构（即投资方100%持有子公司的股份），也可以采取吸纳其他股东共同持有企业股份、母公司控股的股权结构。

在采用吸纳其他股东共同持有企业股份、母公司控股的股权结构的情况下，合并报表中就会出现少数股东权益的项目。

实际上，少数股东对企业可能有很大的价值。

第一，吸纳少数股东入资子公司，可以固化子公司与少数股东的业务联系。

在我担任某国有控股的上市公司独立董事期间，董事会曾经讨论了这样一个议案：某非国有企业的实收资本为1,000万元，报表中的盈余公积和未分配利润合计为200万元，也就是这个企业的股东权益净额是1,200万元。该企业的董事长主动找到上市公司，要求上市公司购买自己持有的企业10%的股份，并明确说：本公司的股东权益非常实，如果进行资产评估的话，肯定超过1,200万元。但为了表达诚意，该董事长希望上市公司按照实收资本的10%即100万元购买其10%的股份。

我在讨论时发言说："如果按照这个企业董事长的意愿，我们只按照实收资本10%的价格买入这个企业10%股份，这个企业的董事长不就亏了吗？这个企业的董事长为什么要做这个买卖呢？"

介绍此项股权购买议案的工作人员介绍说："如果只是按照股权交易的情况看，这个企业的董事长确实是亏了。但对方坚持这样做的原因是，我们公司与对方有业务往来。由于对方是一个小企业，其董事长特别希望在业务上与我们公司有稳定关系。向我们公司主动低价出售部分股份的目的就是要固化与我们公司的业务关系。"

最终这项交易实现了。

想想看，站在小企业的立场看，我任独立董事的上市公司只持有其10%的股份，是不是少数股东？该企业坚决吸纳这个少数股东，就是为了企业正常业务的持续不断发展。

第二，吸纳少数股东入资子公司，可以弥补控制方资金不足问题。

在大股东资金不足又仍然希望设立更大资本企业的情况下，大股东只能吸纳其他股东共同入资特定企业。在股权结构的安排上，大股东具有主动性和主导性。通过这种方式，企业就可以用较小的资本投入撬动更多的资源。在合并资产负债表上，那些非控制性的股东所代表的权益就以少数股东权益来列示了。

第三，吸纳少数股东入资子公司，可以帮助企业在特定区域拓展业务，规避风险。

在大股东应对特定区域的人文环境的经验或人力资源储备不足，希望迅速打开某个特定区域产品或者服务市场的情况下，大股东可以吸纳特定区域投资者，共同入资设立在该特定区域的企业。通过这种方式，特定区域企业成立后，由于有了当地股东入资，其业务开展就会较为顺利。在特定区域设立的企业在协调与当地消费者、产品市场监管机构以及其他行政管理机构的过程中也会由于地方股东的加入而相对便利。这样，企业在特定地区的经营风险就会降低。

3. 怎样看待少数股东权益为零的企业

有的时候，你会发现，有的企业的合并资产负债表中没有少数股东权益这个项目。我们看一下上市公司涪陵榨菜 2020 年度报告的部分数据（见表 4–6）。

表 4-6 涪陵榨菜 2020 年度报告的相关数据

单位：元

时间	2020-12-31	2020-12-31	2019-12-31	2019-12-31
报告期	年报	年报	年报	年报
报表类型	合并报表	母公司报表	合并报表	母公司报表
流动资产：				
货币资金	1,749,576,466	1,716,927,292	955,732,201	874,466,264
其他应收款（合计）	8,441,876	89,316,736	17,198,748	622,485
流动资产合计	2,189,322,578	2,067,971,178	1,635,938,348	1,395,580,007
非流动资产：				
其他权益工具投资	2,054,400		2,054,400	
长期股权投资	0	222,099,704	0	222,099,704
商誉	38,913,077		38,913,077	
非流动资产合计	1,780,289,337	1,229,196,260	1,726,101,466	1,235,582,421
资产总计	3,969,611,915	3,297,167,437	3,362,039,814	2,631,162,429
流动负债：				
其他应付款（合计）	170,965,499	677,450,288	159,022,296	57,920,747
流动负债合计	455,679,643	773,561,763	385,190,309	160,807,876
非流动负债：				
长期应付款（合计）	11,833,343	11,833,343	11,833,343	11,833,343
非流动负债合计	102,472,367	71,554,420	105,688,209	73,873,479
负债合计	558,152,009	845,116,183	490,878,518	234,681,355
所有者权益（或股东权益）：				
归属于母公司所有者权益合计	3,411,459,905	2,452,051,255	2,871,161,295	2,396,481,074
少数股东权益	0		0	
所有者权益合计	3,411,459,905	2,452,051,255	2,871,161,295	2,396,481,074
负债和所有者权益总计	3,969,611,915	3,297,167,437	3,362,039,814	2,631,162,429

先看一下资产方的投资资产情况。

从涪陵榨菜 2020 年 12 月 31 日资产负债表的数据来看，母公司的长期股权投资是有数据的，且母公司年初和年末长期股权投资的规模是一样的，说明企业年度内没有新增对外长期股权投资。

但企业合并资产负债表中的长期股权投资的规模是零，这意味着母公司的长期股权投资全部是控制性投资。无论是母公司还是子公司并没有其他非控制性的长期股权投资。这反映了企业在对外投资方面的特点：要投就投子公司，参股性投资就算了。

再看看股东权益部分。

在股东权益部分，你可以看到，合并报表中的少数股东权益项目的金额是零。这意味着企业对子公司的股份持有是 100%。

怎样看待合并资产负债表中没有少数股东权益项目的企业呢？

对子公司持股 100% 的母公司，之所以没有吸纳其他股东共同对子公司入资，可能是由于：

第一，母公司资金较为充裕，不需要其他出资者对子公司进行出资。

第二，企业对子公司的市场开拓、风险管控有信心，不需要借助其他股东去协助市场开拓和降低风险。

第三，子公司盈利能力较强，不希望与其他股东分享子公司的财务业绩。

小结：

在本节，我们讨论了少数股东权益的相关问题。少数股东权益中"少"的内涵是非控制而不是规模小。合并报表中少数股东权益规模大、规模小甚至是零，都反映着母公司对外进行控制性投资的某些特征。你阅读的企业财报越多，体会就会越深。

第四节 商誉是商业信誉还是雷

我简单介绍过商誉的概念，但一直没有对商誉的问题展开讨论。商誉到底是商业信誉还是雷？

1.商誉是一个特有的资产概念

在谈到商誉的时候，很多人望文生义地把商誉理解为企业的商业信誉，还很潇洒、想当然地认为商誉是商业信誉的简称。

商业信誉跟商誉完全是两回事。商业信誉是跟企业的品牌形象、产品质量、经济实力以及债务清偿能力等多种因素融合在一起的一种无形的东西，你也可以认为是企业的一项重要的表外无形资产。企业的商业信誉是不入账的。

而商誉是合并资产负债表的一个项目。

商誉是在企业并购过程中，买方支付给卖方股东的对价中，超过被收购企业公允评估价值中与收购股份所对应部分的价值。

2.商誉与风险

我举一个例子，大家可以看一看"道貌岸然"的商誉到底会经历什么命运。

先看一下上市公司武汉力源信息技术股份有限公司（以下简称"力源信息"）2016年至2020年的合并资产负债表（见表4–7）。

我在这里收录的是力源信息从2016年12月31日至2020年12月31日五个时间节点的合并资产负债表信息。

大家可以重点看一下商誉这个项目的变化情况。

单位：元

表 4-7 力源信息 2016—2020 年度合并资产负债表

时间	2020-12-31	2019-12-31	2018-12-31	2017-12-31	2016-12-31
报告期	年报	年报	年报	年报	年报
报表类型	合并报表	合并报表	合并报表	合并报表	合并报表
流动资产：					
货币资金	716,656,111	453,664,672	485,082,531	260,389,100	139,692,502
应收票据及应收账款	1,726,319,068	2,009,698,069	1,986,883,412	1,713,196,772	472,734,875
应收票据			120,745,630	210,175,131	53,372,940
应收账款	1,726,319,068	2,009,698,069	1,866,137,782	1,503,021,642	419,361,935
应收款项融资	304,617,826	195,931,465			
预付款项	66,005,713	50,104,460	50,725,465	39,479,642	30,452,272
其他应收款（合计）	61,225,427	66,444,826	58,924,284	49,869,293	3,349,571
存货	1,131,094,358	1,105,032,222	1,187,200,476	919,019,578	329,755,104
合同资产	18,901,587				
其他流动资产	21,293,070	18,398,472	23,754,468	463,262,904	65,063,715
流动资产合计	4,046,113,160	3,899,274,186	3,792,570,636	3,445,217,289	1,041,048,038

（续表）

时间	2020-12-31	2019-12-31	2018-12-31	2017-12-31	2016-12-31
报告期	年报	年报	年报	年报	年报
报表类型	合并报表	合并报表	合并报表	合并报表	合并报表
非流动资产：					
可供出售金融资产			7,810,036	7,810,036	7,810,036
其他权益工具投资	80,740,955	44,782,159			
长期股权投资	9,976,636	10,674,659	688,327	700,701	749,027
投资性房地产	23,111,487	24,078,073	25,044,659	26,011,246	26,977,832
固定资产	221,026,811	228,772,440	223,637,870	217,484,552	216,762,083
在建工程			12,352,813		44,104
无形资产	52,718,920	55,928,420	59,465,761	62,991,594	68,663,808
商誉	299,326,206	2,213,488,739	2,309,597,386	2,337,118,319	349,464,523
长期待摊费用	5,169,121	3,952,429	3,891,800	2,231,889	2,619,444
递延所得税资产	35,025,156	26,347,070	17,467,365	18,694,408	26,664,993
其他非流动资产	10,158,497	9,947,851	13,635,026	8,585,119	1,008,921
非流动资产合计	737,253,790	2,617,971,840	2,673,591,043	2,681,627,863	700,764,771
资产总计	4,783,366,950	6,517,246,027	6,466,161,679	6,126,845,152	1,741,812,809

（续表）

时间	2020-12-31	2019-12-31	2018-12-31	2017-12-31	2016-12-31
报告期	年报	年报	年报	年报	年报
报表类型	合并报表	合并报表	合并报表	合并报表	合并报表
流动负债：					
短期借款	725,531,622	551,258,867	634,582,534	428,044,142	174,436,125
交易性金融负债	2,261,996	40,564	27,500	117,600	
应付票据及应付账款	975,571,126	1,104,577,842	1,132,029,465	941,626,793	194,373,359
应付票据	131,450,000	80,020,225	112,223,000	49,457,262	48,895,687
应付账款	844,121,126	1,024,557,616	1,019,806,465	892,169,531	145,477,672
预收款项		17,455,288	18,350,855	13,879,876	20,989,748
合同负债	15,116,032				
应付职工薪酬	39,214,366	31,371,760	26,783,289	22,284,676	10,215,074
应交税费	60,286,434	79,666,800	53,786,719	57,383,569	6,965,762
其他应付款（合计）	17,816,931	19,340,406	15,663,967	448,542,596	17,323,539
应付利息			1,849,935	341,189	26,657
应付股利				26,298,533	
其他应付款	17,816,931	19,340,406	13,814,032	421,902,875	17,296,882
其他流动负债	922,699				
流动负债合计	1,836,721,206	1,803,711,526	1,881,224,329	1,911,879,252	424,303,607

（续表）

时间	2020-12-31	2019-12-31	2018-12-31	2017-12-31	2016-12-31
报告期	年报	年报	年报	年报	年报
报表类型	合并报表	合并报表	合并报表	合并报表	合并报表
非流动负债：					
长期应付款（合计）	890,000	890,000	935,000	885,000	950,000
长期应付款			935,000	885,000	950,000
专项应付款	890,000	890,000			
预计负债				344,471	
递延所得税负债	24,207,776	14,056,801	4,078,798	4,543,367	5,119,083
递延收益－非流动负债	4,024,099	4,129,704	3,995,278	5,257,878	6,575,696
非流动负债合计	29,121,875	19,076,505	9,009,076	11,030,715	12,644,779
负债合计	1,865,843,082	1,822,788,031	1,890,233,405	1,922,909,967	436,948,386

（续表）

时间	2020-12-31	2019-12-31	2018-12-31	2017-12-31	2016-12-31
报告期					
报表类型	合并报表	合并报表	合并报表	合并报表	合并报表
所有者权益（或股东权益）：					
实收资本（或股本）	1,178,158,222	1,178,158,222	659,253,404	658,197,404	419,867,926
资本公积	2,511,837,522	2,511,837,522	3,090,810,328	3,086,733,587	726,022,143
减：库存股				4,985,760	10,450,920
其他综合收益	29,575,436	71,260,303	25,892,206	−11,493,037	17,760,815
盈余公积	18,439,444	18,439,444	18,439,444	10,855,701	7,117,561
未分配利润	−820,486,755	914,762,506	781,532,892	464,627,290	144,546,898
归属于母公司所有者权益合计	2,917,523,868	4,694,457,995	4,575,928,274	4,203,935,185	1,304,864,422
少数股东权益					
所有者权益合计	2,917,523,868	4,694,457,995	4,575,928,274	4,203,935,185	1,304,864,422
负债和所有者权益总计	4,783,366,950	6,517,246,027	6,466,161,679	6,126,845,152	1,741,812,809

以 2016 年 12 月 31 日为起点，到 2020 年 12 月 31 日为终点，企业的商誉在 2017 年底大幅增加，到 2020 年底基本上回归到 2016 年 12 月 31 日的水平。

这几年这个企业在商誉上发生了什么呢？

原来，在 2017 年，公司发生了收购。这次收购产生了 1,987,653,795.76 元的商誉。有关信息如下（见表 4-8、表 4-9、表 4-10）。

表 4-8　力源信息收购的基本情况　　　　　　单位：元

被购买方名称	股权取得时点	股权取得成本	股权取得比例	股权取得方式	购买日	购买日至期末被购买方的收入	购买日至期末被购买方的净利润
武汉帕太电子科技有限公司	2017年03月06日	2,629,999,964.15	100%	非同一控制下企业合并	2017年03月06日	5,774,292,949.88	197,394,749.14

表 4-9　合并成本及商誉　　　　　　单位：元

合并成本	金额
——现金	1,315,000,000.00
——发行的权益性证券的公允价值	1,314,999,964.15
合并成本合计	2,629,999,964.15
减：取得的可辨认净资产公允价值份额	642,346,168.39
商誉 / 合并成本小于取得的可辨认净资产公允价值份额的金额	1,987,653,795.76

表 4-10　被购买方于购买日可辨认资产、负债　　　　　　单位：元

项目	购买日公允价值	购买日账面价值
货币资金	119,139,330.97	119,139,330.97
应收款项	966,989,531.22	966,989,531.22
存货	513,807,115.88	509,919,064.07
固定资产	4,950,490.02	4,060,919.26
应收票据	73,688,357.24	73,688,357.24

（续表）

项目	购买日公允价值	购买日账面价值
预付款项	1,733,423.38	1,733,423.38
其他应收款	38,853,006.19	38,853,006.19
递延所得税资产	4,390,278.95	4,390,278.95
其他非流动资产	6,706,791.90	6,706,791.90
借款	253,765,142.06	253,765,142.06
应付款项	755,694,372.85	755,694,372.85
递延所得税负债	1,936,268.83	
预收款项	7,310,654.44	7,310,654.44
应付职工薪酬	2,812,621.85	2,812,621.85
应交税费	28,798,676.08	28,798,676.08
应付股利	34,574,814.18	34,574,814.18
其他应付款	3,019,607.07	3,019,607.07
净资产	642,346,168.39	639,504,814.65
取得的净资产	642,346,168.39	639,504,814.65

我先利用上述并不系统的数据（采用购买日账面价值和收购信息）点评一下被收购企业武汉帕太电子科技有限公司的财务状况。

首先说一下上述财务数据项目排列的专业性。

我看过很多上市公司的类似资料，关于这个企业的资产负债项目排列，可以用新鲜来概括：在资产方，应收票据和预收款项排在固定资产之后——难道企业的预付款项和应收票据都是一年以后才收到采购的货物和票据款吗？同样，在负债方，递延所得税负债居然排在了负债的第三项，无论是从项目金额的重大性还是一般的排列惯例，这个项目都不应该排在第三位。上述处理，很新鲜。

顺便提及一句：**递延所得税资产和递延所得税负债既不是债权也不是债务，而是企业会计核算中的利润总额与按照税法要求计算的应纳**

税所得额出现口径差异而导致的资产负债表的两个平衡项目。你如果对此问题感兴趣，可以去看一下中级财务会计中"所得税会计"部分的内容。

虽然没有告诉你企业**在购买日**总资产（这个信息非常重要）的规模，但你完全可以按照净资产加负债等于总资产的关系来倒推出企业的资产总额，大概是 17 亿~18 亿元。

在资产的主要项目中，应收款项规模最大，然后是存货，再次就是货币资金了。如果加上应收票据，企业的短期债权规模就达到 10 亿元以上了。至于固定资产、其他应收款和其他非流动资产的规模则非常小，甚至于我们没有看到无形资产。企业可能没有无形资产，即使有，规模也不大。

非常有意思的是：企业账面价值中没有无形资产，公允价值中也没有无形资产。

这样的资产结构，意味着什么呢？

尽管公司叫"科技公司"，但公司资产非常轻——固定资产、在建工程、无形资产等展示企业具有科技基础投入的资产要么是零，要么规模很小。这样较轻的非流动资产一般很难支撑非常高技术含量的科技活动。

在公司的主要资产项目中，没有看到各种投资项目。这意味着，企业的资产聚焦经营活动。

从企业主要资产是流动资产中的应收款项和应收票据以及存货来看，企业更像一个贸易公司——存货快速周转。

在资产中，企业的主要风险在于应收款项和存货——一旦存货周转不灵，存货将会有减值的风险；而高规模的应收款项则一定有坏账的问题。

比较一下应收款项、应收票据之和与预收款项之间的数量关系，你就会发现企业的预收款项的规模远远小于应收款项、应收票据之和的规模，这意味着企业的存货销售以赊销为主。

比较一下预付款项与应付款项之间的数量关系，你就会发现企业的预付款项的规模远远小于应付款项的规模，这意味着企业的存货采购主要以赊购为主，预付款付的并不多。

特别需要注意的是：企业的存货规模显著小于应付款项的规模。这意味着企业不仅在存货采购上以赊购为主，且存货周转的速度应该快于给供应商的付款速度——企业在销售回款上的压力，在给供应商付款问题中得到了释放。

从资产负债关系来看，企业17亿~18亿元的资产总额所对应的负债规模约为11亿元，资产负债率有点高。但企业有息负债借款的规模并不大，企业有息负债率不高，因此，短期债务清偿的压力不大。

从2017年3月6日到2017年12月31日，以购买日的资产为基础，这个被收购企业获得了5,774,292,949.88元（即57.74亿元）的营业收入，并实现净利润197,394,749.14元（即1.97亿元）。

想想看：将近60亿元的营业收入，实现的净利润不到2亿元。这样的盈利能力不能被认为很强。高营业收入、低盈利能力确实有点符合快速周转商品流通企业的特点——存货多、毛利率低、营业收入多、净利润低。

当然，可能被收购企业的科技含量确实很高，前面的财务数据根本没有体现出来。

下面再看一下企业的公允价值。从评估结果来看，被收购企业的评估增值非常低，出现增值的项目主要是存货和固定资产，且公允价值的增加并不多。这再次与我们刚刚分析的企业存货的毛利率可能不高以及体会不出企业的科技含量是一致的。

最后看看交易价值。

就是这样一个企业，力源信息以 26.3 亿元（现金与发行权益性证券各占一半）的代价（相当于净资产的 4 倍多）将其收购。此项收购导致 19.88 亿元商誉的产生。

至于为什么会产生这样规模较大的商誉，力源信息在 2017 年财报的"大额商誉形成的主要原因"的说明是"无"。

你体会到商誉的本质了吗？就是收购过程中收购方支付的交易对价中超过被收购企业公允价值以上的部分，就是额外代价。

为什么会有额外代价呢？换句话说，商誉的存在，其内在合理性在哪里呢？

请注意，对于被收购企业公允价值的评估，一般是按照可辨识资产来进行的。实际上，企业有很多不可辨识资产或者虽然可以感知、但很难单独存在且发挥作用的资产。

比如，在本案例中，企业的无形资产在评估中没有增值，但企业已经有自己较为成熟的市场，在市场中有一定的产品形象和盈利能力，对供应商有较强的竞争地位，企业内部有较为成熟的人力资源队伍及能够发挥作用的内部控制机制，这些都是在原股东的主导下建立起来的，这部分价值在报表中并没有体现。但这些因素在企业的经营过程中会实实在在地发挥作用。

因此，对于盈利能力较强的企业，如果这些因素被忽略的话，对于卖方的股东是不公平的。为解决这个问题，在收购盈利能力较强的企业过程中，买方支付的对价往往会高于被收购企业的公允评估价值。

所以，在收购中出现商誉是正常的。

但是，如果商誉过高，就不正常了。过高的商誉对收购方的未来往往是雷。

为了解决雷的问题，也为了让收购所产生的商誉显得正常，很多企业就在收购过程中安排了所谓的业绩承诺或者业绩对赌：被收购企业未来几年内要达到一定的利润水平，否则就要卖方的原股东拿出解决方案（要么用自己的真金白银来补偿业绩，要么把并购时拿到的股份注销）。

所以，你就看到了，在中国资本市场里面的并购，有这样一道风景线：高商誉收购、高业绩承诺，承诺期满后，被收购企业立即业绩下滑，然后计提商誉减值损失；更厉害的，是承诺期还没到，业绩就不行了，然后计提减值损失；最厉害的，是在收购当年业绩承诺就不达标，商誉就计提减值损失。

现在，请回过头来看一下，力源信息 2016 年 12 月 31 日和 2017 年 12 月 31 日商誉的规模占资产总额的比重。

企业财报解析：力源信息的商誉规模分析

在 2016 年 12 月 31 日，合并资产总额是 17.42 亿元，商誉为 3.49 亿元，占比为 20%。

在 2017 年 12 月 31 日，合并资产总额是 61.27 亿元，商誉为 23.37 亿元，占比为 38%。

一年之内，企业资产总额是增加了不少，但商誉占资产总额的规模也大幅度提高。

实际上，商誉就是个数字，不会参加任何子公司的经营活动。这个数字的存在具有一定合理性。但过高的商誉将会导致企业资产周转速度下降，总资产报酬率下降，就是不良资产。

不要相信奇迹。

现在看一下 2020 年 12 月 31 日和 2019 年 12 月 31 日的商誉与资产总额的情况。

你可能不明白，看着好好的 2019 年 12 月 31 日的 22 亿元商誉，怎么短短一年之内就下降到 3 亿元呢？企业资产总额在 2019 年 12 月 31 日还有 65 亿元呢，2020 年底却下降到 48 亿元。是不是这个企业的业务能力不行了？

实际上，企业年末与年初的业务能力根本就不能从资产规模上看，因为商誉就是一个数字：有没有这个数字，对子公司的营业收入和利润没有影响。所以，资产虽然减少了，企业未来的形象可能更好。

现在我们看看企业进行商誉减值处理的情况。

先看一下力源信息 2020 年度报告中的资产减值信息（见表 4-11）。

表 4-11　力源信息 2020 年度报告中的资产减值信息　　单位：元

项目	2020 年	2019 年
存货跌价损失及合同履约成本减值损失	−24,896,687.13	−4,385,881.84
固定资产减值损失	−1,007,252.77	
商誉减值损失	−1,914,162,532.90	−96,108,646.59
合同资产减值损失	105,921.89	
合计	−1,939,960,550.91	−100,494,528.43

从整个资产减值损失的结构看，商誉减值损失构成了企业 2020 年资产减值损失的最大贡献者。

企业年内商誉减值的具体情况如表 4-12 所示。

表 4-12　力源信息 2020 年商誉减值具体情况　　单位：元

被投资单位名称或形成商誉的事项	商誉原值	商誉减值准备年初余额	商誉减值准备本年增加	商誉减值准备年末余额
深圳市鼎芯无限科技有限公司	128,264,389.58	46,338,198.65	57,460,659.27	103,798,857.92
南京飞腾电子科技有限公司	221,200,133.86		203,001,280.96	203,001,280.96
武汉帕太电子科技有限公司	1,987,653,795.76	77,291,381.21	1,653,700,592.67	1,730,991,973.88
合计	2,337,118,319.20	123,629,579.86	1,914,162,532.90	2,037,792,112.76

2020年是一个非常特殊的年份，很多企业的生产经营活动出现了重大困难。

恰恰在这一年，企业对原来已经积累的23.37亿元的商誉减值，在以前年度已经计提1.24亿元的基础上，在2020年计提了19.14亿元的巨额商誉，从而导致商誉仅剩了个零头。

从结构来看，企业一共有三个产生商誉的收购。无论这些收购此前是不是已经计提过减值损失，在2020年都集中计提了新的减值损失。表现最突出的是与收购南京飞腾电子科技有限公司有关的商誉，企业在2020年几乎把全部的商誉都进行了减值处理。

当然，冲击力和影响力最大的还是与收购武汉帕太电子科技有限公司有关的商誉，2020年计提了16.54亿元减值损失。

实际上，企业在此前已经对与收购武汉帕太电子科技有限公司有关的商誉进行过减值处理，说明武汉帕太电子科技有限公司曾经出现过盈利能力力不从心的情况。

短短三年时间，与收购武汉帕太电子科技有限公司有关的商誉就剩2亿多元了。这意味着当年的高商誉收购的原因基本上没有了。

当然，企业发展的前景会面临很多不确定因素，商誉出现减值是正常的。但是，众多上市公司高商誉收购、高业绩承诺、承诺期结束后业绩迅速下滑、商誉计提减值损失的规律性财务数据变化就不能说是正常的了。

请思考：商誉减值的资产，消耗掉的是谁的资源？

请记住：商誉越高，企业在收购过程中的代价越大；商誉越高，企业的风险越大。

模块二

分析方法：
杜邦分析体系 VS 张氏财报分析框架

在模块二里，我会讲财务报表的分析方法。这部分内容将提供尽可能多的分析财务报表所用的工具，让你能够在分析中国企业财报的时候有据可依。

中国企业会计准则的建立

如果你是年龄稍微大一点的读者，你会注意到中国的企业财报信息披露与企业会计准则的建立之间的关系非常密切。

在 1993 年 7 月 1 日以前，中国内地没有企业会计准则。当时企业的财务会计工作依据的是财政部和各个相关部委制定的统一会计制度，如工业企业会计制度、商品流通企业会计制度、外贸企业会计制度等。

这些会计制度告诉大家企业的会计核算需要设立哪些账户、会计业务怎么进行账务处理、财务报表怎么编制等。

这种会计制度下产生的财务报表信息根本就没法看。为什么没法看呢？每个行业与其他行业的财务报表之间都有很多差别，那时的财务报表根本就不是提供给大众投资者看的，而是报给上级看的。当然，在那个时期中国内地还没有资本市场，财务会计制度、财务会计信息处于这种状况是很正常的。

那个时候的资产负债表就更有意思了：我们连资产的概念都没有，哪里会有资产负债表呢？那这张报表叫什么呢？

我们叫资金平衡表：表的左边叫资金占用，右边叫资金来源，平衡关系叫资金占用等于资金来源。

实际上，资金占用就相当于资产，资金来源就相当于现在的负债及所有者权益。

但由于各个行业的财务会计信息是不能互通的，财务报表信息的价值也就没有多大了。

比如说电话。在地球上如果只有一个人有电话，他就只能拿着电话玩，不可能与其他人享受电话带来的便利；如果两个人有电话，能够通电话的人就是两个人，其他人还是不能享受电话带来的便利，电话的价值就不能充分展示出来；当人人有电话的时候，整个社会就是一个互联互通的社会，电话的价值就体现出来了。

同样，财报信息被认为是一种商业语言。既然是商业语言，就需要以让人能够读懂的方式去参与交流。在这个过程中，企业会计准则的建立就是必然的一步。

中国建立企业会计准则的巨大进步是：取消以前财政部以及其他政府部门制定的行业会计制度，企业的财务会计工作统一由财政部发布的系列《企业会计准则》来指导和约束。财务报表的体系和主要概念按照国际通行的惯例来确定，但同时保留一些中国特色的项目或概念。

在财报信息的披露方面，随着中国资本市场的建立和发展，企业披露的财报信息越来越丰富了。现在，企业在资本市场的信息披露包括两大类信息：一大类信息是强制披露的信息，一大类信息是自愿披露的信息。而财报信息属于强制披露的信息，企业财报信息要经过注册会计师审计并签署审计意见以后才能对外披露。

中国现行财报信息披露的特征

现行的财报信息披露有哪些特征呢？

在我看来，有这样几个特征。

第一，中国企业财报信息包含了母公司报表与合并报表。

如果你学过美国原版的财务报表分析教材，或者翻译过来的美国教授写的财务报表分析的教材，你会发现美国的财务报表分析教材所展示的美国财报信息披露以及相关的案例，基本上都是合并报表的信息，很少能见到母公司报表的信息。为什么？因为财报服务于资本市场上的投资者，合并报表能解决大量问题。

实际上，你如果站在资本市场投资者的立场看一个企业的财务实力和投资价值，可以只看合并报表而不看母公司报表。但如果你想更加透彻地理解企业战略的发起和执行状况、企业集团的管理、企业集团内部成员单位之间的业务关系等多方面的管理状况，以及企业未来发展方向的话，还是要结合母公司报表与合并报表去全面分析。

而恰恰中国现行财务报表信息披露的一个重要特征，就是母公司报表和合并报表同时披露。这种信息披露在相当大程度上满足了我们全面了解企业、分析企业的需要。但一个新的问题出现了：你会将母公司报表与合并报表联系在一起进行分析吗？数据都给你了，你能读懂数据里边的含义吗？这就是本书要解决的问题。

第二，资产分类上，商誉与其他无形资产分别列式，突出并购对企业发展的价值。

合并资产负债表中既有无形资产也有商誉，实际上，商誉本来就属于无形资产。

有的国家或地区，把商誉与其他无形资产一起作为"无形资产"项目来披露。而中国当前的信息披露是把无形资产和商誉作为两个项目来分别披露的。这就为我们的分析提供了便利：我们只需要简单比较年度间商誉的变化，就能够直接把握企业并购对商誉的影响。而这恰恰凸显了并购对企业发展的重要价值。

第三，服务对象广泛涉及各方面利益相关者。

在仅仅披露合并报表的情况下，信息使用者主要是资本市场上的投资者。而在母公司报表与合并报表同时披露的情况下，企业的利益相关者在对企业进行战略实施成效评估、竞争力评估、投资价值评估、偿债能力评估、盈利能力评估、风险评估、发展前景评估以及对企业多方面管理绩效进行评价的过程中，可以结合母公司报表与合并报表的信息来展开立体化分析。

财务报表分析应该回答哪些问题

财务报表分析应该回答哪些问题呢？

在我看来，财务报表分析要回答的重要问题至少有这样几个。

第一，报表项目之间的关联说明了什么？

你看到的资产负债表、利润表、现金流量表中，每一张报表内部的项目之间有关联，如资产负债表里的流动资产与非流动资产、流动资产与流动负债、负债与资产等，利润表里的营业成本与营业收入、销售费用与营业收入、管理费用与营业收入、研发费用与营业收入等，现金流量表里的经营活动产生的现金流量净额与投资活动现金流出量、筹资活动产生的现金流量净额与投资活动现金流出量以及经营活动产生的现金流量净额之间的关联；报表之间也有大量的关联，如经营资产与营业收入、固定资产与营业收入、存货与流动资产、资产总额与利润总额、净资产与净利润、核心利润与经营活动产生的现金流量净额等项目之间的关联等，都说明了非常丰富的企业财务状况的某些方面。

第二，企业的战略是如何实施的，实施的成效是怎样的？

企业战略不是空洞的口号，而是需要用实实在在的资源配置来实施的。这样，从母公司资产结构到合并资产结构与规模，再到合并利润表的业务与盈利状况，再到现金流量的获取情况，都应该有非常丰富的战略内涵以及战略实施成效的信息。揭示这些信息，对理解企业的发展运行方向具有重要意义。

第三，企业集团的管理特征是什么？

虽然仅仅从财务数据本身很难看到企业集团管理的全貌，但通过财报数据，你仍然可以看到非常丰富的企业集团母子公司之间的业务管理、资金管理、贷款管理的重要特征。

第四，企业的竞争力如何？

一个企业能够立足于市场，必然有其独特的竞争力，而财务数据就是竞争力表现的集大成者。现有的财务数据为分析企业的竞争力提供了很多便利。将企业竞争力挖掘出来，不仅可以预判企业的发展前景，还可以对企业的投资价值进行分析。

第五，企业的价值与投资价值如何？

企业并购可能使得企业在非常短的时间内完成利润表营业收入甚至营业利润的增长，但同时可能遗留下极高的商誉，而商誉就成为企业未来重要的一个风险点。

企业发展到一定阶段后，要么面临新的股东加入进来的问题，要么面临企业自身想把股份卖出的问题，这就涉及企业如何估值的问题：你在购买一个企业的时候，怎样看对方的估值？你在出售自己的股份的时候，怎样看待自己企业的估值？一个企业有没有价值与一个企业有没有投资价值怎样去分析？

恰恰上述问题的分析在相当程度上依赖于财报信息。

第六，企业的风险如何？

企业的很多风险就隐藏在财务数据里面。大量在资本市场上做投资的人既不懂财报分析，也不屑于考察企业的财务状况，从而出现盲目投资并最终导致重大投资损失的情况，教训极其深刻。

通过对财报数据进行考察，你对企业的风险就会有相当清晰的认识，而这恰恰是财报分析最具价值的内容之一。

第七，企业的前景如何？

从财报看企业发展的前景，绝不是简单的数据外推，而是结合企业所积累的资本和市场资源以及企业未来可能的战略调整所进行的综合分析。

运用好财报分析方法，你一定能够对企业发展的前景有较为恰当的认识。

第五章

常用不衰的分析神器——杜邦分析体系

第一节　杜邦分析体系及价值

1. 从股东的关注点讲起

杜邦分析体系的起点非常简单，就是股东设立企业关心什么？

想想看：股东设立企业，如果想获得回报的话，他最关心什么？最关心的一定是能够获得什么样的回报。

先想一想利润表的结构，从利润表的关系来看，企业在获得净利润以前，都回报给谁了？第一，对采购进来的相关消耗已经补偿了：企业外购的原材料成本、燃料成本、各种服务成本、债务融资成本等都转成了利润表的营业成本、销售费用、管理费用、研发费用和利息费用，从而已经得到价值补偿。第二，企业员工得到回报了：企业的各种人力资源成本都转化为利润表的营业成本（制造业企业生产成本里的人工）、销售费用（与企业销售活动有关的员工薪资）、管理费用（与企业管理机关有关的员工薪资）和研发费用（与企业研发活动有关的员工薪资）等。第三，为企业提供贷款的债权人得到回报了：企业的利息费用就是对贷款提供者的回报。第四，该缴纳的税金都缴纳了（税金及附加、所得税费用与企业缴纳的税费直接相关），为社会做出了应有贡献。

也就是说，企业在获得大于零的净利润以前，已经为社会做出了大量贡献：解决了员工的就业问题，解决了金融机构的利息收入问题，解决了供应商的生存和发展问题，还缴纳了税金等。

剩下的净利润，就是回报给股东的了。

所以，股东关心的一定是利润表里的净利润。

同时，股东们也非常关心企业的股东权益报酬率是怎么样的。注意，股东权益报酬率也叫净资产收益率。

股东权益报酬率的基本计算公式是：**股东权益报酬率 = 净利润 / 平均股东权益**。其中，平均股东权益是期初股东权益加上期末股东权益后的平均数。

讲到这里，你可能已经注意到这样的情况：利润表里有收入、收益、利润，在财务指标计算过程中，又经常提及报酬率、收益率、利润率等。那么，收入、收益、利润等怎样进行区分呢？

我告诉大家一种并不严谨但很好用的理解方式。

实际上，无论是收入、收益，还是利润，都是利润表里的概念，这些概念虽有差别，但都有一个共同的特点——使企业的净利润增加。

先说一下收入。一般来说，收入指的是企业通过向市场提供产品或者服务而获得的营业额，所以你经常会看到，在收入前面会加一个词，比如营业收入、主营业务收入、产品销售收入。这是一个总额的概念。

但也有另外的情况。比如，利润表里有一个项目——利息收入，虽然这个项目叫收入，但实际上这是一个净额的概念。又比如，利润表里还有一个项目叫营业外收入，这里面的数字多数也是净额。

而收益就比较复杂了。一般而言，收益是净额的概念。但收益前面往往要加反映收益来源途径的词，如其他收益就是企业通过补贴途径获得的收益（利润），投资收益就是企业通过投资获得的收益（利润），公允价值变动净收益是企业持有投资发生增值带来的数据增加值，而资产处置收益则是企业处置非流动资产赚得的利润等。

在实际应用尤其是财务比率的计算中，收益率、利润率、报酬率里面的收益、利润和报酬都是利润，区别就在于有的叫收益率顺口，有的叫报酬率舒服，有的叫利润率自然。比如，人们习惯说净资产收益率，不习惯说净资产报酬率；但习惯说股东权益报酬率，不习惯说股东权益收益率。实际上，股东权益报酬率与净资产收益率是一回事。

久而久之，就出现了一会儿是报酬率，一会儿是收益率，一会儿又是利润率的现象。既把初学者搞晕，还显得很有学问。

但是，需要特别注意的是，在具体计算财务比率的时候，分子的利润、收益或者报酬要随着分母的变化而相应调整。

对于本书的读者，你只需要知道有这么回事就可以了，不用纠结利润、收益和报酬的区分。

2. 股东权益报酬率影响因素分析

既然股东关心股东权益报酬率，那就要看看哪些因素会影响这个报酬率？怎样才能让这个报酬率提高呢？

下面我分步展示股东权益报酬率的变化。

我先把股东权益报酬率的公式写下来：**股东权益报酬率 = 净利润 / 平均股东权益**。为了解析影响这个比率的主要因素，我将分子和分母都乘以平均资产总额，指标的比值不变：**股东权益报酬率 =（净利润 × 平均资产总额）/（平均股东权益 × 平均资产总额）**。

进一步，我将分子和分母都乘以营业收入，指标的比值不变：**股东权益报酬率 =（净利润 × 平均资产总额 × 营业收入）/（平均股东权益 × 平均资产总额 × 营业收入）**。

到这一步，你会发现神奇的事情了：

第一，用分子的净利润除以分母的营业收入，就会得到一个新的比率：**营业收入利润率（销售净利率）= 净利润 / 营业收入**。

第二，用分子的营业收入除以分母的平均资产总额，又会得到一个新的比率：**总资产周转率 = 营业收入 / 平均资产总额**。

最后，剩下分子中的平均资产总额除以剩余分母中的平均股东权益，我们不知道这是什么比率。我们此前知道负债总额除以资产总额叫资产负债率，这个比率与资产负债率很有关联，从另外一个角度考察了企业的债务融资水平。

办法总比困难多。平均资产总额除以平均股东权益得到的比率叫权益乘数：**权益乘数 = 平均资产总额 / 平均股东权益**。

到这里，杜邦分析体系的框架就基本完成了：**股东权益报酬率 = 总资产周转率 × 营业收入利润率 × 权益乘数**。

也就是说，提高股东权益报酬率的途径主要有三个方面：

第一，提高总资产的周转率。这就是说，在一定时期内，企业应该以最小的资源投入产出最高的营业收入。从总资产周转率的分母来说，降低资源占用才能提高资产周转率；从分子来说，营业收入越高，资产周转率也就越高——企业产品或者服务的涨价、增加销量将提高资产周转率。

第二，在一定的营业收入条件下，尽力提高净利润，提高销售净利率。为了提高净利润的规模，就要降低各种成本和费用——降低营业成本、销售费用、管理费用、研发费用、利息费用等。

第三，适当利用杠杆。这就是说，在确定企业具有盈利能力的条件下，如果企业想进一步扩大市场，就可以考虑进行适当的债务融资：负债规模越大，权益乘数越高，企业的股东权益报酬率就越高。

这就是遵循杜邦分析体系所得出来的提高股东权益报酬率的途径。

是不是听起来很有道理？

如果通过杜邦分析体系就能找到提高企业股东权益报酬率的正确途径，现在的企业就都不会出现问题了。

实际上，从已经看到的企业财报中，大家可能感受到了杜邦分析体系的某些不适用性。

第一，企业的资产除了经营资产外，还可能有很多非经营资产。合并报表中的各种投资、经营活动产生的现金流量净额大于零条件下的货币资金都属于非经营资产。不要以为这个数字在资产总额所占规模不大，很多中国上市公司的资产总额构成中，恰恰是经营资产不多，非经营资产很多。因此，不考虑资产结构的具体情况，一上来就找资产总额和营业收入，再进行总资产周转率的计算，很容易把分析带入误区：非经营资产与营业收入根本没有关系。

因此，在企业非经营资产比较多的情况下，应该考虑计算经营资产周转率，在资产总额中剔除非经营资产。

第二，企业的净利润与营业收入之间可能没有联系。利润表中企业的营业利润的构成是三支柱、两搅局，抛开两搅局不说，三支柱既有核心利润，也有补贴收入，更有以投资收益为主的杂项收益，而杂项收益与营业收入基本上没有什么关系。

因此，在企业利润表中三支柱对企业净利润贡献均较大的情况下，利润率的计算就应该剔除利润中的非经营因素。

第三，关于企业的债务融资（直接关系到权益乘数）问题。实际上，企业能不能获得债务融资，不仅取决于企业想不想进行债务融资，还取决于企业能不能进行债务融资。实际情况可能非常复杂：由于金融机构的风险防范意识以及风险评估方法落后，金融机构经常会失去对有发展前景企业的融资支持。

3. 杜邦分析体系的价值

尽管杜邦分析体系有很多问题，但对分析企业财务状况仍然具有非常高的价值。

第一，那些聚焦于市场、提供产品或者服务的实体性企业，用杜邦分析体系对企业财务状况进行分析是非常有效的。这样的企业的资产构成中，经营性资产居于主导地位，非经营资产相对较少。同样，由于资产结构相对简单（较少非经营资产），在净利润的构成中，杂项收益尤其是投资净收益和公允价值变动净收益不会对净利润产生很大贡献，因而净利润与营业收入的关联度较高。

第二，总资产周转率关乎企业股东权益报酬率，不是要让企业往皮包化方向发展——资产规模极力压缩，而是要让企业的资源配置朝着有利于产生营业收入的方向发展。在这个指导思想的要求下，企业对于一些与经营活动无关的资产，要么最大限度降低其占用的规模（如其他应收款），要么缩短其占用的时间或降低其占用的规模（如在建工程）。即使是常规的经营资产，也应该尽最大努力，加速周转，如存货的采购、生产、存储和销售，应该尽全力降低在企业的存量规模。

第三，提高企业盈利能力的途径，除了内部降低资源消耗外，更重要的还是要研究市场需求，把企业的研发资源、营销资源和管理资源系统整合，最大限度地提高资源的综合效率。比如，在价格体系一定的情况下，企业可以通过强化营销、优化企业产品或者服务的毛利率结构来提升企业的综合毛利率，从而为净利润增长做出贡献；又如，在企业可动用的资源一定的情况下，企业通过合理配置销售资源和研发资源，加速产品的升级换代，就极有可能使自己的盈利能力得到提高。

第二节 总资产报酬率与杜邦分析体系

我们把视角转移到总资产报酬率上，并对影响总资产报酬率的因素进行解析。

1. 总资产报酬率：杜邦分析体系的另外一种诠释

总资产报酬率的一般公式如下：**总资产报酬率 = 息税前利润 / 平均资产总额 = （利润总额 + 利息费用）/ 平均资产总额。**

同样，把这个公式的分子、分母同时乘以营业收入，比值不变：**总资产报酬率 =（息税前利润 × 营业收入）/（平均资产总额 × 营业收入）。**

这样，总资产报酬率就变成两个比率的乘积：一个是用**息税前利润除以营业收入所得到的营业收入利润率**，一个是用**营业收入除以平均资产总额所得到的总资产周转率。总资产报酬率 = 总资产周转率 × 营业收入利润率。**

我现在演示的对总资产报酬率的解析，也是杜邦分析体系的一种。

演变出来的含义是：提高总资产报酬率的途径有两个，一个是提高资产周转率，一个是提高营业收入的盈利能力。

大家可能马上就会提出问题了：在上一节，营业收入利润率的分子是净利润，但本节的利润变成了息税前利润。到底营业收入利润率（或者销售利润率）应该怎样计算呢？

还是先回到利润表的基本结构。从官方发布的利润表结构看，营业收入往下，直接就出现了营业利润，营业利润往下，又出现了利润总额以及净利润。

那么，营业收入到底与哪个利润关联度大呢？

肯定地说，营业收入可能与净利润和息税前利润都没有关系，也可能关系极大。关键是要看利润表的具体项目情况。

我们知道营业利润的结构是三支柱、两搅局。在两个搅局因素资产减值损失和信用减值损失很小、企业杂项收益（利息收入、投资净收益、公允价值变动净收益等）很小的情况下，企业的营业利润就是两支柱——核心利润与其他收益（企业获得的补贴大多与营业收入有关）。此时，企业的营业收入、息税前利润、净利润之间的关联度就是很高的。

在两个搅局因素资产减值损失和信用减值损失比较大从而对营业利润和净利润冲击较大、企业杂项收益很大的情况下，无论企业的核心利润与其他收益是大还是小，企业营业利润的三支柱——核心利润、其他收益、杂项收益都会对息税前利润和净利润产生重大影响。此时，企业的营业收入、息税前利润、净利润之间的关联度就很弱了。

讲到这里，我要谈一下杜邦分析体系的真正价值——不在于财务指标之间的绝对精准，而在于阐释一个理念：企业的资产必须与营业收入高度关联，企业在通过营业收入获得利润的过程中，应最大限度降低整体消耗，从而提高效益。

因此，不用纠结营业收入利润率的分子具体怎么计算。

真正与营业收入有关的营业收入利润率是我所提出的核心利润率，采用的利润概念应该是核心利润。

2. 总资产报酬率的提升之道

如果在企业的资产总额中，非经营资产占比较大，再计算总资产周转率就非常容易被误导：如果一个企业的资产总额中，虽然经营资产占比不多，但经营资产非常高效地推动市场，带来核心利润，由于非经营资产规模大、盈利能力低，在大幅度增加资产总额的同时，还拖累了营业利润、净利润。

这时候你如果按照资产周转速度、销售利润率去分析，就会被误导：因为经营资产已经够努力、贡献够大的了。

企业的问题明明出在非经营资产上，你却在经营资产上分析个没完没了，这不是非经营资产有病，却让经营资产吃药吗？

实际上，从资产结构与利润结构的内在关系来看，在企业资产总额中非经营资产占比规模较大的情况下，可以采用资产结构与利润结构相对应的分析方法，分别寻找提升盈利能力的因素。

资产结构与利润结构的对应关系可以归纳如下（见表5-1）。

表5-1 资产结构与利润结构的对应关系

资产	利润
平均经营资产	核心利润＋其他收益
平均非经营资产	杂项收益（利息收入＋投资净收益＋公允价值变动净收益）

实际上，在多数情况下，这种结构分析未必要计算严格的数据出来。只要能够看清楚不同部分资产的贡献差异，自然就会找出提升利润的途径。

下面我们以上市公司 TCL 科技 2020 年度报告中资产负债表和利润表的数据来进行资产结构与利润结构的比较分析（见表5-2、表5-3）。

表5-2 TCL 科技 2020 年度报告中合并资产负债表相关数据　单位：元

时间	2020-12-31	2019-12-31
报告期	年报	年报
报表类型	合并报表	合并报表
流动资产：		
货币资金	21,708,905,000	18,648,185,000
交易性金融资产	5,300,046,000	6,074,751,000
衍生金融资产	453,578,000	159,036,000

（续表）

时间	2020-12-31	2019-12-31
报告期	年报	年报
报表类型	合并报表	合并报表
应收票据及应收账款	13,153,299,000	8,569,296,000
应收票据	595,685,000	228,942,000
应收账款	12,557,614,000	8,340,354,000
应收款项融资	2,176,744,000	
预付款项	1,355,653,000	364,423,000
其他应收款（合计）	2,793,640,000	2,750,042,000
应收股利		5,771,000
应收利息		
其他应收款	2,793,640,000	2,744,271,000
存货	8,834,958,000	5,677,963,000
合同资产	183,650,000	
划分为持有待售的资产	360,936,000	
其他流动资产	9,367,055,000	5,911,827,000
流动资产合计	65,688,464,000	48,155,523,000
非流动资产：		
发放贷款及垫款	981,876,000	3,637,768,000
债权投资	119,350,000	20,373,000
其他债权投资	152,063,000	
其他权益工具投资	1,333,676,000	279,884,000
其他非流动金融资产	3,055,595,000	2,542,689,000
长期应收款	778,889,000	
长期股权投资	24,047,036,000	17,194,284,000

（续表）

时间	2020-12-31	2019-12-31
报告期	年报	年报
报表类型	合并报表	合并报表
投资性房地产	1,664,201,000	82,273,000
固定资产（合计）	92,829,902,000	45,459,070,000
在建工程（合计）	31,508,311,000	33,578,290,000
无形资产	10,054,045,000	5,684,584,000
开发支出	2,103,995,000	1,548,471,000
商誉	6,943,265,000	2,452,000
长期待摊费用	2,536,670,000	1,567,691,000
递延所得税资产	1,578,088,000	840,874,000
其他非流动资产	12,532,853,000	4,250,659,000
非流动资产合计	192,219,815,000	116,689,362,000
资产总计	257,908,279,000	164,844,885,000

表5-3 TCL科技2020年度报告中利润表相关数据　　单位：元

时间	2020年	2019年
报告期	年报	年报
报表类型	合并报表	合并报表
营业总收入	76,830,401,000	75,077,806,000
营业收入	76,677,238,000	74,933,086,000
其他类金融业务收入	153,163,000	144,720,000
营业总成本	76,593,126,000	76,083,118,000
营业成本	66,242,278,000	66,337,117,000
税金及附加	300,776,000	330,588,000
销售费用	886,817,000	2,857,489,000

（续表）

时间	2020 年	2019 年
报告期	年报	年报
报表类型	合并报表	合并报表
管理费用	2,370,378,000	1,895,088,000
研发费用	4,402,821,000	3,396,805,000
财务费用	2,357,022,000	1,248,801,000
其中：利息费用	2,594,868,000	1,958,251,000
减：利息收入	405,409,000	401,645,000
其他业务成本（金融类）	33,034,000	17,230,000
加：其他收益	1,771,035,000	1,900,636,000
投资净收益	3,254,404,000	3,442,554,000
公允价值变动净收益	672,793,000	473,673,000
资产减值损失	（511,607,000）	（791,112,000）
信用减值损失	（64,665,000）	（32,258,000）
资产处置收益	2,708,000	1,157,000
汇兑净收益	（2,039,000）	（12,499,000）
营业利润	5,359,904,000	3,976,839,000
加：营业外收入	492,374,000	128,609,000
减：营业外支出	116,974,000	49,645,000
利润总额	5,735,304,000	4,055,803,000
减：所得税	670,100,000	398,069,000
净利润	5,065,204,000	3,657,734,000

先说一下经营资产与非经营资产。由于经营资产里的项目比较杂，而非经营资产非常好辨识，我们可以先把非经营资产找出来，计算出非经营资产总额，然后用资产总额减去非经营资产总额得到经营资产总额（见表5-4）。

表 5-4　TCL 科技的资产总额和平均总额　　　　单位：亿元

项目	2020 年 12 月 31 日	2019 年 12 月 31 日	平均总额
资产总额	2,579	1,648	2,114
非经营资产（包括货币资金、交易性金融资产、衍生金融资产、其他流动资产中的投资部分、债权投资、其他债权投资、其他权益工具投资、其他非流动金融资产、长期股权投资）。注：年报附注显示：其他流动资产中的投资部分年初为 36 亿元，年末为 55 亿元	617	485	551
经营资产 = 资产总额 − 非经营资产	1,962	1,163	1,563

我们再看一下与资产结构对应的利润结构（见表 5-5）。

表 5-5　TCL 科技的与资产结构对应的利润结构　　　　单位：亿元

项目	2020 年	2019 年
经营资产贡献的利润 = 核心利润 + 其他收益	17.70	2.04
非经营资产贡献的杂项收益 = 利息收入 + 投资净收益 + 公允价值变动净收益	43.31	43.18
经营资产与非经营资产贡献的利润	61.01	45.22

最后，我们再看看总资产报酬率与经营资产报酬率（见表 5-6）。

表 5-6　TCL 科技的总资产报酬率与经营资产报酬率

项目	2020 年
总资产报酬率 = 经营资产与非经营资产贡献的利润（61.01）/ 平均资产总额（2,114）×100%	2.89%
经营资产报酬率 = 经营资产贡献的利润（17.70）/ 平均经营资产（1,563）×100%	1.13%

通过这样的结构性分析，企业的经营资产与非经营资产的利润贡献力就能看得非常清楚了：企业在经营资产上投入了大量资源，但如果没有补贴收入的话，经营资产基本上不能贡献什么利润；企业的非经营资

产不多，但对利润的贡献度是比较高的。

问题是：企业的核心竞争力到底在哪里呢？是经营资产打造的产品或者服务的经营活动，还是企业的各种零散的与非经营资产有关的投资活动呢？

对于 TCL 科技的经营资产为什么不能带来更多的利润贡献，在全面学习本书后，你一定会得出自己的答案。

关于对 TCL 科技的分析，需做几点说明：

第一，我是按照资产结构与利润结构的内在联系来展开分析的。这种分析是一种框架性、结构性的分析，并不需要追求概念上的精准。比如，资产处置收益属于什么资产对利润的贡献？从形成此项收益资产的情况看，应该是企业的非流动经营资产如固定资产、无形资产的处置收益，因此，资产处置收益应该归于经营资产的贡献。但是，对于大多数企业来说，这个项目通常对利润的贡献并不大。只有这个项目非常大的时候才需要关注。但一个企业如果发展到靠这个项目支撑利润的境地，也就失去了分析的价值——企业一定处于业绩下行的过程中。

第二，无论是资产负债表还是利润表的项目，企业都有一些金融类业务。比如，资产负债表里的发放贷款及垫款、利润表里的其他类金融业务收入、其他业务成本（金融类）等都是这些业务的表现。这些业务，我将其归入了经营资产和经营资产贡献的利润。

第三，在对企业的快速分析中，完全没有必要进行精准的数字计算。比如在本案例中，从资产的结构来看，经营资产占据了资产的主要部分；从营业利润的结构来看，杂项收益占了绝大部分。因此，资产的利润贡献能力一目了然。

第四，结构性利润分析中没有考虑资产减值因素。这是因为，资产减值因素更多是会计估计的结果。在利润的结构分析中，这两个搅局因素可以不考虑。

最后，请记住：本节所讲的结构分析方法在对企业资产整体与结构的盈利能力分析时具有非常重要的价值。

第三节　盈利能力的定海神针：毛利率

毛利率等于营业收入减去营业成本得到的毛利除以营业收入。毛利率反映了企业盈利能力的初始状况或者叫初始盈利能力。

什么原因可以影响企业的毛利率?

1. 企业发展战略、市场定位与毛利率

下面我用格力电器的数据进行讨论。

过去 20 年来，格力电器产品的竞争优势到底是什么? 你可以从企业广告语的演变得到一些启示。

大概在 2002 年，格力电器的广告语是："格力电器，创造良机"。这个广告的内涵很丰富：从空调这个产品来看，格力的空调是"良机"；对与格力电器交往的利益相关者（如股东、供应商、经销商、提供信贷的金融机构、公司雇员等）来讲，格力电器会给其创造事业和业务发展的"良机"。但最核心的，还是空调产品的内在质量。

后来，广告语改了，变成了"好空调格力造"。我在格力电器担任独立董事期间，曾经专门与董明珠总裁谈了"格力电器，创造良机"与"好空调格力造"的差别。我对她说：我更喜欢"格力电器，创造良机"，因为这个广告语在展示产品质量的同时，还展示了更多的含义。而"好空调格力造"太直白了，感觉内涵不够。

董明珠跟我讲：不能这样看。作为一个家电类产品的广告，必须看消费者关心的是什么：大量的空调购买者，不会关注谁的广告内涵丰富，而是谁的空调好。我就告诉你：好空调格力造! 实际上，这个广告

推出以后，对企业产品的销售有非常好的促进作用。

再后来，格力电器的广告语改为："格力掌握核心科技"。这是从技术层面告诉消费者，核心科技在我这里。这才是格力空调好的根本原因。

"格力掌握核心科技"后的广告语是"让世界爱上中国造"。这个广告语不再突出空调。一方面是要告诉我们，格力电器要搞全球化的市场；另一方面要告诉我们的是，格力电器要搞大格局的多元化。显然，走向世界的产品，如果没有技术、没有质量是很难长久的。所以，这个广告语虽然不再突出质量和技术，但这些要素已经包括在里面了。

从格力电器广告语的演变，你就应该体会出格力电器一路走来的核心竞争力：技术与产品质量的不断精进。显然，这既是产品的立足之道，更是企业发展的战略选择。

与此同时，董明珠明确说：既然我们定位为做中国乃至世界最好的空调，我就是要在同类产品的价格上定价最高，哪怕只高一点点——在价格上一定要体现出我们的定位。

定价最高，会不会一定带来毛利率最高呢？

当然不一定了：还要看市场规模。高定价如果导致市场规模不大，规模效应出不来，毛利率自然就不会太高。

格力电器在追求技术、质量的同时，也在市场拓展上做得很成功。截至 2020 年，格力电器的空调产品毛利率一直保持在空调行业的最高水平。

2. 营销驱动与毛利率

很多企业的高毛利率与营销驱动的关联度很高。

很多快速消费品尤其是一些新品牌，之所以能够为广大消费者所熟知，在产品质量相同水平的条件下，往往是营销努力的结果。

多年前，我与一个从事保健品生产和销售的企业管理者谈到保健品的市场问题。我说：保健品到底有没有用呢？消费者怎样才能购买保健品呢？

他说：你如果真有病了，就别吃保健品了。保健品、保健品，核心在保健！你健康的时候，吃保健品就是要保持你的健康。你都不健康了，还吃什么保健品呢？有病还是要去医院。

他继续说：保健品是给健康的人或者已经出现亚健康状态、由于各种原因不愿意去医院的人吃的。要让他们吃保健品，主要靠营销。

有了这样的经历，我后来在关注保健品类企业的财报的时候，就很注意这些企业的毛利率水平。

下面我们看一下上市公司汤臣倍健 2017 年至 2020 年之间的毛利率与销售费用率之间的关系（见表 5–7）。

表 5–7　汤臣倍健 2017—2020 年度毛利率与销售费用率的关系　单位：元

项目	2020 年	2019 年	2018 年	2017 年
营业收入	6,094,900,944	5,261,799,439	4,350,775,627	3,110,795,388
营业成本	2,266,358,453	1,800,697,811	1,406,921,732	1,024,145,481
毛利（营业收入－营业成本）	3,828,542,491	3,461,101,628	2,943,853,895	2,086,649,907
毛利率（毛利/营业收入×100%）	62.82%	65.78%	67.66%	67.08%
税金及附加	71,861,841	58,838,888	63,129,906	45,706,832
销售费用	1,818,418,933	1,650,399,755	1,280,078,080	973,267,003
销售费用率（销售费用/营业收入×100%）	29.83%	31.37%	29.42%	31.29%
研发费用	139,952,411	126,041,296	103,489,887	当年研发费用并入管理费用
研发费用率（研发费用/营业收入×100%）	2.30%	2.39%	2.38%	不适用

我收录的是连续四年的部分数据。

需要说明的是：

在 2017 年，管理费用与研发费用是合在一起对外披露的，所以

2017 年没有研发费用数字；

企业的管理费用与毛利和毛利率的关联度不大，因而没有收录；

企业经营活动产生的现金流量净额很不错，在这种情况下，企业的经营活动从根本上来说是不需要去进行债务融资的，因而企业的利息费用与毛利和毛利率的关联度不大，故没有收录。

先看一下企业的毛利率。连续四年，企业的毛利率虽然有所波动，但都保持在 62% 以上。这个毛利率虽然不能说特别高，但也不低了。

那么，企业在营业收入连年增长的情况下，靠什么能保持这么高的毛利率呢？是研发还是营销？

看一下销售费用的规模和研发费用的规模就清楚了：企业的研发费用不高，但占营业收入的比例也是相当稳定的——稳定地不超过 2.5%。这样规模和比例的研发费用，其产品的研发驱动、科技驱动的色彩并不强。

而销售费用率也相当稳定——稳定在营业收入的 30% 左右，且规模是连年上涨的。

从费用结构看，汤臣倍健是营销驱动市场。

如果说汤臣倍健是成功的，企业的成功在很大程度上要归功于营销活动。当然，企业的产品质量管理也是很重要的。

我们再看一下，该企业的销售费用又主要花在哪些方面呢？请看企业 2019 年和 2020 年销售费用的结构（见表 5-8）。

表 5-8　汤臣倍健 2019 年和 2020 年销售费用的结构　　　　　单位：元

项目	2020 年	2019 年
广告费	965,645,482.63	810,013,437.46
工资福利费	376,683,481.87	336,570,290.46
市场推广费	241,009,913.01	147,866,790.40
销售费用合计	1,818,418,933.00	1,650,399,755.00

为说明问题，我没有收录销售费用的其他内容。

从整个费用结构可以看出，企业的广告费加上市场推广费的规模，已经远远超过企业销售费用的 50%。这应该意味着广告和推广对企业营业收入和高毛利率的贡献。另外，企业营销队伍的工资与福利也是处于增长态势。这说明，企业的市场开拓一有人，二有办法（广告和市场推广）。

3. 研发驱动与毛利率

有的企业需要研发来不断进行产品的升级换代。对于这类企业，研发费用的规模越大，产品的竞争力可能也就越大，从而其毛利率也就可能越高。

我们下面看一下中兴通讯年度报告中的相关数据（见表 5-9）。

表 5-9　中兴通讯年度报告中的相关数据　　单位：元

项目	2020 年	2019 年
营业收入	101,450,670,000	90,736,582,000
营业成本	69,379,215,000	57,008,377,000
毛利率	31.61%	37.17%
税金及附加	684,617,000	930,511,000
销售费用	7,578,837,000	7,868,722,000
销售费用率	7.47%	8.67%
研发费用	14,797,025,000	12,547,898,000
研发费用率	14.59%	13.83%

表中数据显示，企业的毛利率虽然在下降，但仍保持在 30% 以上的水平。如果进一步考察企业不同业务类别营业收入的毛利率，你会对企业的分类产品竞争力有更清晰的认识。

企业的销售费用率连续两年不到 10%，但研发费用的规模投入以及研发费用率在增长。这种数据对比显示出在中兴通讯研发（技术）、营销两个驱动市场和毛利率的轮子中，研发这个轮子明显更强壮。

有的公司在名字上打上"科技"名头，但在财务数据中则看不到研发费用的投入。这样的企业就不太可能在实施研发驱动的发展战略。

4. 品牌形象与毛利率

你如果关注白酒市场，一定听说过贵州茅台酒的毛利率特别高，达到 90% 以上。下面我们就看一下贵州茅台的财务数据，看企业是靠什么来实现高毛利率的（见表 5–10）。

表 5–10　贵州茅台的财务数据　　　　　　　　　　单位：元

项目	2020 年	2019 年
营业收入	94,915,380,917	85,429,573,467
营业成本	8,154,001,476	7,430,013,945
毛利率	91.41%	91.30%
税金及附加	13,886,517,291	12,733,292,401
销售费用	2,547,745,651	3,278,990,982
销售费用率	2.59%	3.84%
研发费用	50,398,036	48,688,841
研发费用率	0.05%	0.06%

看清楚了吧？

数据显示：该企业的毛利率非常高，研发费用、研发费用率、销售费用、销售费用率都很低。

这就是说：企业的市场既不是靠研发来推动产品的不断转型升级开拓的，也不是靠大规模的营销活动来开拓的。

那是靠什么呢？

靠的就是企业的品牌形象。

想想是不是这样：不仅是贵州茅台，其他白酒企业也是这样——白酒企业主打产品的消费者，一旦选定自己喜欢的特定品牌的特定产品，一定不希望产品的口味经常变，希望的是产品质量的持续稳定。因此，白酒企业对研发的依赖度是不高的。

但必须看到的是：很多白酒企业的毛利率不低（但很难超越贵州茅台），可销售费用规模和销售费用率都比较高。这是因为，贵州茅台是家喻户晓的，其他品牌的白酒无论是口碑还是其他综合效应，都比不上贵州茅台。因此，这些企业在产品质量保持在一定水平的情况下，拼营销就是必然的选择了。

5.战略、营销、研发、品牌形象与毛利率

实际上，在实践中你很难把企业的毛利率水平与单一因素直接联系在一起。更多的时候，应该是企业战略定位、营销、研发与品牌形象综合作用的结果。

当然，资源投入的结构在很大程度上说明了企业主要依靠什么在打市场、拼竞争力。

我在本节谈到了格力电器的发展战略、空调定价与毛利率的问题。实际上，格力电器早期的发展战略就是聚焦空调的研发、生产和销售，坚定走专业化的发展道路。格力电器之所以在技术上有很长时间处于领先地位，与当年的董事长朱江洪先生注重技术有直接关系。

在我担任格力电器独立董事期间，我曾经问过当时财务方面的企业高管："我听说华为的研发费用占营业收入10%甚至更高，格力电器怎么做的呢（注：当年研发费用与管理费用混在一起，根本区分不出来）？格力电器是把自己的研发费用与营业收入挂钩吗？"

这位财务高管回答说:"张老师,格力电器研发费用的投入与营业收入不挂钩,跟什么挂钩呢?跟需求挂钩。董事长朱江洪明确说,研发方面不要砍预算,研发工作需要多少你们财务就安排多少。所以在格力电器,研发费用跟企业的营业收入不挂钩,跟研发工作的需求挂钩。"

正是这样的研发投入推动了格力电器的技术不断进步。

但与此同时,当时的董明珠总裁又是一个在营销上很能干的企业家。正是这种技术加营销的两大轮子,在很长时间内推动着格力电器的发展。

所以说我们在考察一个企业毛利率的时候,一定要看影响毛利率的诸因素是怎样系统发挥作用的。

第四节 期间费用高低与盈利规模大小是调出来的吗

期间费用高低与盈利规模大小是不是调出来的?

什么是期间费用?从名字就可以看出,期间费用是与时期相关的费用。从概念来说,期间费用是那些不与特定产品或服务直接相连、而主要与特定时期的管理与经营等活动有关的费用。

其实我们的日常生活中就有很多期间费用。比如,你住的房子和汽车是租来的,你每个月不论做事还是不做事,都必须发生住房的租金和汽车的租金。这些与时期相关联、与你日常特定活动没有关系的支出就是你的期间费用。

但某些费用就不属于期间费用。比如,你为了恭喜朋友的小孩出生而送出去的红包、你临时请老同学吃饭而发生的招待费等,就不属于期间费用的范畴——不是与特定时期相关联,而是与特定事件相关联的支出就不属于期间费用。

读者没有必要去非常严谨地考察期间费用的概念内涵。大家只需要记住，期间费用一般是指利润表里的销售费用、管理费用、研发费用和利息费用。

这几项费用被称为期间费用是有原因的：销售费用被认为是与一段时期销售活动而不是与特定产品或者服务相关联的费用——只要企业面向市场开展经营活动，销售费用必然发生；管理费用被认为是维持企业一定时期管理活动而发生的费用——只要企业存在，管理费用必然发生；研发费用被认为是维持企业一定时期的研究与开发活动而发生的费用——只要企业需要研发支撑，研发费用必然发生；利息费用被认为是维持企业一定时期资金周转所进行的债务融资而发生的费用——企业的筹资活动一般不被认为是针对特定产品或者服务而发生的，而是为了维持企业一定时期的整体运转而发生的，也归于期间费用。

实际上，某些利息费用还真与特定时期没有关系，而与特定的资产有关。比如，与购建固定资产有关的债务融资利息肯定不与特定时期相关联，而与特定资产相关联。对于这种活动所发生的利息支出，会计也并没有将其计入利润表，而是计入固定资产成本。

在营业收入一定的条件下，期间费用与核心利润是此消彼长的关系：期间费用高了，核心利润乃至营业利润、利润总额和净利润都会因此而降低；反之亦然。

哪些因素决定了期间费用的规模呢？

从期间费用发生的形成机理来看，决定期间费用规模的主要因素有三个：一个是决策因素，一个是管理因素，一个是核算因素。

1. 决策与期间费用

企业的决策由谁来做出呢？从企业治理角度看，做出决策的是董事会和股东大会。企业的重大决策一般由董事会做出，根据具体情况，董事会做出决策后无须提交股东大会投票决定就可以实施，或者董事会做出决策后须提交股东大会投票决定才可以实施。因此，做出决策的是企业的董事会和股东大会。

体现企业决策对期间费用规模的影响有很多方面。

比如，在研发费用、销售费用与企业市场规模与毛利水平的关系上，企业决策的影响非常明显：你会看到，在同样的行业里面，有的企业在研发上的投入不太多，而在营销上的投入非常多，营销驱动的发展策略非常明显；有的企业在研发上的投入很多，而在营销上的投入不那么多，研发驱动的发展策略非常明显；有的企业既在研发上投入较多资源，又在营销上投入很多资源，研发与营销双驱动的发展策略非常明显。

又比如，在费用的结构上，也会体现出企业决策的影响。企业的管理费用可以分成三个部分：一是与企业管理人员有关的薪酬；二是与企业管理机构有关的固定资产、无形资产及其他非流动资产折旧费与摊销费；三是其他管理费用，包括差旅费、交通费、办公费等。

其中，前两种费用能非常地明显体现出决策的影响：企业管理层的薪酬，包括企业整体薪酬体系（包括基本薪酬的规模与激励机制等）的设计，均是企业的决策机制决定的，体现了股东整体的意志（理论上不是企业管理者自己给自己定薪酬，而是决策机制定薪酬），体现了企业股东与管理者及雇员的利益关系。与企业管理机构有关的固定资产、无形资产及其他非流动资产折旧费与摊销费，更是体现了企业用什么样的技术装备水平去管理企业的发展思路：这方面的固定资产投入较低、信息化水平建设程度不高的企业，固然可以产生较低的折旧费与无形资产摊销费，但管理手段与工具的技术装备水平的落后可能极大阻碍企业的发展；这方面的固定资产投入较高、信息化水平建设程度很高的企业，虽然会导致较高的折旧费与无形资产摊销费，但管理手段与工具的技术装备水平的提高将极大地提升企业的管理效率，可以极大促进企业的发展。当然，这里面有一个重要的度，就是企业的业务规模和毛利水平必须能够补偿在期间费用上的整体资源消耗。

我们看两个企业的情况。

首先，是上市公司 TCL 科技 2020 年度报告数据中管理费用的规模和结构（见表 5–11）。

表 5–11　TCL 科技 2020 年度报告数据中管理费用的规模和结构 单位：元

项目	2020 年	2019 年
管理费用总规模	2,370,378,000	1,895,088,000
其中：职工薪酬及福利	934,400,000	855,810,000
职工薪酬及福利占管理费用比例	39.42%	45.16%
折旧及摊销	469,747,000	378,404,000
折旧及摊销占管理费用比例	19.81%	19.97%

其次，是上市公司金龙鱼 2020 年度报告数据中管理费用的规模和结构（见表 5–12）。

表 5–12　金龙鱼 2020 年度报告数据中管理费用的规模和结构 单位：元

项目	2020 年	2019 年
管理费用总规模	2,853,121,000	2,574,379,000
其中：职工薪酬	1,854,311,000	1,656,314,000
职工薪酬占管理费用比例	64.99%	64.34%
折旧和摊销	361,745,000	292,533,000
折旧和摊销占管理费用比例	12.68%	11.36%

虽然两家公司所处的行业差异很大，企业的市场竞争地位与效益状况各不相同，但从管理费用的结构仍然可以看出两家企业在企业管理机构的人力资源政策以及管理手段方面的决策痕迹：

在 2020 年，TCL 科技的管理费用有了较大规模的增长，虽然职工薪酬及福利费用有所增加，但其所占管理费用的比例则从 2019 年的 45.16% 下降到 2020 年的 39.42%；与此同时，折旧及摊销费用的规模也在增长，其所占管理费用的比例虽有所下降，但基本保持在 20% 的水平。

在 2020 年，金龙鱼的管理费用有了一定程度的增长。从增长点规模来看，企业管理费用中增长规模最大的肯定是职工薪酬，且使得企业职工薪酬占管理费用的比例从 2019 年的 64.34% 增加到 2020 年的 64.99%，进一步强化了职工薪酬的"霸主"地位；与此同时，折旧和摊销费用的规模也在增长，且其所占管理费用的比例也在提高，为 12.68%。

显然，两家公司都比较重视人力资源和管理手段技术装备水平的建设。相比而言，金龙鱼的管理费用大部分属于职工薪酬，这显示出了金龙鱼人力资源政策尤其是管理机关人力资源政策的某些特征。

企业的财报看得越多，你在这方面的体会就会越深。

2. 管理与期间费用

我这里讲的管理因素，指的是企业以 CEO 为核心的管理团队的管理质量、管理特征对企业费用的影响情况。

企业各级管理者的管理质量对费用的影响是很大的。比如，企业用什么样的人从事营销工作，不同的人就会有不同的营销效果；再比如，企业用不同技术水平的人从事研发工作，研发效果也会有显著差异。

我用企业利息费用中的企业债务融资管理问题来说明管理与期间费用的关系。

我先提出一个问题：当看到一个企业利润表里有利息费用的时候，你在想什么？

你可能会想：这个企业的利息费用够大的，吃掉了不少利润。或者会想：这个企业利息费用不多，自我发展或者股东支持发展的色彩很强烈呀！

实际上，当看到企业利润表里的利息费用的时候，你至少应该想这样两个问题：第一，企业的债务融资支持了什么？第二，企业债务筹资规模与企业的筹资环境和经营环境是什么关系？这两个问题在相当程度上决定了企业财务管理部门的债务融资行为，而正是债务融资行为决定了企业的利息费用。

　　我的一个学生在企业上市不久后，找到我说："张老师，我们企业上市时间不长，这是我们的财务报表。您帮我看看，我们这个企业有什么需要注意的地方？"

　　我看了一下企业的报表，很快发现企业的货币资金存量较高（很正常，企业年度内发行股票募集资金），短期借款年初没有，年末有一定规模，利息费用有一定规模；同时，企业现金流量表显示经营活动产生的现金流量净额比营业利润高出不少（企业营业利润中核心利润占据主导地位）。

　　我对他说："你这个企业规模不大，钱很充足——不但发行股票募集资金，利润还能获得不错的现金，怎么还有三高的问题呀？"

　　学生问："哪三高？"

　　我说："第一高，你的货币资金存量高；第二高，你的短期借款高；第三高，你的利息费用高。"

　　（其实这个企业的利息费用并不是太高，但我为了引起他的重视，还是跟他说企业有三高。）

　　我继续说："企业明明刚上市募集资金时间不长，而且经营活动的获现能力很强，怎么还贷款呢？而且都是短期贷款。企业短期经营并不缺钱呀！"

学生说："张老师，我没办法。我上市前想贷点款挺难的，您也看到了，我们公司年初根本就没有贷款。上市以后我融到资了，找我的银行反而多起来了。不管哪个银行找我，我都不敢不理人家。就这样，我们从A银行借点钱，让A银行高兴一下；B银行就找来了——你们也从我们这里借点儿钱吧！

"就这样，一来二去，我的短期借款就有了一定规模了。我想，现在牺牲一些利息费用，未来我真缺钱的时候再找他们借，就方便了。"

这就是一个根本不缺钱还借钱的企业情况。实际上，这样的企业挺多的。

下面是一个在债务融资管理方面非常有境界的企业——恒瑞医药财务数据（见表5–13）。

表5–13　恒瑞医药2018—2020年度财务数据　　　单位：元

时间	2020-12-31	2019-12-31	2018-12-31
报告期	年报	年报	年报
报表类型	合并报表	合并报表	合并报表
营业收入	27,734,598,748	23,288,576,607	17,417,901,050
营业成本	3,348,689,669	2,912,944,053	2,334,568,085
税金及附加	256,959,459	216,341,883	236,778,203
销售费用	9,802,524,140	8,524,967,635	6,464,490,971
管理费用	3,066,658,322	2,241,179,735	1,626,323,189
研发费用	4,988,958,232	3,896,335,999	2,670,480,551
财务费用	−181,743,523	−133,820,700	−123,643,447
其中：利息费用			

（续表）

时间	2020-12-31	2019-12-31	2018-12-31
报告期	年报	年报	年报
报表类型	合并报表	合并报表	合并报表
减：利息收入	290,274,725	127,143,435	70,147,574
加：其他收益	207,589,043	189,712,535	163,044,398
投资净收益	341,424,519	309,271,463	247,937,802
公允价值变动净收益	16,497,000	37,530,582	
资产减值损失	−7,278,315	−5,472,383	25,343,998
信用减值损失	−6,695,835	−13,229,970	
资产处置收益	2,983,443	1,239,119	2,112,197
营业利润	7,007,072,304	6,149,679,348	4,596,653,897
部分现金流量表信息：			
经营活动产生的现金流量净额	3,431,934,805	3,816,832,867	2,774,212,734

为了说明问题，我把利润表的大部分信息收录进来，并展示了现金流量表中的重要信息——经营活动产生的现金流量净额。

从营业收入和营业利润的角度看，该企业 2018 年至 2020 年的三年之内，营业收入增长迅速，营业利润逐年增长。在营业利润的"三支柱、两搅局"因素中，核心利润占据了主导地位（具体各年的核心利润请自己计算）。

与此同时，企业经营活动产生的现金流量净额却出现了波动，这应该与企业在不同年度的现金流量管理与营销管理的协同管理状况有关。

简单地说，企业的核心利润更高的经营活动产生的现金流量净额相对不足（主要原因是企业应收票据、应收账款与应收款项融资增长较快以及存货增长较多）。

即使如此，企业的利息费用仍然多年为零。

这是我见到的少有的利息费用为零的企业。

因此，利息费用的规模，还是在相当程度上反映了企业的债务融资管理水平。

3. 核算与期间费用

企业会计核算对期间费用的影响也很大。

请注意，企业期间费用中的折旧费、无形资产摊销费等都是由企业的固定资产、无形资产价值减少转移过来的，而会计核算中的固定资产折旧、无形资产摊销又存在一定程度的弹性。比如，固定资产的折旧时间有一个可以选择的范围，如果企业希望期间费用的规模显得相对较低，就可以选择相对较长的折旧年限。

另一方面的问题是，企业的资产中有一个项目叫开发支出，利润表里有一个项目叫研发费用。而一项资源消耗到底属于研发费用计入利润表还是属于开发支出计入资产，企业在选择时具有一定弹性：如果企业希望研发费用低一些，就有可能把更多的相关费用计入开发支出这个资产项目；如果企业利润足够大，不在乎在研发费用上增加一些金额，就有可能把开发支出计入利润表的研发费用。

比如，截至 2020 年 12 月 31 日，格力电器资产中的开发支出项目一直是零。难道格力电器没有开发活动吗？当然不是！格力电器应该是把开发支出全部计入利润表的研发费用了。从会计处理角度来看，只要企业在年度之间保持处理原则的一致，就是可接受的。

小结：

在这一节里，我们讨论了期间费用的决定因素。这些因素有决策因素、管理因素，还有核算因素。正是这些因素决定了企业期间费用的规模，也决定了企业核心利润乃至营业利润的规模。

第五节　总资产周转率的高低意味着什么

我在讲杜邦分析体系的时候，展示了一个层层分解的基本关系。现在，我专门谈一下总资产周转率的问题——总资产周转率的高低意味着什么？

从计算公式来看，总资产周转率等于营业收入除以平均总资产。这个计算一般是年度概念：平均资产总额是年初加年末除以2，营业收入是年度的营业收入。

你可能问了：能不能用半年的、一个季度的数据计算总资产周转率呢？

当然可以了。

用季度或者半年度的财务数据计算总资产周转率，需要特别注意两点：一是要把相关数据折算成年化数据，在折算过程中，平均资产总额可以不做调整（如果不是融资推动，资产规模会随着业务发展和企业盈利规模而增长），营业收入可以做年化处理（可以把半年的营业收入折算成全年的，半年营业收入乘以2就折算成全年营业收入了）；二是再怎么折算也不是真实的年度的数据，有的企业在一年内的业务发展明显是不均衡、有规律的，因此，还是应该尽量用年度数据来计算。

现在要思考的问题是：总资产周转率的快和慢受哪些因素影响呢？

实际上，总资产周转率的分子和分母都对其有重要影响。下面分别进行讨论。

1. 资产与总资产周转率

我先展示一个企业的资产情况，请体会这个企业的总资产周转率会不会高。表5-14是金龙鱼相关年度合并资产数据。

表 5-14　金龙鱼相关年度合并资产数据　　单位：元

时间	2020-12-31	2019-12-31	2018-12-31
报告期	年报	年报	年报
报表类型	合并报表	合并报表	合并报表
流动资产：			
货币资金	55,334,057,000	64,611,973,000	66,053,684,000
交易性金融资产	2,493,233,000	482,768,000	
衍生金融资产	874,167,000	1,065,079,000	2,048,046,000
应收票据及应收账款	7,133,487,000	6,188,406,000	5,144,783,000
应收票据			
应收账款	7,133,487,000	6,188,406,000	5,144,783,000
应收款项融资	1,059,227,000	974,213,000	1,510,581,000
预付款项	5,091,484,000	2,535,774,000	3,835,255,000
其他应收款（合计）	4,193,901,000	1,415,179,000	2,291,481,000
应收股利		37,402,000	37,402,000
应收利息			
其他应收款	4,193,901,000	1,377,777,000	2,254,079,000
存货	40,181,880,000	34,550,680,000	37,088,277,000
划分为持有待售的资产			19,785,000
其他流动资产	3,544,331,000	4,096,395,000	3,685,273,000
委托贷款		98,633,000	1,717,278,000
流动资产合计	119,905,767,000	116,019,100,000	123,394,443,000
非流动资产：			
其他权益工具投资	891,563,000	1,492,310,000	1,446,203,000
长期股权投资	2,705,600,000	2,346,506,000	2,466,791,000
投资性房地产	212,457,000	230,990,000	224,762,000
固定资产（合计）	27,177,684,000	24,439,091,000	19,897,135,000

（续表）

时间	2020-12-31	2019-12-31	2018-12-31
报告期	年报	年报	年报
报表类型	合并报表	合并报表	合并报表
在建工程（合计）	6,341,260,000	4,497,307,000	2,439,765,000
在建工程	6,341,260,000	4,494,381,000	2,438,398,000
工程物资		2,926,000	1,367,000
使用权资产	274,450,000	279,739,000	
无形资产	12,620,159,000	12,602,665,000	11,692,467,000
商誉	5,987,688,000	5,968,620,000	5,886,214,000
长期待摊费用	150,665,000	143,372,000	131,791,000
递延所得税资产	533,258,000	417,697,000	479,069,000
其他非流动资产	2,376,771,000	2,247,568,000	1,361,985,000
非流动资产合计	59,271,555,000	54,665,865,000	46,026,182,000
资产总计	179,177,322,000	170,684,965,000	169,420,625,000

大家可以重点看一下该企业 2019 年底和 2020 年底的情况。

从总额来看，资产总额虽有所增长，但增长的规模并不是很大。这一般意味着：只要企业营业收入有一定的增长，企业的总资产周转率就会增长。

现在我要说的是：仅仅这样看是不行的，必须对企业资产的结构做进一步分析。

第一，资产总额中的非经营资产需要剔除。

你已经知道了：企业合并报表的资产中，有一部分不属于经营资产，这些资产纯粹增加了分母的数据而不可能推动营业收入。这些项目包括货币资金（你如果看这个公司的现金流量表，就会发现过去几年企业经营活动产生的现金流量净额整体还是不错的，基本上可以做到企业经营活动不会需要额外的资金支持。所以，货币资金或实质上不会参与经营）、交易性金融资产、衍生金融资产、其他权益工具投资和长期股权投资等项目。这些项目加在一起的规模达到了约 623 亿元，占资产总额 1,792 亿元的 34.77%。这些项目不会推动营业收入，把如此高的不推动营业收入的资产作为分母，对于计算总资产周转率是很不公平的。

因此，如果公平一些，在计算企业总资产周转率的时候，有必要对资产总额中的非经营资产进行剔除。为更精准计算经营资产推动营业收入的情况，可以计算经营资产周转率，公式如下：

经营资产周转率 = 营业收入 / 平均经营资产

第二，并购导致的经营资产无形化对经营资产周转率同样影响很大。

把商誉作为经营资产处理是有原因的——商誉存在的合理解释就是被收购企业经营活动预期盈利能力较强。但资本市场上出现了大量的高商誉收购，合并报表中出现的商誉不可能对子公司的经营活动有任何作用，这个数据如果过大，就一定会恶化企业的经营资产周转率。

在金龙鱼的财务数据中，商誉在 2020 年 12 月 31 日的规模将近 60 亿元，占当天经营资产总规模 1,169 亿元（1,792 亿元减去 623 亿元）的 5.13%，虽然占比不是特别大，但仍然会在一定程度上恶化企业的总资产周转率。

除此之外，企业因并购可能导致合并资产的无形资产等项目中加入了被收购企业相应项目的资产增值。这些无形资产增值只具有纸面意义，不会推动被收购企业的任何营业收入。让这些评估增值"混入"分母去计算总资产周转率，营业收入的压力就大了。

就金龙鱼的数据来看，无形资产的规模很显眼，长期居高不下。因此，非常有必要阅读一下企业的年度报告，看一下企业的无形资产都包含了什么内容。

金龙鱼2020年度报告关于无形资产的信息如下（见表5-15）。

表5-15 金龙鱼2020年度报告关于无形资产的信息 单位：千元

项目	土地使用权	专利权	商标	品牌	软件	合计
账面原值						
期初余额	5,562,154	3,224	34,388	7,956,511	17,895	13,574,172
本期增加：	175,540				5,473	181,013
购置	138,512				5,473	143,985
在建工程转入	37,028					37,028
本期减少：	−87,634					−87,634
处置	−87,634					−87,634
期末余额	5,650,060	3,224	34,388	7,956,511	23,368	13,667,551

看得出来，无论是年初还是年末，在无形资产的构成中，占比最大的不是土地使用权和其他无形资产，而是"品牌"，其规模达到了近80亿元。

一般来说，一个企业的品牌是企业在长期的经营过程中积累起来的，是不入账的，也就不可能在无形资产里面有位置。现在，这个品牌不但入账了，还占据了无形资产老大的地位！

我试图通过年报的线索往前翻看，希望找到当年如此高的品牌价值是如何进入无形资产的。很遗憾，从现有可以看到的年报信息中，我没有看到相关信息。

结合企业有一定规模的商誉的情况，这项品牌的价值有可能是企业多年前进行并购的时候，被收购企业的品牌价值经评估以后进入合并资产的。

如果真是那样，这个品牌的价值所起的作用与商誉基本就一样了：很难对推动子公司的营业收入做出直接贡献。

强调一下：在并购后，进入合并资产的两项无形资产是商誉和因并购导致的无形资产评估增值。这种增值本身是有道理的，也是必然的。但就其发挥作用的情况看，这两项无形化部分基本就是账面上的数字，如果数字过大，必然会恶化企业经营资产周转率。

第三，决策与管理失当导致的经营资产结构失衡也会影响总资产周转率。

表现在经营资产方面，除了前文谈到的商誉和因并购导致的无形资产增值外，企业在决策方面最容易出的问题是固定资产的购建与企业未来的业务关联度较低，在建工程与固定资产原值的增长过快，资产"重"化严重。

你如果去看上市公司的财报，就会发现很多上市公司的在建工程与固定资产长期高速发展，与此同时企业的营业收入增长不快。这就是说，本来推动营业收入的固定资产出现了只有原值增加、市场增长乏力的情况。这种情况的持续必然导致经营资产周转率下降。

下面看一个计提固定资产和在建工程减值的企业案例。

方正科技集团股份有限公司在 2021 年 4 月 29 日发布了《关于 2020 年度计提固定资产和在建工程减值准备及计提预计负债的公告》，与计提固定资产和在建工程减值准备有关的内容为：

为客观真实地反映公司 2020 年度财务状况和资产价值，根据《上海证券交易所股票上市规则》《企业会计准则》及公司会计政策和公司内外部信息对公司（含子公司）固定资产和在建工程进行是否减值判断和减值测试，2020 年度合计计提固定资产减值准备 64,627.70 万元，计提在建工程减值准备 1,117.38 万元。

关于企业计提固定资产和在建工程减值准备的原因，公司解释说：

国内宽带接入市场上基础运营商具有较高的市场占有率、市场知名度和固移融合的产品优势以及广泛的营业网点优势，公司全资子公司方正宽带网络服务有限公司（以下简称"方正宽带"）的宽带接入业务处于相对竞争劣势，主要依靠深度社区营销获取新用户、留存老用户。2020 年受到新冠肺炎疫情影响，社区防控措施加强，使得方正宽带开展社区营销较为困难，加之部分地区运营商低价策略退出力度较弱，导致方正宽带用户持续流失，营业收入持续下降。面对国内宽带接入市场整体格局的变化，根据方正宽带目前宽带接入业务实际经营情况，结合其宽带资产未来收益预测情况，方正宽带部分资产存在明显减值迹象，2020 年度公司对方正宽带计提固定资产减值准备金额为 64,040.24 万元，对方正宽带计提在建工程减值准备金额为 1,117.38 万元，对其他子公司闲置机器设备计提固定资产减值准备金额为 587.46 万元，合计计提固定资产减值准备金额为 64,627.70 万元，计提在建工程减值准备金额为 1,117.38 万元。

管理常识告诉我们：企业的固定资产不能发挥应有效能，首先与固定资产的购建决策有关。购建决策失当，未来的经营再努力也不可能产生理想的财务效益。本案例还出现了在建工程的减值处理，更意味着企业关于固定资产的决策质量有待提高。

管理失当导致的资产出现严重问题主要体现在两个地方：一个是应收账款的快速增长导致坏账风险加大，另一个是存货管理失当导致存货积压、周转缓慢。那些到一定时间就计提存货减值损失、信用减值损失的企业在进行减值处理前就经历了管理失当导致经营资产周转率下降的过程。

下面我们再看一个计提应收款项与存货减值的案例。

2021年3月23日，猛狮新能源科技（河南）股份有限公司发布了《关于2020年度计提资产减值准备的公告》，公告中与应收款项和存货减值计提有关的信息为表5-16所示。

表5-16　应收款项和存货减值计提有关的信息　　单位：万元

项目	拟计提减值准备金额	占2019年度经审计归属于上市公司股东的净利润绝对值比例
应收账款坏账准备	14,641.63	96.48%
存货跌价准备	5,402.85	35.60%

公司对减值准备计提的说明为：

公司对由收入准则规范的交易形成的应收账款、应收票据和合同资产（无论是否包含重大融资成分），按照相当于整个存续期内预期信用损失的金额计量损失准备。公司基于单项和组合评估应收账款、应收票据和合同资产的预期信用损失。如果有客观证据表明某项应收账款、应收票据和合同资产已经发生信用减值，则公司对该应收账款、应收票据和合同资产在单项资产的基础上确定预期信用损失。对于划分为组合的应收账款、应收票据和合同资产，公司参考历史信用损失经验，结合当前状况以及对未来经济状况的预测，通过违约风险敞口和整个存续期预期信用损失率，计算预期信用损失。

公司存货跌价准备的计提方法为在对存货进行全面盘点的基础上，对存货遭受毁损，全部或部分陈旧过时或销售价格低于成本等原因，预计其成本不可收回的部分，按单个存货项目的可变现净值低于其成本的差额计提存货跌价准备。但对为生产而持有的材料等，如果用其生产的产成品的可变现净值高于成本，则该材料仍然按成本计量，如果材料价格的下降表明产成品的可变现净值低于成本，则该材料按可变现净值计量。

假设企业的减值处理是正确的，那就意味着此前的应收账款和存货账面价值虚高，因而导致企业的总资产周转率被恶化。而这种资产虚增恰恰是企业日常经营管理尤其是存货的采购、生产、存储和销售各个环节的管理质量不高导致的。

2. 营业收入与总资产周转率

影响总资产周转率的另一大因素是分子——营业收入。

很明显：在一定的经营资产规模条件下，企业的营业收入越高，总资产周转率越高。

那么，怎样才能提高营业收入呢？

表面上看，企业营业收入的提高，反映的是企业在面对市场时营销活动的质量：成功的营销总能够为企业带来较高的营业收入。

实际上，营业收入的增长并不能简单归功于营销活动。企业在产品研发、生产、存货尤其是生产过程中的质量管理等多方面的活动均深刻影响企业的营业收入规模。

在我担任格力电器独立董事期间，有一次与董明珠总裁聊到了格力电器的售后维修政策。

董明珠告诉我："现在一般的空调生产企业的售后服务政策是包修三年，再保修三年，也就是前三年包修，后三年保修。"

我问："包修和保修有什么不同？"

董明珠说："包修就是全部成本由企业承担，保修是企业负责修理，消费者要负担相关费用。"

董明珠继续说："格力电器要改变售后服务的这个行规。我们要实施售后服务包修六年的政策。"

我说："那会不会增加企业后续的维修成本，从而导致企业的业绩下降呢？"

董明珠说："格力电器不会，其他企业如果也这样搞就可能会。为什么呢？格力电器的内在质量好。实施这样的政策可以让消费者放心，增强了消费者对格力电器的信心，同时企业的相关成本也不会增加很多。"

格力电器的这个售后服务的政策成功实施，一定也促进了企业营业收入的增长。

企业的这项营销策略好像是营销问题，但实际上是企业的整体管理水平问题：产品质量如果不过关，再好的营销也不可能持续促进企业营业收入的增长。而产品质量的持续改进，又与研发和生产过程的产品质量管理以及安装管理密不可分。

第六节　从固定资产周转率能挖掘出什么

前面几节的逻辑是按照杜邦分析体系的基本框架，在几个最重要、最常规的比率分析方面进行展开讨论。本节要讨论的固定资产周转率，也是一个非常重要的常规性的比率分析内容。

1. 固定资产周转率的计算误区

就我看到的情况是，相当多的人在稀里糊涂地计算固定资产周转率。

固定资产周转率基本公式是：**固定资产周转率＝营业收入／平均固定资产价值**。现在有两个价值可以选择：一个是固定资产原值，一个是固定资产原值减去累计折旧以后的净值。

请注意：固定资产原值就是企业账面上记载的在购置、建造固定资产时所累计消耗的资源价值。固定资产原值代表了企业在购建固定资产过程中的原始资源消耗，企业固定资产只要不离开企业，这个原值会一直在账上保持不变。

固定资产的原值减去已经计提的累计折旧就是净值。

在会计上，为了计算企业在各个会计期间使用固定资产所发生的固定资产内在的价值减少，就对固定资产进行折旧处理。比如，固定资产的账面原值是100亿元，已经提了折旧20亿元，账面上剩下的80亿元就是这个企业固定资产的净值。这样，固定资产在原值不变的情况下，随着时间的推移，累计折旧会越来越多，企业固定资产净值就会越来越小。

记住：固定资产原值一般是不变的，净值是越来越小的。

有一年，我给一所重点大学的 EMBA 项目上课，学校给我安排了一个助教。助教基础素质很高，研究能力也相当不错，我有时候会让她来回答一些内容，比如固定资产周转率。

我问助教：应该用原值计算还是用净值计算呢？

助教回答：用净值吧？

我说：好！用净值。我讲一个极端的例子，看用净值计算会是什么结果。

假设一个企业的固定资产原值是100万元，每年的营业收入也是100万元。企业就一项固定资产，企业的营业收入就靠这唯一的固定资产来推动。

每年固定资产能够带来的营业收入是100万元。再说一下固定资产的折旧处理：假设企业在计算固定资产折旧的时候，按照5年、直线法的方式来计算每年应该计提的折旧额，这样计算出来的每年折旧额是一样的。再假设固定资产净残值是0（就是企业在最后处置或清理固定资产的时候，所花费的清理费支出和收到的残值收入相抵）。这样，企业每年需要计提的折旧是20万元（100万元除以5）。

假设从第一年年初开始计提固定资产折旧，到第一年年末的时候固定资产净值就变成了80万元，第二年年末固定资产净值就变成了60万元，第三年年末固定资产净值就变成了40万元，第四年年末固定资产净值就变成了20万元，第五年年末固定资产净值就变成了0元。

它的账面原值永远是100万元。第五年年底账面净值是0，但固定资产还能继续使用，企业决定继续使用，这叫什么？这叫已经提足折旧并继续使用的固定资产，注意它的账面价值是0。

下面看看按照固定资产平均净值计算固定资产周转率会是什么情况：

企业第一年年初的时候固定资产原值和净值都是100万元，年末的时候固定资产净值是80万元，平均净值就是90万元。企业第一年固定资产的周转速度是用100万元除以90万元，大概是1.11，也就是企业固定资产周转速度一年是1.11次。

到了第二年，企业的营业收入还是100万元。而此时固定资产账面净值年初是80万元，年末是60万元，平均净值为70万元。这个时候在计算固定资产周转率的时候就要用100万元除以70万元，周转速度就变成了1.43。

到了第三年，企业的固定资产平均净值变成了50万元了，此时计算的固定资产周转速度是2次。

到了第六年以后，企业固定资产账面净值就是0了。如果固定资产仍可以正常使用（这种情况很多），你还是用相同的固定资产，还是产生年营业额100万元，结果你会发现固定资产的周转速度变成无穷大了：因为分母是0了。

我就问助教：怎么解释什么都没有变化，固定资产周转率越来越高了？

助教想了想说：应该用原值计算吧？

我说：好！用原值计算，再看看按照刚才企业提供的数字计算出来的固定资产周转率是什么样子。

如果用平均原值计算固定资产周转率，不论计提多少折旧，也不论企业固定资产账面净值是多少，企业的固定资产周转速度各个年度是一样的：都是每年1次。

我继续说：你如果用原值计算，解释起来很清晰；你如果用净值计算，结果难以讲清楚——为什么同样的资产和收入，周转速度会不一样？是公式错了，还是人的认知跟不上了？

在我看来，是公式不恰当。

其实，道理非常简单——企业用的固定资产是原值还是净值？是原值，肯定不是净值。所以，要用原值来计算固定资产周转速度。

用固定资产原值计算周转速度得出来的结论是非常清晰的，也揭示了一个非常重要的概念——**计算固定资产原值，就是要考察企业固定资产原值推动营业收入的状况或者考察企业固定资产原值与企业营业收入之间的关联度！**

你可能会说：如果在考试的时候，找不到固定资产原值怎么办呢？考试的时候怎么计算，还是要看考试用的教材是怎么写的，按照教材给出的公式进行计算。如果教材没写清楚，你也找不到固定资产原值的数据，就用试卷中给你提供的固定资产价值计算就行了。

2. 从固定资产周转率看企业决策

企业固定资产的规模变化不是简单的经营管理问题，而是企业决策层做出的决策，具有较强的战略色彩。

当企业希望进入一个新的产品或者服务市场时，企业就可能选择率先购建固定资产，在财务报表上你就会看到企业的在建工程和固定资产的增长往往在时间上会先于营业收入的结构变化和规模增长；当企业在现有产品或者服务的市场上竞争地位需要进一步强化或者产品与服务需要升级时，企业往往也会在固定资产建设上先进入状态。

因此，企业固定资产的规模与结构变化往往具有引领企业未来利润表上营业收入的结构与规模变化方面的含义。

但是，企业的固定资产规模和结构的变化是否能够引起企业未来营业收入结构与规模的变化，则是需要努力才能做到的。而这种效应的重要度量指标就是固定资产周转率。

下面是 TCL 科技合并报表中相关的财务数据（见表 5-17、表 5-18、表 5-19）。

表 5-17　TCL 科技合并资产数据　　　　　　　　单位：元

时间	2020-12-31	2019-12-31	2018-12-31	2017-12-31	2016-12-31
报告期	年报	年报	年报	年报	年报
报表类型	合并报表	合并报表	合并报表	合并报表	合并报表
固定资产	92,829,902,000	45,459,070,000	35,983,131,000	32,597,979,000	37,720,508,000
在建工程	31,508,311,000	33,578,290,000	38,924,586,000	14,775,237,000	8,647,501,000

表 5-18　TCL 科技合并利润表数据　　　　　　　　单位：元

时间	2020 年	2019 年	2018 年	2017 年	2016 年
报告期	年报	年报	年报	年报	年报
报表类型	合并报表	合并报表	合并报表	合并报表	合并报表
营业收入	76,677,238,000	74,933,086,000	113,360,076,000	111,577,362,000	106,473,500,000
营业成本	66,242,278,000	66,337,117,000	92,605,589,000	88,663,843,000	88,470,113,000
毛利率	13.61%	11.47%	18.31%	20.54%	16.91%

表 5-19 TCL 科技合并现金流量表数据 单位：元

时间	2020 年	2019 年	2018 年	2017 年	2016 年
报告期	年报	年报	年报	年报	年报
报表类型	合并报表	合并报表	合并报表	合并报表	合并报表
经营活动产生的现金流量净额	16,698,283,000	11,490,096,000	10,486,579,000	9,209,615,000	8,028,002,000
购建固定资产、无形资产和其他长期资产支付的现金	33,085,563,000	20,116,210,000	32,798,364,000	15,656,963,000	14,542,304,000

从上述 TCL 科技各年度相关的财务数据中我们可以看出这样几点：

第一，从现金流量表的信息来看，无论企业经营活动产生的现金流量净额有多少，企业在相当长的时间内，持续不断地在强化固定资产、无形资产等方面的现金支持。

这就产生了两个问题。①持续不断用于固定资产、无形资产购建的现金从哪里来？渠道有三个：一是用经营活动产生的现金流量净额；二是消耗现金存量；三是通过筹资来解决——要么跟股东要，要么进行债务融资。如果通过债务融资的方式来解决资金需求问题，固定资产等方面的购建成本就会由于利息因素而增加。②企业这方面的现金流出形成了什么资产？从对应关系来看，应该形成固定资产、在建工程和无形资产等。

第二，从这一时期的发展态势看，企业的固定资产实现了较大规模的增长，在建工程作为固定资产的后备军长期居高不下。企业固定资产的持续增长极大改善了企业固定资产的物理质量和使用效能，为企业产品的质量提升以及企业更大的市场拓展奠定了基础。

第三，从利润表的表现来看，相比 2018 年以前的数据，该企业2019 年和 2020 年经历了营业收入的大幅度下滑，毛利率也出现了显著下滑。这至少说明了两个问题：①企业的固定资产的长期持续强化建设并没有带来营业收入的大幅度提高，也没有带来具有竞争力的产品结构变化（毛利率低迷就说明了问题）；②持续不断的固定资产强增长如果最终不能带来营业收入的提高，固定资产计提减值损失是早晚的事。

第四，关于固定资产周转率。虽然现有数据没有出现固定资产原值，但从利润表营业收入的变化以及固定资产净值的增长来看，企业的固定资产周转率在 2019 年和 2020 年一定是下降的。请注意：在企业固定资产原值不变的情况下，企业固定资产净值会由于折旧问题而逐年减少。固定资产净值逐年增加本身就说明企业固定资产原值在持续增加。

至于 TCL 科技的这一时期的固定资产增加并没有带来营业收入的增长，从而导致企业固定资产周转率下降，是不是意味着企业关于固定资产的决策失败，还需要更长的时间进行观察。

所以说，从企业的角度来看，强化固定资产的能力建设，不能仅是为了展示固定资产本身豪华的外在表现以及产能规模的吓人增长，而应该更多地与业务变化、战略调整和市场发展联系起来。

第六章

中国财报分析利器——张氏财报分析框架

第一节　张氏财报分析框架及价值

应该说，杜邦分析体系如果用在实体型的经营类企业，分析效果会比较好。比如，无论是对一个专门进行空调生产和销售的企业，还是对一个食品加工类企业，你都可以用杜邦分析体系对企业的资产周转状况、偿债能力情况、盈利能力以及现金流转情况等进行分析。

但直接把杜邦分析体系应用在中国的财报分析中，就会有相当大的不适用性。为什么？

1. 杜邦分析体系在中国财报分析中的不适用性

因为中国的财报信息披露有两套报表，第一套是母公司报表，第二套是合并报表。

新的问题来了：你的比率计算是基于合并报表还是母公司报表呢？你可能会说：合并报表跟母公司报表不都是报表吗？直接把数据带进公式计算不就完了吗？

我举一个最简单的例子。

我们每次体检后，都会得到一份自己的体检报告。这份体检报告是什么内容呢？在我看来，体检报告的主要内容就是个人健康状况的比率分析：如血糖、血压、血脂、身高、体重等，大多有一个安全范围，你的指标值如果在这个安全范围之内，你就是健康的，在安全范围之外，你就可能有病了。

所以，你一看到体检报告，就可以对自己是不是亚健康、哪些地方可能有问题等有了一个基本的判断。

但如果我们把一组人安排在一起参加体检，只出具一份体检报告，会是什么结果？你还能知道谁健康、谁不健康吗？

道理很简单：一个人的血压高是有意义的，但如果用两个人的平均血压判断两个人中的任何一个人的血压是否正常，就没有意义了。同样，个人的血糖、血脂、尿酸等数值都对判断这个人是否健康有意义，但如果用一组人血糖、血脂、尿酸的平均值去判断这组人的整体或每一个人的健康状况，就会失去意义。

至于多于一个人的健康状况指标的平均值所具有的统计学意义，与我们现在讨论的内容无关，不用去关注。

我举这个例子是要说明，类似于个人体检报告与一组人的综合体检报告所表达的意义有显著差异，母公司报表和合并报表在进行比率分析时候的差异是显著不同的。对于一个特定企业的母公司的财务报表，你可以考虑计算或者不计算某个特定比率，但对于合并报表，你计算的比率在相当大程度上是一个具有统计学意义的比率。这就是说，财务比率分析在应用于中国企业的时候，会遇到母公司报表和合并报表怎么进行运用的问题。

第二个问题，比率分析所涉及的项目，一定是有内在关联性的。比如，你在计算固定资产周转率的时候，分子用的是营业收入，分母用的是平均固定资产原值，这就意味着企业的营业收入与固定资产之间有直接的联系——固定资产在推动企业的营业收入。又比如，我们用企业的流动资产除以流动负债计算出流动比率，一个重要的内在联系是流动资产要对流动负债提供保证。但实际情况并不总是这样。

下面我们看一下上市公司顺丰控股 2020 年度报告中的部分财务数据（见表 6-1）。

表 6-1　顺丰控股 2020 年度报告中的部分财务数据　单位：元

时间	2020-12-31	2020-12-31	2019-12-31	2019-12-31
报告期	年报	年报	年报	年报
报表类型	合并报表	母公司报表	合并报表	母公司报表
流动资产：				
货币资金	16,417,891,707	58,098,498	18,520,991,737	967,647,843
交易性金融资产	6,276,922,670	200,376,712	2,910,172,928	2,416,892,164
应收票据及应收账款	17,015,540,879		12,087,547,519	
应收票据	166,476,628		43,004,794	
应收账款	16,849,064,251		12,044,542,726	
预付款项	3,176,518,927	991,346	2,654,244,964	881,289
其他应收款（合计）	2,493,564,401	6,960,858,842	2,102,207,239	3,364,547,393
存货	986,950,595		881,658,974	
合同资产	399,035,180			
一年内到期的非流动资产	156,240,777		105,344,257	
其他流动资产	4,754,305,221	70,728	3,434,123,995	606,990,464
其他金融类流动资产			200,728,611	
流动资产合计	51,676,970,357	7,220,396,126	42,897,020,225	7,356,959,153
流动负债：				
短期借款	7,996,570,313		6,053,374,643	
交易性金融负债	22,155,014			

（续表）

时间	2020-12-31	2020-12-31	2019-12-31	2019-12-31
报告期	年报	年报	年报	年报
报表类型	合并报表	母公司报表	合并报表	母公司报表
应付票据及应付账款	15,484,940,352		12,018,256,010	
应付票据			30,000,000	
应付账款	15,484,940,352		11,988,256,010	
预收款项	27,575,669		669,948,931	
合同负债	1,539,264,096			
应付职工薪酬	4,310,829,147	226,667	3,281,062,510	380,000
应交税费	1,855,263,509	21,397,864	1,139,144,006	
其他应付款（合计）	7,530,793,784	15,926,206	4,707,159,831	63,611,663
一年内到期的非流动负债	2,945,350,894		2,091,892,292	1,366,575
其他流动负债	96,010,632		1,017,446,859	
其他金融类流动负债			3,778,708	
流动负债合计	41,808,753,410	37,550,736	30,982,063,788	65,358,238

在 2020 年 12 月 31 日这一天，母公司的流动资产合计为 7,220,396,126 元，流动负债合计为 37,550,736 元。显然，流动资产对流动负债的保证程度是非常高的。

但你如果仅仅依靠流动资产与流动负债的数量关系就得出企业流动资产的流动性和短期偿债能力非常强的结论，就太简单化了——因为在本案例中，流动资产与流动负债之间的联系有其自身的特殊性，对流动资产和流动负债的结构分析将有助于看清企业流动资产与流动负债形成的原因。

看一下母公司流动资产的结构，你会发现企业的流动资产里没有常规性的应收票据、应收账款、存货、合同资产等，预付款项虽然有，但规模太小，很难支撑起大规模的经营活动。

另一方面，企业的货币资金、交易性金融资产、其他应收款构成了企业流动资产的主体，而其他应收款是最大的流动资产。

企业这是干什么呢？

交易性金融资产属于投资性资产，目的是要实现资产增值。其他应收款的合并报表数据显著小于母公司数据，其差额代表了母公司向子公司提供资金的基本规模。

这是什么意思呢？

这就是说，企业的流动资产并不是常规意义上的通过不断变换形态去周转、去增值并实现利润：交易性金融资产是通过投资的购买和销售来实现增值的，而向子公司提供资金所形成的其他应收款，其目的是支持子公司的经营与投资活动，母公司未必希望尽快将其收回来。

这就构成了流动资产存在的主要目的：不是自身经营，而是投资管理。

企业的流动负债就更简单了：各类债务融资的项目如短期借款、交易性金融负债、一年内到期的非流动负债等全部为零，主要经营性负债如应付票据、应付账款、预收款项、合同负债等也是零。毕竟公司有人上班，应付职工薪酬和应交税费还是要有的。

这说明了什么呢？说明企业的流动负债显示企业既不经营也不进行债务融资。

这样一个不从事经营、只进行投资和投资管理的企业，你去计算流动比率就没什么意义了。

但我们前面对流动资产结构的分析和对流动负债结构的分析反而比计算比率有意义：看清楚了企业在干什么！

实际上，顺丰控股母公司报表这种资产结构，是企业发展的一种战略选择：母公司从事投资管理，子公司去开展经营活动。

至于母公司的投资效果以及子公司的经营状况，就要看合并报表了。

因此，母公司报表与合并报表的因果关系以及内在关联分析而不是财务比率分析，就非常重要了。

2. 战略视角财报分析框架的建立与价值

我是从 1994 年下半年开始从事财务报表分析教学的。我很快发现中国财报分析的特点以及财务比率分析的不适应性，为了解决这种不适应性，我开始探索新的分析方法。

2000 年，我结合资产负债表、利润表和现金流量表的母公司报表与合并报表的情况，系统提出了资产质量、资本结构质量、利润质量和现金流量质量概念，并将这四个概念概括成财务状况质量，提出企业财务状况质量分析理论，从而实现了在分析方法上从财务比率分析到财务状况质量分析的跨越。

到了 2002 年，中国高校出现了一个新的教育品种——EMBA。EMBA 项目所招收的学生至少具备八年工作经验，在各自的工作岗位上已经具有较为丰富的实践经验。这些学生普遍关注财务数据与企业战略之间的关系、企业管理质量与财务数据之间的关系等。

恰恰在这个时期，中国开始在上市公司中推行独立董事制度，并要求独立董事中至少有一人为会计专业人士。借着这个东风，我成了格力电器、五矿发展、中国北车、珠海中富等公司的独立董事。

一方面，我遇到了 EMBA 学生们希望对企业财务数据进行战略解读的呼声；另一方面，我又加入多个上市公司的董事会，亲身参与企业治理与决策过程。这种环境极大促进了我在财务报表分析方面的研究。

从 2002 年开始，我又经过近十年的艰苦探索，到 2012 年，形成了一个全新的财报分析框架——战略视角财务报表分析框架。这个框架被我国著名会计学家、财务管理学家、中国人民大学王化成教授命名为"张氏财报分析框架"或"张氏财务报表分析框架"或"张氏财务分析框架"。

战略视角财务报表分析框架建立以后，受到了理论界与实务界的广泛关注和高度认同。这个分析框架迅速得到了广泛应用。运用这个分析框架，可以较好地解决通过财报信息认识企业的问题。

这个分析框架的主要内容可以概括为"八看"：看战略，看资产管理与竞争力，看效益与质量，看成本决定机制，看项目质量，看风险，看价值，看前景。

这个分析框架实际上通过财务信息对企业管理中的战略问题、竞争力问题、管理成效问题、企业的价值和风险等问题进行了剖析。

在后面的内容中，我将用这个分析框架的核心内容对企业的财务报表展开分析。

第二节　体会战略，方能读懂财报数据

我们这次用上市公司顺丰控股的数据，看一下这个企业的业务结构和利润结构的战略内涵。顺丰控股 2020 年度报告中合并利润表的部分数据收录如下（见表 6-2）。

表 6-2　顺丰控股 2020 年度报告中合并利润表的相关数据　　单位：元

时间	2020-12-31	2019-12-31
报告期	年报	年报
报表类型	合并报表	合并报表
营业收入	153,986,870,053	112,193,396,064
营业成本	128,810,033,248	92,649,616,206

（续表）

时间	2020-12-31	2019-12-31
报告期	年报	年报
报表类型	合并报表	合并报表
税金及附加	378,972,136	279,618,312
销售费用	2,252,380,750	1,996,887,445
管理费用	11,599,761,414	9,699,267,909
研发费用	1,741,558,376	1,193,281,876
财务费用	852,547,212	682,991,065
其中：利息费用	1,016,748,355	900,620,301
减：利息收入	185,707,903	285,283,464
加：其他收益	1,318,934,057	740,361,689
投资净收益	850,811,266	1,075,803,395
公允价值变动净收益	134,117,994	350,137,339
资产减值损失	−35,057,913	−178,620,910
信用减值损失	−472,755,028	−237,999,735
资产处置收益	−12,163,517	−32,806,731
营业利润	10,135,503,775	7,408,608,298

1. 业务结构与战略

我们可以先看一下企业营业收入的成长性。

合并利润表的营业收入显示，企业 2019 年营业收入为 112,193,396,064 元，2020 年营业收入为 153,986,870,053 元，增长势头比较好。

我们在关注营业收入增长的同时，更应该关注企业的两个与营业收入（业务）有关的结构：一个是业务的产品结构，也就是企业是从事什么业务的？一个是企业的市场结构，也就是企业的产品或者服务卖给什么地区的消费者？这些具体信息就要从企业的年度报告中寻找了。

企业年度报告把业务分成这样几个主要大类（见表6-3）。

表6-3　顺丰控股业务分类　　　　　　单位：元

	2020 年		2019 年		同比增减
	金额	占营业收入比重	金额	占营业收入比重	
营业收入合计	153,986,870,053.07	100%	112,193,396,064.26	100%	37.25%
分产品：					
时效	66,360,096,917.89	43.09%	56,521,076,407.79	50.38%	17.41%
经济	44,147,509,817.60	28.67%	26,918,501,648.58	23.99%	64.00%
快运	18,516,572,808.91	12.02%	12,659,184,236.99	11.28%	46.27%
冷运及医药	6,496,794,966.65	4.22%	5,094,175,561.14	4.54%	27.53%
同城急送	3,145,514,366.69	2.04%	1,951,653,245.62	1.74%	61.17%
分地区：					
速运物流及供应链－华东	43,588,871,247.87	28.31%	32,996,462,227.63	29.41%	32.10%
速运物流及供应链－华南	40,793,889,389.82	26.49%	26,517,373,005.14	23.64%	53.84%
速运物流及供应链－华北	31,254,428,330.91	20.30%	24,392,054,281.78	21.74%	28.13%
速运物流及供应链－中南	19,708,732,304.16	12.80%	14,605,364,245.05	13.02%	34.94%
速运物流及供应链－华西	12,037,635,572.20	7.82%	8,876,612,296.57	7.91%	35.61%

从分产品展示的信息来看，顺丰控股的主要业务是时效、经济和快运类业务，这个业务格局在2020年与2019年保持不变。但需要注意的是，在2020年，企业的经济和快运类业务增长迅猛。如果按照这增长

速度发展，企业业务格局很快就会发生变化。

企业开展什么业务，绝不是自然形成的。从企业发展的一般规律来看，企业的业务结构布局是其战略的重要组成部分。企业的基础设施资源配置以及人力资源配置等都会围绕企业的业务结构展开。但企业的业务结构布局又不仅仅是战略规划出来的，还会随着市场竞争环境的变化而进行动态调整。顺丰控股的业务布局及其动态发展对预测企业未来的业绩趋势具有重要意义。

从分地区展示的信息来看，顺丰控股的主要业务集中在华东、华南、华北和中南等地区，与 2019 年相比，企业的业务地区格局在 2020 年没有变化。但是，华南地区的业务增长势头很猛，这种增长态势如果持续进行，未来华南地区的业务贡献很可能位居营业收入的第一位。

就业务的地区布局来看，地区布局信息也具有极其重要的战略意义。影响企业业务地区布局的因素很多，有股权结构的因素（大股东或者实际控制人可能对某个特定地区的营商环境非常适应，业务容易得到快速发展），有地区经济实力的因素（经济实力强的地区，容易对特定企业的业务发展做出较大的贡献度），有竞争环境的因素（特定地区的竞争格局可能有利于原有竞争者保持竞争地位）等。

如果综合看顺丰控股的业务发展前景，在原有的业务格局下，企业未来业务的主要产品仍然是时效、经济和快运类业务，而华南地区的业务贡献度可能会更大。

2. 利润结构与企业战略

为了更清晰考察顺丰控股利润结构的战略含义，我把顺丰控股 2020 年度报告中的合并资产信息摘录如下（见表 6-4）。

表 6-4 顺丰控股 2020 年度报告中的合并资产信息　　单位：元

时间	2020-12-31	2019-12-31
报告期	年报	年报
报表类型	合并报表	合并报表
流动资产：		
货币资金	16,417,891,707	18,520,991,737
交易性金融资产	6,276,922,670	2,910,172,928
应收票据及应收账款	17,015,540,879	12,087,547,519
应收票据	166,476,628	43,004,794
应收账款	16,849,064,251	12,044,542,726
预付款项	3,176,518,927	2,654,244,964
其他应收款（合计）	2,493,564,401	2,102,207,239
存货	986,950,595	881,658,974
合同资产	399,035,180	
一年内到期的非流动资产	156,240,777	105,344,257
其他流动资产	4,754,305,221	3,434,123,995
其他金融类流动资产		200,728,611
流动资产合计	51,676,970,357	42,897,020,225
非流动资产：		
其他权益工具投资	5,027,489,054	4,933,692,937
其他非流动金融资产	831,526,041	479,040,432
长期应收款	607,103,640	465,733,312
长期股权投资	3,647,231,278	2,221,512,673
投资性房地产	2,219,404,821	2,019,525,901
固定资产	22,356,651,755	18,903,827,062
在建工程	5,379,854,462	3,116,490,618
无形资产	10,633,114,090	10,008,036,356
开发支出	540,903,450	582,627,977
商誉	3,377,141,392	3,564,540,459

（续表）

时间	2020-12-31	2019-12-31
报告期	年报	年报
报表类型	合并报表	合并报表
长期待摊费用	1,860,736,935	1,714,173,133
递延所得税资产	1,539,267,776	1,066,079,112
其他非流动资产	1,462,647,209	563,086,610
非流动资产合计	59,483,071,904	49,638,366,583
资产总计	111,160,042,261	92,535,386,808

按照我们前文讨论的资产结构与利润结构的对应关系，平均经营资产产生利润表的核心利润与其他收益，平均非经营资产产生杂项收益（包括利息收入、投资净收益、公允价值变动净收益）的有关信息汇总如下（见表6-5、表6-6）。

表 6-5　顺丰控股相关数据　　　　　　　　　　单位：亿元

项目	2020 年 12 月 31 日	2019 年 12 月 31 日	平均资产
资产总额	1,112	925	1,019
其中：			
非经营资产（包括货币资金、交易性金融资产、一年内到期的非流动资产、其他权益工具投资、其他非流动金融资产、长期股权投资）	323	291	307
经营资产＝资产总额－非经营资产	789	634	712

表 6-6　结构性资产报酬情况　　　　　　　　　　单位：亿元

利润项目（2020）	金额	平均资产	金额	资产报酬率
核心利润＋其他收益	95	经营资产	712	13.34%
杂项收益	12	非经营资产	307	3.91%

从企业的资产结构来看，企业多数资产为经营性资产，这意味着企业资产聚焦经营活动。非经营资产中的长期股权投资极有可能具有战略意义，对未来企业拓展新的投资领域具有先导性意义。

从结构性盈利能力来看，企业的经营资产报酬率远高于非经营资产报酬率。这说明企业不仅资源布局聚焦经营，经营资产整体的盈利能力也是不错的——企业聚焦经营的发展战略获得了阶段性成功。

当然，我们不能像要求经营资产那样要求非经营资产的盈利能力。但如果企业在非经营资产的盈利方面能够有所改善，企业整体的盈利能力将会得到改善。

我用一个简单的利润表结构和资产结构的对比分析展示了财务数据里包含的战略信息。你是不是对企业的战略信息在财务数据中的表现有感觉了呢？

第三节　企业发展之路：看母公司怎么选择

1. 母公司的资产结构：企业战略的发起端

对于母公司资产结构与企业战略的关系问题，我在前文有关内容中曾经进行过讨论。现在，我把母公司资产结构与企业发展战略之间的关系做一个总结。

第一种情况：母公司的资产以投资资产为主，基本没有经营资产。

实际上，前面展示的顺丰控股的母公司流动资产结构，就是一个非常明显的流动资产中没有什么经营资产的情形。

现在我再展示一个新的企业——上市公司宝新能源 2020 年度报告中资产负债表的部分信息（见表 6-7）。

表 6-7　宝新能源 2020 年度报告中资产负债表的相关数据　单位：元

时间	2020-12-31	2020-12-31	2019-12-31	2019-12-31
报告期	年报	年报	年报	年报
报表类型	合并报表	母公司报表	合并报表	母公司报表
流动资产：				
货币资金	4,160,508,065	673,019,573	2,841,561,556	1,177,123,998
交易性金融资产	514,217,065	492,507,900	773,192,190	695,092,424
应收票据及应收账款	791,641,104		658,822,662	
应收票据				
应收账款	791,641,104		658,822,662	
其他应收款（合计）	7,030,667	53,117,112	6,917,594	3,434,702
存货	185,274,603		441,861,703	
一年内到期的非流动资产	31,729,791	31,497,686	8,751,627	
其他流动资产	225,785,182		5,564,565	136,683
流动资产合计	5,916,186,477	1,250,142,270	4,736,671,899	1,875,787,808
非流动资产：				
债权投资			28,177,623	28,177,623
其他权益工具投资	198,700,000	198,700,000	198,700,000	198,700,000
其他非流动金融资产	354,042,367	128,836,646	332,500,000	170,483,684
长期应收款	32,993,826	32,993,826	737,002	
长期股权投资	2,248,760,046	8,909,278,873	2,085,430,632	8,745,949,458
固定资产	9,140,065,980	220,545	9,873,625,633	750,845
在建工程（合计）	413,500,630	460,688,427	407,696,497	417,267,797
无形资产	621,635,211	69,438,563	603,017,251	70,660,190
长期待摊费用	30,820,323	29,040,278	39,805,500	34,651,879
递延所得税资产	30,351,151		40,358,113	3,047,531
其他非流动资产	314,561,052	15,753,409	639,470,871	16,858,886
非流动资产合计	13,385,430,585	9,844,950,566	14,249,519,121	9,686,547,893
资产总计	19,301,617,062	11,095,092,836	18,986,191,019	11,562,335,700

在 2020 年 12 月 31 日，宝新能源母公司资产总额为 110 亿元。在母公司的资产总额中，典型的经营资产如应收票据、应收账款、存货、预付款项等都是零。在非流动资产方面，最能展示企业生产经营技术装备水平和基础设施建设的固定资产小得可怜，只有二十几万元。这可能意味着企业的办公场所都是租赁来的。好在企业的在建工程有一定规模，预期可以解决企业办公所需固定资产问题。

而占据企业资产主体的是长期股权投资，高达 89 亿元。此外，还有一些规模不大的投资，如交易性金融资产、一年内到期的非流动资产、其他权益工具投资以及其他非流动金融资产等。

简单地说，你看这个企业母公司的资产结构，根本感觉不出经营的味道，而是满满的投资味道。

第二种情况：母公司的资产以经营资产为主，基本没有或只有少量投资资产。

下面再看一个企业——上市公司涪陵榨菜 2020 年度报告中资产负债表的部分信息（见表 6-8）。

在 2020 年 12 月 31 日，涪陵榨菜母公司资产总额为 33 亿元。在母公司的资产总额中，典型的经营资产如应收账款、预付款项、存货、固定资产、在建工程和无形资产等占据了企业除了货币资金以外资产的主体。

明显的投资资产是长期股权投资，规模仅为 2.2 亿元（实际上，企业年末母公司其他应收款数据大于合并其他应收款数据，两者的差额意味着母公司向子公司提供资金的基本规模，大概在 8,000 万元以上）。

而对外投资的资产规模与经营资产相比，显得较小。

从涪陵榨菜母公司资产结构看，企业自身资产的主旋律是经营资产的配置与经营活动的组织。

表 6-8　涪陵榨菜 2020 年度报告中资产负债表的相关数据　单位：元

时间	2020-12-31	2020-12-31	2019-12-31	2019-12-31
报告期	年报	年报	年报	年报
报表类型	合并报表	母公司报表	合并报表	母公司报表
流动资产：				
货币资金	1,749,576,466	1,716,927,292	955,732,201	874,466,264
应收账款	2,735,629	2,400,966	386,077	57,668,424
预付款项	24,101,461	34,148,127	5,603,681	15,371,470
其他应收款（合计）	8,441,876	89,316,736	17,198,748	622,485
存货	382,821,549	224,835,909	413,655,559	226,583,515
其他流动资产	21,645,597	342,148	243,362,082	220,867,850
流动资产合计	2,189,322,578	2,067,971,178	1,635,938,348	1,395,580,007
非流动资产：				
其他权益工具投资	2,054,400		2,054,400	
长期股权投资		222,099,704		222,099,704
固定资产（合计）	1,056,151,581	510,142,486	909,013,596	503,171,188
在建工程（合计）	122,470,159	22,386,087	244,414,645	65,201,216
在建工程	122,324,015		244,198,755	
工程物资	146,144		215,890	
无形资产	152,650,546	83,145,576	150,899,042	79,755,267
商誉	38,913,077		38,913,077	
长期待摊费用	8,030		11,242	
递延所得税资产	23,356,056	11,290,381	23,777,893	11,670,536
其他非流动资产	384,685,488	380,132,025	357,017,572	353,684,510
非流动资产合计	1,780,289,337	1,229,196,260	1,726,101,466	1,235,582,421
资产总计	3,969,611,915	3,297,167,437	3,362,039,814	2,631,162,429

这就是说，这个企业母公司的资产结构中，经营资产齐全，企业应该具备完整的生产、存储和销售的能力。

到现在为止，我们看到了两种具有显著差异的母公司资产结构：一种是聚焦对外投资尤其是控制性投资，一种是聚焦经营活动。

当然，还有第三种情况，就是企业的资产结构呈现出经营和投资并重的特征。对于第三种情况，我就不再展示代表性企业了。

在我看来，在讨论母公司资产的战略属性的时候，货币资金应该被排除在外。

由于货币资金既可以参与投资活动也可以参与经营活动，因而对货币资金应该归属于经营资产还是投资资产的问题，是需要首先厘清的。

在我以前的书籍中，关于母公司货币资金归属问题，我是这样处理的：在母公司货币资金规模较小的情况下，可以将货币资金归于经营资产；在母公司货币资金规模较大的情况下，可以先将货币资金剔除，然后将剩余的资产按照经营与投资进行划分。因为货币资金规模大小是很难掌握的，分析前先剔除货币资金会使得后续分析简单而清晰。

因此，本书在进行母公司资产结构的战略考察时，先把母公司资产中的货币资金剔除，再进行分析。

把母公司资产中的货币资金剔除，并把剩余的资产按照经营资产（包括应收票据、应收账款、应收款项融资、预付款项、存货、合同资产、固定资产、在建工程、无形资产、使用权资产、开发支出等）和投资资产（包括各类投资资产）进行划分。

而经营资产与投资资产的结构安排恰恰反映了企业的发展战略。根据经营资产与投资资产的数量对比，我们可以把母公司的资产结构所展示出来的企业发展战略做如下分类。

第一类，母公司资产总额剔除货币资金以后，经营资产占据主导地

位，投资资产居于从属地位。这种资产结构一般意味着母公司走经营主导的发展之路。

实际上，涪陵榨菜母公司的资产结构就属于这种情况：母公司33亿元的资产总额中包括了17.2亿元的货币资金。剔除货币资金以后的资产为15.8亿元。投资资产有两项：一项是长期股权投资，为2.2亿元；另一项是其他应收款，母公司的数据大于合并数据0.81亿元，意味着母公司向子公司提供资金的基本规模。

两项投资资产的规模之和为3亿元。

这样，企业的经营资产为12.8亿元——母公司在剔除货币资金后的资产结构中，经营资产占据了主导地位，母公司选择的是经营主导的发展战略。

第二类，母公司资产总额剔除货币资金以后，投资资产占据主导地位，经营资产居于从属地位。这种资产结构一般意味着母公司走投资主导的发展之路。

实际上，宝新能源母公司的资产结构就属于这种情况：母公司110亿元的资产总额中包括了7亿元的货币资金。剔除货币资金以后的资产为103亿元。典型的投资资产包括交易性金融资产、一年内到期的非流动资产、其他权益工具投资、其他非流动金融资产和长期股权投资，合在一起为98亿元。另外，母公司的其他应收款数据大于合并数据0.46亿元，应为母公司向子公司提供资金的基本规模。

两项投资资产的规模之和为99亿元。

这样，企业的投资资产占据了母公司资产总额的绝大部分，剩余的其他资产很难组织成规模的经营活动。据此我们可以得出这样的结论：母公司选择的是投资主导的发展战略。

第三类，母公司资产总额剔除货币资金以后，投资资产与经营资产的规模大体相当。这种资产结构一般意味着母公司走经营与投资并重的

发展之路。

对于这样的公司，我就不再展示新的案例了。

2. 母公司资产结构与战略选择：优与劣

从企业发展的基本脉络来看，选择经营主导的发展战略的企业往往一开始先从特定产品或者服务的经营活动开始，在经过一段时间的业务发展之后，企业再根据需要进行适当的对外投资——要么直接设立子公司，要么通过并购控制其他企业。因此，经营主导型企业在业务结构上往往是专业化而不是多元化的。

而选择投资主导、自己不经营或少经营的发展战略的企业，往往一开始就要走多元化的发展道路。这种企业多元化的布局通过母公司或者子公司等对外设立子公司、孙公司等来实现，或者通过母公司或者子公司等对外收购来实现。

至于两类公司发展战略的优与劣，则很难进行评价：选择哪种发展战略都有成功、有失败。

企业发展的关键不仅在于战略的选择，而且在于对战略的实施。

当然，从企业发展的速度来看，选择经营主导发展战略的企业在资产规模和营业收入规模增长的速度上会相对较慢，而选择投资主导发展战略的企业有可能在较短时间内借助融资来实现资产规模、营业收入规模的较快增长。

这是怎么回事呢？

假设你经营一家企业，聚焦某种商品的研发、生产和销售，产品卖得很火，存货周转速度很快，产品买的人很多，价格也很高——企业的毛利率非常高。

从企业发展速度的角度来看，产品的毛利率再高，资产增长也是按照一点一点的毛利来增加的。也就是说，你的企业资产积累是渐进式发展的。我把这种发展称为"走",也就是一点一点的积累。这个增长速度是不是相对较慢呢?

假设你设立一家企业,但不经营,而是通过设立子公司的方式让别人去经营。如果有可能,你会设立一个一个的子公司、孙公司,采用这样的发展方式,你就有可能在较短时间内实现资产和营业收入的快速增长。

假设你有100万元的现金设立企业。你的企业如果不融资,你就只有100万元的能力。但是,此时你被一个需要250万元才能完成的项目吸引。你手里只有100万元,还想做250万元才能完成的项目,你该怎么办呢?

如果你想做这个项目,可以这样处理:把这100万元全部投资出去,设立一个新企业。在这个新企业中,你投资100万元,然后通过自己的努力让其他单位或个人向新设立的企业投资80万元。新企业的资本就达到了180万元。但180万元的资本结构中,你占的股份是5/9,你是第一大股东。你不但是第一大股东,你还可以对这个新企业进行控制。

但是,这个新企业离250万元的筹资目标还有70万元的缺口。你可以继续努力,找他人或者金融机构借款70万元。这样,你在只有100万元的情况下,通过设立新企业、吸纳其他股东对新企业入资、新企业进行债务筹资以及你对新企业实施控制,就达到了250万元的业务能力。

资产增长了,业务规模也就有可能增长了。

这就是我说的通过对外控制性投资,企业能从原来的"走",转变为"飞"起来。

第四节　企业对外扩张:怎么才能"飞"起来

哪些因素可以导致企业对外控制性投资(就是对子公司投资)实现较大的资源规模增长呢?

一般来说，企业在对外进行控制性投资扩张的过程中，有四大动力能够帮助被投资企业的资产快速发展。实际上，子公司发展就是投资方发展，子公司的资产总额就是母公司可以控制和支配的资源。而且，按照会计准则的规定，子公司的资产要并入母公司编制的合并报表，从而增强企业合并报表的资产规模。

1. 子公司其他股东入资

上一节所讲的例子里，你作为投资 100 万元的投资方进入企业，其他投资方投资 80 万元进入企业。子公司通过吸纳其他股东的入资，资产总额立即得到增长。在这个子公司中，你占据 5/9 的股份，就成了控制性股东；而投资 80 万元的投资方也是股东，占据 4/9 的股份，属于少数股东。在合并报表里边，与非控制性股东权益有关的内容就出现在合并资产负债表的一个很显著的位置——股东权益下边的最后一行，叫少数股东权益。

可见，对非控制性股东入资的吸纳程度，将决定子公司资产在设立阶段的增长规模。

实际上，对于购买上市公司股份的大量投资者而言，如果你不是拥有控制权的一方，你就属于少数股东。虽然都是股东，但在很多情况下，少数股东属于弱势群体。

作为少数股东，你先别为你成为这个企业的股东而骄傲，而是要有承担你可能出现投资损失的心理准备。

如果你所投资的对象是非上市公司，在这个企业没有利润的阶段，你不可能有投资回报；在有利润的时候，如果企业不分红，你仍然没有投资回报。如果你持股一段时间以后，发现企业有没有利润都与你无关，这时候你可能想退出企业，把股份卖掉。但你还要寻找买家（买家既可以是现有的股东，也可以是想进入企业的新股东），而你卖出的价格可能与你的预期相差甚远。

如果你所投资的对象是上市公司，你获得投资收益的途径主要是两个：一是长期持有，等着分红；二是不断通过低价购买、高价出售的交易来获利。大多数的资本市场投资者都希望通过第二种途径获得投资收益，但这种投资收益的持续获得实际上是很不容易的。

这就是少数股东在企业里的处境。

所以，在一定程度上可以这样说：少数股东既是向企业慷慨入资的投资者，也是企业各种风险的首要承担者。

无论如何，正是借助少数股东的资源投入，子公司才可能在控制性股东投入资源较少的情况下获得更多的实收资本。

2. 子公司的债务融资

子公司设立以后就可以进行债务融资了。子公司既可以自己的资本规模为基础进行债务融资，也可以股东担保来进行债务融资，还可以自己业务的前景为基础进行债务融资。

子公司获得的债务融资将会直接增加子公司的资产规模，从而实现子公司资产的整体增长。

上一节讲的例子中，被投资企业预计要从事一个需要250万元才能够进行的项目。母公司通过自己入资、吸纳他人入资，让子公司拥有了180万元，离250万元的目标还有70万元的差距。此时，子公司自己通过进行债务融资解决了这个资金缺口的问题。子公司在进行债务融资的时候，拥有三个基础：一是自己有180万元的实收资本，二是企业的股东可能进行的担保，三是企业准备开展业务的预期前景。实际上，企业开展业务的预期前景是最重要的——一个预期经济效益和社会效益都很好的项目是很容易获得债务融资的。当然，企业的债务融资渠道，未必是银行等金融机构，还可以有其他途径。

3. 子公司的业务发展

随着业务的不断增长，子公司由于采购和销售会产生一些经营性负债，如应付票据、应付账款、预收款项、合同负债等。企业获得经营性负债的能力，既与企业的竞争力有关，也与企业的业务规模有关。在企业业务发展迅速、市场竞争地位较高的时期，企业的经营性负债对资产增长可以提供强有力支持。

4. 子公司的利润积累

子公司经过一段时期的经营活动会产生利润。前文我曾经谈到过：企业获得利润以后，要按照相关规定计提盈余公积——计入资产负债表中股东权益的"盈余公积"项目；然后可以将一部分利润分配给股东，剩余的未分配利润将计入资产负债表中股东权益的"未分配利润"项目。

企业的盈余公积与未分配利润可以统称为"利润积累"。利润积累得越多，企业资产增加就越多。因此，子公司的利润积累构成了子公司资产增长的又一动力。

企业利润积累对资产增长的贡献，一方面取决于企业是不是有利润，另一方面取决于企业采取怎样的分配政策。如果企业的利润很多但选择尽可能少地向股东支付现金股利，则利润积累对企业资产的增长就会有较大贡献；如果企业选择将更多利润用于现金股利支付，则即使企业利润很多，也不会对企业的资产增长做出太大贡献。

我们看一个格力电器利润分配的公告。

2022 年 2 月 24 日，上市公司格力电器发布了《第十一届董事会第三十二次会议决议公告》，部分内容为：

公司在关注自身发展的同时高度重视以经营业绩回报股东，为建立科学、持续、稳定的股东回报机制，切实保护股东合法权益，促进资本市场理性发展，公司董事会已于2022年1月24日制订并公告了《未来三年股东回报规划（2022年—2024年）》。公司综合考虑当前经营情况、发展规划、资金状况以及现金分红政策的一贯性等因素，拟实施2021年中期分红，具体如下：

公司（母公司）2021年上半年实现净利润7,887,628,443.7元（未经审计），截至2021年6月30日，可供股东分配的利润为59,671,300,572.90元（未经审计）。结合有关法律法规及《公司章程》的规定，公司拟暂以2022年2月11日享有利润分配权的股份总额5,536,677,733股（总股本5,914,469,040股扣除公司回购账户持有的股份数量377,791,307股）为基数，向全体股东每10股派发现金股利10元（含税），不送红股，不以公积金转增股本，共计派发现金股利5,536,677,733元。

以上利润分配预案符合《公司法》、中国证监会《关于进一步落实上市公司现金分红有关事项的通知》《上市公司监管指引第3号——上市公司现金分红》及本公司章程等相关规定。公司现金分红水平高于所处行业上市公司平均水平。

实际上，格力电器在很长一段时期内，在具备较高盈利能力和现金支付能力的条件下，已经向股东分配了大量现金股利。但你如果去看格力电器的资产负债表，就会看到格力电器在向股东分配较多现金股利的同时，也留有较多的未分配利润——格力电器的利润积累对资产增长贡献是很大的。但如此高规模的（拟分配现金股利规模占母公司同期实现净利润比例高达70%）现金股利分配，在以前还是很少见的。

这既与企业累积的未分配利润仍然很高、企业现金支付能力较强有关，更与企业希望通过高规模分红来提振资本市场投资者信心有关。未来，如果企业把大量利润用于现金股利分配，则利润积累因素对资产增长的贡献将会降低。

下面我们看一下顺丰控股资产负债表的负债和股东权益部分，看看子公司的四大动力对合并资产的贡献情况（见表6-9）。

表6-9　顺丰控股子公司的四大动力对合并资产的贡献情况　单位：元

时间	2020-12-31	2020-12-31	2019-12-31	2019-12-31
报告期	年报	年报	年报	年报
报表类型	合并报表	母公司报表	合并报表	母公司报表
流动负债：				
短期借款	7,996,570,313		6,053,374,643	
交易性金融负债	22,155,014			
应付票据			30,000,000	
应付账款	15,484,940,352		11,988,256,010	
预收款项	27,575,669		669,948,931	
合同负债	1,539,264,096			
应付职工薪酬	4,310,829,147	226,667	3,281,062,510	380,000
应交税费	1,855,263,509	21,397,864	1,139,144,006	
其他应付款（合计）	7,530,793,784	15,926,206	4,707,159,831	63,611,663
一年内到期的非流动负债	2,945,350,894		2,091,892,292	1,366,575
其他流动负债	92,355,846		1,017,446,859	
其他金融类流动负债	3,654,786		3,778,708	
流动负债合计	41,808,753,410	37,550,736	30,982,063,788	65,358,238
非流动负债：				
长期借款	1,865,820,266		6,539,556,784	
应付债券	8,425,430,469		10,597,985,017	5,031,969,368
长期应付款（合计）	10,201,627		78,310,330	

（续表）

时间	2020-12-31	2020-12-31	2019-12-31	2019-12-31
报告期	年报	年报	年报	年报
报表类型	合并报表	母公司报表	合并报表	母公司报表
长期应付职工薪酬	145,540,227		204,466,447	
预计负债	42,253,057		50,197,781	
递延所得税负债	1,687,605,942	94,178	1,387,699,269	1,723,041
递延收益-非流动负债	414,736,205		201,496,412	
非流动负债合计	12,591,587,792	94,178	19,059,712,038	5,033,692,409
负债合计	54,400,341,202	37,644,914	50,041,775,826	5,099,050,648
所有者权益（或股东权益）：				
实收资本（或股本）	4,556,440,455	4,556,440,455	4,414,585,265	4,414,585,265
其他权益工具			768,938,485	768,938,485
资本公积	24,405,217,287	52,344,320,323	16,124,018,594	46,642,944,150
减：库存股	394,992,893	394,992,893	454,761,307	454,761,307
其他综合收益	1,143,969,092		1,002,715,607	
盈余公积	745,043,348	591,998,348	601,241,238	448,196,237
一般风险准备	279,142,491		225,783,247	
未分配利润	25,708,230,458	1,560,724,342	19,737,192,610	1,454,807,195
归属于母公司所有者权益合计	56,443,050,238	58,658,490,575	42,419,713,740	53,274,710,026
少数股东权益	316,650,821		73,897,242	
所有者权益合计	56,759,701,059	58,658,490,575	42,493,610,981	53,274,710,026
负债和所有者权益总计	111,160,042,261	58,696,135,489	92,535,386,808	58,373,760,673

从资产等于负债和股东权益的基本关系，大家应该能够看出企业在2020年12月31日的母公司资产规模是587亿元，合并资产的规模为1,112亿元。

现在要考察的是：子公司（当然子公司不会是一个，而是一批）资产增量贡献 525 亿元（1,112 亿元减去 587 亿元）里，四大动力的贡献如何？

第一，子公司债务融资产生的资产贡献。 从母公司的负债结构来看，母公司没有进行任何债务融资，全部债务融资均由子公司进行。这些债务融资项目集中在短期借款、交易性金融负债、一年内到期的非流动负债、长期借款和应付债券等项目上。子公司在这些债务融资项目上所募集的资金为 212 亿元。

第二，子公司业务产生的资产贡献。 同样，从母公司的负债结构来看，母公司基本上没有开展经营活动，经营活动几乎全部由子公司进行。这些经营性负债项目集中在应付票据、应付账款、预收款项、合同负债、应付职工薪酬、应交税费、其他应付款等项目上。子公司这些经营性负债项目的金额之和为 308 亿元。

第三，子公司利润积累的资产贡献。 子公司利润积累所产生的资产贡献主要集中在合并报表的盈余公积、一般风险准备和未分配利润上。这三个项目合并报表的数据之和是 267 亿元。母公司报表中没有一般风险准备，只有盈余公积和未分配利润。母公司盈余公积与未分配利润之和为 22 亿元。

这样，子公司的利润积累对整个集团的资产贡献是 245 亿元。

第四，子公司少数股东的资产贡献。 子公司少数股东的资产贡献就在合并报表的"少数股东权益"项目上，只有 3 亿元。

总结一下，顺丰控股在企业发展的战略选择上，采取母公司对外进行控制性投资、由子公司开展具体经营活动的发展战略，并实现了较好的控制性投资的资产扩张效果。

子公司对整个集团的资产贡献因素，按照贡献大小的顺序依次是：子公司业务、子公司利润积累、子公司债务融资以及子公司少数股东。

这意味着：子公司业务能力和盈利能力构成了子公司对整个集团资产贡献的主要动力，说明企业的业务发展整体上处于良性状态。

> **小结：**
>
> 本节我讲了子公司对整个集团资产贡献的四个动力。把这几个要点掌握清楚了，你就会对一个企业合并报表和母公司报表之间所展示出来的投资的资产扩张效果有清晰的认识。

第五节　企业靠谁的资源来发展：输血与造血

企业是靠输血来发展，还是靠造血来发展呢？

我在讨论负债结构的时候，曾经讲过造血型负债和输血型负债。本节我把造血与输血的范畴扩展到负债和股东权益整体。

1. 造血能力强的企业管理者底气足

在 2016 年 10 月 28 日，格力电器召开了一次临时股东大会。这次股东大会讨论了多项议案，其中有一项议案就是格力电器准备斥资 130 亿元收购珠海银隆的股份———一个造车的企业。

在这次会议上董明珠董事长发飙了。董明珠跟股东说的话中有这样的表达：格力电器有今天，不是靠你们，而是靠我们！

请注意董明珠话里面的"你们"和"我们"分别是谁？别忘了这是股东大会。

"你们"是谁？应该是现场的各位股东。"我们"是谁是？以我（董明珠）为代表的企业的经营管理团队。

当然了，董明珠本人也是股东——持股比例不是很大却很有影响力的股东。但董明珠讲话时，显然是站在企业经营管理者的立场上的。

一个持有企业股份并不多的董事长、总裁居然能这样跟股东讲话，她的底气从哪里来呢？我们还是用财务数据说话吧。

企业财报解析：格力电器的负债与股东权益

由于格力电器各个年度资产负债表的结构基本一致，我就用 2020 年格力电器资产负债表的负债与股东权益的数据来对这个问题进行说明（见表 6-10）。

表 6-10　2020 年格力电器资产负债表的负债与股东权益的数据　单位：元

时间	2020 年 12 月 31 日	2019 年 12 月 31 日	2020 年 12 月 31 日	2019 年 12 月 31 日
报表类型	合并报表	母公司报表	合并报表	母公司报表
流动负债：				
短期借款	20,304,384,742	15,862,663,592	15,944,176,463	11,188,890,759
应付票据及应付账款	53,031,731,117	63,542,218,628	66,942,023,596	68,110,779,052
应付票据	21,427,071,950	19,177,017,665	25,285,207,844	23,013,715,200
应付账款	31,604,659,167	44,365,200,963	41,656,815,752	45,097,063,852
预收款项			8,225,707,662	11,832,592,136
合同负债	11,678,180,425	14,594,653,911		
应付职工薪酬	3,365,355,469	1,306,897,770	3,430,968,964	1,398,044,643
应交税费	2,301,355,583	777,604,965	3,703,779,716	1,819,362,037
其他应付款（合计）	2,379,395,717	1,773,107,761	2,712,692,974	4,897,515,153
应付利息				
应付股利	6,986,646	602,882	707,914	
其他应付款	2,372,409,071		2,711,985,060	

（续表）

时间	2020 年 12 月 31 日	2019 年 12 月 31 日	2020 年 12 月 31 日	2019 年 12 月 31 日
报表类型	合并报表	母公司报表	合并报表	母公司报表
其他流动负债	64,382,254,284	59,737,975,078	65,181,491,855	64,375,139,452
其他金融类流动负债	1,036,060,794		3,427,458,978	
流动负债合计	158,478,718,131	157,595,121,705	169,568,300,210	163,622,323,232
非流动负债：				
长期借款	1,860,713,816	143,254,262	46,885,883	
长期应付职工薪酬	149,859,788	149,859,788	141,021,228	141,021,228
递延所得税负债	1,411,111,103	848,906,844	927,789,301	528,382,788
递延收益－非流动负债	437,033,702	74,814,702	240,504,270	51,891,300
非流动负债合计	3,858,718,409	1,216,835,597	1,356,200,683	721,295,316
负债合计	162,337,436,540	158,811,957,302	170,924,500,892	164,343,618,548
所有者权益（或股东权益）：				
实收资本（或股本）	6,015,730,878	6,015,730,878	6,015,730,878	6,015,730,878
资本公积	121,850,281	184,850,282	93,379,501	179,564,696
减：库存股	5,182,273,854	5,182,273,854		
其他综合收益	7,396,060,195	7,763,409,044	6,260,291,981	6,462,024,096
盈余公积	3,499,671,557	3,497,114,024	3,499,671,557	3,497,114,024
一般风险准备	497,575,772		489,855,827	
未分配利润	102,841,596,378	68,536,203,624	93,794,643,539	53,971,127,295
归属于母公司所有者权益合计	115,190,211,207	80,815,033,998	110,153,573,283	70,125,560,990
少数股东权益	1,690,275,881		1,894,083,240	
所有者权益合计	116,880,487,088	80,815,033,998	112,047,656,523	70,125,560,990
负债和所有者权益总计	279,217,923,628	239,626,991,300	282,972,157,415	234,469,179,537

企业在 2020 年 12 月 31 日的母公司资产规模是 2,396 亿元，合并资产的规模为 2,792 亿元。

我们以合并报表的数据为基础来进行考察。需要思考的问题是：合并报表对资产贡献的四大动力是如何表现的？

第一，企业债务融资的贡献。企业债务融资主要集中在短期借款、其他金融类流动负债和长期借款这三个项目上。这三个项目金额之和为 232 亿元。也就是说，企业的债务融资对资产规模的贡献是 232 亿元。实际上，熟悉格力电器财务状况的人都会看到，格力电器的母公司资产负债表以及合并资产负债表中的货币资金长期居高不下，而且大都是由经营活动产生的——企业的货币资金在自己的经营活动和投资活动方面根本就用不完。因此，格力电器的债务融资不应该被理解为是经营活动或者投资活动所需要的必要融资。

第二，企业经营活动产生的经营性负债对资产的贡献。企业与经营活动有关的经营性负债项目集中在应付票据、应付账款、预收款项、合同负债、应付职工薪酬、应交税费、其他应付款以及其他流动负债等项目上。这些经营性负债项目的金额之和约为 1,370 亿元。

第三，企业利润积累对资产的贡献。企业利润积累所产生的资产贡献主要集中在合并报表的盈余公积、一般风险准备和未分配利润上。这三个项目金额之和的合并报表数据是 1,068 亿元。

第四，股东（包括子公司少数股东）入资的资产贡献。上市公司股东入资对资产的贡献集中在股本和资本公积两个项目上，合并报表这两个项目金额之和是 61 亿元；合并报表少数股东权益项目的金额为 17 亿元。两者之和为 78 亿元。

需要注意的是，由于资料所限，我们在报表信息中不能找到子公司的少数股东对子公司入资的具体规模，只能用少数股东权益的数据来代替子公司少数股东对企业资产的贡献规模。少数股东权益的数据包含了少数股东对子公司的入资以及子公司的资本公积、盈余公积以及未分配利润里按照子公司少数股东入资比例所分享的部分。在子公司有盈利能力的情况下，子公司的股东对子公司的入资规模一定小于少数股东权益的规模。我在本案例分析中用少数股东权益的数据来代替子公司少数股东对企业资产的贡献规模不会对分析的结果产生影响。

总结一下，在对格力电器合并报表的资产贡献中，按照贡献大小的顺序依次是：企业的业务贡献、企业的利润积累贡献、企业的债务融资贡献以及股东（包括少数股东）入资贡献。

这意味着：企业的业务能力和业务规模以及盈利能力构成了企业资产的主要来源。

需要注意的是：虽然企业的利润积累属于股东权益范畴，但业绩的取得绝不是股东的直接贡献，而是以董明珠为核心成员的企业经营管理者的贡献。这就是说：格力电器达到了一种境界，不需要进行任何形式的融资就可以进行自我发展。

讲到这里，我们可以把资产负债表右边的四大动力再进行归类：**把企业因自身经营活动和利润积累对资产的贡献力称为造血能力，把企业因股东入资和债务融资对资产的贡献力称为输血能力。**

可见，格力电器的造血能力是相当强的。格力电器的造血能力是董明珠底气的重要基础。

2. 输血能力强的企业底气也足

下面看一个主要靠输血维持的企业的财务数据。

企业财报解析：华谊兄弟的资产结构

我们看一下上市公司华谊兄弟 2020 年度报告的相关数据（见表 6-11）。

表 6-11　华谊兄弟 2020 年度报告的相关数据　　单位：元

时间	2020-12-31	2020-12-31	2019-12-31	2019-12-31
报告期	年报	年报	年报	年报
报表类型	合并报表	母公司报表	合并报表	母公司报表
流动资产：				
货币资金	643,817,187	91,333,710	553,693,031	116,121,865
交易性金融资产			30,000,000	
应收账款	604,872,343	173,032,778	204,400,782	20,553,366
应收款项融资	243,180		11,112,600	0
预付款项	914,395,746	26,359,160	1,211,724,817	103,752,410
其他应收款（合计）	287,629,342	3,365,501,100	240,248,963	3,242,661,032
存货	547,463,021	97	820,590,136	1,942,769
其他流动资产	75,415,285	1,373,440	94,761,691	6,235,854
流动资产合计	3,073,836,104	3,657,600,286	3,166,532,020	3,491,267,295
非流动资产：				
其他权益工具投资	791,594,844	350,000,000	920,647,774	355,000,000
其他非流动金融资产	404,710,581	156,541,342	455,165,110	157,669,350
长期应收款	44,370,372		43,045,250	
长期股权投资	3,731,326,031	7,451,893,519	4,375,001,318	7,489,768,755
投资性房地产	36,663,021		38,166,384	0
固定资产（合计）	803,159,994	18,665,557	901,084,013	22,418,052
无形资产	27,045,964	1,201,702	36,268,826	1,870,766

327

（续表）

时间	2020-12-31	2020-12-31	2019-12-31	2019-12-31
报告期	年报	年报	年报	年报
报表类型	合并报表	母公司报表	合并报表	母公司报表
商誉	409,277,304		595,480,195	0
长期待摊费用	70,621,463	53,999,597	82,211,059	62,346,611
递延所得税资产	209,740,623	12,600,465	216,451,641	13,410,520
非流动资产合计	6,528,510,200	8,044,902,183	7,663,521,570	8,102,484,053
资产总计	9,602,346,304	11,702,502,469	10,830,053,590	11,593,751,349
流动负债：				
短期借款	1,915,173,420	1,993,622,920	2,092,067,992	2,092,067,992
应付账款	1,018,483,915	371,710,130	577,184,782	279,683,871
预收款项	49,369,427		997,972,773	291,309,216
合同负债	601,723,414	17,188,859		0
应付职工薪酬	20,649,911	436,606	15,651,763	488,788
应交税费	33,457,077	88,509	66,012,838	1,471,783
其他应付款（合计）	532,538,230	1,901,821,639	461,294,413	1,109,749,062
一年内到期的非流动负债	46,385,000	36,035,000	667,000,000	667,000,000
其他流动负债	13,653,122			
流动负债合计	4,231,433,516	4,320,903,663	4,877,184,561	4,441,770,712
非流动负债：				
长期借款	1,171,273,878	1,079,579,788	732,338,568	732,338,568
应付债券	222,261,333		220,845,468	
递延所得税负债	50,040,762		51,599,637	
递延收益－非流动负债	16,572,158		22,351,391	
其他非流动负债	283,160,377	268,867,924		
非流动负债合计	1,743,308,509	1,348,447,712	1,027,135,064	732,338,568

（续表）

时间	2020-12-31	2020-12-31	2019-12-31	2019-12-31
报告期	年报	年报	年报	年报
报表类型	合并报表	母公司报表	合并报表	母公司报表
负债合计	5,974,742,025	5,669,351,375	5,904,319,625	5,174,109,280
所有者权益（或股东权益）：				
实收资本（或股本）	2,779,254,919	2,779,254,919	2,787,959,919	2,787,959,919
资本公积	2,489,308,787	2,612,816,410	2,579,992,734	2,642,680,746
减：库存股	18,141,180	18,141,180	51,394,280	51,394,280
其他综合收益	−422,253,535	−5,000,000	−254,157,927	
盈余公积	448,694,499	448,787,686	448,694,499	448,787,686
未分配利润	−2,204,587,815	215,433,259	−1,156,527,857	591,607,998
归属于母公司所有者权益合计	3,072,275,676	6,033,151,094	4,354,567,087	6,419,642,069
少数股东权益	555,328,604		571,166,878	
所有者权益合计	3,627,604,280	6,033,151,094	4,925,733,965	6,419,642,069
负债和所有者权益总计	9,602,346,304	11,702,502,469	10,830,053,590	11,593,751,349

在 2020 年 12 月 31 日，母公司资产规模是 117 亿元，合并资产的规模为 96 亿元——合并报表的资产居然小于母公司的资产。

我们先以合并报表的数据为基础来进行考察。

第一，企业债务融资的贡献。企业债务融资主要集中在短期借款、一年内到期的非流动负债、长期借款和应付债券这四个项目上。这四个项目金额之和约为 34 亿元，也就是说，企业的债务融资对资产规模的贡献是 34 亿元。

第二，企业经营活动产生的经营性负债对资产的贡献。企业与经营活动有关的经营性负债项目集中在应付账款、预收款项、合同负债、应付职工薪酬、应交税费、其他应付款、其他流动负债以及其他非流动负债等项目上。企业在这些经营性负债项目上的金额之和约为 26 亿元。

第三，企业利润积累对资产的贡献。企业利润积累所产生的资产贡献主要集中在合并报表的盈余公积和未分配利润上。这两个项目金额之和的合并报表数据是 –18 亿元。这意味着合并报表所代表的企业整体的累积利润是负数。

第四，股东（包括子公司少数股东）的资产贡献。上市公司股东对资产的贡献集中在股本和资本公积两个项目上，合并报表这两个项目金额之和约为 53 亿元；合并报表少数股东权益项目的金额约为 6 亿元。两者之和为 59 亿元。

同样需要注意的是，由于资料所限，我们在报表信息中不能找到子公司的少数股东对子公司入资的具体规模，只能用少数股东权益的数据来代替子公司少数股东对企业资产的贡献规模。

总结一下，在对华谊兄弟合并报表的资产贡献中，按照贡献大小的顺序依次是：企业的股东入资（包括少数股东）贡献（约为 59 亿元）、债务融资贡献（约为 34 元）、业务贡献（约为 26 亿元）和利润积累的贡献（约为 –18 亿元）。

这意味着：企业的股东入资和债务融资构成了企业资产的主要来源，企业的业务所产生的经营性负债也对资产有一定的贡献。最糟糕的是企业的累积未分配利润是一个较大的负数，这意味着企业的经营活动或者投资活动在过去一段时间内出现了较大的亏损。

支撑企业资产的四大动力的规模顺序告诉我们：华谊兄弟的资产主要靠输血——一靠股东入资，二靠债务融资。企业的造血能力较弱。

那报表中合并资产总额小于母公司资产总额是怎么回事呢？

我们简单比较一下母公司的负债与股东权益各个项目与合并报表相应项目之间的数量关系就会发现，母公司与合并报表数额差异最大的是未分配利润：在 2020 年 12 月 31 日，母公司的未分配利润约为 2 亿元，而合并报表的未分配利润约为 –22 亿元。这就是说，正是子公司较强的亏损能力导致了合并资产小于母公司资产的情况。

你可能会问：华谊兄弟以后还会亏损下去吗？

可以从两个角度来考察。

第一个角度，是该企业自 2017 年以来的利润表信息的惯性发展。

过去几年华谊兄弟的利润表信息如下（见表 6–12）。

表 6–12　华谊兄弟 2017—2020 年利润表相关信息　单位：元

时间	2020 年	2019 年	2018 年	2017 年
报告期	年报	年报	年报	年报
报表类型	合并报表	合并报表	合并报表	合并报表
营业收入	1,499,998,802	2,243,545,642	3,814,468,574	3,946,276,084
营业成本	929,567,237	1,607,583,269	2,147,242,829	2,152,616,128
税金及附加	9,404,542	13,074,208	15,450,349	20,593,377
销售费用	330,571,853	379,786,579	651,267,017	725,481,461
管理费用	325,950,917	474,763,698	528,325,266	558,034,209
研发费用	7,488,313	63,973,508	47,956,934	
财务费用	251,466,423	323,002,628	328,884,229	290,107,900
其中：利息费用	257,488,465	313,199,401	358,525,690	
减：利息收入	3,835,789	36,524,422	48,571,064	
加：其他收益	55,605,331	77,214,605	138,667,175	127,061,591
投资净收益	–333,416,118	–256,695,230	212,720,126	769,568,988
公允价值变动净收益	–43,606,565	–27,004,648		
资产减值损失	–440,073,057	–2,692,557,000	1,381,286,103	279,901,368
信用减值损失	–45,577,570	–296,002,231		
资产处置收益	–394,767	–816,683	–827,565	–3,010

（续表）

时间	2020 年	2019 年	2018 年	2017 年
报告期	年报	年报	年报	年报
报表类型	合并报表	合并报表	合并报表	合并报表
营业利润	−1,161,913,228	−3,814,499,435	−935,384,416	816,169,210
加：营业外收入	118,401,364	70,511,837	68,369,130	269,849,214
减：营业外支出	10,034,677	20,172,959	9,117,819	10,728,769
利润总额	−1,053,546,541	−3,764,160,557	−876,133,105	1,075,289,656
减：所得税	21,952,448	276,285,938	108,389,636	88,243,459
净利润	−1,075,498,989	−4,040,446,495	−984,522,742	987,046,196

从上述几年利润表信息可以看出，该企业从 2017 年以来，营业收入经历了逐步下滑的过程。与此同时，核心利润（请自己根据公式进行计算）的规模越来越小，直至负数；投资收益的贡献也越来越小；资产减值损失大行其道。这是一个经营活动不行、投资活动不行、减值损失很行的阶段。

从企业自 2017 年以来的利润表信息的惯性来看，企业未来的盈利能力很难预测。

第二个角度，是华谊兄弟在 2020 年 12 月 31 日合并资产的结构惯性——资产结构的惯性对盈利能力有较大影响。在华谊兄弟合并资产总额的 96 亿元中，商誉仍然有 4 亿元，如果被收购企业未来盈利能力仍然不佳，商誉减值还会进行。企业高达 37 亿多元的长期股权投资，未来的价值走势有三种可能：一是出现减值，继续为亏损增加做贡献；二是继续持有并实现一定规模的投资收益；三是将部分投资出售出去，获得转让收益。至于其他经营资产的盈利能力，由于企业过去多年出现下滑以及企业所从事行业的特点，未来经营活动的规模以及盈利能力的不确定性是比较大的。

讨论完华谊兄弟的案例，我要强调一下：企业资产发展靠输血本身没有什么可以指责的，关键是看企业的发展阶段。在企业发展的早期，企业资产的动力来源一定是股东入资和债务融资。**当企业筹集到充足的股东入资和债务融资的时候，它的底气也是很足的**。在企业发展到一定阶段以后，如果支持企业资产的动力结构中输血还是主力，就意味着企业自身的业务能力或者投资效益不佳——要么选错了行业，要么用错了人。

小结：

在本节中，我把资产负债表右边的内容重新阐释为输血和造血。通过对企业输血和造血的结构分析，再结合企业所处的发展阶段，你就能更好地理解企业在靠什么生存了。

模块三

应用场景：
张氏财报分析框架应用实战

在模块三里，我把战略视角财报分析框架里的一些核心分析方法应用到一些上市公司中。通过这部分内容的学习，你的财报分析能力将得到极大的提高。

第七章

企业经营管理特征分析

第一节　轻资产企业与重资产企业

1. 区分轻资产与重资产的意义

你如果是一个企业管理工作者，就有可能在日常经营管理过程中或与同行的交流中，听到过这样的议论或评价：这是一个轻资产企业，那是一个重资产企业。

在听到这些话的时候，你有没有一个比较清晰的概念——企业的资产怎么就是重资产了？怎么就是轻资产了？

重资产和轻资产的概念，不是严格意义上的会计学概念，但在实践中确实是经常谈到的概念。

有人把重资产理解为有形资产，把轻资产理解为无形化的资产，甚至包括表外无形化的资产等。我觉得说得有点大了。

我想强调的是：当一个概念特别专业化、理论界定特别难以捉摸的时候，这个概念也就失去在实践中应用的生命力了。

就我所见，当人们说一个企业是重资产企业的时候，传统上指的就是固定资产占经营资产总额比重比较高的企业。比如，一个企业的主要经营资产如应收票据、应收账款、预付款项、存货、合同资产、固定资产（可以加上在建工程）、无形资产中，固定资产占比较高的往往被称为重资产类企业，而固定资产占比较低的则被称为轻资产类企业。

下面我们先看一下上市公司苏泊尔 2020 年度报告中的部分合并报表数据（见表 7-1）。

表 7-1　苏泊尔 2020 年度报告中的部分合并报表数据　　单位：元

时间	2020-12-31	2019-12-31
报告期	年报	年报
报表类型	合并报表	合并报表
流动资产：		
货币资金	1,719,785,919	1,308,132,657
交易性金融资产	115,992,105	1,264,563,043
应收票据及应收账款	2,473,355,412	1,796,909,432
应收票据	245,053,094	
应收账款	2,228,302,318	1,796,909,432
应收款项融资	321,162,887	1,186,980,102
预付款项	179,491,969	278,545,463
其他应收款	40,164,877	14,230,737
存货	2,409,298,690	2,247,612,900
其他流动资产	2,857,567,547	1,732,984,689
流动资产合计	10,116,819,407	9,829,959,023

（续表）

时间	2020-12-31	2019-12-31
报告期	年报	年报
报表类型	合并报表	合并报表
非流动资产：		
长期股权投资	64,448,318	61,917,731
固定资产	1,228,535,068	908,982,691
在建工程	47,175,325	215,167,399
无形资产	461,801,364	465,546,894
长期待摊费用	1,621,069	2,168,302
递延所得税资产	371,869,835	364,211,947
非流动资产合计	2,175,450,978	2,017,994,964
资产总计	12,292,270,385	11,847,953,986

　　从企业经营资产的整体来看，应收账款、应收票据加上应收款项融资三个项目之和为 28 亿元，存货为 24 亿元，而固定资产加上在建工程不足 13 亿元。从固定资产占经营资产的比重来看，企业的固定资产占比并不高——这是一个资产较轻的企业。

　　下面再看另外一个企业——爱美客的财务数据（表 7-2）。

表 7-2　爱美客的财务数据　　　　　　　　单位：元

时间	2020-12-31	2019-12-31
报告期	年报	年报
报表类型	合并报表	合并报表
流动资产：		
货币资金	3,455,840,597	505,609,229
交易性金融资产	841,568,000	

（续表）

时间	2020-12-31	2019-12-31
报告期	年报	年报
报表类型	合并报表	合并报表
应收账款	29,821,541	14,737,239
预付款项	6,274,168	4,569,105
其他应收款	3,332,289	2,304,302
存货	26,804,184	23,292,508
其他流动资产	12,200,545	14,187,592
流动资产合计	4,375,841,324	564,699,974
非流动资产：		
其他非流动金融资产	25,000,000	
长期股权投资	33,892,732	
固定资产	142,873,876	150,641,423
无形资产	10,363,398	10,664,830
长期待摊费用	8,213,870	22,553
递延所得税资产	1,788,571	1,896,792
其他非流动资产	34,695,063	15,720,288
非流动资产合计	256,827,509	178,945,885
资产总计	4,632,668,833	743,645,859

从企业经营资产的整体来看，应收账款、预付款项和存货三个项目之和不足 1 亿元，而固定资产就达到了 1.43 亿元。从固定资产占经营资产的比重来看，企业的固定资产占比是比较高的——这是一个资产相对较重的企业。

区分重资产与轻资产是非常有意义的。

重资产类企业营业收入规模和成长性的主要动力来自企业固定资

产的整体利用效率以及企业产品或者服务结构的调整。在企业营业收入达不到一定规模的情况下，企业会由于重化的资产必然发生的折旧等固化费用而很难获得利润。当然，在企业达到盈亏平衡以上的营业收入以后，企业核心利润的增长速度可能会快于营业收入的增长速度——固化的费用不会随营业收入的增长而增长。

对于轻资产类企业，其营业收入规模和成长性的主要动力来自企业流动性经营资产的有效组织，通过强化流动资产的周转来提升整体经营资产利用效率。轻资产类企业由于固化费用的压力不大，因而实现利润所需要的营业收入并不需要很高。

2. 重资产含义的新发展

近年来，随着数字时代的到来，一些企业无形资产、开发支出等项目在非流动资产中的比重越来越大。与此同时，中国资本市场里发生的大量并购，使得收购方合并报表由于并购出现了巨额商誉以及无形资产的评估增值。而商誉和资产评估增值导致的合并资产增加仅是纸面上的数字，不会对被收购企业有任何营业收入或盈利能力的直接贡献。

但是，这些增长过快的数据会引起不同项目资产之间的失衡，失衡的经营资产的整体效率是低的。而且，这些因并购导致的数据虽然是纸面数据，但确实是收购方付出的资源代价，并直接导致收购方合并经营资产的加速重化，且需要未来的经营业绩来补偿。

鉴于这些新情况，重资产中"重"的内涵也要发生变化。

我们看一下北京数知科技股份有限公司（以下简称"数知科技"）2017 年的一次收购情况（见表 7-3、表 7-4、表 7-5）。

表7-3 非同一控制下企业合并信息（部分） 单位：元

被购买方名称	股权取得时点	股权取得成本	股权取得比例	股权取得方式	购买日	购买日的确定依据	购买日至期末被购买方的收入	购买日至期末被购买方的净利润
Blackbird Hypersonic Investments Ltd.（以下简称"BBHI"）	2017年3月31日	6,300,000,000.00	99.99%	非同一制企业合并	2017年3月31日	已获取控制权	1,728,823,998.54	404,967,289.45

表7-4 合并成本及商誉 单位：元

合并成本	BBHI
——现金	2,100,000,000.00
——发行的权益性证券的公允价值	4,200,000,000.00
合并成本合计	6,300,000,000.00
减：取得的可辨认净资产公允价值份额	672,322,796.62
商誉	5,627,677,203.38

表7-5 被购买方于购买日可辨认资产、负债 单位：元

项目	购买日公允价值	购买日账面价值
资产：	809,035,197.19	772,814,084.27
货币资金	409,898,658.01	409,898,658.01
应收款项	292,697,148.34	292,697,148.34
固定资产	10,643,654.98	9,396,510.11
无形资产	36,337,552.75	1,363,584.70
预付款项	17,594,672.33	17,594,672.33
其他应收款	11,851,668.11	11,851,668.11
一年内到期的非流动资产	142,321.61	142,321.61
其他流动资产	4,137,103.70	4,137,103.70

（续表）

项目	购买日公允价值	购买日账面价值
长期待摊费用	1,152,240.33	1,152,240.33
长期股权投资	23,007,364.33	23,007,364.33
递延所得税资产	73,921.62	73,921.62
其他非流动资产	109,549.85	109,549.85
负债：	136,712,400.57	120,698,624.33
应付款项	101,455,829.02	101,455,829.02
递延所得税负债	16,013,776.24	
应付职工薪酬	14,822,208.21	14,822,208.21
应交税费	891,376.41	891,376.41
其他应付款	3,529,210.69	3,529,210.69
净资产	672,322,796.62	652,115,459.93
取得的净资产	672,322,796.62	652,115,459.93

合并成本公允价值的确定方法、或有对价及其变动的说明如下：

数知科技收购BBHI公司99.99%股权，支付对价为2,865,546,210.12元，形成合并商誉2,479,577,502.23元。同时，作为一揽子交易，数知科技收购BBHI公司100.00%股权的支付对价为6,300,000,000.00元，形成的合并商誉为5,914,023,553.27元，扣除自数知科技并购BBHI日起至本次购买日期间BBHI公司实现净损益为286,346,349.89元后，合并商誉为5,627,677,203.38元。

请看明白这样几个关系：

第一，被收购企业的账面净资产是6.52亿元，评估增值是6.72亿元。应该说，这样的一个净资产评估增值的增长规模是不大的。

第二，资产评估增值中，增值规模最大的是无形资产——从账面价值1,363,584.70元增加到评估价值36,337,552.75元。虽然增加的绝对额占资产总额的比重并不大，但无形资产评估增值的比例是相当大的。

第三，企业支付的对价中，一部分是货币资金，规模达 21 亿元。即使这部分对价，也远远超过了评估后的净资产规模 6.72 亿元。这种对价支付就使得卖出股份的一方所获得的现金对价中已经有了不错的投资收益。

第四，企业以 63 亿元的对价购买评估价值只有 6.72 亿元的企业，并产生高额商誉 56.28 亿元的原因，在企业的年度报告中并没有进行说明。一般来说，出现这样的情况，要么是被收购企业有业绩承诺，要么是购买方实在是需要被收购企业的战略价值——要么其盈利能力超强，要么其战略协调效应超好。

第五，站在被收购企业的角度看一下，账面总资产只有 7.73 亿元、净资产只有 6.52 亿元的业务能力能不能在收购后立即具有 63 亿元净资产的业务能力呢？购买方一定认为是具备的，否则不会去支付 63 亿元的对价。但稍有企业管理常识的人都会认为，被收购方净资产公允价值只有 6.72 亿元的企业在极短时间能够释放出 63 亿元净资产的业务能力是比较困难的。

现在的问题是：这样的收购，对于收购方的合并资产有什么影响呢？

我们看一下数知科技相关年度的合并资产负债表数据（见表 7-6）。

先看一下 2016 年底合并资产的结构。

在 2016 年底，合并资产总额为 39.47 亿元，虽然非流动资产中的常规重资产的标志性资产——固定资产与在建工程合计的规模约为 5 亿元，但与经营资产中的应收票据及应收账款（9.42 亿元）、预付款项（2.20 亿元）和存货（4.56 亿元）加在一起相比还是小了很多。因此，按照固定资产的轻重来考察企业资产轻重的方式来看，在 2016 年底的时候，

表7-6　数知科技相关年度的合并资产负债表数据

单位：元

时间	2020-12-31	2019-12-31	2018-12-31	2017-12-31	2016-12-31
报告期	年报	年报	年报	年报	年报
报表类型	合并报表	合并报表	合并报表	合并报表	合并报表
流动资产：					
货币资金	411,097,904	1,915,582,652	1,939,979,182	2,165,858,305	729,931,713
交易性金融资产	180,758,394	121,754,052			
应收票据及应收账款	1,365,382,685	2,498,765,287	1,999,063,786	1,189,962,220	942,130,598
应收票据			1,237,057	1,628,300	
应收账款	1,365,382,685	2,498,765,287	1,997,826,729	1,188,333,920	942,130,598
预付款项	624,287,263	990,696,540	720,050,620	269,047,305	220,266,648
其他应收款（合计）	796,284,645	992,911,622	204,805,043	118,210,797	92,993,360
应收股利					
应收利息			8,705,158	10,345,000	
其他应收款	796,284,645	992,911,622	196,099,886	107,865,797	92,993,360
存货	61,118,887	91,919,332	416,666,437	562,536,933	455,849,547
一年内到期的非流动资产				436,390	
其他流动资产	89,168,524	51,724,425	69,168,941	36,346,373	11,124,044
流动资产合计	3,528,098,300	6,663,353,909	5,349,734,009	4,342,398,324	2,452,295,911

（续表）

时间	2020-12-31	2019-12-31	2018-12-31	2017-12-31	2016-12-31
报告期	年报	年报	年报	年报	年报
报表类型	合并报表	合并报表	合并报表	合并报表	合并报表
非流动资产：					
可供出售金融资产			429,834,594	328,869,956	186,761,188
其他权益工具投资	671,467,945	364,635,641			
长期应收款	8,375,971				
长期股权投资	25,540,236	15,740,433	8,614,570	11,764,512	13,046,642
投资性房地产	52,433,004				
固定资产（合计）	796,547,007	906,874,722	841,538,972	643,210,176	467,284,926
在建工程（合计）	20,126,780	28,501,775	79,317,342	94,353,016	35,134,805
在建工程	18,438,266	26,932,773	77,106,843	92,761,930	34,968,951
工程物资	1,688,514	1,569,002	2,210,500	1,591,086	165,854
无形资产	125,575,011	205,596,057	203,042,093	130,719,312	37,361,994
开发支出	153,911,775	214,596,759	136,183,316	66,978,691	40,848,289
商誉	27,700,562	6,186,393,746	6,314,253,146	6,372,984,246	687,297,246
长期待摊费用	25,950,654	38,398,084	36,439,258	16,184,352	13,183,331
递延所得税资产	47,125,653	45,957,421	32,187,313	29,741,798	13,812,178
其他非流动资产	2,667,480	2,572,801	2,454,540	1,888,643	
非流动资产合计	1,957,422,080	8,009,267,437	8,083,865,145	7,696,694,703	1,494,730,599
资产总计	5,485,520,380	14,672,621,347	13,433,599,154	12,039,093,027	3,947,026,510

这个企业是一个相对轻资产的企业。

但是，如果你把并购导致的商誉（6.87亿元）加进去，固定资产、在建工程再加上商誉的规模将达到近12亿元，虽然与主要流动性经营资产相比还是显得较轻，但企业资产由于并购、产生商誉而重化的情况已经出现了。

由商誉和资产评估增值导致资产增加以后，企业经营资产的周转速度会相应下降（商誉可以归于经营资产范畴），需要获得利润的营业收入的金额会更高。

因此，在新的形势下，显示企业资产轻或者重的资产除了固定资产、在建工程以外，还应该包括无形资产、商誉、使用权资产等。这些资产加在一起占企业经营资产的比重达到一定程度，该企业就可以归于重资产企业。

请继续看数知科技2017年12月31日的资产数据。

在短短一年之内，数知科技的合并资产总额就达到了120.39亿元，比年初资产有了大幅度增长。

从增长幅度的角度来看，商誉和无形资产是两个增长幅度最大的项目——商誉不仅比年初的规模增长较大，而且占总资产的比重已经超过了50%。类似于商誉这样的资产增长，对企业资产的重化做出了重要贡献，导致企业本来较轻的资产结构由于商誉出现了急速重化的情况。

这就出现了一个问题：从企业有效经营资产的情况来看，这是一个轻资产型企业。但由于企业选择的是通过收购来获得经营能力且付出极大代价，因此出现了账面资产重、业务实质资产轻的矛盾。这种矛盾极有可能导致企业未来由于资产过重、经营业绩跟不上而计提减值损失的情况出现。

果然，在2020年12月31日，企业的商誉从年初的61.86亿元急剧下降到0.28亿元。这种减少极有可能是计提了商誉减值损失。

再强调一下：考察企业资产轻重的主要着眼点在于非流动资产中的固定资产、在建工程、使用权资产、无形资产、商誉以及开发支出等。如果这些资产占经营资产的比重达到一定程度，企业就可以归于重资产类企业。

当然，很难说上述资产占经营资产比重多高属于重。实际上，在考量企业资产轻重的时候，除了考察上述非流动资产占经营资产的比重，还要考察企业资产整体所推动的营业收入。如果企业的资产推动营业收入能力不强，资产再轻也是重的；如果企业的资产推动营业收入能力很强，资产再重也是轻的。

第二节 "两头吃"能力与变化的分析

1. "两头吃"的内涵

"两头吃"是一个通俗的说法，指的是企业利用与企业有业务关系的上下游企业所提供的商业信用（就是占用上下游企业或业务伙伴资金）的状况。这里的"两头"，一头是上游，即企业的供应商；一头是下游，即企业的经销商或者产品购买者。企业与上游和下游的关系实际上就是商品或者服务的购买和销售关系——对于上游是购买，对于下游是销售。

从财务管理角度来看，对于上游，企业要尽最大的可能利用上游所提供的商业信用来节约自己的资金——尽可能降低预付款项，增加应付票据和应付账款；对于下游，企业也一样希望能够利用下游所提供的商业信用来节约自己的资金——尽可能收取预收款项，减少赊销。如果企业能够在与上下游的关系管理中居于主动位置，并能够有所作为，企业经营活动产生的现金流量就会比较充分。

2. 与销售回款有关的资产负债表项目及企业回款管理状况的考察

在资产负债表中，反映企业与销售回款有关的项目主要是流动资产中的应收票据、应收账款、合同资产以及流动负债里的预收款项与合同负债。

在流动资产方面，传统上反映销售收款的主要债权项目一个是应收票据，一个是应收账款。在企业销售活动完成的时候，如果没有直接收到现金，对方又没有支付过预付款，企业的销售收入带来的资产就是债权——要么是应收票据，要么是应收账款。如果企业收到买方开具的商业汇票，债权就叫应收票据；如果企业就是按照合同约定到期收款，债权就叫应收账款。

一般来说，应收票据的可回收性强于应收账款，因此在流动资产的排序上，应收票据排在应收账款前面。

现在与企业赊销有关的债权又热闹了。最近几年，除了这两项债权外，还有两项新的债权，一项是应收款项融资，一项是合同资产。

为了说明这个问题，我先展示一下格力电器过去几年合并报表中的相关数据（见表7-7、表7-8）。

表7-7　格力电器2018—2020年合并资产负债表中的相关数据　单位：元

时间	2020-12-31	2019-12-31	2018-12-31
报告期	年报	年报	年报
报表类型	合并报表	合并报表	合并报表
流动资产：			
货币资金	136,413,143,860	125,400,715,268	113,079,030,368
交易性金融资产	370,820,500	955,208,584	1,012,470,387
衍生金融资产	285,494,154	92,392,626	170,216,139
应收票据及应收账款	8,738,230,905	8,513,334,545	43,611,226,866
应收票据			35,911,567,876

（续表）

时间	2020-12-31	2019-12-31	2018-12-31
报告期	年报	年报	年报
报表类型	合并报表	合并报表	合并报表
应收账款	8,738,230,905	8,513,334,545	7,699,658,990
应收款项融资	20,973,404,595	28,226,248,997	
预付款项	3,129,202,003	2,395,610,555	2,161,876,009
其他应收款（合计）	147,338,548	159,134,399	2,553,689,544
应收股利			
应收利息			2,257,098,902
其他应收款	147,338,548	159,134,399	296,590,642
存货	27,879,505,159	24,084,854,064	20,011,518,231
合同资产	78,545,526		
一年内到期的非流动资产		445,397,710	
其他流动资产	15,617,301,914	23,091,144,217	17,110,921,224
流动资产合计	213,632,987,165	213,364,040,965	199,710,948,769
流动负债：			
短期借款	20,304,384,742	15,944,176,463	22,067,750,003
衍生金融负债			257,364,882
应付票据及应付账款	53,031,731,117	66,942,023,596	49,822,799,753
应付票据	21,427,071,950	25,285,207,844	10,835,428,282
应付账款	31,604,659,167	41,656,815,752	38,987,371,471
预收款项		8,225,707,662	9,792,041,417
合同负债	11,678,180,425		
应付职工薪酬	3,365,355,469	3,430,968,964	2,473,204,452
应交税费	2,301,355,583	3,703,779,716	4,848,347,674
其他应付款（合计）	2,379,395,717	2,712,692,974	4,747,139,263

（续表）

时间	2020-12-31	2019-12-31	2018-12-31
报告期	年报	年报	年报
报表类型	合并报表	合并报表	合并报表
应付利息			133,746,868
应付股利	6,986,646	707,914	707,914
其他应付款	2,372,409,071	2,711,985,060	4,612,684,481
其他流动负债	64,382,254,284	65,181,491,855	63,361,598,765
其他金融类流动负债	1,036,060,794	3,427,458,978	315,879,779
流动负债合计	158,478,718,131	169,568,300,210	157,686,125,988

表 7-8　格力电器 2018—2020 年度合并报表中的相关数据　单位：元

时间	2020-12-31	2019-12-31	2018-12-31
报告期	年报	年报	年报
报表类型	合并报表	合并报表	合并报表
合并利润表项目：			
营业收入	168,199,204,405	198,153,027,540	198,123,177,057
营业成本	124,229,033,681	143,499,372,581	138,234,167,710
营业利润	26,043,517,838	29,605,107,122	30,996,884,692
合并现金流量表项目：			
经营活动产生的现金流量净额	19,238,637,309	27,893,714,094	26,940,791,543

在 2018 年 12 月 31 日及以前，格力电器与销售回款有关的债权是两项——应收票据与应收账款，而且应收票据的规模远大于应收账款的规模，说明企业赊销的债权主要是应收票据，这意味着企业赊销债权质量较高。但到了 2019 年 12 月 31 日，企业的应收票据突然不见了。如果你简单比较应收票据年末与年初的变化，一定会以为企业不再采用商业汇票结算，不再有应收票据债权了。如果这样想，你就被严重误导了。

请看格力电器 2020 年度报告对应收款项融资的附注信息（见表 7–9）。

表 7–9　格力电器 2020 年度报告对应收款项融资的附注信息 单位：元

项目	2020 年 12 月 31 日	2019 年 2 月 31 日
以公允价值计量的应收票据	20,973,404,595.00	28,226,248,997.00
其中：银行承兑票据	20,972,269,154.21	28,180,783,659.30
商业承兑汇票	1,135,441.28	45,465,337.82
合计	20,973,404,595.00	28,226,248,997.00

看完这个信息，你就明白了：原来，企业的应收票据还是很多。资产负债报表中应收票据为零，是由于企业以"到期前的应收票据可能会因为企业缺钱而要贴换成现金"的理由给换了一个地方，将其移到应收款项融资项目，然后再把原来账面上的金额改成公允价值计量（就是用账面应收票据减去如果真的贴现可能发生的利息费用等）。

当然，能够移到应收款项融资、享受公允价值计量待遇的不仅有应收票据，还可以有应收账款。

你千万不要被这种所谓的创新误导，直接把应收款项融资作为应收账款对待就行了。

再看一下该企业 2020 年 12 月 31 日的流动资产，"合同资产"出现了——这又是一个"新鲜事物"。为了排除概念的干扰，你只需要记住：合同资产也是与企业赊销有关的债权，只不过回收速度比较慢。这部分合同资产的债权，以前是计入应收账款的，现在计入合同资产了。

结论：与企业赊销债权有关的资产包括应收票据、应收账款、应收款项融资与合同资产四项。

在流动负债方面，与预收款有关的项目有两项：一项是预收款项，一项是合同负债。同样，为了排除概念的干扰，你把合同负债理解为预收款项就可以了（格力电器 2020 年初只有预收款项，年末预收款项全部移到合同负债就说明了这一点）。

怎么考察企业赊销债权回收情况呢？

可以通过以下几步来进行：

第一步，比较一下企业的应收票据、应收账款、应收款项融资及合同资产项目之和与预收款项及合同负债之和之间的规模关系，确定企业销售的基本方式：是赊销的成分大，还是预售款的成分大，或者赊销与预收基本持平。

从格力电器的情况看，2020 年末，企业由赊销引起的四项债权的规模约为 298 亿元，而由预收款销售所引起的预收款负债（合同负债）约为 117 亿元。

这就是说，格力电器的销售以赊销为主。

第二步，比较一下年度内企业的应收票据、应收账款、应收款项融资与合同资产项目之和的规模变化，确定企业年内赊销款的回收情况。

在 2020 年末，格力电器由赊销引起的四项债权的规模约为 298 亿元，而 2019 年末的上述债权之和约为 367 亿元。2020 年末的债权规模小于年初数字，这一般意味着企业的债权回收状况得到了改善。

第三步，比较一下年度内企业预收款项的规模变化，确定企业年内预收款销售的变化情况。

在 2020 年末，企业合同负债规模约为 117 亿元，而 2019 年末的预收款项约为 82 亿元。2020 年末的负债规模大于年初数字，这意味着企业的预收款业务更多了。

第四步，结合企业与销售活动有关的流动资产、流动负债项目的年度内变化，综合评价企业年度内销售回款情况。

我们以格力电器的有关数据说明其 2020 年销售回款的整体状况。

企业赊销的格局没有变化。在企业的赊销债权结构方面，应收票据的规模仍然显著高于应收账款,意味着企业债权质量较高;年末商业债权整体低于年初规模,企业年度内的赊销债权回收良好;企业在营业收入下降的情况下,预收款业务在提高。

从整体来看,企业2020年与销售有关的回款质量是较高的。

3. 与购货付款有关的项目及对企业付款管理状况的考察

与购货付款有关的流动资产项目是预付款项,与流动负债有关的项目是应付票据与应付账款。

当然,不能忽视的是存货的情况。企业存货的采购规模和结算方式决定了预付款项、应付票据与应付账款的对应关系。

怎么考察企业购货付款的管理情况呢?

可以通过以下几步来进行:

第一步,比较一下企业的应付票据与应付账款之和与预付款项之间的规模关系,确定企业采购付款的基本方式:是以预付款为主还是以赊购为主?

从格力电器的情况看,在2020年末,企业预付款项的规模约为31亿元,而企业应付票据及应付账款的规模之和约为530亿元。不仅在2020年末是这样的对应关系,在2018年末、2019年末,上述三个项目之间的对应关系也是如此。

这就是说,格力电器的存货采购是以赊购为主。

第二步,比较一下年度内企业应付票据与应付账款之和的规模变化,确定企业年内赊购款的支付情况。

从2020年度内的变化情况来看,格力电器年度内的采购货款支付的力度较大:2020年初应付票据及应付账款之和约为669亿元,远高于年末的530亿元。负债下降,意味着企业偿还债务支付的现金增加。

第三步,比较一下年度内企业预付款项的规模变化,确定企业年内预付款采购的变化情况。

格力电器 2020 年初预付款项的规模约为 24 亿元，低于年末的 31 亿元。预付款项增加，意味着企业支付的现金增加。但从绝对额来看，几亿元的增量还不至于对企业经营活动产生的现金流量净额有较大影响。

第四步，结合企业存货、应付账款、应付票据与预付款项的年度内变化，综合评价企业年度内购货付款情况。

到这里，存货该登场了。

企业年度内的存货规模出现了一定程度的增长：2020 年初存货规模约为 241 亿元，年末存货规模约为 279 亿元。

引起存货采购支出增加的是存货的增加与相应负债的减少：存货增加了约 38 亿元，而与存货有关的应付票据及应付账款之和却降低了 139 亿元。

想想看：企业在存货方面是不是进行了更多的对外支付？

4. 综合看"两头吃"能力：核心利润获现率

总结一下：企业年度内的销售回款是很不错的。但在购货付款方面，虽然企业还是保持着存货规模远低于应付票据及应付账款规模的状态（这种状态意味着企业的存货周转速度显著快于对供应商的付款速度），但应付票据及应付账款的规模在急剧下降。这种情况的出现意味着企业在年度内购货付款支出在增加。

实际上，综合考察企业"两头吃"的能力，有一个简单的办法：计算核心利润获现率（你如果有兴趣，可以找一下格力电器 2020 年的财务报表计算一下）。

更简单的办法，是在企业利润表相对较为简单，补贴收益（其他收益）、杂项收益（利息收入、投资净收益、公允价值变动净收益以及资产处置收益等）和搅局因素（两个减值）不多的情况下，直接把利润表里的营业利润与现金流量表中的经营活动产生的现金流量净额相比较。

鉴于格力电器的营业利润主体是核心利润，我在前文的表格中，已经把利润表里的营业利润与现金流量表中的经营活动产生的现金流量净额摘录下来了。现在可以进行结论性的评价（见表 7-10）。

表 7-10　格力电器的营业利润信息　　　　　　　　　　单位：元

项目	2020 年	2019 年	2018 年
营业利润	26,043,517,838	29,605,107,122	30,996,884,692
经营活动产生的现金流量净额	19,238,637,309	27,893,714,094	26,940,791,543

在 2020 年，该企业的营业利润约为 260 亿元，但其经营活动产生的现金流量净额约为 192 亿元，显著小于营业利润。出现较大反差的原因就是企业存货采购方面的现金支出较多。

不仅是在 2020 年，在 2018 年和 2019 年，该企业也是营业利润多、经营活动产生的现金流量净额少。这在一定程度上意味着该企业在这些年份更多地把努力聚焦在了营业收入和营业利润的规模上，而不是追求经营活动产生的现金流量净额的规模。

小结：

本节我们所讨论的问题是企业核心竞争力分析的重要内容。说一千道一万，如果企业经营活动的盈利能力（核心利润）表现得很强，但利润对应的现金流量长期不足，那么企业利润的质量是需要高度关注的。

第三节　母公司和子公司之间业务关系管理

能不能通过母公司报表与合并报表之间的差异来揭示母公司和子公司之间的基本业务关系呢？

一般来说，如果母公司不从事经营活动，我们就只能在合并报表上看到综合在一起的企业集团整体的业务情况。这种情况下，母公司和子公司之间只有投资关系，没有业务联系。因而我们不可能通过母公司报表与合并报表的差异来体会母公司和子公司之间的业务联系。

很多情况下，母公司有经营活动，子公司也有经营活动。这个时候，母公司和子公司之间就有可能存在某种形式的业务联系。

合并报表与母公司报表的差异在一定程度上揭示了企业母公司和子公司之间的业务关系。概括起来，母公司和子公司之间的业务关系大概有这么几种情况：第一种情况是母公司把产品卖给子公司，子公司再对外销售；第二种情况是子公司把产品卖给母公司，母公司再对外销售；第三种情况是母公司和子公司各自业务相对独立、各干各的，一致对外销售；第四种情况则是母公司和子公司之间存在着复杂的业务关系——你中有我，我中有你。

实际上，第四种情况可能是比较普遍的，我们是难以依据母公司报表与合并报表来对母公司和子公司之间的业务关系进行揭示的。更多时候，我们只能是梳理出母公司和子公司之间的业务关系主线，而不是具体的经营活动组织。千万别忘了：子公司并不是一个，而可能是多个。

下面我分别用案例来展示不同业务组织条件下的财务报表的数据特征。

1. 母公司将产品出售给子公司，子公司对外销售

表 7–11 列示的是贵州茅台 2020 年度报告中利润表的部分数据。

企业财报解析：贵州茅台母子公司的财务梳理

表 7-11　贵州茅台 2020 年度报告中利润表的相关数据　　单位：元

时间	2020 年	2020 年	2019 年	2019 年
报告期	年报	年报	年报	年报
报表类型	合并报表	母公司报表	合并报表	母公司报表
营业总收入	97,993,240,501	27,474,592,439	88,854,337,489	27,766,533,999
营业收入	94,915,380,917	27,474,592,439	85,429,573,467	27,766,533,999
其他类金融业务收入	3,077,859,584		3,424,764,022	
营业总成本	31,305,130,588	25,301,153,235	29,812,253,033	23,875,990,190
营业成本	8,154,001,476	7,770,822,451	7,430,013,945	7,444,022,628
税金及附加	13,886,517,291	12,801,958,139	12,733,292,401	11,774,204,944
销售费用	2,547,745,651	102,662,856	3,278,990,982	223,616,520
管理费用	6,789,844,289	5,485,599,326	6,167,982,844	4,980,761,616
研发费用	50,398,036	50,398,036	48,688,841	48,688,841
财务费用	−234,610,582	−910,287,572	7,458,016	−595,304,359
其中：利息费用				
减：利息收入	278,697,733	943,450,752	20,667,206	610,261,715
其他业务成本（金融类）	111,234,426		145,826,004	
加：其他收益	13,138,153	5,371,923	18,768,907	17,865,750
投资净收益	305,631	34,474,979,155		28,564,038,489
公允价值变动净收益	4,897,994	4,897,994	−14,018,472	−14,018,472
资产减值损失				
信用减值损失	−71,371,810	−1,545,198	−5,313,490	−1,618,670
资产处置收益			−32,124	−32,124
营业利润	66,635,079,882	36,657,143,079	59,041,489,276	32,456,778,783

我们首先可以观察一下 2020 年度母公司利润表的数据。

母公司利润表的营业收入、营业成本以及税金及附加都有相当规模，这意味着母公司应该具有完整的生产、存储和销售的体系。但是，通过简单观察母公司营业收入与营业成本的数据关系，你一定会马上发现企业的毛利率不是传说中的 90% 以上。

再观察一下合并利润表营业收入、营业成本的数据关系，你会发现营业成本的规模连营业收入的 10% 都不到。这就是说，母公司通过对外投资设立子公司实现了整个集团毛利率的提升，达到 90% 以上的超高毛利率。

而销售费用的母公司与合并报表的数据显示，子公司支出了合并报表中销售费用的绝大部分，说明企业的销售活动主要由子公司来进行。

现在问题来了：为什么母公司不直接对外销售，而是通过设立子公司由子公司对外销售呢？

我们看一下税金及附加就明白了：母公司的营业收入为 27,474,592,439 元，要支出税金及附加 12,801,958,139 元。而合并报表的营业收入是 94,915,380,917 元，税金及附加相比较而言增加并不多，仅为 13,886,517,291 元。

显然，生产白酒的企业与销售白酒的企业在税金及附加方面的支出是不同的。正是这种差异，才导致了母公司设立子公司的行为。企业也因此合法地把更多利润留在了企业。

---

2. 子公司将产品出售给母公司，母公司对外销售

我用上市公司恒瑞医药的财务数据对这种类型的企业进行说明。

表 7-12 列示的是恒瑞医药 2020 年度报告中利润表的部分数据。

企业财报解析：恒瑞医药母子公司财务关系梳理

表 7-12　恒瑞医药 2020 年度报告中利润表的相关数据　　单位：元

时间	2020 年	2020 年	2019 年	2019 年
报告期	年报	年报	年报	年报
报表类型	合并报表	母公司报表	合并报表	母公司报表
营业收入	27,734,598,748	22,259,665,691	23,288,576,607	21,298,359,327
营业成本	3,348,689,669	4,153,308,992	2,912,944,053	3,989,225,897
税金及附加	256,959,459	162,657,760	216,341,883	174,480,886
销售费用	9,802,524,140	7,766,673,360	8,524,967,635	7,847,543,112
管理费用	3,066,658,322	2,656,663,893	2,241,179,735	2,000,154,501
研发费用	4,988,958,232	3,512,565,429	3,896,335,999	2,493,085,138
财务费用	−181,743,523	−131,408,956	−133,820,700	−113,882,995
其中：利息费用				
减：利息收入	290,274,725	239,610,208	127,143,435	108,942,271
加：其他收益	207,589,043	71,871,065	189,712,535	54,300,954
投资净收益	341,424,519	596,076,123	309,271,463	236,486,906
公允价值变动净收益	16,497,000	−12,969,482	37,530,582	41,868,308
资产减值损失	−7,278,315	−5,918,731	−5,472,383	−4,625,179
信用减值损失	−6,695,835	1,491,916	−13,229,970	−9,557,422
资产处置收益	2,983,443	11,466,921	1,239,119	3,706,550
营业利润	7,007,072,304	4,801,223,025	6,149,679,348	5,229,932,903

　　我们首先观察一下母公司营业收入与合并营业收入的规模差，会发现合并报表的营业收入比母公司的营业收入增加不是很多——这一般表

明子公司对外销售收入不多。为了验证这一点，我们再考察一下企业的销售费用，然后会发现销售费用的规模也是母公司数据显著大于子公司的数据（合并销售费用减去母公司销售费用基本上就是子公司发生的销售费用）——还是意味着母公司在主导多数对外销售，子公司对外销售活动显著少于母公司。

但是看一下营业成本，就会发现一个奇特的情况：合并营业成本小于母公司营业成本！

这是怎么回事呢？

原来，当子公司把自己的产品或者服务卖给母公司并由母公司对外销售的时候，子公司的这部分销售活动是不需要发生销售费用的，但是，子公司是要赚取毛利的，这就使得母公司的毛利率显得比较低；而在母公司主导企业整体的对外销售活动、子公司辅助对外销售的业务模式下，母公司将支付大量销售费用，子公司只需要支付自己额外的市场开拓所需要的销售费用。至于合并报表的营业成本小于母公司营业成本，则是在编制合并报表时把子公司将产品或服务卖给母公司时的毛利剔除了。

当利润表里的合并营业成本小于母公司营业成本，且母公司销售费用占据合并报表销售费用主体时，子公司的主要工作就不是对外销售，而是为母公司提供配套的产品或者服务了。

3. 母公司和子公司业务相对独立，共同对外销售产品或服务

在企业多元化跨度较大的时候，母公司和子公司各自的业务是相互独立的。这个时候，企业报表又会表现出另外的结构。

表 7-13 列示的是特变电工 2020 年度报告中利润表的部分数据。

企业财报解析：特变电工母子公司财务关系梳理

表 7-13　特变电工 2020 年度报告中利润表的相关数据　　单位：元

时间	2020-12-31	2020-12-31	2019-12-31	2019-12-31
报告期	年报	年报	年报	年报
报表类型	合并报表	母公司报表	合并报表	母公司报表
营业总收入	44,165,999,579	6,491,469,438	37,029,645,463	7,658,547,814
营业收入	44,095,319,973	6,491,469,438	36,980,048,574	7,658,547,814
其他类金融业务收入	70,679,606		49,596,888	
营业总成本	41,734,176,930	6,417,175,524	34,997,492,898	7,127,860,711
营业成本	35,007,355,948	5,290,162,351	29,357,907,350	6,242,504,889
税金及附加	579,948,291	39,071,774	527,514,599	32,681,367
销售费用	2,199,767,298	324,798,712	2,139,529,718	401,192,465
管理费用	1,823,228,841	438,834,239	1,707,008,591	476,229,502
研发费用	870,133,646	48,011,263	559,982,189	54,955,523
财务费用	1,252,812,266	276,297,185	704,384,123	−79,703,036
其中：利息费用	1,279,913,700	328,559,078	1,072,374,592	410,994,402
减：利息收入	232,409,585	204,250,115	339,356,525	391,400,407
其他业务成本（金融类）	930,641		1,166,329	
加：其他收益	449,460,795	69,512,230	364,147,819	96,092,620
投资净收益	920,587,955	578,566,258	402,011,125	588,738,969
公允价值变动净收益	115,609,795	98,196,362	26,571,423	28,798,183
资产减值损失	−133,422,029		−80,249,508	
信用减值损失	−311,448,519	−11,675,980	−35,226,779	78,813,056
资产处置收益	286,831,126	40,583,501	147,075,803	48,701,938
营业利润	3,759,441,772	849,476,285	2,856,482,447	1,371,831,869

比较一下母公司报表与合并报表的营业收入、营业成本、销售费用、管理费用这几个项目，你就会发现母公司的营业收入、营业成本、销售费用和管理费用等自成系统，说明这是一个有自己完备生产经营系统的企业。

而合并报表的营业收入、营业成本、销售费用、管理费用的规模与母公司相应项目之间的差额也显示出子公司对外产生了较大规模的营业收入，支付了相当规模的销售费用以及管理费用，子公司独立面对企业外部市场的色彩较强。

这并不意味着母公司和子公司不再有任何业务往来，而是意味着母公司和子公司的主要精力分别聚焦在自己面向企业外部市场的业务上。

最后，我想强调一下，依据财报数据进行的财务分析，我们能梳理的只是母公司和子公司之间业务组织的基本脉络。我们不可能知道企业的具体业务是怎么做的，仓库在哪里，办公楼在哪里。但你如果在看报表的时候有这种思维，你就能够进一步深入研究相关信息，在相关信息逻辑关系里深化对企业的认知。

第四节　负债结构与经营能力

企业的负债分为流动负债和非流动负债，这是按照偿还期限划分的——一年之内应该偿还的债务叫流动负债，一年以上需要偿还的债务叫非流动负债。这种分类方式，让你往往会关注一年之内需要偿还的债务规模，并据此评价企业偿还债务压力的大小。

我在前文讲过，从分析的价值来看，更重要的负债结构划分是按照负债的性质——与融资相关还是与经营相关进行的划分：如果企业的负债与经营活动相关，我们称其为经营性负债；如果企业的负债与筹资活动相关，我们称其为金融性负债或者有息负债。按照这种方式划分，你就会关注：支持企业资产的负债结构是怎样的？这样的动力结构意味着什么？

1. 经营性负债、金融性负债的规模与企业发展状况

企业的负债结构揭示了非常丰富的企业发展状况方面的信息。

第一，如果企业的经营性负债规模比较小，占总资产的比重不高，意味着什么呢？你应该想到的，不仅是经营性负债对企业资产规模的贡献不大，更要考虑的是企业的业务能力是不是不太强？业务规模是不是不大？或者，企业可能处于发展的早期阶段，企业的产能建设主要靠融资驱动，产能利用率还不是很充分；再或者是企业的竞争力不足导致企业难以获得上下游企业的商业信用，以及企业所处的行业特征导致企业的采购难以获得供应商的商业信用等。

一个企业能够不断获得上下游企业提供的商业信用（在财务报表中的表现就是企业的应付票据、应付账款、预收款项以及合同负债等规模较大），且这些负债对企业资产规模的贡献较大，则往往意味着企业的产品或者服务的市场竞争地位很高，企业经营活动处于蓬勃发展阶段。

因此，我们应该乐见经营性负债对企业资产贡献度较高的企业。

比如说上市公司爱美客。你如果去看这个企业的财报数据，会发现这个企业的总资产到 2020 年 12 月 31 日是 40 多亿元，负债没有多少，资产负债率非常低。这意味着企业的负债尤其是经营性负债对资产的支撑度非常低。你可能会问：支持这个企业资产增加的动力是什么？答案是发行股票——企业的股本和资本公积对资产的贡献非常大。

当然，短时间的经营性负债对资产支持度不高可能与企业发展阶段、筹资状况有关（爱美客就属于这种情况），但如果企业长期坚持经营性负债对资产的贡献度较低，则企业可能就是为了筹资和投资而生的，经营活动就可能沦为企业筹资和投资的道具了。

记住：当企业的经营性负债特别低的时候，一般意味着相对于营业收入的规模而言，企业的资源占用过大。

第二，如果企业的金融性负债特别大，经营性负债不多，那说明什么？一般说明企业的造血能力不够，输血能力较强，至少阶段性的输血能力强，造血能力弱。当然，这可能与企业所处的发展阶段有关。因此，面对金融性负债高、经营性负债低的企业，你首先要考虑到的是：这种情况持续了多长时间了？如果持续时间不长，企业处于靠债务融资进行基础设施建设的早期，未来靠债务融资所形成的资产有可能带来较为理想的营业收入与利润，则其短时间内出现财务困境的可能性并不大；但如果持续时间较长，说明企业的经营活动在市场中的竞争地位不够高，不能通过经营活动来支撑企业资产的主要部分，甚至企业只能靠债务融资来支持日常的经营活动。极端的情况是，企业通过各类贷款去搞基建，支持固定资产、无形资产的购建，但所形成的固定资产和无形资产不能整合起来获得较为理想的营业收入与核心利润。这种情况持续下去，就可能导致企业靠债务融资所形成的资产沦为不良资产，企业离债务违约也就不远了。如果几年下来经营性负债没什么变化，可能就是不良资产了。

当然，在很多情况下，企业的经营性负债与金融性负债是互相支持的关系：企业经营活动现金流量吃紧的情况下，需要通过金融性负债来补充流动资金；在企业经营活动现金流量较为充分的情况下，企业又可能用经营性负债所带来的现金存量来偿还贷款。

2. 从具体企业的债务结构看企业发展

下面我用两个公司 2021 年度报告中的财务数据为基础，讨论一下相关企业的债务结构与企业发展状态。

企业财报解析：万泰生物的债务结构

表 7-14、表 7-15 和表 7-16 是北京万泰生物药业股份有限公司（以下简称"万泰生物"）2021 年度报告中的相关数据。

表 7-14　万泰生物的资产负债表相关数据　　　　单位：元

时间	2021-12-31	2021-12-31	2020-12-31	2020-12-31
报告期	年报	年报	年报	年报
报表类型	合并报表	母公司报表	合并报表	母公司报表
流动资产：				
货币资金	1,415,316,368	579,912,118	710,666,353	456,082,401
交易性金融资产	40,388,683	40,388,683	50,360,936	50,360,936
应收票据及应收账款	2,268,002,235	135,951,400	698,622,943	117,020,145
应收票据	12,084,833	10,004,997	7,292,280	4,872,586
应收账款	2,255,917,403	125,946,403	691,330,663	112,147,559
应收款项融资	8,692,999	7,800,129	12,978,813	12,191,079
预付款项	68,776,147	63,417,144	26,200,472	17,306,621
其他应收款（合计）	8,811,860	343,443,888	12,903,750	184,654,290
其他应收款	8,811,860	343,443,888	12,903,750	184,654,290
存货	593,167,361	235,424,272	400,037,341	185,290,192
一年内到期的非流动资产	200,000,000	200,000,000		
其他流动资产	43,446,084	36,518,641	66,019,124	53,225,289
流动资产合计	4,646,601,737	1,642,856,276	1,977,789,732	1,076,130,954
非流动资产：				
债权投资	50,000,000	50,000,000	200,000,000	200,000,000
其他非流动金融资产	11,295,433	11,295,433	11,295,433	11,295,433

（续表）

时间	2021-12-31	2021-12-31	2020-12-31	2020-12-31
报告期	年报	年报	年报	年报
报表类型	合并报表	母公司报表	合并报表	母公司报表
长期股权投资		1,273,054,471		1,184,677,541
固定资产（合计）	727,818,215	211,646,182	559,478,332	163,215,522
在建工程（合计）	924,382,451	179,128,552	231,498,852	3,878,000
使用权资产	50,685,743	2,125,076		
无形资产	295,127,129	144,187,529	233,946,557	126,488,151
长期待摊费用	21,975,231	152,067	20,475,577	223,267
递延所得税资产	68,970,221	21,579,665	56,493,992	15,417,597
其他非流动资产	249,091,942	7,107,885	212,700,346	20,741,067
非流动资产合计	2,399,346,367	1,900,276,860	1,525,889,090	1,725,936,578
资产总计	7,045,948,104	3,543,133,135	3,503,678,822	2,802,067,531
流动负债：				
短期借款	235,638,158	186,923,147	77,655,783	37,634,395
应付账款	193,455,334	93,391,815	112,737,638	49,673,498
合同负债	70,298,758	54,743,413	40,923,141	26,269,434
应付职工薪酬	165,195,188	53,326,375	95,086,853	41,364,024
应交税费	189,685,101	2,661,540	13,909,352	2,854,525
其他应付款（合计）	1,495,205,724	792,836,802	485,812,034	434,435,061
一年内到期的非流动负债	13,934,178	649,121		
其他流动负债	2,316,605	1,446,578	2,901,086	1,692,180
流动负债合计	2,365,729,045	1,185,978,792	829,025,887	593,923,116
非流动负债：				
长期借款	4,900,000			
租赁负债	32,592,210	971,579		

（续表）

时间	2021-12-31	2021-12-31	2020-12-31	2020-12-31
报告期	年报	年报	年报	年报
报表类型	合并报表	母公司报表	合并报表	母公司报表
预计负债	3,800,000			
递延收益－非流动负债	76,435,930	38,133,823	94,260,223	48,166,838
非流动负债合计	117,728,140	39,105,402	94,260,223	48,166,838
负债合计	2,483,457,185	1,225,084,194	923,286,110	642,089,953
所有者权益（或股东权益）：				
实收资本（或股本）	607,040,000	607,040,000	433,600,000	433,600,000
资本公积	445,825,882	447,928,783	446,271,414	447,928,783
盈余公积	262,346,353	262,367,174	227,705,075	227,725,897
未分配利润	3,151,074,942	1,000,712,985	1,446,088,551	1,050,722,899
归属于母公司所有者权益合计	4,466,287,176	2,318,048,941	2,553,665,041	2,159,977,578
少数股东权益	96,203,743		26,727,672	
所有者权益合计	4,562,490,920	2,318,048,941	2,580,392,713	2,159,977,578
负债和所有者权益总计	7,045,948,104	3,543,133,135	3,503,678,822	2,802,067,531

表 7-15　万泰生物的利润表相关数据　　　　　单位：元

时间	2021 年	2021 年	2020 年	2020 年
报告期	年报	年报	年报	年报
报表类型	合并报表	母公司报表	合并报表	母公司报表
营业收入	5,750,329,075	1,247,834,684	2,354,256,830	789,607,544
营业利润	2,328,455,801	259,884,902	775,202,854	223,823,653
净利润	2,079,214,207	266,471,363	681,815,180	202,235,535

表7-16 企业报表附注中合并其他应付款的构成项目 单位：元

项目	期末余额	期初余额
服务费	1,229,604,277.33	326,648,624.72
购买资产应付款项	90,298,659.13	96,081,611.31
预估运杂费及差旅费	58,434,952.31	6,351,238.00
保证金及押金	51,131,862.77	32,132,804.33
应付研发合作费	34,805,694.14	
销售提成	11,125,700.60	4,285,458.73
其他	19,804,577.32	20,312,297.04
合计	1,495,205,723.60	485,812,034.13

大家可以重点关注这个企业合并报表中年末、年初负债与所有者权益规模之间的差异（也就是资产之间的差异）。

数据显示，企业合并负债与所有者权益之和从年初的35.04亿元增加到年末的70.46亿元，年末规模比年初规模显著增加。

在促成这个增加的诸因素中，限于本节的主题，我们把目光聚焦在企业的负债规模和结构上。

企业合并负债年初为9.23亿元，年末为24.83亿元——负债形成了巨大的资产增长的推动力。

从结构来看，企业负债中的金融性负债（有息负债）集中在长期借款、租赁负债、一年内到期的非流动负债和短期借款几个项目上（在这几个项目中，长期借款、租赁负债、一年内到期的非流动负债年初规模为零），年初合计为0.78亿元，年末合计为2.87亿元。金融性负债或者有息负债虽有较大增加，但不是企业负债增加的主力军。

在经营性负债方面，企业年初约为8.45亿元，年末为21.95亿元。无论是年初还是年末，企业的经营性负债均占据负债的主体，且在年末对资产增长的贡献力有了较大幅度的提高。

企业经营性负债迅速增加的原因，如果不是企业年度内出现了收购，就可能是年度内企业产品或者服务市场上出现了对企业有利的环境，企业营业收入实现了较大规模的增长。

从资产的结构在年度内的变化可以看出，企业没有商誉，说明企业没有产生商誉的收购。固定资产、无形资产等非流动经营资产的变化并不太大，这应该意味着企业年度内没有发生大规模的企业收购。企业的经营性负债大幅度增加应该是市场业务增长的结果（报表附注的信息说明，年末其他应付款的大幅度增加也是经营活动导致的）。

利润表的数据也说明了这一点。

上述分析表明，从年初到年末，企业债务结构中的经营性负债一直占据负债结构的主体地位，说明该企业现有业务发展的势头不错，企业发展完全可以不依赖于债务融资。这也在另一个方面说明该企业债务融资的空间较大。

企业财报解析：洛阳钼业的债务结构

表7-17、表7-18是洛阳栾川钼业集团股份有限公司（以下简称"洛阳钼业"）2021年度报告中的相关数据。

表7-17　洛阳钼业的资产负债表相关数据　　　单位：元

时间	2021-12-31	2021-12-31	2020-12-31	2020-12-31
报告期	年报	年报	年报	年报
报表类型	合并报表	母公司报表	合并报表	母公司报表
流动资产：				
货币资金	24,318,024,990	4,469,793,872	16,947,648,081	7,045,029,428
交易性金融资产	7,117,297,565	410,125,545	7,435,128,841	200,032,877
衍生金融资产	1,830,819,435		2,060,111,110	

（续表）

时间	2021-12-31	2021-12-31	2020-12-31	2020-12-31
报告期	年报	年报	年报	年报
报表类型	合并报表	母公司报表	合并报表	母公司报表
应收账款	745,903,479	1,070,044,034	702,193,714	365,342,418
应收款项融资	662,973,658	240,858,253	405,697,607	7,966,803
预付款项	1,473,068,744	20,720,270	1,405,838,288	143,016,792
其他应收款（合计）	2,158,421,688	3,919,973,681	1,676,752,484	3,682,649,191
存货	26,959,964,453	178,382,545	21,170,188,532	199,847,211
一年内到期的非流动资产	573,733,643			
其他流动资产	5,115,673,898	74,325,923	5,436,087,014	80,818,294
流动资产合计	70,955,881,552	10,384,224,123	57,239,645,672	11,724,703,015
非流动资产：				
其他权益工具投资	67,772,733		86,214,350	
其他非流动金融资产	3,912,404,656	486,162,530	4,678,191,536	580,980,901
长期股权投资	1,249,467,501	31,979,838,125	1,348,252,899	31,912,290,110
固定资产（合计）	24,959,306,846	2,072,083,698	23,328,330,597	1,640,559,215
在建工程	3,882,051,384	88,302,811	3,958,981,388	268,937,597
存货	6,111,544,354		5,845,918,877	
使用权资产	358,652,932		487,786,129	
无形资产	19,398,989,323	216,321,294	21,511,518,663	282,262,342
商誉	387,204,155		396,265,256	
长期待摊费用	178,843,870	91,789,649	127,533,613	132,147,350
递延所得税资产	987,702,346	56,479,888	497,166,342	116,038,320
其他非流动资产	4,999,950,971	2,162,089,457	2,935,444,567	77,089,457
非流动资产合计	66,493,891,071	37,153,067,453	65,201,604,218	35,010,305,294
资产总计	137,449,772,623	47,537,291,575	122,441,249,890	46,735,008,309

（续表）

时间	2021-12-31	2021-12-31	2020-12-31	2020-12-31
报告期	年报	年报	年报	年报
报表类型	合并报表	母公司报表	合并报表	母公司报表
流动负债：				
短期借款	26,911,899,635	1,474,477,944	20,464,481,097	2,195,747,000
交易性金融负债	4,402,513,687	784,146,861	4,291,950,709	449,732,551
衍生金融负债	2,636,505,095		5,021,779,573	449,661,924
应付票据及应付账款	4,166,271,700	268,000,350	1,504,852,432	275,280,507
应付票据	2,906,023,727	23,123,460	627,937,567	122,572,692
应付账款	1,260,247,973	244,876,891	876,914,865	152,707,815
合同负债	637,933,777	132,755,053	371,984,342	169,168,095
应付职工薪酬	897,749,900	103,960,665	769,350,565	92,673,541
应交税费	2,704,678,921	81,032,665	845,217,960	10,422,433
其他应付款（合计）	2,918,190,968	3,985,721,071	1,599,240,517	2,162,049,870
一年内到期的非流动负债	4,954,382,333	1,063,200,000	5,329,646,086	2,000,000,000
其他流动负债	429,943,106	204,146,509	2,159,431,822	2,101,491,644
流动负债合计	50,660,069,121	8,097,441,119	42,357,935,105	9,906,227,564
非流动负债：				
非流动衍生金融负债	357,204,495	357,204,495	417,159,249	406,801,358
长期借款	13,610,578,855	3,483,300,000	15,360,372,820	200,000,000
应付债券	1,150,000,000	1,150,000,000	3,631,225,000	2,000,000,000
租赁负债	233,937,994		247,794,476	
长期应付职工薪酬	308,472,991		323,797,716	
预计负债	3,081,821,759	68,859,704	2,750,507,412	47,570,372
递延所得税负债	6,136,296,211		6,269,305,883	
递延收益-非流动负债	53,103,695	18,016,825	60,587,484	18,402,410
其他非流动负债	13,594,075,166	17,110,707	3,687,709,741	165,364,319
非流动负债合计	38,525,491,165	5,094,491,730	32,748,459,782	2,838,138,459
负债合计	89,185,560,286	13,191,932,849	75,106,394,886	12,744,366,023

（续表）

时间	2021-12-31	2021-12-31	2020-12-31	2020-12-31
报告期	年报	年报	年报	年报
报表类型	合并报表	母公司报表	合并报表	母公司报表
所有者权益（或股东权益）：				
实收资本（或股本）	4,319,848,117	4,319,848,117	4,319,848,117	4,319,848,117
资本公积	27,645,855,518	27,699,294,622	27,582,794,983	27,633,234,087
减：库存股	876,357,020	876,357,020	193,840,466	193,840,466
其他综合收益	−6,406,227,031		−3,585,690,162	
专项储备	487,315	373,560	230,899	230,899
盈余公积	1,463,370,957	1,463,370,957	1,295,599,052	1,295,599,052
未分配利润	13,698,308,770	1,738,828,491	9,472,838,366	935,570,598
归属于母公司所有者权益合计	39,845,286,626	34,345,358,726	38,891,780,788	33,990,642,286
少数股东权益	8,418,925,711		8,443,074,215	
所有者权益合计	48,264,212,337	34,345,358,726	47,334,855,003	33,990,642,286
负债和所有者权益总计	137,449,772,623	47,537,291,575	122,441,249,890	46,735,008,309

表 7-18　洛阳钼业的利润表相关数据　　　　　　单位：元

时间	2021 年	2021 年	2020 年	2020 年
报告期	年报	年报	年报	年报
报表类型	合并报表	母公司报表	合并报表	母公司报表
营业收入	173,862,586,155	4,358,516,721	112,981,018,625	2,918,507,163
营业利润	8,788,673,877	1,811,806,532	2,947,348,332	80,426,629
净利润	5,427,613,343	1,677,719,051	2,478,640,545	87,720,506

　　对于在非流动资产中出现存货的奇怪现象，公司的解释是这部分存货是原材料，"为本集团储备的用于未来生产或销售的矿石，主要为澳大利亚北帕克斯（Northparkes）铜金矿开采并储备的硫化矿储备及刚果

（金）铜钴矿在开采过程中生产的低品位矿石，由于未来需要进一步的矿石回收工艺处理，管理层预计一年内无法达到可销售状态，因此将其作为非流动资产列报"。

下面的分析中，我们还是关注企业合并报表中年末、年初负债与所有者权益规模之间的差异。

数据显示，企业合并负债与所有者权益之和从年初的 1,224 亿元增加到年末的 1,374 亿元，年末规模比年初规模有了一定程度增加（增加 150 亿元）。

在促成这个增加的诸因素中，限于本节的主题，我们的目光还是聚焦在企业的负债规模和结构上。

企业合并负债年初为 751 亿元，年末为 892 亿元，两者相差 141 亿元——负债形成了资产增长的主要推动力。

从结构来看，企业负债中的金融性负债（有息负债）项目很全，包括长期借款、应付债券、租赁负债、非流动衍生金融负债、一年内到期的非流动负债、衍生金融负债、交易性金融负债和短期借款等项目，年初合计为 548 亿元，年末合计为 543 亿元。金融性负债或有息负债年末与年初的规模基本持平，略有下降。

在经营性负债方面，企业年初约为 203 亿元，年末为 349 亿元。虽然在 2021 年末，企业的经营性负债较年初有较大增长，但在负债中的比重远未达到 50%。因此，无论是年初还是年末，企业的金融性负债均占据负债的主体，尽管其在年末对资产增长的贡献力有了一定程度的下降。

与前文案例一样，企业经营性负债增加的原因，如果不是企业年度内出现了收购，就可能是年度内企业产品或者服务市场上出现了对企业有利的环境，企业营业收入实现了较大规模的增长。

从资产的结构在年度内的变化可以看出，企业商誉变化很小，说明企业年度内没有出现能够产生高商誉的收购。固定资产、无形资产等非流动经营资产的变化并不太大，这应该意味着企业年度内没有发生大规模的企业收购。企业的经营性负债大幅度增加应该是市场业务增长的结果。

利润表的数据说明，企业年度内的营业收入出现了大幅度增长。

但是，必须看到的是：企业经营性负债在债务结构中一直占较小比重。对企业出现这种情况的原因进行分析，应该结合企业所处的行业状况及企业日常经营的管理特征来进行。

下面我们看一下企业合并资产负债表的核心经营性流动资产（包括存货、预付款项、应收账款、应收票据与合同资产）与核心经营性流动负债（应付票据、应付账款、预收款项与合同负债）的对应关系（见表7-19）。

表7-19　核心经营性流动资产与核心经营性流动负债相关数据 单位：亿元

项目	2021-12-31	2020-12-31
核心流动资产：		
应收账款	7.46	7.02
应收款项融资	6.63	4.06
预付款项	14.73	14.06
存货	269.60	211.70
合计	298.42	236.84
核心流动负债：		
应付票据及应付账款	41.66	15.05
合同负债	6.38	3.72
合计	48.04	18.77

从洛阳钼业上述核心经营性流动资产与核心经营性流动负债的对比关系可以看出，企业在经营性流动资产尤其是存货方面占用了大量的资金，与存货的规模相比，企业的应付票据与应付账款之和显得太低。如果考虑到企业非流动资产中由流动资产"划拨"来的"存货"部分，那么企业在存货采购上所利用供应商提供商业信誉的能力就有点低了。这

种低，可能是企业所处行业交易特征决定的，也可能是企业在与供应商的交易价格以及支付方式的谈判中处于弱势地位导致的。

另一方面，代表企业预收款项的合同负债年末虽然增加较多，但毕竟基数太小，难以构成企业经营性负债的主体。

实际上，企业的业务规模在2021年获得了大发展。随着企业业务规模的提升，企业在存货采购和销售两方面的竞争力将会不断提升，相信企业未来的经营性负债的规模会随着企业营业活动的发展而不断加大。

小结：

　　本节我们专门讨论了企业的负债结构与企业发展问题。从本节的分析中你应该能够体会出来，对于企业负债结构的经营性负债与金融性负债（或有息负债）的划分在分析企业的业务处于怎样的发展状态方面具有非常重要的意义。

第五节　大量未分配利润为哪般

大家如果注意看企业的资产负债表，可能会发现，有的企业未分配利润连续走高，与此同时，企业的分红并不多；有的企业虽然每年利润很高，但每年都坚持高现金股利分配，累积的未分配利润并不多。

我想从几个方面来讨论这个问题。

1. 企业利润的获现能力

多年前，我与一位企业家有过一段交谈。

企业家说："我们单位的财务负责人公然给我提供假报表。"

我说："这种情况很少见呀！财务部门的负责人一般没有动机给董事长提供虚假报表。你怎么发现他给你提供的是假报表呢？"

企业家说："他明确告诉我一年实现了多少利润。但我看账上没钱。我就问他：你告诉我实现了这么多利润，那钱去哪里了？"

我问："财务负责人怎么说？"

企业家说："他说是会计的什么什么制导致有利润没钱。我说我不管你什么制，有利润就应该有钱，你告诉我有利润，账上又没钱，就是假的。"

我当时跟这位企业家讲，人家提供的未必是虚假报表。企业的盈利跟赚钱还真是两回事：你如果想看企业是不是有利润，要看利润表；你如果想看企业是不是在盈利的同时还赚钱了，就要看现金流量表了。

在这里，我再强调一下：利润表里利润的确认，是按照一个非常重要的会计原则来处理的，这个原则叫权责发生制或者应计制。权责发生制原则或应计制原则是按照经济业务完成的状况来确认企业是不是有营业收入、是不是有费用发生、是不是实现了利润的，而不看企业是不是收到了钱。

比如说企业的销售活动，有三种情况可以实现利润表里营业收入的增加。

第一种情况，企业通过预收款的方式销售。企业在提供产品前，要先收取买方支付的预付货款，在收到货款后再按照约定的时间和商品条件给买方发出货物。会计的应计制强调企业销售过程的完成，这个过程的完成以与商品或服务有关的风险和收益已经转移给买方为标志。通常认为，当企业把货发出去，买方收到货物，销售过程就完成了。这时候，企业的预收款就变成了营业收入。那么这个过程在财务报表里是怎么反映的呢？企业在收到钱的时候，货币资金资产增加，同时企业的负债——合同负债或者预收款项增加。此时，由于还没有销售活动，因而企业不能进行营业收入的确认。

请注意，企业现在有钱了，但利润表里的收入没有增加。在现金流量表里，经营活动现金流量项目"销售商品、提供劳务收到的现金"会相应增加。如果企业一直不发出货物，企业就处于一种有钱但没有营业收入更没有利润的状态。在企业发出货物、买方确认收到货物的时候，企业就不再欠买方的货物了，这时企业的预收款项或者合同负债就转变为企业的营业收入了。如果企业的预收货款发生在上一年末，就会出现上一年经营活动产生的现金净流量有所增加但营业收入和利润没有增加的情况（有钱没利润）；而在下一年则会出现有营业收入、利润但没有钱的情况（有利润没钱）。

第二种情况，企业采用钱货两清的方式进行交易——买方把货物拿走，当即把货款支付给卖方。在这种情况下，企业的销售活动与收取货款的活动是同时完成的，企业利润表营业收入增加，资产中的货币资金也相应增加。这种情况会导致企业有收入、有利润，也有钱。

第三种情况，企业通过赊销的方式进行交易。由于所处行业惯例、企业发展阶段、企业竞争地位以及特定时期、特定区域企业的营商环境等因素的影响，企业不得不采取赊销的方式进行交易：买方先把货物拿走，一段时间后再向卖方支付货款。

在第三种情况下，利润表营业收入增加的时候，企业的货币资金并没有增加，企业增加的资产是应收票据或者应收账款。因此，当企业疯狂赊销的时候，可能在一段时间内促进企业利润表的营业收入迅速提升，但经营活动产生的现金流量净额可能远远不如核心利润高。

此时，企业往往会出现有利润（核心利润）而没有现金（经营活动产生的现金流量净额）的情况。

现在我要问一个问题：如果企业的利润（核心利润）对应的资产增加主要是应收账款和应收票据，企业有没有钱呢？明确回答是：企业不会由于销售活动而有很多钱。但企业仍然可能有钱，这个钱可能是股东给的，也可能是借的。核心利润也可能带来一些现金，但与利润比，规模会小很多。

而企业向股东支付现金股利所动用的现金，应该是利润带来的。在企业利润多、利润带来的现金少的情况下，企业向股东支付现金股利的能力就不会强。

因此，企业有利润而不向股东支付现金股利，一个重要原因可能是企业利润带来现金流量的能力不强。

2. 企业现金股利政策

实际上，即使企业的利润能够带来较为充分的现金，企业也不一定向股东进行大规模的现金股利分配。

企业获得利润以后，要按照有关规定先计提盈余公积（又分为法定盈余公积和任意盈余公积），计提的盈余公积将留在企业，不进行分配。企业计提的累积盈余公积反映在所有者权益的盈余公积项目里。

在企业对利润计提盈余公积以后，剩下的原则上就是可以向股东进行利润分配的利润了。

但是，企业的利润既可以分配给股东，也可以继续留在企业，支持企业的经营活动或者投资活动，以促进企业的发展。将利润留下支持企业发展，企业可以据此降低债务融资规模和融资风险，从而有可能为股东创造更多价值。

除此之外，上市公司也可能利用高规模的现金股利分配来展示企业的信心，以刺激公司股票价格在证券市场上有更好的表现。

当然，也有很抠门的企业，就是不愿意向股东支付现金股利。

因此，多重因素决定了企业的利润分配政策。

下面我用深圳惠泰医疗器械股份有限公司（以下简称"惠泰医疗"）2021 年度报告中的相关数据来考察一下上市公司在进行现金股利分配时的考量（见表 7-20、表 7-21 和表 7-22）。

表 7-20　惠泰医疗 2021 年度资产负债表信息　　　　单位：元

时间	2021-12-31	2021-12-31	2020-12-31	2020-12-31
报告期	年报	年报	年报	年报
报表类型	合并报表	母公司报表	合并报表	母公司报表
流动资产：				
货币资金	309,660,763	202,025,882	120,344,024	28,064,654
交易性金融资产	913,715,055	803,691,962		
应收票据及应收账款	34,013,845	21,294,534	43,718,340	20,146,230
应收票据				
应收账款	34,013,845	21,294,534	43,718,340	20,146,230
预付款项	19,145,445	474,472	9,257,396	1,035,839
其他应收款（合计）	9,004,607	311,933,604	3,566,184	127,430,691
应收股利		80,000,000		100,000,000
应收利息		0		0
其他应收款	9,004,607	231,933,604	3,566,184	27,430,691
存货	263,246,654	53,772,418	145,270,387	39,321,597
一年内到期的非流动资产			25,000,000	25,000,000
其他流动资产	4,444,080	61,528	3,104,872	704,343
流动资产合计	1,553,230,450	1,393,254,400	350,261,203	241,703,355

（续表）

时间	2021-12-31	2021-12-31	2020-12-31	2020-12-31
报告期	年报	年报	年报	年报
报表类型	合并报表	母公司报表	合并报表	母公司报表
非流动资产：				
其他权益工具投资	76,276,356	76,276,356	20,000,000	20,000,000
长期股权投资	44,995,651	130,107,124	12,812,474	59,563,032
固定资产（合计）	207,800,698	46,758,948	137,471,593	26,800,090
在建工程（合计）	37,311,145		17,635,937	
使用权资产	13,618,509	5,368,268		
无形资产	32,376,131		32,470,770	2,675
长期待摊费用	7,410,096	3,194,766	1,618,994	720,744
递延所得税资产	9,821,253	3,926,447	1,621,650	645,301
其他非流动资产	30,241,255	29,278,948	14,819,028	12,500,000
非流动资产合计	459,851,094	294,910,858	238,450,446	120,231,842
资产总计	2,013,081,544	1,688,165,258	588,711,649	361,935,197
流动负债：				
短期借款	16,000,000	16,000,000	10,500,000	
应付票据及应付账款	21,133,743	53,325,369	8,418,540	734,492
应付票据				
应付账款	21,133,743	53,325,369	8,418,540	734,492
合同负债	32,315,162	7,568,592	16,705,239	6,156,185
应付职工薪酬	76,347,160	21,038,517	40,950,976	11,986,888
应交税费	11,887,899	2,062,550	8,791,522	776,698
其他应付款（合计）	20,394,706	5,847,517	17,994,412	4,223,995
一年内到期的非流动负债	13,553,947	3,885,797	5,000,000	
其他流动负债	2,898,479	63,626	1,051,123	11,294
流动负债合计	194,531,094	109,791,969	109,411,812	23,889,552

（续表）

时间	2021-12-31	2021-12-31	2020-12-31	2020-12-31
报告期	年报	年报	年报	年报
报表类型	合并报表	母公司报表	合并报表	母公司报表
非流动负债：				
长期借款	10,228,000		23,592,000	
租赁负债	6,796,564	1,675,612		
递延所得税负债	3,161,603	3,161,603		
递延收益－非流动负债	7,298,958	2,410,723	5,620,982	2,286,823
非流动负债合计	27,485,125	7,247,938	29,212,982	2,286,823
负债合计	222,016,219	117,039,907	138,624,793	26,176,375
所有者权益（或股东权益）：				
实收资本（或股本）	66,670,000	66,670,000	50,000,000	50,000,000
资本公积	1,268,068,816	1,317,604,734	159,465,477	165,388,169
其他综合收益	17,887,620	17,915,753	−8,213	
盈余公积	20,181,743	20,181,743	11,991,821	11,991,821
未分配利润	405,303,334	148,753,121	238,907,160	108,378,831
归属于母公司所有者权益合计	1,778,111,513	1,571,125,350	460,356,246	335,758,822
少数股东权益	12,953,812		−10,269,390	
所有者权益合计	1,791,065,325	1,571,125,350	450,086,856	335,758,822
负债和所有者权益总计	2,013,081,544	1,688,165,258	588,711,649	361,935,197

表 7-21　惠泰医疗 2021 年度利润表相关数据　　　　单位：元

时间	2021 年	2021 年	2020 年	2020 年
报告期	年报	年报	年报	年报
报表类型	合并报表	母公司报表	合并报表	母公司报表
营业收入	828,687,881	208,646,286	479,436,312	152,528,482
营业成本	252,843,204	94,128,796	142,127,002	70,507,409

（续表）

时间	2021 年	2021 年	2020 年	2020 年
报告期	年报	年报	年报	年报
报表类型	合并报表	母公司报表	合并报表	母公司报表
税金及附加	8,491,091	821,309	6,772,320	942,269
销售费用	196,309,123	74,939,106	113,760,153	36,691,925
管理费用	55,117,875	24,238,728	39,561,220	18,070,692
研发费用	134,876,803	24,807,275	71,899,384	14,519,747
财务费用	641,591	−2,281,881	201,318	−1,175,467
其中：利息费用	1,626,151	635,994	830,973	−118,918
减：利息收入	2,157,309	3,133,818	1,206,468	1,449,278
加：其他收益	18,815,563	3,359,578	14,875,676	2,441,081
投资净收益	11,104,879	88,240,974	−67,731	100,196,427
公允价值变动净收益	21,715,055	20,691,962		
资产减值损失	−9,741,200	−9,716,441	−6,879	−27,330
信用减值损失	182,555	−12,159,932	−470,453	825,102
资产处置收益	16,577	16,577	336	
营业利润	222,501,625	82,425,672	119,445,864	116,407,188
加：营业外收入	43,341	26,682	2,018,372	2,000,000
减：营业外支出	992,206	308,248	250,248	1,402
利润总额	221,552,759	82,144,106	121,213,989	118,405,786
减：所得税	26,701,688	244,895	17,019,142	2,335,786
净利润	194,851,072	81,899,211	104,194,847	116,070,000
减：少数股东损益	−13,070,024		−6,580,934	
归属于母公司所有者的净利润	207,921,096	81,899,211	110,775,781	116,070,000

表 7-22 惠泰医疗 2021 年度现金流量表相关数据 单位：元

时间	2021 年	2021 年	2020 年	2020 年
报告期	年报	年报	年报	年报
报表类型	合并报表	母公司报表	合并报表	母公司报表
支付其他与经营活动有关的现金	164,396,830	219,711,580	109,759,305	36,506,111
经营活动产生的现金流量净额	181,389,309	−109,412,076	148,240,116	66,724,906
取得投资收益收到的现金	9,929,056	107,664,447	212,532	196,427
购建固定资产、无形资产和其他长期资产支付的现金	167,378,609	65,570,250	44,200,411	13,971,832
吸收投资收到的现金	1,199,010,754	1,169,010,754		

在年度报告"重要提示"部分，关于股利分配事宜，公司是这样说的："公司拟以 2021 年度分红派息股权登记日的总股本为基数，向全体股东按每 10 股派发现金红利人民币 10.00 元（含税），预计派发现金总额为人民币 66,670,000.00 元（含税），占公司 2021 年度合并报表归属于母公司所有者的净利润的 32.07%；公司不进行资本公积转增股本，不送红股。"

任何企业的利润分配政策，都会受企业年度内财务状况变化的影响。在评论这个企业 2021 年度股利分配政策之前，我们还要关注一下企业当年财务数据中的一些重要变化。

第一，在资产负债表方面，无论是母公司报表还是合并报表，企业的资产总规模都出现了大幅度增加。考察一下企业的负债与所有者权益，我们就会发现，这种增加，主要是由于企业年度内的股本和资本公积的增加，这种变化一般意味着企业在年度内发行了股票。至于企业发行股票是否获得了货币资金，现金流量表中吸收投资收到的现金给出了答案：母公司年度内发行股票收到货币资金将近 12 亿元，这是推动企业资产增加的主要动力。

第二，在利润表方面，无论是母公司报表还是合并报表，企业 2021

年的营业收入均比 2020 年有所增长。从整体看，合并报表的营业收入、营业利润和净利润比上年增长的幅度较大，这意味着子公司的业务能力和效益有了较大提升。

第三，在现金流量表方面，合并报表 2021 年经营活动产生的现金流量净额与核心利润加其他收益之和（请根据表 7–21 自行计算合并报表的 2021 年核心利润与其他收益之和）基本相当，说明企业核心利润产生现金流量的能力是不错的，也显著高于 2020 年度的数据。至于母公司 2021 年经营活动产生的现金流量净额为负数，主要是受支付其他与经营活动有关的现金的大规模增加影响。企业的现金流量在这个项目上有大幅度增加，不可能是自身经营或者其他原因导致的，只能是企业对外投资导致的。资产负债表上母公司其他应收款与合并其他应收款的数量之差就清晰说明了母公司向子公司提供资金的事实。

企业出现这种情况是非常正常的：年度内募集了资金，就可以对子公司进行支持了（当然要符合募集资金预计的用途）。

剔除向子公司支持的货币资金因素，母公司经营活动产生的现金流量净额至少是正数。

此外，母公司 2021 年取得投资收益收到的现金为 1.08 亿元，足以用于进行现金股利的支付。

从三个净利润的规模来看，母公司净利润是 0.82 亿元，合并净利润为 1.95 亿元，归属于母公司所有者的净利润为 2.08 亿元。这三个净利润中，与母公司分红直接相关的是其自己的净利润。请特别注意：上市公司进行现金股利分配的主体是上市公司自己，不是合并报表代表的那个报表编制主体。如果按照母公司当年净利润来计算，企业分红规模已经达到了 81.40%。但如果按照合并报表的净利润来看，企业现金股利的分配规模占公司 2021 年度合并报表归属于母公司所有者的净利润的 32.07%。这意味着从企业整体来看，超过三分之二的利润留在了企业，用于支持企业未来的发展。

在发行股份以后，如果企业当年实现了净利润并有现金支付能力，企业就应该进行现金股利的分配，以提振资本市场信心。

显然，惠泰医疗的现金股利政策兼顾了母公司净利润、合并净利润、母公司现金支付能力、资本市场投资者的关切以及企业未来的发展。

需要注意的是另外一种情况：企业资产负债表中的未分配利润越积累越多，企业每年净利润、经营活动产生的现金流量净额也非常充分，但企业就是"抠门"，不向股东支付现金股利，导致企业未分配利润过高、货币资金规模长期过大且不用于经营或者投资。如果是这样，企业就真是太抠了：你自己如果不用，干脆分给股东吧！

第六节 "四高"型企业将面临什么问题

我们听说过人有"四高"——高血压、高血糖、高血脂和高尿酸。出现这"四高"的人，一般在健康上要注意了，因为这"四高"容易导致身体加速往不健康的方向发展。

据我所见，很多上市公司也有值得关注的"四高"问题。

哪"四高"呢？

1. "四高"型企业的主要特征

我在这里讲的"四高"主要是指企业存在的货币资金存量高、各类贷款高、利息费用高以及固定资产、在建工程存量高的财务现象。

第一，关于企业货币资金存量过高的问题。

尽管财务管理教科书试图为企业规划合理的货币资金存量给出"科学"的计算公式，但由于企业面临着较为复杂的经营环境、投资环境与筹资环境，企业的货币资金存量是很难用一个简单的公式计算出来的。

一般来说，企业货币资金的恰当存量应该是保持企业货币资金周转不中断条件下的最低存量。请注意，是最低存量。当然，在实践中，企业一般会在最低存量基础之上再加一部分保险储备，以有一定能力应付不时之需。

从资产的增值性角度来说，货币资金状态下的资产增值性是最低的。资产只有不断改变形态并实现增值，企业才可能为股东回报利润，企业才可能持续发展。

过低的货币资金存量有可能导致企业资金链断裂而影响日常的经营与周转，而过高的货币资金虽然能够保证企业货币资金顺畅周转，但其增值性较差。因此，如果货币资金长期过大，就会导致企业总资产周转率和总资产报酬率下降。

随着企业信息化程度的不断提高以及企业对现金收支的有效监控，运用智能化技术和管理手段，企业日常货币资金的存量控制是可以实现最大限度降低的。

第二，关于企业各类贷款高、利息费用高的问题。

企业各类贷款，既包括短期借款、长期借款，也包括各类应付债券。一般来说，企业之所以进行各类贷款融资，一是要支持企业日常经营活动，如购买原材料、燃料等，二是要支持企业的各类投资活动，既包括购建固定资产、无形资产等，也包括对外投资活动。

由于贷款类融资需要支付利息，因此，贷款类融资应该遵循的最重要原则是"非必要不借款"，换句话说，企业应该把各类贷款控制在能够维持企业经营与投资需求的最低水平。

当然，企业可能由于财报数据的代表性（现有的财报数据提供的都是日历期间的财务数据，如月度、季度、半年和一年等，而企业的经营活动有其自身的规律，企业12月31日账上有充足的货币资金并不意味着企业平时总是有充足的货币资金）、企业面临的融资环境（企业可能迫于金融机构的压力不得不进行债务融资）等原因，进行了一些看似不必要的债务融资。但是，长期过高的、超过一般经营与投资需求的债务融资，就属于过度债务融资范畴了，在财务管理上是要尽力避免的。

第三，关于固定资产和在建工程存量高的问题。

从普遍的规律来看，企业过高的债务融资，除了形成没有必要的货币资金存量以及发生过高的利息费用外，还有可能用于增加超过业务需求、增长过快的固定资产和在建工程的建设，从而为未来的产能过剩、业绩下滑埋下隐患。

2."四高"型企业的财务报表表现

下面我用中兴通讯2021年度报告中的财务数据，展示一下"四高"型企业的财务报表表现。

企业财报解析：中兴通讯的四高表现

下面的财务数据来自中兴通讯2021年度报告（见表7-23、表7-24和表7-25）。

表7-23　中兴通讯2021年度资产负债表部分项目　　单位：元

时间	2021-12-31	2021-12-31	2020-12-31	2020-12-31
报告期	年报	年报	年报	年报
报表类型	合并报表	母公司报表	合并报表	母公司报表
流动资产：				
货币资金	50,713,310,000	26,959,247,000	35,659,832,000	23,398,960,000
交易性金融资产	1,360,697,000		1,036,906,000	
衍生金融资产	209,352,000	208,877,000	36,118,000	35,995,000

（续表）

时间	2021-12-31	2021-12-31	2020-12-31	2020-12-31
报告期	年报	年报	年报	年报
报表类型	合并报表	母公司报表	合并报表	母公司报表
应收票据及应收账款	17,509,059,000	20,970,487,000	15,891,020,000	19,779,132,000
应收票据				
应收账款	17,509,059,000	20,970,487,000	15,891,020,000	19,779,132,000
应收款项融资	5,196,458,000	4,943,204,000	1,970,624,000	1,864,477,000
应收账款保理	200,992,000	169,613,000	199,872,000	178,443,000
预付款项	606,781,000	41,618,000	321,792,000	11,779,000
其他应收款（合计）	1,353,779,000	28,772,253,000	1,152,479,000	40,271,860,000
应收股利		1,056,533,000		1,752,847,000
应收利息	295,146,000	266,150,000	64,353,000	62,806,000
其他应收款	1,058,633,000	27,449,570,000	1,088,126,000	38,456,207,000
存货	36,316,753,000	17,333,958,000	33,689,306,000	18,444,527,000
合同资产	6,585,307,000	5,127,209,000	8,926,411,000	5,180,041,000
其他流动资产	7,818,597,000	2,634,789,000	8,092,915,000	3,490,828,000
流动资产合计	127,871,085,000	107,161,255,000	106,977,275,000	112,656,042,000
非流动资产：				
其他非流动金融资产	1,175,249,000	627,848,000	1,536,741,000	706,117,000
长期应收款	2,356,413,000	6,200,183,000	2,679,578,000	6,439,012,000
长期应收款保理	243,701,000	222,746,000	347,920,000	305,062,000
长期股权投资	1,684,909,000	16,957,563,000	1,713,803,000	13,475,272,000
投资性房地产	2,013,927,000	1,614,000,000	2,035,234,000	1,600,000,000
固定资产（合计）	11,437,011,000	5,937,863,000	11,913,942,000	6,056,830,000
在建工程（合计）	1,372,869,000	490,891,000	1,039,900,000	365,523,000
使用权资产	815,346,000	246,209,000	1,047,210,000	372,162,000

（续表）

时间	2021-12-31	2021-12-31	2020-12-31	2020-12-31
报告期	年报	年报	年报	年报
报表类型	合并报表	母公司报表	合并报表	母公司报表
无形资产	8,094,542,000	3,085,517,000	9,367,282,000	3,156,323,000
开发支出	2,453,275,000	307,740,000	2,072,857,000	314,854,000
商誉			186,206,000	
递延所得税资产	3,194,741,000	1,289,485,000	3,437,101,000	2,244,139,000
其他非流动资产	6,050,357,000	4,558,759,000	6,279,857,000	4,983,901,000
非流动资产合计	40,892,340,000	41,538,804,000	43,657,631,000	40,019,195,000
资产总计	168,763,425,000	148,700,059,000	150,634,906,000	152,675,237,000
流动负债：				
短期借款	8,946,935,000	2,865,000,000	10,559,160,000	7,590,608,000
应收账款保理之银行拨款	202,249,000	170,822,000	201,484,000	180,055,000
衍生金融负债	27,729,000	27,625,000	153,961,000	140,982,000
应付票据及应付账款	33,274,643,000	48,340,044,000	28,515,789,000	57,855,036,000
应付票据	11,557,376,000	15,474,186,000	11,364,056,000	12,884,302,000
应付账款	21,717,267,000	32,865,858,000	17,151,733,000	44,970,734,000
合同负债	16,101,652,000	12,141,684,000	14,998,172,000	10,202,939,000
应付职工薪酬	11,691,423,000	7,267,864,000	10,545,495,000	5,782,275,000
应交税费	1,216,334,000	215,423,000	878,201,000	131,279,000
其他应付款（合计）	3,505,419,000	7,402,014,000	4,352,802,000	13,871,716,000
一年内到期的非流动负债	977,336,000	247,572,000	2,104,677,000	747,843,000
递延收益－流动负债				
预计负债	2,741,536,000	1,796,414,000	2,085,234,000	1,568,818,000
流动负债合计	78,685,256,000	80,474,462,000	74,394,975,000	98,071,551,000

（续表）

时间	2021-12-31	2021-12-31	2020-12-31	2020-12-31
报告期	年报	年报	年报	年报
报表类型	合并报表	母公司报表	合并报表	母公司报表
非流动负债：				
长期借款	29,908,441,000	19,463,550,000	22,614,304,000	16,931,479,000
长期应收款保理之银行拨款	250,452,000	229,500,000	353,446,000	310,588,000
租赁负债	531,983,000	137,135,000	718,186,000	218,235,000
长期应付职工薪酬	147,539,000	147,539,000	144,250,000	144,250,000
递延所得税负债	150,348,000		134,317,000	
递延收益－非流动负债	1,872,518,000	136,962,000	2,228,313,000	293,675,000
其他非流动负债	3,929,228,000	1,812,185,000	3,924,609,000	1,798,324,000
非流动负债合计	36,790,509,000	21,926,871,000	30,117,425,000	19,696,551,000
负债合计	115,475,765,000	102,401,333,000	104,512,400,000	117,768,102,000
所有者权益（或股东权益）：				
实收资本（或股本）	4,730,796,000	4,730,796,000	4,613,435,000	4,613,435,000
资本公积	25,359,964,000	25,387,579,000	23,275,810,000	21,583,815,000
减：库存股			114,766,000	114,766,000
其他综合收益	-2,287,021,000	714,191,000	-2,270,622,000	701,136,000
盈余公积	3,027,154,000	2,365,398,000	2,968,473,000	2,306,717,000
未分配利润	20,651,196,000	13,100,762,000	14,824,478,000	5,816,798,000
归属于母公司所有者权益合计	51,482,089,000	46,298,726,000	43,296,808,000	34,907,135,000
少数股东权益	1,805,571,000		2,825,698,000	
所有者权益合计	53,287,660,000	46,298,726,000	46,122,506,000	34,907,135,000
负债和所有者权益总计	168,763,425,000	148,700,059,000	150,634,906,000	152,675,237,000

表 7-24　中兴通讯 2021 年度利润表部分项目　　　　　　单位：元

时间	2021 年	2021 年	2020 年	2020 年
报告期	年报	年报	年报	年报
报表类型	合并报表	母公司报表	合并报表	母公司报表
营业收入	114,521,641,000	110,469,065,000	101,450,670,000	94,147,280,000
营业总成本	108,891,996,000	106,747,011,000	97,855,227,000	94,176,869,000
税金及附加	787,467,000	201,340,000	684,617,000	194,958,000
销售费用	8,733,152,000	5,728,795,000	7,578,837,000	4,578,571,000
管理费用	5,444,613,000	4,755,179,000	4,994,996,000	4,099,577,000
研发费用	18,804,012,000	4,770,989,000	14,797,025,000	3,371,221,000
财务费用	962,906,000	669,665,000	420,537,000	885,257,000
其中：利息费用	1,481,221,000	1,066,104,000	1,495,660,000	1,070,039,000
减：利息收入	1,497,096,000	1,036,262,000	1,238,753,000	737,628,000
加：其他收益	1,941,399,000	478,842,000	1,572,666,000	349,010,000
投资净收益	1,564,193,000	4,140,438,000	906,406,000	2,065,939,000
公允价值变动净收益	1,099,364,000	268,122,000	39,023,000	−41,334,000
资产减值损失	−1,521,298,000	358,263,000	−209,715,000	139,396,000
信用减值损失	−268,942,000	−77,550,000	−433,103,000	65,556,000
资产处置收益	231,744,000	231,744,000		
营业利润	8,676,105,000	9,121,913,000	5,470,720,000	2,548,978,000
加：营业外收入	250,091,000	178,441,000	237,759,000	96,955,000
减：营业外支出	427,270,000	71,766,000	644,313,000	543,741,000
利润总额	8,498,926,000	9,228,588,000	5,064,166,000	2,102,192,000
减：所得税	1,463,036,000	958,401,000	342,474,000	−637,645,000
净利润	7,035,890,000	8,270,187,000	4,721,692,000	2,739,837,000

表 7-25　中兴通讯 2021 年度现金流量表部分项目　　　　单位：元

时间	2021 年	2021 年	2020 年	2020 年
报告期	年报	年报	年报	年报
报表类型	合并报表	母公司报表	合并报表	母公司报表
经营活动产生的现金流量：				
销售商品、提供劳务收到的现金	120,976,285,000	113,381,697,000	114,716,078,000	106,663,870,000
收到的税费返还	4,610,677,000	2,519,266,000	3,985,133,000	2,360,236,000
收到其他与经营活动有关的现金	4,631,593,000	1,693,409,000	6,771,002,000	1,591,760,000
经营活动现金流入小计	130,218,555,000	117,594,372,000	125,472,213,000	110,615,866,000
购买商品、接受劳务支付的现金	75,886,059,000	97,613,362,000	79,466,978,000	94,158,730,000
支付给职工以及为职工支付的现金	22,334,000,000	6,758,970,000	18,795,464,000	5,930,104,000
支付的各项税费	6,716,951,000	1,138,224,000	6,599,758,000	1,410,785,000
支付其他与经营活动有关的现金	9,558,018,000	6,216,615,000	10,377,362,000	5,852,676,000
经营活动现金流出小计	114,495,028,000	111,727,171,000	115,239,562,000	107,352,295,000
经营活动产生的现金流量净额	15,723,527,000	5,867,201,000	10,232,651,000	3,263,571,000
投资活动产生的现金流量：				
收回投资收到的现金	10,274,155,000	9,452,074,000	6,509,874,000	3,028,230,000
取得投资收益收到的现金	466,361,000	4,315,071,000	273,809,000	4,332,809,000
处置固定资产、无形资产和其他长期资产收回的现金净额	220,622,000	226,861,000	9,398,000	6,749,000
处置子公司及其他营业单位收到的现金净额	1,240,256,000		251,702,000	
收到其他与投资活动有关的现金		1,417,540,000		6,385,000,000

（续表）

时间	2021 年	2021 年	2020 年	2020 年
报告期	年报	年报	年报	年报
报表类型	合并报表	母公司报表	合并报表	母公司报表
投资活动现金流入小计	12,201,394,000	15,411,546,000	7,044,783,000	13,752,788,000
购建固定资产、无形资产和其他长期资产支付的现金	5,686,369,000	2,778,121,000	6,471,652,000	2,574,830,000
投资支付的现金	17,062,063,000	16,346,678,000	7,363,565,000	5,583,800,000
取得子公司及其他营业单位支付的现金净额			257,671,000	
支付其他与投资活动有关的现金	45,400,000	762,800,000	34,009,000	7,590,000,000
投资活动现金流出小计	22,793,832,000	19,887,599,000	14,126,897,000	15,748,630,000
投资活动产生的现金流量净额	−10,592,438,000	−4,476,053,000	−7,082,114,000	−1,995,842,000
筹资活动产生的现金流量：				
吸收投资收到的现金	538,020,000	518,270,000	14,166,524,000	11,554,524,000
其中：子公司吸收少数股东投资收到的现金	20,000,000		2,612,000,000	
取得借款收到的现金	66,860,187,000	42,728,243,000	48,160,989,000	37,216,367,000
收到其他与筹资活动有关的现金		11,366,000	6,540,000	
筹资活动现金流入小计	67,398,207,000	43,257,879,000	62,334,053,000	48,770,891,000
偿还债务支付的现金	61,551,343,000	45,238,533,000	49,454,964,000	31,024,267,000
兑付永续票据所支付的现金			6,000,000,000	6,000,000,000
分配股利、利润或偿付利息支付的现金	2,618,461,000	1,815,856,000	2,950,970,000	2,354,201,000
其中：子公司支付给少数股东的股利、利润	312,960,000		259,200,000	

（续表）

时间	2021 年	2021 年	2020 年	2020 年
报告期	年报	年报	年报	年报
报表类型	合并报表	母公司报表	合并报表	母公司报表
支付其他与筹资活动有关的现金	449,889,000	190,634,000	4,218,024,000	305,692,000
筹资活动现金流出小计	64,619,693,000	47,245,023,000	62,623,958,000	39,684,160,000
筹资活动产生的现金流量净额	2,778,514,000	−3,987,144,000	−289,905,000	9,086,731,000
汇率变动对现金的影响	−242,076,000	−119,630,000	36,624,000	−289,710,000
现金及现金等价物净增加额	7,667,527,000	−2,715,626,000	2,897,256,000	10,064,750,000
期初现金及现金等价物余额	31,403,056,000	20,097,442,000	28,505,800,000	10,032,692,000
期末现金及现金等价物余额	39,070,583,000	17,381,816,000	31,403,056,000	20,097,442,000

这次我们从现金流量表开始考察，先看一下企业经营活动产生的现金流量净额情况。

无论是 2020 年还是 2021 年，也无论是母公司报表还是合并报表，企业经营活动产生的现金流量净额都是正数，且 2021 年合并报表中企业经营活动产生的现金流量净额达到了约 157 亿元（2020 年约为 102 亿元），远高于合并利润表的核心利润约 41 亿元（核心利润的计算可以按照"核心利润＝营业收入－营业成本－税金及附加－销售费用－管理费用－研发费用－利息费用"的公式计算），这意味着企业核心利润带来现金流量的能力很不错。

中兴通讯连续两年合并报表中购建固定资产、无形资产和其他长期资产支付现金的规模如下：2020 年约为 65 亿元，2021 年约为 57 亿元，远低于这两个年度经营活动产生的现金流量净额的规模。这就是说：在这两个年度里，从整体来看，企业经营活动产生的现金流量净额的规模完全可以满足企业购建固定资产、无形资产和其他长期资产支付的现金的需要。

在这里，我还是要强调一下：由于企业经营活动产生的现金流量净额的规模是随着企业经营活动的发展渐进增加的，而购建固定资产、无形资产和其他长期资产支付的现金往往是短时间内集中支付的，这就有可能出现这样的情况——企业购建固定资产、无形资产和其他长期资产支付的现金是在年度内较早时候发生的，而经营活动产生的现金流量净额的增加是在后半年度进行的，从而出现在本年度一段时间之内经营活动产生的现金流量净额不能满足购建固定资产、无形资产和其他长期资产支付的现金的需求。在这种情况下，企业如果没有过去积累的现金存量，就需要进行短时间的债务融资了。但这种短时间的债务融资一般不会引起大规模的利息费用。

需要注意的是，母公司报表与合并报表中投资支付的现金的规模较大，如果把这部分现金流出量考虑进去，则企业投资支付的现金加上购建固定资产、无形资产和其他长期资产支付的现金，规模将超过企业经营活动产生的现金流量净额的规模。这是不是构成企业进行融资尤其是债务融资的理由呢？

我们可以再关注一下现金流量表中的另外一个项目——收回投资收到的现金。企业现金流量表中的这个项目很活跃，与投资支付的现金的活跃结合起来，你就能够想象出这里面的主旋律是企业利用闲置的货币资金进行短期投资，其目的是要获得较高的收益。当然，投资支付的现金也可能有一部分长期投资的内容，如果合并报表中的长期投资项目比年初增加，则意味着企业投资支付的现金进行了部分长期投资。很遗憾，合并资产负债表中的其他非流动金融资产和长期股权投资在2021年末比年初还有所下降，这说明企业合并报表中的投资支付的现金中的长期性投资并不多。

综合考虑，我们就可以做出判断：从全年来看，企业2021年的经营活动产生的现金流量净额的规模完全可以满足购建固定资产、无形资产和其他长期资产支付的现金的需要，从逻辑关系上看，企业没有债务融资的必然需求。

我们再往下看，考察一下筹资活动产生的现金流量。

先看一下企业2020年的筹资情况。在这一年，母公司发行股票募集资金达到了约116亿元的规模。即使在企业大规模募集资金的年度，母公司也没有将债务融资的脚步慢下来，借款融资的规模达到了372亿元。在母公司债务融资的"激励"下，子公司也进行了约110亿元的债务融资。到了2021年，企业债务融资的势头更加强劲，合并报表的债务融资规模达到了669亿元。

那么，在企业经营活动产生的现金流量净额足够充分，企业构建固定资产、无形资产和其他长期资产支付的现金规模不大，企业又有前期发行股票筹资基础的情况下，企业如此大规模地进行债务融资，会导致怎样的财务后果呢？

第一，企业各类债务的借入，可能不是长期的——是短时间内由于各种原因迫不得已进行的债务融资，也可能是长期的——企业借入的新债是为了偿还以前的旧债。如果是这种情况，企业现金流量表中就会有大规模的偿还债务支付的现金。果然，企业连续两年合并现金流量表中的偿还债务支付的现金都有较大规模，这意味着企业借款的主要目的是还款——既可能是本期借入、本期偿还，也可能是前期借入、本期偿还，本期再借入。

第二，借款无实质性需求，增加的借款将增加企业的货币资金存量。在这种情况下，企业的货币资金将因债务融资净额（借款规模大于还款规模）的增加而提高，同时企业利润表中的利息费用将增加。

从中兴通讯2020年12月31日、2021年12月31日的数据来看，合并报表货币资金的规模确实在增加。这里面的增加一定有债务融资的"贡献"。而中兴通讯2020年、2021年合并利润表的数据显示，企业的利息费用连续两年将近15亿元，这项费用的发生意味着企业的债务融资是长期、够规模的。同时，2021年企业合并利润表中的利息收入约为15亿元，比利息费用略高。这证实了企业有较大规模的货币资金存量。但请注意：企业的贷款利息率一般会高于存款利息率。

利润表的这两个数据告诉我们：企业既有较高规模的货币资金，也有较高规模的各类债务融资，债务融资的一个重要"贡献"就是增加了企业的货币资金存量，同时引起了利息费用的增加。

第三，企业的债务融资是否支持了固定资产、在建工程和无形资产增加的问题。

应该说，企业连续两年的购建固定资产、无形资产和其他长期资产支付的现金规模都不大，完全可以由经营活动产生的现金流量净额和企业早期积累的货币资金来支持，资产负债表中固定资产、在建工程以及无形资产的规模变化也证实了这一点。因此，从逻辑关系来看，企业新增加的各类债务融资并没有支持固定资产、在建工程和无形资产的增加。

那么，是不是说中兴通讯的债务融资尤其是新增债务融资是完全不必要的呢？我觉得不能简单这样讲。

我们这里的分析是基于三张报表的逻辑关系来进行的。而企业的筹资活动、投资活动以及经营活动是在特定的环境中进行的，各种因素都会导致企业的相关行为产生。企业所面临的环境，远比三张报表所反映的因素复杂。从组织行为学角度来看，企业行为首先要考虑的不是财务报表的展示问题，而是企业在复杂的经济、社会及其他因素作用下如何生存和发展的问题。有时候，我们在财务报表中所感觉到的不符合一般逻辑的现象或行为，可能恰恰是企业生存和发展所必须做出的选择。

第八章
企业财务结构特征与潜在风险分析

第一节　高现金存量与企业风险

在用杜邦分析体系对企业进行财务指标计算的时候，一些指标的恶化就是企业风险的重要标志。比如，企业的毛利率持续下降，企业的资产有息负债率持续走高且核心利润获现能力持续不高，这些都可以通过财务比率计算出来。

但实际上，企业在财务数据上所表现出来的很多风险并不一定要通过比率计算才能被感知到。就像我们看一个人是不是健康一样：你可以通过医院检查和化验的数据来判断一个人是不是健康，也可以依据人的面相变化、走路姿势以及行为举止的异常来判断一个人是不是在哪方面可能存在健康问题。

在本节，我讲一下高现金存量与企业风险之间的关系问题。

你如果看过一些上市公司的财务报表，就会发现，很多企业的资产中，货币资金占资产总额的比重很高。有人说：现金为王！谁的钱多，谁就拥有了未来!

对于企业而言,还真不能这样讲。

我们先看看企业的钱是从哪里来的吧。

1. 高现金存量的三个来源

从现金流量表的结构来看,高现金存量无非是这样几个渠道。

第一,由企业经营活动和投资收益带来。

这两部分的现金净流入体现在企业现金流量表的两个项目中,一个是经营活动产生的现金流量净额,一个是取得投资收益收到的现金。此外,还有我们不能直接看到的由投资带来的现金——企业持有的投资转让获得的现金,体现在收回投资收到的现金中,如果企业转让或者收回投资获得了收益,则这部分现金流量中与转让收益相对应的部分也构成企业投资收益带来的现金。

这就是我前面说的企业赚来的钱。想想看,企业赚来的钱有什么特点?很简单,企业赚的钱使用起来最安心,一般没有任何限制和约束,更没有融资成本。当然了,企业花钱要合法化。

第二,由企业各种债务融资活动带来。

企业可以通过借款、发行债券等方式获得各种债务融资。虽然这种债务融资可以在短时间内让企业有较充足的货币资金,但由于债务融资都有时间限制和利息因素,企业到期要还本付息,所以,债务融资所支持的方向应该有盈利能力和现金支付能力——只有债务融资所获资金支持的方向既有利润又有现金流量净额的时候,企业才有可能偿还到期债务的本金和利息。

第三,由股东入资带来。

股东对企业的入资体现在股本和资本公积的合计中。年度内的股东入资还可以在当年现金流量表吸收投资收到的现金一项中看到其规模。很多人以为，股东入资是没有成本的，可以随便用。其实这是严重的认知误区。股东入资确实没有会计核算上的利息费用，但股东入资肯定不是不求回报的，而是有实实在在的诉求：小股东希望能够尽快收回投资或者持续获得较为理想的现金股利收益，大股东则更关注公司的发展战略、公司治理与企业未来发展之间的关系等，当然大股东也对公司整体的价值走势及向股东支付现金股利非常感兴趣。所有这些构成了股东入资对企业的预期——要么是投资回报预期，要么是企业发展预期。实际上，这种预期比起利息费用的压力可能更大。如果经过一段时间的发展，企业各方面业绩难以达到股东预期，企业管理层发生重大调整以及股权结构出现重大变化都是在所难免的。

2. 高现金存量与企业风险案例分析

从企业主体的发展来看，短时间的账面货币资金较多是难免的，也是正常的。但如果企业长期货币资金过多，则可能意味着企业存在着某种风险。这是因为，一方面，无论什么原因造成的，企业货币资金长期高存量，必然导致在财务数据上使得企业总资产周转率、总资产报酬率下降；另一方面，企业货币资金长期高存量的存在，还可能意味着企业处于战略发展的困惑期。

前文曾用爱美客 2020 年度报告中的信息进行过相关分析。现在，我们再完整地看看爱美客 2021 年度报告中的相关财务数据（见表 8-1、表 8-2 和表 8-3），并对这个企业的高现金存量问题进行分析。

表 8-1　爱美客 2021 年度报告中的资产负债表信息　　单位：元

时间	2021-12-31	2021-12-31	2020-12-31	2020-12-31
报告期	年报	年报	年报	年报
报表类型	合并报表	母公司报表	合并报表	母公司报表
流动资产：				
货币资金	3,263,543,716	2,771,070,795	3,455,840,597	3,436,327,517
交易性金融资产	370,507,781	370,507,781	841,568,000	841,568,000
应收账款	72,352,566	72,315,286	29,821,541	29,081,308
预付款项	14,646,669	7,898,490	6,274,168	5,512,823
其他应收款	9,687,470	21,112,811	3,332,289	18,227,857
存货	34,935,247	32,928,253	26,804,184	24,891,680
其他流动资产	37,576,822	33,675,478	12,200,545	8,997,392
流动资产合计	3,803,250,271	3,309,508,894	4,375,841,324	4,364,606,577
非流动资产：				
债权投资	100,000,000	100,000,000		
其他非流动金融资产	111,862,664	36,861,933	25,000,000	25,000,000
长期股权投资	1,001,025,075	1,633,146,351	33,892,732	63,797,626
投资性房地产				
固定资产（合计）	142,863,278	140,453,006	142,873,876	140,173,822
使用权资产	47,581,225	47,581,225		
无形资产	11,991,685	11,859,889	10,363,398	10,213,420
长期待摊费用	9,637,470	9,637,470	8,213,870	8,209,359
递延所得税资产	2,367,599	2,243,416	1,788,571	1,734,126
其他非流动资产	34,246,511	32,474,611	34,695,063	34,695,063
非流动资产合计	1,461,575,507	2,014,257,900	256,827,509	283,823,416
资产总计	5,264,825,778	5,323,766,795	4,632,668,833	4,648,429,993
流动负债：				
应付账款	8,548,537	8,032,359	4,559,011	4,526,635
预收款项				

（续表）

时间	2021-12-31	2021-12-31	2020-12-31	2020-12-31
报告期	年报	年报	年报	年报
报表类型	合并报表	母公司报表	合并报表	母公司报表
合同负债	12,735,740	12,683,087	17,762,877	17,617,246
应付职工薪酬	82,405,378	81,521,143	29,250,142	28,504,743
应交税费	43,192,821	42,946,238	25,472,189	25,128,587
其他应付款	23,449,915	22,926,022	12,292,794	12,054,487
一年内到期的非流动负债	7,935,833	7,935,833		
其他流动负债	318,529	311,685	415,508	411,139
流动负债合计	178,586,754	176,356,366	89,752,520	88,242,838
非流动负债：				
租赁负债	40,185,651	40,185,651		
递延所得税负债	8,313,580	4,563,397	2,471,608	2,471,608
递延收益－非流动负债	8,089,042	8,089,042	9,220,532	9,220,532
非流动负债合计	56,588,273	52,838,090	11,692,140	11,692,140
负债合计	235,175,027	229,194,457	101,444,660	99,934,978
所有者权益（或股东权益）：				
实收资本（或股本）	216,360,000	216,360,000	120,200,000	120,200,000
资本公积	3,410,715,846	3,448,467,377	3,544,627,377	3,544,627,377
其他综合收益	-3,690,399	-3,690,399		
盈余公积	108,180,000	108,180,000	60,100,000	60,100,000
未分配利润	1,297,907,282	1,325,255,359	808,888,734	823,567,638
归属于母公司所有者权益合计	5,029,472,730	5,094,572,338	4,533,816,111	4,548,495,015
少数股东权益	178,021		-2,591,938	
所有者权益合计	5,029,650,751	5,094,572,338	4,531,224,173	4,548,495,015
负债和所有者权益总计	5,264,825,778	5,323,766,795	4,632,668,833	4,648,429,993

表 8-2　爱美客 2021 年度报告中的利润表信息　　单位：元

时间	2021 年	2021 年	2020 年	2020 年
报告期	年报	年报	年报	年报
报表类型	合并报表	母公司报表	合并报表	母公司报表
营业收入	1,447,872,001	1,439,422,089	709,290,197	703,669,447
营业成本	91,269,071	89,694,923	58,121,828	58,651,443
税金及附加	6,661,626	6,205,006	3,656,423	3,329,043
销售费用	156,485,515	152,992,064	70,949,966	69,487,777
管理费用	64,715,829	64,082,316	43,503,035	42,534,822
研发费用	102,312,180	74,438,213	61,804,031	48,584,447
财务费用	−51,920,430	−46,862,090	−14,334,703	−14,196,619
其中：利息费用	2,135,027	2,135,027		
减：利息收入	54,206,319	49,115,126	14,397,665	14,248,118
加：其他收益	5,019,627	4,845,512	1,715,317	1,480,479
投资净收益	18,481,482	22,691,505	14,734,728	14,734,728
公允价值变动净收益	27,370,445	12,369,714	1,568,000	1,568,000
资产减值损失	−12,751	−600,000	−14,045	
信用减值损失	−2,572,958	−2,277,279	−849,015	−837,746
资产处置收益	−12,623	−12,623	−2,525	−2,525
营业利润	1,126,621,431	1,135,888,487	502,742,077	512,221,470
加：营业外收入	261,642	261,048	78,118	78,118
减：营业外支出	5,045,425	5,041,929	163,802	163,802
利润总额	1,121,837,648	1,131,107,607	502,656,393	512,135,786
减：所得税	164,504,312	160,639,885	69,266,621	72,147,172
净利润	957,333,336	970,467,721	433,389,772	439,988,614

表 8-3　爱美客 2021 年度报告中的现金流量表信息　　单位：元

时间	2021-12-31	2021-12-31	2020-12-31	2020-12-31
报告期	年报	年报	年报	年报
报表类型	合并报表	母公司报表	合并报表	母公司报表
经营活动产生的现金流量：				
销售商品、提供劳务收到的现金	1,445,466,179	1,431,646,225	724,710,130	713,299,879
收到的税费返还	4,731,383	4,726,351	6,509,136	3,274,493
收到其他与经营活动有关的现金	59,663,985	54,247,936	16,545,375	16,017,651
经营活动现金流入小计	1,509,861,547	1,490,620,513	747,764,641	732,592,023
购买商品、接受劳务支付的现金	62,409,216	60,281,216	43,105,288	38,133,328
支付给职工以及为职工支付的现金	176,897,932	171,637,916	116,901,204	110,837,902
支付的各项税费	200,337,644	196,151,741	92,702,151	89,441,162
支付其他与经营活动有关的现金	127,437,247	91,017,021	69,378,402	67,139,836
经营活动现金流出小计	567,082,039	519,087,894	322,087,044	305,552,228
经营活动产生的现金流量净额	942,779,508	971,532,619	425,677,596	427,039,796
投资活动产生的现金流量：				
收回投资收到的现金	1,900,000,000	1,900,000,000	1,550,000,000	1,550,000,000
取得投资收益收到的现金	26,774,453	26,774,453	15,139,986	15,139,986
处置固定资产、无形资产和其他长期资产收回的现金净额	6,836	6,836	14,265	14,265
投资活动现金流入小计	1,926,781,289	1,926,781,289	1,565,154,251	1,565,154,251

405

（续表）

时间	2021-12-31	2021-12-31	2020-12-31	2020-12-31
报告期	年报	年报	年报	年报
报表类型	合并报表	母公司报表	合并报表	母公司报表
购建固定资产、无形资产和其他长期资产支付的现金	23,030,698	21,253,649	32,106,065	32,051,665
投资支付的现金	2,551,529,572	3,089,494,072	2,449,297,990	2,451,297,990
投资活动现金流出小计	2,574,560,270	3,110,747,721	2,481,404,055	2,483,349,655
投资活动产生的现金流量净额	−647,778,980	−1,183,966,431	−916,249,804	−918,195,404
筹资活动产生的现金流量：				
吸收投资收到的现金	150,000		3,473,316,460	3,473,316,460
其中：子公司吸收少数股东投资收到的现金				
筹资活动现金流入小计	150,000		3,473,316,460	3,473,316,460
分配股利、利润或偿付利息支付的现金	420,700,000	420,700,000		
支付其他与筹资活动有关的现金	66,747,409	32,122,909	32,512,883	32,512,883
筹资活动现金流出小计	487,447,409	452,822,909	32,512,883	32,512,883
筹资活动产生的现金流量净额	−487,297,409	−452,822,909	3,440,803,576	3,440,803,576
现金及现金等价物净增加额	−192,296,881	−665,256,722	2,950,231,368	2,949,647,968
期初现金及现金等价物余额	3,455,840,597	3,436,327,517	505,609,229	486,679,549
期末现金及现金等价物余额	3,263,543,716	2,771,070,795	3,455,840,597	3,436,327,517

企业财报解析：爱美客的高现金存量与风险问题

首先，我们看一下企业母公司报表与合并报表 2020 年 12 月 31 日和 2021 年 12 月 31 日资产总计的情况以及货币资金占资产总计的比重情况。有关数据见表 8-4。

表 8-4　爱美客母公司报表与合并报表的相关数据　　　　单位：元

时间	2021-12-31	2021-12-31	2020-12-31	2020-12-31
报告期	年报	年报	年报	年报
报表类型	合并报表	母公司报表	合并报表	母公司报表
货币资金	3,263,543,716	2,771,070,795	3,455,840,597	3,436,327,517
资产总计	5,264,825,778	5,323,766,795	4,632,668,833	4,648,429,993
货币资金占资产总计百分比	61.99%	52.05%	75.60%	73.92%

上述数据显示，无论是年初还是年末，也无论是母公司报表数据还是合并报表数据，企业货币资金占资产总计的比例都相当高。

其次，我们从资产负债表的负债和所有者权益的结构感受一下企业货币资金的基本来源。请看一下 2021 年 12 月 31 日合并报表的数据（这个数据具有代表性）：没有明显迹象表明企业通过债务融资增加了货币资金的数量（现金流量表的取得借款收到的现金是零，我在收录时删除了该项目）；企业的负债规模只有 2.35 亿元，且以经营性负债为主，这部分经营性负债与所有者权益中的盈余公积和未分配利润之和导致了企业货币资金增加（本期现金流量表中的经营活动产生的现金流量净额为 9.43 亿元证实了这一点；未分配利润和盈余公积所带来的现金有的来自本年度，有的来自以前年度）；企业的股本与资本公积之和为 36.27 亿元，构成企业货币资金的主要来源（现金流量表显示，企业在 2020 年发行股票募集资金 34.73 亿元，这部分资金沉淀到 2021 年底，形成货币资金最重要的来源）。

我们可以说，企业货币资金的来源，不是借款，而是股东入资和经营活动与利润积累，其中，股东入资尤其是 2020 年的入资构成了企业最大的现金来源。

再次，从报表数据的对应关系来看，企业在 2020 年度募集的大量资金，为什么沉淀到 2021 年底还没有动用呢？

我们看一下现金流量表的数据关系就明白了。我先把企业 2020 年和 2021 年现金流量表中的几个重要数据列示如下（见表 8-5）。

表 8-5　爱美客现金流量表中的几个重要数据　　单位：元

时间	2021 年	2021 年	2020 年	2020 年
报告期	年报	年报	年报	年报
报表类型	合并报表	母公司报表	合并报表	母公司报表
经营活动产生的现金流量净额	942,779,508	971,532,619	425,677,596	427,039,796
购建固定资产、无形资产和其他长期资产支付的现金	23,030,698	21,253,649	32,106,065	32,051,665
吸收投资收到的现金	150,000		3,473,316,460	3,473,316,460

原来，无论是母公司数据还是合并后数据，企业 2020 年与 2021 年购建固定资产、无形资产和其他长期资产支付的现金分别只有三千多万元和两千多万元，这个数字从逻辑关系上来看，用经营活动产生的现金流量净额就完全可以解决，根本不用筹资活动产生的现金流量来支持。

这就是说，从逻辑关系来看，企业募集的资金还没有用于扩大企业的生产经营能力。换句话说，企业 2021 年度业绩是在生产经营能力没有大幅度扩张的情况下取得的。

企业资产负债表中的固定资产在年度间并没有显著变化也说明了这一点。

最后，企业货币资金长期保持在高水平将带来什么后果？

你如果只关心利润表，你会看到企业 2021 年的营业收入、营业利润和净利润（以合并报表数据为基础讨论）比 2020 年增加很多，增长比例达到了 100% 以上。但如果你把 2021 年合并报表的营业收入 14.48 亿元与合并资产的平均规模约 49.49 亿元相比较，你就会发现，企业的总资产周转率太慢（总资产周转率＝营业收入／平均资产总额），至少三年多周转一次。

这样的周转速度要么意味着企业资产中的非经营资产很多，根本不支持企业的经营活动，要么意味着企业经营资产的结构不合理。

我们再看一下企业 2021 年 12 月 31 日的合并资产结构，会发现企业的货币资金、交易性金融资产、债权投资、其他非流动金融资产和长期股权投资等非经营资产（由于企业经营活动产生的现金流量净额规模较大，因此，货币资金存量应该不会被动用去支持经营活动，我在这里将其归于非经营活动）之和已经达到了 48.47 亿元，占资产总额 52.65 亿元的 92.06%！

年末资产中仅有约 4 亿元的资产是经营资产，年初的经营资产就更低了（可以看一下年初合并资产中的经营资产部分）。这样，以不足 4 亿元的平均资产能够获得 14.48 亿元的营业收入，应该说企业的经营资产质量是高的。

也就是说：大量闲置不用的货币资金降低了总资产周转率，还可能会降低总资产报酬率（再看一下 2021 年的合并利润表，营业利润里的核心利润占据绝大部分，企业的利息收入、投资净收益和公允价值变动净收益之和只有约 1 亿元，说明企业大量的非经营资产带来了极少的利润贡献，少量的经营资产带来了大量的利润）。

需要特别注意的是：如果企业的经营活动不依赖于募集资金去扩大的时间持续下去的话，企业在 2020 年所募集的资金实质上是处于不确定方向的状态的。如果真是这样，那就意味着企业的发展战略处于困惑期——不知道手头的现金往哪里投资。如果企业由于货币资金太多而从事冒险性投资的话，企业将处于不断提升的扩张风险中。

第二节　并购与企业风险

我在前面讲过，母公司是企业发展战略的发起者：企业发展，既可以由母公司自己组织生产经营活动，也可以对外通过控制性投资由子公司或者孙公司等完成对生产经营活动的组织。

在企业选择通过对外控制性投资来发展的条件下，企业对外的控制性投资既可以通过自己直接设立子公司、孙公司来实现，也可以通过直接收购其他企业来实现。

通过并购，可以在短时间内实现企业业绩的快速增长以及跨行业的业务拓展。

但是，必须看到、需要高度关注的是，并购在使企业短时间内实现利润表业绩的快速增长的同时，也蕴含着很多风险。本节就讨论一下通过财报数据所能观察到的企业与并购有关的风险。

1. 并购可能导致企业的既有管理体制受到冲击

在母公司和子公司的管理关系中，既包括了人力资源管理、营销管理、资金管理、债务融资管理关系，也包括了母公司和子公司之间的业务流程管理等。这些管理关系一经确定，往往会形成母公司和子公司之间的制度化或者惯例化的约束与激励机制，对母公司和子公司之间的组织行为乃至个人行为产生重要的影响。

利用财务数据，你当然不能看到母公司和子公司之间的人力资源管理关系，但是可以在一定程度上考察母子公司之间的资金管理、贷款管理以及业务管理的关系。

当企业出现并购的时候，被并购企业可能由于各种原因不能立即融入并购方，从而对企业已有的母公司和子公司的关系形成挑战或者冲击，进而导致企业整体出现管理质量下降、危害组织业已建立的整体制度和文化的情况。

企业财报解析：美的集团并购 KUKA 基本情况

下面我们看一下美的集团 2017 年度报告中的相关信息（见表 8-6）。

表 8-6　美的集团 2017 年度报告中的相关数据　　单位：元

时间	2017-12-31	2017-12-31	2016-12-31	2016-12-31
报告期	年报	年报	年报	年报
报表类型	合并报表	母公司报表	合并报表	母公司报表
流动资产：				
货币资金	48,274,200,000	29,349,926,000	17,196,070,000	17,135,480,000
衍生金融资产	353,327,000		412,813,000	
应收票据	10,854,226,000		7,427,488,000	
应收账款	17,528,717,000		13,454,511,000	
预付款项	1,672,248,000	23,877,000	1,587,366,000	8,252,000
发放贷款及垫款	12,178,953,000		20,246,445,000	
其他应收款（合计）	2,657,568,000	9,300,604,000	1,140,133,000	12,930,508,000
应收股利		897,040,000		285,916,000
应收利息				
其他应收款	2,657,568,000	8,403,564,000	1,140,133,000	12,644,592,000
存货	29,444,166,000		15,626,897,000	

（续表）

时间	2017-12-31	2017-12-31	2016-12-31	2016-12-31
报告期	年报	年报	年报	年报
报表类型	合并报表	母公司报表	合并报表	母公司报表
其他流动资产	46,847,271,000	27,311,464,000	43,529,597,000	24,165,141,000
流动资产合计	169,810,676,000	65,985,871,000	120,621,320,000	54,239,381,000
非流动资产：				
可供出售金融资产	1,831,051,000	56,868,000	5,187,732,000	28,931,000
长期应收款	362,248,000		33,868,000	
长期股权投资	2,633,698,000	24,540,601,000	2,211,732,000	23,058,980,000
投资性房地产	420,802,000	597,200,000	494,122,000	604,881,000
固定资产	22,600,724,000	1,245,998,000	21,056,791,000	984,666,000
在建工程	879,576,000	36,313,000	580,729,000	467,053,000
无形资产	15,167,036,000	231,154,000	6,868,538,000	236,083,000
商誉	28,903,785,000		5,730,995,000	
长期待摊费用	859,106,000	121,452,000	625,971,000	46,090,000
递延所得税资产	4,023,334,000	152,069,000	3,030,383,000	62,711,000
其他非流动资产	614,822,000	9,700,000	4,158,530,000	3,342,000,000
非流动资产合计	78,296,182,000	26,991,355,000	49,979,391,000	28,831,395,000
资产总计	248,106,858,000	92,977,226,000	170,600,711,000	83,070,776,000
流动负债：				
短期借款	2,584,102,000		3,024,426,000	
衍生金融负债	90,432,000		89,838,000	
应付票据	25,207,785,000		18,484,939,000	
应付账款	35,144,777,000		25,356,960,000	
预收款项	17,409,063,000		10,252,375,000	
应付职工薪酬	5,247,500,000	427,806,000	3,154,387,000	199,842,000

（续表）

时间	2017-12-31	2017-12-31	2016-12-31	2016-12-31
报告期	年报	年报	年报	年报
报表类型	合并报表	母公司报表	合并报表	母公司报表
应交税费	3,544,154,000	45,179,000	2,364,446,000	103,848,000
其他应付款（合计）	3,360,523,000	58,014,048,000	1,698,406,000	54,538,354,000
应付利息	94,801,000	146,513,000	21,343,000	76,776,000
应付股利	95,317,000		105,641,000	
其他应付款	3,170,405,000	57,867,535,000	1,571,422,000	54,461,578,000
一年内到期的非流动负债	136,605,000		158,545,000	
其他流动负债	26,257,990,000	40,830,000	24,562,970,000	140,264,000
其他金融类流动负债	108,926,000		36,708,000	
流动负债合计	119,091,857,000	58,527,863,000	89,184,000,000	54,982,308,000
非流动负债：				
长期借款	32,986,325,000		2,254,348,000	
应付债券	4,553,054,000		4,818,769,000	
长期应付款（合计）	250,536,000		369,286,000	
长期应付款	248,036,000		366,881,000	
专项应付款	2,500,000		2,405,000	
长期应付职工薪酬	2,465,854,000		1,449,954,000	
预计负债	330,736,000		325,217,000	
递延所得税负债	3,972,823,000		1,831,973,000	
递延收益-非流动负债	536,443,000		502,316,000	
其他非流动负债	994,059,000		888,152,000	
非流动负债合计	46,089,830,000		12,440,015,000	
负债合计	165,181,687,000	58,527,863,000	101,624,015,000	54,982,308,000

（续表）

时间	2017-12-31	2017-12-31	2016-12-31	2016-12-31
报告期	年报	年报	年报	年报
报表类型	合并报表	母公司报表	合并报表	母公司报表
所有者权益（或股东权益）：				
实收资本（或股本）	6,561,053,000	6,561,053,000	6,458,767,000	6,458,767,000
资本公积	15,911,504,000	7,726,237,000	13,596,569,000	5,455,268,000
减：库存股	366,842,000	366,842,000		
其他综合收益	−244,692,000	33,459,000	13,125,000	−9,069,000
盈余公积	3,882,232,000	3,882,232,000	2,804,469,000	2,804,469,000
一般风险准备	366,947,000		148,602,000	
未分配利润	47,627,235,000	16,613,224,000	38,105,391,000	13,379,033,000
归属于母公司所有者权益合计	73,737,437,000	34,449,363,000	61,126,923,000	28,088,468,000
少数股东权益	9,187,734,000		7,849,773,000	
所有者权益合计	82,925,171,000	34,449,363,000	68,976,696,000	28,088,468,000
负债和所有者权益总计	248,106,858,000	92,977,226,000	170,600,711,000	83,070,776,000

我们可以看到，在2016年12月31日，母公司的货币资金规模与合并货币资金规模相当接近。这意味着整个集团子公司的货币资金主要集中在母公司——母公司对旗下的子公司货币资金采取了集中管理的方式。

再看一下母公司的流动负债。大家会发现，母公司2016年12月31日的流动负债中最大的一项是其他应付款（关注的不是合计，而是单项），规模达到了544.62亿元，而合并报表的其他应付款只有15.71亿元。根据合并报表编制原理，合并负债小于母公司负债的规模就是母公司欠子公司债务的最小规模，而母公司的负债规模则可能是欠子公司债务的最大规模。这就是说，母公司对子公司的负债最小规模是528.91亿元（544.62 亿元减去 15.71 亿元），最大规模是 544.62 亿元。

显然，母公司的这项负债就是对子公司资金的集中管理产生的。

下面我们再看该公司 2017 年末的资产负债表相关情况。

在 2017 年 12 月 31 日，母公司的货币资金规模与合并货币资金规模又出现了较大差异——母公司货币资金规模为 293.50 亿元，而合并报表货币资金规模为 482.74 亿元。这意味着整个集团子公司的货币资金并没有完全集中在母公司，子公司拥有了大量货币资金。

难道是企业已经取得的货币资金集中管理的成果得而复失，母公司不再对子公司资金进行集中管理了吗？

要解决这个疑惑，我们还要看一下母公司 2017 年底的流动负债。母公司 2017 年 12 月 31 日流动负债中最大的一项还是其他应付款，规模达到了 578.68 亿元，而合并报表的其他应付款规模只有 31.70 亿元。这意味着，母公司对子公司的负债最小规模是 546.98 亿元（578.68 亿元减去 31.70 亿元），最大规模是 578.68 亿元。

这就是说，母公司在 2017 年 12 月 31 日对子公司的资金集中度并没有恶化。为什么子公司又拥有了大量货币资金呢？

这就要从企业组织结构发生的变化以及企业可能存在的货币资金集中管理方面的例外管理来找原因了。

美的集团 2017 年度报告中关于"本年度发生的非同一控制下的企业合并"的内容，是这样说的：

于 2017 年 1 月 6 日（"即购买日"），本集团以 27,001,856,000 元的现金收购对价完成对 KUKA 约 81.04% 股权的收购，加上本次收购前持有的 KUKA 集团 13.51% 的股权（该 13.51% 的股权于购买日的公允价值为 3,540,726,000 元，乃参照购买日 KUKA 股票的市价厘定），本集团合计持有 KUKA 约 94.55% 的股份。于购买日，本集团实际取得 KUKA

集团的控制权，将 KUKA 集团纳入合并范围。KUKA 集团主要从事机器人及自动化系统业务。

除上述企业合并外，本集团于 2017 年还收购了 SMC、东莞卡飞、富士通、Easy Conveyors B.V.、Talyst Systems LLC、Device Insight GmbH、Visual Components Oy，收购对价合计为 1,744,430,000 元。该等收购对本集团整体财务状况影响不大。

虽然企业声称"该等收购对本集团整体财务状况影响不大"，但实际上，企业的货币资金集中管理体制至少在并购后受到了冲击。可能的情形是，企业采取了"老人老办法、新人新办法"的例外管理，在继续集中原有子公司货币资金的同时，允许并购进来的公司资金不被集中管理，而这势必降低整个集团的资金管理效率。

2. 并购可能导致资产无形化

在并购过程中，存在着三个价值：第一，被收购企业账面净资产的价值；第二，被收购企业净资产的公允评估价值；第三，被收购企业的交易对价。

上述三个价值中，被收购企业账面净资产的价值不会因其公允价值的评估和交易对价而改变，在很大程度上会继续在被收购企业按照原有惯性发挥其作用（当然，在收购后如果收购方对被收购企业进行人事调整、业务结构调整以及市场结构进行调整，即使被收购企业的资产规模和结构都没有变化，其所产生营业收入与核心利润的能力也会发生显著变化）；而被收购企业的公允评估价值将并入合并报表，充实合并资产尤其是无形资产的纸面价值，从而增加合并资产的"厚度"；交易对价与被收购企业净资产的公允评估价值按照交易股份百分比计算出来的差额则作为商誉，进入合并资产。

实际上，无论是评估增值导致的合并资产纸面价值增加，还是商誉，都属于无形化的资产。这种资产如果过高，将会降低企业资产的运行效率并最终降低企业的盈利能力与价值。我在前面已经通过多个案例进行了讨论。

我们接着看美的集团 2017 年的那次收购。

企业财报解析：美的集团并购 KUKA 集团细节情况

美的集团 2017 年度报告中关于"本年度发生的非同一控制下的企业合并"的内容，披露了合并成本与商誉的计算以及被收购企业公允价值评估的信息（见表 8-7、表 8-8）。

表 8-7 美的集团收购 KUKA 集团合并成本以及商誉的确认情况 单位：千元

合并成本	
现金对价	27,001,856
原持 13.51% 股权于购买日的公允价值	3,540,726
合并成本合计	30,542,582
减：取得的可辨认净资产公允价值份额	（9,844,370）
商誉	20,698,212

表 8-8 KUKA 集团于购买日的资产和负债情况 单位：千元

项目	购买日公允价	购买日账面价
流动资产	12,468,388	12,468,388
非流动资产	12,925,64	6,119,034
流动负债	（9,092,126）	（9,092,126）
非流动负债	（5,891,794）	（3,355,987）
减：少数股东权益	2,248	2,248
取得的净资产	10,412,360	6,141,557

企业关于评估增值的解释是这样的：

评估增值主要为无形资产（包括商标权、技术、客户关系和订单储备）。本集团委聘独立外部评估师协助识别KUKA集团的无形资产以及评估各项可辨认资产和负债的公允价值。主要资产的评估方法及其关键假设列示如下：

- 土地的评估方法主要为市场法，通过比较类似资产近期在公开市场上的交易价格或求售价格，调整被评估资产及类似资产之间实际的差异，以估算被评估资产价值。

- 房屋和机器设备的评估方法主要为成本法，评估时以固定资产的现时重置成本扣减各项损耗价值来确定被评估资产价值，基本计算公式为设备评估值等于全价乘以综合成新率。

- 商标权和技术的评估方法主要为收益法，评估时根据商标或技术剩余使用年限期间每年通过获得使用相关资产的权利而节省下的许可费，用适当的折现率折现得出评估基准日的现值。

- 客户关系和订单储备的评估方法主要为多期超额收益法，评估时根据客户关系或订单未来使用年度中税后经济利益扣除贡献资产后的超额收益的现值总和，用适当的折现率得出评估基准日的现值。

上述信息表明，此次收购评估产生增值的项目主要为无形资产。这就是说，此次收购不仅导致企业增加了商誉，还在合并报表中增加了由于收购这家企业而产生的评估增值（以无形资产增值为主）。

与年初相比，2017年12月31日，该企业商誉增加了231.73亿元（289.04亿元减去57.31亿元），其中的最大贡献是收购KUKA集团所产生（206.98亿元）的。

另外一项无形资产的账面价值也有极大提高——从年初的68.69亿元增加到157.61亿元，增加了88.92亿元，其中的最大贡献应该是收购

KUKA 集团过程中无形资产评估增值所产生的（尽管我们不能具体确认是多少）。

短时间内突然增加高规模的商誉和无形资产评估增值，是以对被收购对象未来的盈利能力具有极高的预期为基础的。一旦 KUKA 集团未来不能按照预期释放财务业绩，上述无形化的资产最终就会无形化为企业的损失。

截至 2021 年第三季度，在 KUKA 集团营业收入自 2017 年被收购以来连续多年不能产生较为理想的财务业绩的情况下，美的集团仍然没有对由于收购 KUKA 集团所产生的商誉进行重大减值处理，这只能说明美的集团对 KUKA 集团未来的业绩前景高度乐观。

很多上市公司在高商誉收购后由于"看走眼了"或者被收购企业迅速露出经营能力和盈利能力均不强的本质，而不得不对相关商誉和无形资产评估增值进行减值处理，最快的是在并购当年就对相关收购所产生的商誉进行减值处理。

3. 并购可能导致企业迅速进入高风险阶段

一谈到企业并购可能导致的财务风险，你可能很容易想到企业由于被收购企业的业绩贡献度不够、资产质量恶化以及收购代价过大所导致的资产减值等问题。由于前文已经讨论过类似案例，在此不再进行剖析。

我这里所讲的并购对企业所产生的风险内涵远不止上述问题。除了上述问题外，被收购企业与收购方的整合——人力资源整合、业务整合或融合、财务关系整合、文化整合等方面也是收购完成后收购方所面临的重大风险因素。如果不进行上述诸方面的整合，被收购方仅仅作为收购方的"财务业绩贡献者"，则收购的战略意义将会丧失。

此外，收购方对被收购企业还有财务支持——直接提供流动资金、对被收购企业的债务提供担保、对被收购企业的现有债务进行承接等，如果被收购企业不能按照收购方的预期去开展经营活动并取得利润，这些财务支持活动也可能导致收购方面临财务风险。

因此，在看到企业并购的战略含义的同时，大家一定要有风险意识。当然，在企业发展过程中，通过并购实现迅速发展是一个重要途径。我在这里强调风险，不是反对并购，而是要提醒大家关注上市公司利用融资便利所进行的高代价收购（导致合并报表出现高商誉及被收购企业因评估而导致的无形资产账面价值增加）中所蕴含的高风险。

第三节 资产负债表、利润表结构性盈利能力差异与企业风险

1. 合并资产负债表与合并利润表之间的结构性联系

从合并资产负债表与合并利润表之间的结构来看，资产负债表与利润表有清晰的结构对应关系。

第一条线，经营资产与核心利润加其他收益之间的关系。

企业合并资产中的经营资产（包括应收票据、应收账款、应收款项融资、合同资产、预付款项、存货、固定资产、在建工程、使用权资产、无形资产、开发支出、商誉和长期待摊费用等）产生利润表的营业收入，并进一步产生利润表的核心利润。如果企业所从事的生产经营活动恰恰符合各类补贴政策，企业又积极申请了相关补贴，则企业还可以由于其经营活动获得补贴收入（其他收益）。

这就是说，合并资产中的平均经营资产带来了营业收入与核心利润（加补贴收入），而企业平均经营资产与核心利润加其他收益之和比较出

来的经营资产报酬率反映了企业经营资产的盈利能力：**经营资产报酬率 ＝（核心利润 ＋ 其他收益）/ 平均经营资产 × 100%**。

第二条线，非经营资产与营业利润中的杂项收益之间的关系。

企业合并资产中的非经营资产（包括经营活动产生的现金流量净额充沛条件下的货币资金、交易性金融资产、衍生金融资产、一年内到期的非流动资产、债权投资、其他非流动金融资产以及长期股权投资等）产生利润表的营业利润中的杂项收益——利息收入、投资净收益和公允价值变动净收益等。

这就是说，合并资产中的平均非经营资产带来了杂项收益，而平均非经营资产与杂项收益之间比较出来的非经营资产报酬率反映了企业非经营资产的盈利能力：**非经营资产报酬率 ＝（利息收入 ＋ 投资净收益 ＋ 公允价值变动净收益）/ 平均非经营资产 × 100%**。

2. 结构性盈利能力差异与企业风险分析

在企业经营资产与非经营资产的管理能力都较强的情况下，企业的全部资产将齐心协力创造价值。但如果企业经营资产结构失衡或者质量较差，其经营资产的盈利能力就可能出现问题；如果企业的非经营资产整体质量不高，也会导致较低的资产报酬率。

一般来说，过低的结构性盈利能力意味着企业相应资产质量下降，企业风险会因此上升。

由于合并报表中的经营资产的规模往往高于非经营资产的规模，因而正常情况下企业经营资产所带来的核心利润以及与经营活动有关的补贴收入会占据合并营业利润的主体。在合并报表中经营资产多、核心利润与补贴收入之和在营业利润中的占比较低的情况下，企业的经营资产结构、企业获得子公司的方式可能存在以下风险：

企业以自建为主设立子公司，如果经营资产的建设周期过长（在建工程规模大、建设周期长），经营资产的经营色彩不强（如大量高规格办公楼的建设），企业的资产结构与业务结构出现严重失衡，则企业经营资产很难产生较好的投资回报——这种情况的出现，在一定程度上反映了企业在固定资产及其他非流动经营资产的购建决策过程中可能存在问题。千万不要忘了：决策失误所带来的风险是很难通过未来经营活动的努力来消除的。

企业以并购为业务发展主要手段，如果在并购过程中被收购企业的资产评估增值过高，企业支付的对价过高，从而产生高规模的商誉。并由于并购引起的合并报表中出现高额商誉以及无形资产因评估而增加合并无形资产价值会成为企业经营资产盈利能力的阻碍：商誉和无形资产的评估增值是不可能推动任何子公司的经营活动的。

企业财报解析：惠泰医疗的结构性盈利能力

我们用惠泰医疗2021年度报告中的数据来做进一步讨论（见表8-9、表8-10）。

表8-9　惠泰医疗2021年度资产负债表　　单位：元

时间	2021-12-31	2021-12-31	2020-12-31	2020-12-31
报告期	年报	年报	年报	年报
报表类型	合并报表	母公司报表	合并报表	母公司报表
流动资产：				
货币资金	309,660,763	202,025,882	120,344,024	28,064,654
交易性金融资产	913,715,055	803,691,962		
应收账款	34,013,845	21,294,534	43,718,340	20,146,230
预付款项	19,145,445	474,472	9,257,396	1,035,839
其他应收款（合计）	9,004,607	311,933,604	3,566,184	127,430,691

（续表）

时间	2021-12-31	2021-12-31	2020-12-31	2020-12-31
报告期	年报	年报	年报	年报
报表类型	合并报表	母公司报表	合并报表	母公司报表
应收股利		80,000,000		100,000,000
应收利息		0		0
其他应收款	9,004,607	231,933,604	3,566,184	27,430,691
存货	263,246,654	53,772,418	145,270,387	39,321,597
一年内到期的非流动资产			25,000,000	25,000,000
其他流动资产	4,444,080	61,528	3,104,872	704,343
流动资产合计	1,553,230,450	1,393,254,400	350,261,203	241,703,355
非流动资产：				
其他权益工具投资	76,276,356	76,276,356	20,000,000	20,000,000
长期股权投资	44,995,651	130,107,124	12,812,474	59,563,032
固定资产	207,800,698	46,758,948	137,471,593	26,800,090
在建工程（合计）	37,311,145		17,635,937	
在建工程	37,240,712		17,635,937	
工程物资	70,433			
使用权资产	13,618,509	5,368,268		
无形资产	32,376,131		32,470,770	2,675
长期待摊费用	7,410,096	3,194,766	1,618,994	720,744
递延所得税资产	9,821,253	3,926,447	1,621,650	645,301
其他非流动资产	30,241,255	29,278,948	14,819,028	12,500,000
非流动资产合计	459,851,094	294,910,858	238,450,446	120,231,842
资产总计	2,013,081,544	1,688,165,258	588,711,649	361,935,197
流动负债：				
短期借款	16,000,000	16,000,000	10,500,000	
应付账款	21,133,743	53,325,369	8,418,540	734,492

（续表）

时间	2021-12-31	2021-12-31	2020-12-31	2020-12-31
报告期	年报	年报	年报	年报
报表类型	合并报表	母公司报表	合并报表	母公司报表
合同负债	32,315,162	7,568,592	16,705,239	6,156,185
应付职工薪酬	76,347,160	21,038,517	40,950,976	11,986,888
应交税费	11,887,899	2,062,550	8,791,522	776,698
其他应付款（合计）	20,394,706	5,847,517	17,994,412	4,223,995
一年内到期的非流动负债	13,553,947	3,885,797	5,000,000	
其他流动负债	2,898,479	63,626	1,051,123	11,294
流动负债合计	194,531,094	109,791,969	109,411,812	23,889,552
非流动负债：				
长期借款	10,228,000		23,592,000	
租赁负债	6,796,564	1,675,612		
递延所得税负债	3,161,603	3,161,603		
递延收益－非流动负债	7,298,958	2,410,723	5,620,982	2,286,823
非流动负债合计	27,485,125	7,247,938	29,212,982	2,286,823
负债合计	222,016,219	117,039,907	138,624,793	26,176,375
所有者权益（或股东权益）：				
实收资本（或股本）	66,670,000	66,670,000	50,000,000	50,000,000
资本公积	1,268,068,816	1,317,604,734	159,465,477	165,388,169
其他综合收益	17,887,620	17,915,753	−8,213	
盈余公积	20,181,743	20,181,743	11,991,821	11,991,821
未分配利润	405,303,334	148,753,121	238,907,160	108,378,831
归属于母公司所有者权益合计	1,778,111,513	1,571,125,350	460,356,246	335,758,822
少数股东权益	12,953,812		−10,269,390	
所有者权益合计	1,791,065,325	1,571,125,350	450,086,856	335,758,822
负债和所有者权益总计	2,013,081,544	1,688,165,258	588,711,649	361,935,197

表 8-10　惠泰医疗 2021 年度利润表　　　　　　单位：元

时间	2021-12-31	2021-12-31	2020-12-31	2020-12-31
报告期	年报	年报	年报	年报
报表类型	合并报表	母公司报表	合并报表	母公司报表
营业收入	828,687,881	208,646,286	479,436,312	152,528,482
营业成本	252,843,204	94,128,796	142,127,002	70,507,409
税金及附加	8,491,091	821,309	6,772,320	942,269
销售费用	196,309,123	74,939,106	113,760,153	36,691,925
管理费用	55,117,875	24,238,728	39,561,220	18,070,692
研发费用	134,876,803	24,807,275	71,899,384	14,519,747
财务费用	641,591	−2,281,881	201,318	−1,175,467
其中：利息费用	1,626,151	635,994	830,973	−118,918
减：利息收入	2,157,309	3,133,818	1,206,468	1,449,278
加：其他收益	18,815,563	3,359,578	14,875,676	2,441,081
投资净收益	11,104,879	88,240,974	−67,731	100,196,427
公允价值变动净收益	21,715,055	20,691,962		
资产减值损失	−9,741,200	−9,716,441	−6,879	−27,330
信用减值损失	182,555	−12,159,932	−470,453	825,102
资产处置收益	16,577	16,577	336	
营业利润	222,501,625	82,425,672	119,445,864	116,407,188
加：营业外收入	43,341	26,682	2,018,372	2,000,000
减：营业外支出	992,206	308,248	250,248	1,402
利润总额	221,552,759	82,144,106	121,213,989	118,405,786
减：所得税	26,701,688	244,895	17,019,142	2,335,786
净利润	194,851,072	81,899,211	104,194,847	116,070,000

我们此时要重点关注合并报表的数据。

先看一下利润表。

2021 年度与 2020 年度相比，公司在营业收入、营业利润以及净利润方面都取得了较好的业绩。站在利润表的角度来看，企业的发展势头非常好，盈利能力也不错。

如果结合资产负债表，你可能会发现一些问题。

考察一下资产总额，你就会发现企业年度内资产总额有了极大增长——从年初的 5.89 亿元猛增到年末的 20.13 亿元。

企业发展的一般规律是：在极短时间内的资产大幅度增长，一般不是由业务发展和利润推动的，往往是融资驱动——要么是企业发行股票募集资金，要么是进行了债务融资，只有少数企业可能是业务的井喷式增长导致的。

看一下企业的负债和所有者权益的规模和结构就清楚了：企业的有息负债（包括短期借款、一年内到期的非流动负债、长期借款和租赁负债等）的规模年初为 0.39 亿元，年末为 0.47 亿元，债务融资对资产增长影响并不大。

所有者权益中的股本和资本公积之和年末比年初有较大增长，这意味着企业年度内发行了股票募集资金。这部分募集资金对资产的贡献为 11.26 亿元。

表 8-11 是 2020 年 12 月 31 日、2021 年 12 月 31 日资产的结构以及平均资产的情况。

表 8-11　惠泰医疗资产结构以及平均资产情况　　单位：亿元

项目	2021 年 12 月 31 日	2020 年 12 月 31 日	平均资产
经营资产	6.68	4.11	5.40
非经营资产	13.45	1.78	7.61
资产总计	20.13	5.89	13.01

表 8-12 是企业 2021 年利润表的结构性利润信息及结构性资产报酬率。

表 8-12 惠泰医疗 2021 年利润表相关数据　　单位：亿元

项目	2021 年
核心利润加其他收益	1.89
平均经营资产	5.40
经营资产报酬率	35.00%
杂项收益	0.35
平均非经营资产	7.61
非经营资产报酬率	4.60%

从结构性盈利能力来看，企业经营资产的盈利能力显著高于非经营资产的盈利能力。这一方面意味着企业的经营资产具有较强的市场能力和盈利能力，产品或者服务具有一定的竞争力；另一方面也意味着企业的非经营资产在结构和投资方向的选择方面还有进一步改善的空间。如果企业非经营资产在资产总额中的占比长期过高且盈利能力长期低迷，则企业的非经营资产就存在着质量不佳的风险。考虑到企业募集资金时间并不长，企业非经营资产大幅度增长应该与募集资金还没有完全用于经营活动有关。

鉴于企业的产品或者服务的市场竞争力较好，企业未来应该把募集资金尽快投入到经营活动中。

作业：

请按照本节所展示的分析方法，对 TCL 科技 2020 年度报告及以后年度报告中合并报表资产负债表与合并利润表的结构性盈利状况进行分析。

（分析提示：TCL 科技 2020 年度报告显示，合并资产中的非经营资产占比较小，年末资产结构与年初资产结构一致；合并利润表中的杂项收益占据营业利润的主体；在合并经营资产中，企业 2020 年内的固定资产、无形资产和商誉增长迅猛。短时间内增加的固定资产和无形资产即使与企业的业务关联度较高，也会由于市场拓展的相对滞后而出现资产增长的同时经营资产周转速度下降，从而影响盈利能力提高的情形；企业年度内增加的巨额商誉意味着企业年度内实施了并购，产生商誉的收购极有可能也会使得合并无形资产因被收购企业评估增值而增加——可以通过阅读该公司 2020 年度报告获得相关信息）。

第四节　审计报告与企业风险

如果看一个企业的年度报告，你会发现在年度报告的中间部分有一个审计报告。在审计报告后，就是企业的财务报表以及报表附注了。

请注意：企业年度报告除了审计报告以外的其他内容都是以企业的名义发布的，而审计报告则是由担任企业年度财务报告审计的注册会计师签署（通常由两个注册会计师签署）而出具给企业的全体股东的。

注册会计师出具的审计报告中，包含了一些与企业风险有关的因素。

1. 企业所有权与经营权的分离催生了注册会计师职业

现代企业，尤其是上市公司，其所有权属于全体股东，经营权则属于企业的管理层。从企业的一般运作规范来讲，企业的全体股东选举董事会，董事会选举出董事长。代表全体股东的董事会任命企业的管理层负责企业日常的经营活动，企业的管理层定期向股东报告企业各项工作的进展及财务业绩。

这在客观上就存在一种可能：企业管理层报告给股东的财务信息由于各种原因并没有恰当地反映企业应有状况，甚至管理层有意掩盖或者拖延报告不利信息，误导现有股东和潜在股东做出与企业有关的错误决策。

为了解决这一问题，股东就需要聘请独立、客观、公正的第三方（注册会计师）来对企业财务报告的信息质量进行审计把关，并在审计后向股东出具一份关于企业财务信息质量的报告，这就是我们经常看到的注册会计师出具给股东的审计报告。

因此，在审计报告中，注册会计师都会申明："管理层负责按照企业会计准则的规定编制财务报表，使其实现公允反映，并设计、执行和维护必要的内部控制，以使财务报表不存在由于舞弊或错误导致的重大错报"，"我们的目标是对财务报表整体是否不存在由于舞弊或错误导致的重大错报获取合理保证，并出具包含审计意见的审计报告"。

2. 四类审计报告与企业风险的关系

审计报告是按照审计意见进行分类的，而审计意见最简单的分类是分为两种：一种是无保留意见审计报告，一种是其他类型的审计报告。现阶段，我们国家的惯例审计意见是按照四类来分的。这四类分别是：无保留意见的审计报告、保留意见的审计报告、无法表示意见的审计报告、否定意见的审计报告。

这四种审计意见，从风险角度来说，一个比一个大：被出具无保留意见审计报告的企业风险相对较小，但也要关注其关键审计事项；被出具其他三种类型审计意见的企业，风险要么集中在保留意见的内容中，要么集中在导致无法表示意见或否定意见的事项中。当然，关键审计事项永远是需要关注的风险区域。

（1）无保留意见审计报告与企业风险

注册会计核算为企业出具的审计报告是标准化的，无保留意见审计报告的核心表达是一样的。例如，注册会计师为上市公司汤臣倍健2021年度财务报告出具的无保留意见是（摘自注册会计师于2022年3月4日为汤臣倍健出具的审计报告）："我们认为，后附的财务报表在所有重大方面按照企业会计准则的规定编制，公允反映了汤臣倍健2021年12月31日的财务状况以及2021年度的经营成果和现金流量"。

但是，被出具无保留审计意见的企业，并不等于没有风险。实际上，在注册会计师出具的审计报告中，有一个重要内容，就是提示了企业可能出现风险的区域——关键审计事项。关键审计事项可以被认为是企业可能出现风险的关键区域。

我们看一下注册会计师为汤臣倍健2021年度财务报告出具的审计报告中的关键审计事项包括了什么内容（资料来源：汤臣倍健2021年度报告）。

第一，收入确认。"由于收入增幅为汤臣倍健股票期权激励计划的业绩考核指标，且存在可能操纵收入以达到特定目标或预期的固有风险，因此我们将收入确认认定为关键审计事项"。

第二，商誉减值测试。"截至2021年12月31日，商誉原值为20.75亿元，商誉减值准备9.55亿元，商誉账面净值为11.20亿元，占合并报表总资产的8.64%。由于商誉的减值测试需要评估相关资产组预计未来现金流量的现值，涉及管理层的重大判断和估计，因此我们将商誉减值测试作为关键审计事项"。

第三，销售费用的完整性。"2021年度合并报表销售费用为24.78亿元，占营业收入的比例为33.35%，由于销售费用金额重大，且其完整性存在固有的风险，故将销售费用的完整性作为关键审计事项"。

请注意，上述几个被列入关键审计事项的项目有一个共同特点，就是对企业利润表的利润确认影响重大：营业收入的确认本来就有一定弹性，而销售费用则直接冲减核心利润与营业利润。企业完全有可能在业绩考核的压力下对这两个数据进行人为调整，以达到某种业绩目标。因此，这两个项目注册会计师是格外关注其会计处理的恰当性的。这也意味着这两个项目是企业容易出现问题的风险区域。

至于商誉，则是企业在 2018 年收购 LSG 公司时确立的，在 2019 年就出人意料地快速进行了商誉减值。

在 2018 年 8 月 30 日，汤臣倍健收购了 LSG 公司 100% 的股份，确认了 22.35 亿元的商誉。有关计算见表 8-13。

表 8-13 汤臣倍健收购 LSG 公司相关情况 单位：元

合并成本	LSG
现金	3,332,592,375
减：取得的可辨认净资产公允价值份额	1,097,405,642
商誉	2,235,186,733

实际上，被收购企业 LSG 在被收购时的账面净资产价值仅为 1.06 亿元。这 1.06 亿元之所以能够被评估为 10.97 亿元，主要原因是在评估过程中无形资产从账面价值 844,232 元猛增到 1,413,843,800 元。

对无形资产价值评估的解释是："单独辨认的无形资产商标和客户关系的公允价值合计为 28,374.06 万澳元（按合并日汇率折合人民币 141,299.98 万元），报告采用收益法对该等无形资产进行估算，在整体企业盈利预测的基础上考虑无形资产商标及客户关系分成率计算得出"。

至于被收购企业在净资产已经取得极大价值评估增值的基础上，交易对价又实现了巨额商誉（22.35 亿元）的主要原因，企业是这样解释的："合并成本高于取得的可辨认净资产公允价值份额的差额。其中合并成本为 669,208,694 澳元，取得的可辨认净资产公允价值份额为

220,367,004 澳元，差额为商誉 448,841,690 澳元。商誉按照合并日人民币兑澳元汇率 4.9799 折算为人民币 2,235,186,733 元"。

你本来是想要看高商誉产生的原因，人家告诉你是怎么计算出来的。

不论收购价值怎样构成，这次收购的账就是这样的：账面净值是 1.06 亿元，汤臣倍健支付的现金是 33.33 亿元！

无论如何，敢于按照远远高于公允评估、账面净值的价格来买入一个企业，一定是对这个企业未来的盈利能力有良好的预期。

还是让时间说话。

到了 2019 年，也就是 LSG 被收购仅仅一年多以后，导致巨额商誉的盈利能力并没有出现，企业在 2019 年对上一年确认的商誉就进行了减值处理，而且减值的规模很大，达到了 1,008,708,937.79 元（10.09 亿元）。

企业在 2019 年度报告中关于商誉减值的部分说明为：

> LSG 是一家澳大利亚公司，主营业务为膳食营养补充剂的研发、生产和销售。主要产品为 Life-Space 益生菌。LSG 业务包含两部分，一部分为 LSG 原有业务，即现有的澳大利亚市场业务和中国线上业务；另一部分为新增业务，即借助公司线下终端开展的业务。2019 年 LSG 资产组业务与 2018 年 8 月收购形成商誉时的资产组保持一致，即以 LSG 益生菌业务商标为核心资产，将无形资产商标及客户关系、澳大利亚及国内益生菌生产线等长期资产认定为商誉资产组。
>
> 本次减值测试基于 2019 年实际经营情况对购买日后相关预测进行调整……2019 年澳大利亚原有业务受新电商法实施影响，代购渠道客户的净流失远超收购时预期，存量终端用户的流失加之渠道商去库存与收购后管理整合等因素导致 2019 年 LSG 原有业务实际经营业绩远低于原预测，故对澳大利亚原有业务按照 2019 年实际

经营情况结合 2020 年预算进行调整。2021 年之后，收入增长率逐年降低 5%，永续年不再增长。

……2019 年减值测试时，参照 2019 年实际销售情况以及 2020 年预算，考虑到行业及政策不确定性，公司调低了未来药线收入，同时考虑到母婴市场规模有限且单店销售略低，因此也进行了调整，永续期收入也较收购评估时略低。

基于公司管理层对未来发展趋势的判断和经营规划，在未来预测能够实现的前提下，LSG 相关业务预计未来现金流量现值在评估基准日 2019 年 12 月 31 日的评估值为 1,868 百万元人民币，商誉减值 1,009 百万元人民币。

应该说，企业对此次商誉减值的计提及其说明是认真的。但企业由此产生的损失也是巨大的，而且是短时间内出现的。这不能不说是企业在并购过程中出现的重大挫折。

企业 2020 年没有对商誉进行减值处理。

鉴于企业曾经有过快速计提商誉减值损失的"前科"，注册会计师还是非常谨慎的，把商誉减值损失问题作为一个关键审计事项。

实际上，如果企业曾经斥巨资进行收购并产生较高的商誉及无形资产评估增值，与被收购企业有关的商誉和无形资产评估增值就一直是企业的风险区域。

（2）其他类型的审计报告与企业风险

我们再看一个被出具保留意见审计报告的企业，体会一下其中的风险。

2021 年 4 月 28 日，大信会计师事务所（特殊普通合伙）对顺利办信息服务股份有限公司（以下简称"顺利办"）2020 年度报告出具了保留意见的审计报告（资料来源：顺利办 2020 年度报告）。

保留意见的审计报告是这样表述的：

我们认为，除"形成保留意见的基础"部分所述事项产生的影响外，后附的财务报表在所有重大方面按照企业会计准则的规定编制，公允反映了顺利办2020年12月31日的合并及母公司财务状况以及2020年度的合并及母公司的经营成果和现金流量。

这就是说，注册会计师仅对指出来的事项出具保留意见，其他方面没有重大不同意见。

那么，导致保留意见的内容是什么呢？注册会计师是这样说的：

（一）长期股权投资

如财务报表附注"五（九）长期股权投资"所述，顺利办对广州网融信息技术有限公司等联营企业长期股权投资本期确认投资收益 –1,763.26 万元，计提减值准备 8,561.32 万元，期末账面价值 6,952.63 万元，已计提减值准备余额 11,893.25 万元。我们未能获取该等联营企业 2020 年度有效的审计证据，无法判断顺利办对联营企业确认投资损益以及账面价值的准确性。

（二）其他应收款

如财务报表附注"五（五）其他应收款"所述，截至 2020 年 12 月 31 日顺利办应收联营企业霍尔果斯神州易桥股权投资合伙企业（有限合伙）款项 12,391.66 万元，系累计形成的应收股权收购退款，已全额计提坏账准备 12,391.66 万元，其中：以前年度计提 3,655.50 万元，本期计提 8,736.16 万元。我们未能取得霍尔果斯神州易桥股权投资合伙企业（有限合伙）回函确认，无法判断该款项期末余额准确性和全额计提坏账准备的恰当性。

请注意，注册会计师之所以对这两个项目出具保留意见，一是这两个项目的绝对金额对企业主体的财务状况和效益的影响仅仅是局部的，二是注册会计师对这两个项目的减值到底应该是多少有些拿不准。但无论如何，这两个项目的质量是不高的，已经成为企业局部的风险区域。

在审计实践中，注册会计师很少对被审计单位的财务报告出具否定意见的审计报告。与否定意见接近的审计意见——无法表示意见的审计报告的案例是比较常见的。

下面我们看一个被出具无法表示意见的审计报告的企业的情况。

2021年6月28日，中审亚太会计师事务所（特殊普通合伙）对广东金润和科技股份有限公司（以下简称"金润和"）2020年度财务报告出具了无法表示意见的审计报告（资料来源：金润和2020年度报告）。

审计报告中的无法表示意见是这样的：

> 我们不对后附的金润和公司财务报表发表审计意见。由于"形成无法表示意见的基础"部分所述事项的重要性，我们无法获取充分、适当的审计证据以作为对财务报表发表审计意见的基础。

而导致"无法表示意见"审计报告的原因是：

> （一）如附注11、资产负债表日后事项3，公司实际控制人及时任董事长、总经理李中林和时任财务总监彭江鸿（曾用名彭江华）因涉嫌虚开增值税专用发票刑事犯罪、附注10.2.2承诺及或有事项公司因诉讼发现的违规担保以及附注9.5.1关联方应收款项中李中林存在大股东资金占用的情况所示，我们认为：第一，金润和公司内部控制存在重大缺陷，我们也无法实施满意的审计程序做出进一步判断……

由于以上问题影响重大且具有广泛性，我们对金润和编制的2020年度财务报告无法获取充分、适当的审计证据以作为对财务报表发表审计意见的基础。

（二）截至审计报告日，金润和公司及其子公司出现大量诉讼官司，银行账户被冻结、实际控制人李中林因虚开增值税专用发票被判处 5 年有期徒刑、员工大量离职等情况⋯⋯

想想看：董事长被判刑、公司员工大量流失、大股东资金占用、违规担保等综合在一起，企业的风险能不大吗？你对这样的企业按照原有惯性继续经营与发展的前景看好吗？

提醒：

审计报告中包含了丰富的企业风险信息，从风险规避的角度来说，应该远离审计意见不好、审计报告长的企业。审计报告的篇幅越长，企业的风险越大。

第九章

企业投资价值分析

第一节　企业的估值方法与价值决定机制

1. 市盈率、市净率及其应用

如果你关注股市，就一定听说过与上市公司股票价值有关的一些比率，如市盈率、市净率等。

市盈率的基本计算公式是：**市盈率 = 每股股价 / 每股收益。**

市净率的基本计算公式是：**市净率 = 每股股价 / 每股净资产。**

我这里之所以用基本计算公式表达，主要是展示一下这两个估值公式的基本关系。在实际应用中，分母的计算可能会发生一些变化。比如，每股收益有静态和动态的计算方法，更有不同历史数据甚至未来估计数据的应用；而在企业股权结构较为复杂的条件下，每股净资产的计算也是比较复杂的。由于本书不是专门探讨估值的专业书籍，在此不对上述两个公式展开过于详细的讨论。

实际上，不仅仅在资本市场股票交易中企业的估值会用到市盈率、市净率，在企业并购中也经常会用到这些比率。

　　我的一个朋友曾经让我看一份他投资企业的评估报告，希望我对这个评估报告所运用的方法是否恰当提些建议。

　　这个朋友占有被持股企业的股份为 70%，他想将自己股份中的 30 个点卖掉，他对企业的股份将减持到 40%。

　　评估师出具的评估报告对这个企业的估值采用了两个方法。

　　第一个方法，是按照过去三年各年净利润最高者的 9 倍（就是按照 9 倍市盈率来估值，但估值的利润基础涉及过去三年，选最高的）来估值。比如说去年净利润是 1,000 万，前年净利润是 1 亿元，大前年净利润是 6,000 万元，这个公司的估值就选上述三个数字中最高的 1 亿元，按照 9 倍来估值就是 9 亿元。

　　第二个方法，是按照上年年底企业股东权益就是净资产的 1.2 倍来估值。

　　我看了评估报告后，问他为什么要把持股的 30 个点卖出去，不再做大股东了？

　　他说过去几年企业效益不理想，感觉企业内部的管理体制、机制惰性比较大，认为企业在他的主导下不太可能有很好的前景。他希望引进一个可以带动企业发展的新股东，通过企业内部管理机制的变化给企业注入活力，让企业有更好的发展。还有就是，最近手头上现金有点紧张，他想把股份卖出去换点现金。

　　这些情况他都跟买方谈了，并希望买方尽快进来。不过现在他们只商量了对价的支付方式是现金，具体价格没有谈。但他们约定，按照买方请的评估师的评估价值来交易。

　　我对这个朋友说："你把你急于卖出股份、对自己继续领导企业信心不足的底牌都亮给了对方，就不可能在本次交易中处于主动地位了。就像你到商场买东西，如果你让卖家看到你特别诚心要买某件商品的时候，你大概率是买不到便宜东西的。你现在是卖东西——卖股权，道理也是一样的。当对方看到你急于出手的时候，你就被动了。再加上评估师是买方请的，就对你更不利了。"

朋友说："评估师是专业人士呀！他们不会没有章法地评估吧！"

我说："评估师当然不会没有章法地乱评估。但评估方法的选择以及有关参数的确定并不是唯一的，而在一定的弹性范围内都是正确的。企业股东权益价值的评估结果绝不是唯一正确的量，可能是一个范围的量。这个评估报告就是两种评估方法、两种评估结果。"

朋友说："我原来还真没有这方面的意识。你让我决定卖一件产品的价格我心里有数，你让我说说卖股份的价格我就糊涂了。早找你来参谋就好了。"

我让他问一下评估师市盈率为什么是 9 倍而不是其他的倍数？市净率为什么是 1.2 倍而不是其他的倍数？依据是什么？

评估师说他们是按照惯例结合公司的盈利情况和发展前景综合确定的，用两个方法评估的结果很接近，说明选择的倍数是恰当的。

其实，评估师肯定会坚持自己的评估方法，并把评估说成是科学的以及符合惯例的。但我告诉大家：从这两个方法所确定的企业评估价值很接近这一点，并不能说明他们评估得科学，而是说明他们之所以选择 9 倍市盈率和 1.2 倍的市净率的倍数，就是两个字：凑的。

评估师是买方找的（当然理论上评估师也是这位朋友找的），评估师在评估企业价值的时候，一定征求了买方的意见。

这位朋友应该先对自己的企业估值大概有一个心理底线，并与买方商量确定，再去请评估师评估。自己对自己企业估值拿不定主意的时候，是可以请人帮忙的。但如果自己不清楚、不确定自己企业的价值，任由买方聘请的评估师来评估确定，他的股权交易实际上就是由买方定价交易了。

现在他有三个选择。

第一，按照曾经做出的庄严承诺，由评估师确定评估价值。当然，前提是他认为由买方和买方聘请的评估师共同确定的这个价格是合适的。

第二，他明确表达这个估值有点低，不接受，建议改变一下此次交易的规则，先与买方谈一个大概的交易价格，再让评估师调整评估价值，或者更换评估师。要做好买方放弃购买的打算。

第三，他明确表达这个估值有点低，对买方聘请的评估师不信任，同时提出他也聘请评估机构对企业价值进行评估。最后依据双方各自聘请的评估师所评估的价值来商量（谈判）确定企业的整体价值。

朋友采纳了第二个建议，但最终被买方拒绝。

此次"未遂"交易后，这个朋友继续寻找买家。很快，新的买家出现了，是一个手头现金较为充裕、精于产品经营的私营企业主。此前的投资都是自己直接设立企业，并没有购买过其他发展已经较为成熟的企业的股份。此次购买，买方原本是希望通过购买股份实现对这个企业控制的，鉴于公司较好的市场前景，买方也愿意作为不控股的第一大股东持有公司的股份。买方自己擅长的产品经营领域与这个朋友企业的业务领域跨度较大，买方不太可能为被持股企业贡献其他资源，但买方在人力资源管理和激励等方面做得很好，在这方面可以帮助企业。

根据这些信息，我建议这个朋友尽可能多地挖掘自己企业的历史积累，向买方更多展示企业未来市场机会及盈利前景。在确定买方要进入企业的前提下，建议双方先共同确定企业的估值，再请评估机构进行评估。

由于都有诚意，买卖双方很快就交易规则达成一致意见。这个朋友卖出了较为满意的价格，企业也由此进入一个新的发展阶段。

请注意，在这个案例中，你可能已经注意到了：同样是一个企业，估值方法不同，估值结果就不同；同样一个企业，同样股份比例的股权交易，交易策略不同，价格也会有显著差异。

这意味着，企业股东权益的价值不应该是一个唯一价值，而应该是一个范围价值。

实际上，在资本市场的上市公司股价交易里，市盈率和市净率也是经常用到的两个估值方法。你如果关注股市就会发现，大量上市公司的市盈率和市净率是不断发生变化的——在每股收益和每股净资产的数据一定的条件下，市盈率和市净率的倍数变化越大，意味着企业的估值范围变化越大。

总之，市盈率和市净率是两个广泛用于企业价值评估的方法。但是，由于各种原因的制约，这两个方法所估计出来的企业价值可能会出现显著差异。

2. 其他估值方法及其应用

除了前面谈到的市盈率法和市净率法外，常见的企业估值方法还有公允价值法（即把资产的公允价值减去负债的公允价值，得到净资产的公允价值）、收益现值法（即通过估算被评估企业的未来预期收益并折成现值）、营业收入倍数法（即对处于早期、且预计未来发展较快的企业，根据其营业收入的一定倍数确定其价值的方法）以及自由现金流折现法（即将企业未来预期自由现金流量折成现值的方法）等。

请注意，这些让人眼花缭乱的企业价值评估方法，都是对特定企业能够在未来带给股东的价值进行评估。每一种方法都有相应的适用条件，也有一些假设条件。因此，企业股东权益的评估具有较强的主观性和假设性。除了不同的评估机构对评估中的一些假设参数选择以及对企业未来前景判断有不同的选择而使评估结果产生差异外，如果企业的价值评估是为了企业并购提供依据，则委托方的意愿还会对评估结果产生影响。而当企业面临的外部营商环境和内部管理与治理环境发生变化的时候，企业未来的价值释放就可能与原有假设之间出现重大差异。

作为购买方，你一定要清楚，你所购买的是特定企业的未来。你如果对被购买股份企业的未来有信心，当然可以出更高的价格去购买相应股份。

在最终出手购买股份之前，你应该想明白的是：你如果购买的是控股权，就要考虑你在获得企业的控制权后能否主导企业按照预期释放其价值；如果购买的是达不到控股权的部分股份，就要考虑若未来企业不能按照预期释放其价值，你怎样处置你所持有的股份以及评估你所能承担的最大损失。

提醒：

　　大多数企业的财务业绩不会产生奇迹。如果一个被收购企业估值过高的话，就会在收购后导致收购方的合并报表中出现大规模的无形资产增长和商誉增长。而这种短时间的资产增长可能对未来产生重大不利影响。

　　资本市场上，高商誉收购、高无形资产评估增值，紧接着对无形资产和商誉计提巨额减值损失的活剧太多了。每一个案例都与被收购企业估值过高有关。这些都告诉我们：对企业价值的估值越高，带给购买者的未来风险就越大。

第二节 影响企业并购价值确定的若干因素

1. 出售企业与业绩规划

很多企业在发展到一定阶段后，将面临两种发展方向的选择：一是股东把企业的控制权甚至全部股份都出售出去，拿到足够的股权转让款离开企业；二是继续在产品或者服务市场上精雕细琢，不断精进、发展。

很显然，两条发展方向没有对错，区别只在选择。

尽管如此，你还是应该为未来可能面临的选择做早期准备。

简单地说，如果选择企业发展到一定阶段后择机出售部分或者全部股份，就应该考虑怎样才能使得企业的估值更符合原股东的利益；如果选择企业持续不断在原有业务上发展，就应该考虑强化企业业务和市场的竞争力，不断改善盈利能力。

尽管这两个方向的选择都以企业的盈利能力为基础（对于处于盈利状态的企业估值，以利润为主导的估值将占据主导地位），但在具体操作上是有显著差异的：选择持续发展业务的企业，怎样有利于业务和市场的竞争力就怎样做，如企业研发活动与营销活动的组织一定是着眼于市场竞争力的，对短时间内的盈利能力可能并不特别关注；而选择择机出售股份的企业，将会注意企业近期的相关行为对企业估值的影响——未来出售股份的时候，如果研发与销售活动导致财务业绩（如核心利润等）下滑，企业可能会选择推迟相关支出的发生。

几年以前，我的一个学生找到我，希望我指导一下，让他的企业股份能卖一个好价钱。

这是一个制药企业的董事长，做技术出身，自己独资设立企业

（虽然股东名义上是多人，但实际上是他拥有企业全部股份），业务做得不错。但他自己一个人又当董事长又当 CEO，觉得特别累，希望在未来某个特定的时间把企业卖出去，自己不想按照现在的经营方式发展了。

如果他立志于在未来某个时间把企业卖掉，那他就要对企业的业绩做一个系统梳理。怎么梳理呢？我希望到他的企业去看一下，在对企业进行现场考察后再与他具体交流。

企业的主要资产集中在两个区域：一个是生产区域——厂房与车间集中在一起；一个是办公区域——一座综合楼。企业资产简单、业务简单，是一个典型的制造业企业。

在考察企业生产过程的时候，我注意到企业厂区的一半是空置的，没有机器设备。董事长说没钱所以没安装。他说作为一个私营企业，想从银行借钱解决生产能力问题太难了。不是他不想借钱，但主流渠道很难借到能够解决问题的资金。实际上，企业财务业绩是利用了一半厂房取得的。企业未来还可以通过扩大产能来提高盈利水平。

我告诉他：既然要卖企业，就要考虑估值问题。对于一个传统的有利润的制造企业而言，其估值应该以利润为基础。因此，应该从三个方面进行梳理和规划。

第一个是收入方面。

在我看来，营业收入的增加主要可以从两个方面去努力。

一是可以考虑加大营销力度，但企业要考虑在加大营销力度、支出更多的营销费用后，营业收入能否取得更大的增长。如果营业收入的增长所带来的增量毛利还不能覆盖销售费用的增长部分，还不如不采取扩大市场营业收入规模的营销活动。因为，企业最终估值主要是看利润。

二是可以扩大产能，通过生产力的提高来提高营业收入乃至利润。我在考察企业生产过程的时候不是看到了一半厂房是空置的吗？他可以考虑迅速增加产能来扩大营业收入。因增加产能只需要购置设备，基本上不需要其他建设，且企业的电力设施也能够满足企业产能扩大后的用电需求。从直观上感觉，企业如果把另一半厂房利用起来，利润很可能有100%以上的增长。

至于钱的问题，他可以考虑先用利润赚来的现金，如果不够就找银行借一部分，再不够可以跟其他朋友借。只要让人家知道他未来的盈利前景就可以了。如果实在不能通过借钱的方式来解决产能扩大的问题，他可以考虑用融资租赁的办法来解决。

听了我关于收入的建议，董事长很兴奋。他说，原来有点小富即安的感觉。每年有利润也有钱，然后就把利润拿走了。真应该把利润留在企业，把产能进一步扩大。至于钱的问题，董事长也表示自己完全有能力解决。

第二个是成本和费用方面。

我们一般看到的成本和费用项目如营业成本、销售费用和管理费用（当时的研发费用计入管理费用。董事长告诉我企业几乎没有财务费用）是按照功能划分的，但是也可以按照成本费用数量变化与销售数量之间的关系来划分。这就是管理会计中关于固定成本和变动成本的划分。

营业成本、销售费用、管理费用中一部分是与销售数量没有关系的，比如折旧费、无形资产摊销费、员工工资中基本不变的部分。这部分成本或费用跟卖多少产品没关系，跟是不是开张有关系。只要开张，这些费用就要发生。

另外，管理费用中的研发费用也与销售数量没什么关系。董事长告诉我：企业每年发生的研究与开发支出大概是1,000万元。由于利润不错，企业每年都把研究与开发支出全部计入管理费用。

在成本与费用的固定部分方面，我给董事长的建议是：结合固定资产的物理状况和产能利用状况，企业固定资产的折旧年限选择（或调整）为较长年限（董事长告诉我，由于企业盈利不错，折旧年限选择的是制度允许的最短时间），通过折旧额的降低来增加企业的利润；研究与开发支出的50%予以资本化，将原先计入管理费用的研究与开发支出的50%也就是500万元计入资产方的开发支出（董事长告诉我，研究与开发支出的成功率或有效率为60%~70%）。

至于成本与费用中与销售数量或者营业收入相关的部分，我建议董事长对费用的合理性进行分析，提高这部分费用的整体效果。不建议简单削减这些费用。因为这部分费用或直接与销售数量有关，只要有销售，一些费用就会成比例发生；或与企业员工的奖励制度有关，如果强制削减，可能会影响员工的情绪。

第三个是聘请评估师方面。

除了在收入、成本与费用方面的系统梳理外，我还建议董事长在确定进行股权交易前，聘请评估师对企业的整体价值进行评估，以使自己在谈判中不被动。

董事长很认真地把我的建议在笔记本上记录了下来。看样子，他很有可能接受我的建议。

我把我的这个经历写出来，是为了说明一个问题：准备对企业股权进行处置的企业，如果有可能，应该有意识地展示盈利能力的成长性。当然，在这个过程中不能无中生有地造假账。在固定资产折旧、无形资产摊销以及研究与开发支出资本化方面做出选择后，还要坚持一贯性原则，不能随意变更折旧与摊销方法。

2. 并购价值确定：对买方的未来贡献

我在前文曾经讲过，当购买一个企业的股份的时候，你买的是这个企业的未来。这与你购买一般消费品不一样：购买一般消费品，你购买的是消费品的使用价值。对于一般消费品而言，其使用价值在不同人的眼里一般差异不大，因而在同一个时空内，其价格也不会有太大的差异。

由于购买企业股份的未来特性，不同人对特定企业未来价值的认知会出现显著差异，而对同一企业的经营，不同的人经营的结果也大不相同。

因此，影响并购企业价值确定的因素是较为复杂的。如果卖方想提高企业的并购价值，就必须让买方相信，被收购企业对买方未来的价值贡献。

　　下面我继续讲我那个董事长学生卖企业股份的事。

　　两年多以后，董事长找我，说他卖股份的事已经谈得差不多了。这两年企业发展得不错，他也接触了好几个企业，终于找到一个有诚意、有实力的上市公司。双方谈的基本情况是：他把企业股份的 70% 卖给上市公司。本来他是想把企业 100% 的股份都卖掉，结果上市公司说他还得持有 30% 的股份，让他当总裁，给他有竞争力的年薪。

　　我问他为什么要卖 70% 的股份。

　　董事长说："我留 30% 股份是买方建议的。我也希望最大比例地把企业股份卖出去，多获得一些现金。"

　　我说："你如果继续持有一定比例的股份，做这企业的小股东，应该最高卖出 66%，自己持有 34% 的股份。因为按照《公司法》的规定，持股 1/3 以上的股东，在股东大会投票时具有否决权，你如果持有 34% 的股份，就可以否决董事会里的一些提案。"

董事长问："我为什么要否决啊？"

我说："大股东做出的决议可能对大股东有利，对小股东不利。"

董事长说："怎么会呢？对大股东有利，对我也会有利啊！"

我说："不完全是这样，大股东可能会侵害小股东的利益。最简单的一件事就是，以前你的企业有利润，把利润分走的决定你自己就能做出，因为股份全是你的。现在，企业有利润，你再想分红，就要看大股东的脸色了。大股东不想分，你就很难分到。但如果你持有 34% 股份，你就可以否决大股东的议案。这样就可以与大股东商量分红了。"

董事长说："我觉得买方还行，不像要侵害我利益的样子。我不想改了，改来改去的显得我比较小气。"

我说："好！那就别改了。你企业 70% 的股份卖多少钱呢？"

董事长说："就这个还没谈呢。我想请您跟我谈去。我们商定的是按照上一年的财报数据确定企业的价值。"

我答应帮他去谈，并了解了一些数据：企业上一年的营业收入是 8,000 万元，上一年的净利润还剩 3,000 万元，上一年末净资产是 1.2 亿元。

另外，我还了解到，我之前跟他讲的方法，他没有照做。

他说："收入提高的方案我后来觉得太复杂，就决定放弃。费用方面我想按照您说的处理，跟财务一说，财务说咱们那么调整是可以的，也不违规，这样每年利润表的费用是降低了，但利润可就上去了，咱就要多交所得税。但咱们什么时候卖公司、能卖多少钱都不知道。就是说，多花钱交税是眼前的、确定的，而未来能够卖多少钱是不确定的，所以我就没处理。"（董事长之所以没有听取我的任何建议，是因为我的建议将导致企业现金流出量直接增加，但未来企业能因此多卖多少钱根本就不确定。董事长不清楚的是，企业估值是按照利润的倍数来进行的。）

他倒是找了几个评估师谈了，但是评估价格没谈拢，就没请。他说买方已经请评估师了，如果他再请评估师，评估结果如果不一样，那不是制造矛盾吗？

我问他企业估价多少他心里是否有数，有没有一个目标？

他说没有。卖一盒药，他大概知道卖定价多少，但卖企业的股份他还真没概念。

我建议他按照三个步骤来解决这个问题：

第一步，决定企业整体价值；第二步，按照70%的价值比例确定交易价值；第三步，确定控制权转移的溢价。

他说，最近那家上市公司股价的市盈率大概是50倍。我当时看到的上市公司收购非上市公司的情况，在现金交易（这个企业也是现金交易）中，按照5~15倍市盈率估值的比较多，达到20倍市盈率的就比较少了。

他运气不错！按照买方50倍的市盈率计算，净利润为3,000万元的企业估值就是15亿元（3,000×50）。也就是说按照资本市场的估值情况，他的企业净利润合并到买方利润表，就会为买方的估值贡献15亿元（如果买方买70%的股份，他的企业对买方的价值贡献就是10.5亿元）。但其实不可能按照15亿元估值，因为他的企业是非上市公司。

考虑到买方的市盈率已经达到了50倍的水平，我建议他在谈判中按照15~17倍的市盈率，即4.5亿元至5亿元来对企业进行估值，在谈判中再择机对企业整体价值进行调整。

实际谈判过程是比较艰苦的。买方的评估师采用了两个评估方法进行评估。一个方法是公允价值法，评估结果是1.6亿元。考虑到企业良好的盈利能力和发展前景，公允价值对企业的价值有所低估，以此为基础的交易将对卖方不公平。另一个方法是收益现值法，评估结果是3亿元。收益现值法充分考虑了企业的未来盈利前景。公司整体的价值应以3亿元作为上限，1.6亿元作为下限。

在谈判开始后，我发现买方很关心这个制药企业在被收购以后未来能够为企业带来的利润以及与企业此次收购付出代价之间的关系，也就是买方很关心此次收购的投资报酬率。

当评估师介绍完以后，我让董事长重点谈企业未来的营业收入及盈利的成长性（实际上，在此前的几年内，企业已经做到了净利润增长速度快于营业收入增长速度）情况，以坚定买方购买的信心，并把董事长对企业未来业务发展的展望与评估师在进行收益现值法估值时所用的各年营业收入预测进行比较。

于是我们发现，评估师采用的企业未来营业收入的估计是显著低于董事长对未来营业收入的展望的。这样，在其他参数不变的情况下，评估师的3亿元评估就显得比较低了。

我们不同意评估师谈的上下限的说法。因为连评估师自己都认为这个方法低估了企业的价值，对卖方不公平。一个不公平的、显著低估企业价值的所谓评估值是不能作为下限的。董事长对未来营业收入前景的展望是符合市场发展的，而评估师采用的数据又显著低于董事长的展望，说明收益现值法也对企业价值评估偏低。

我提出下一步谈判的建议：3亿元的估值是按照3,000万元净利润的10倍确立的，只不过评估师用收益现值法表现出来了（评估师不同意我说的按照10倍市盈率预先确定价值，再按照收益现值法展示出来，坚称3亿元与10倍市盈率是巧合）。既然如此，我建议统一到一个估值方法上来讨论。现在的情况是：买方按照10倍市盈率对企业价值进行确认，且明显偏低；卖方按照15~17倍市盈率对企业价值进行确认。焦点就是怎样选择市盈率的倍数。

买方也很有诚意，同意后续谈判聚焦市盈率倍数的选择。最终，买方提出按照 12 倍市盈率确定企业价值，作为对买方让步的回应，卖方的控制权转移溢价就不要提了。董事长也不再坚持，谈判结果皆大欢喜。

后来，董事长告诉我，企业被出售 70% 股份的那一年，实现了净利润 4,500 万元。买方对企业的业绩非常高兴。如果是他自己干，实现不了这个净利润，他没有那个能力，但是现在他比以前更轻松了，企业业绩也更好了。

我问他是怎么取得这样的业绩的？

他说主要是用上了买方的业务网络。他的产品与买方的产品具有很强的协同性。

这就是说，这是一个双赢的收购。卖方得到了较为满意的现金对价，买方以并不算大的代价得到了一个优质的子公司。

这是我的一次企业收购价值确定的经历。这次经历对我的启发是：只要被收购方未来对买方有价值，在适当的时候（我说的适当，是与资本市场的估值状况、收购企业在买方发展的战略格局中的地位以及适当的专业谈判能力等有关。在本次交易中，如果买方的估值在资本市场上是 10 倍左右的市盈率，被收购企业是不可能按照 12 倍市盈率来估值的，除非卖方对买方的战略意义太大，买方不惜代价去收购），企业是可以卖出较为理想的价值的。

当然这个个例并不能反映上市公司收购非上市公司的全貌，我只是通过这次经历总结出一些值得关注的要点。

被收购企业对买方的价值，也不仅仅是财务业绩，还可能有其他未必能用财务数据反映但有更大战略意义的非财务贡献。有的时候，正是非财务贡献才使得被收购企业有较大的价值。但对于大多数企业的并购决策来说，财务业绩还是重要的考量因素。

第三节　资本市场股价交易需要关注的重要因素

本节讲的内容对在资本市场上买卖股票的读者选择股票应该具有参考作用。

1. 行业发展与国家政策

在资本市场上，决定企业股价的因素有很多。从根本上来说，首先要关注的应该是企业所处的行业发展前景以及国家产业政策。

一个行业的发展前景，其实跟国家的政策有非常大的关联。比如说，过去几年，环境保护变成了全球化的议题，碳中和、碳达峰对产业结构甚至能源结构都产生了直接、迅速的影响。在这个背景下，新能源以及与环境保护相关的产业在得到迅速发展的同时，也得到了政府多方面的政策支持。处于国家政策支持的行业内的企业，在融资便利、税收优惠甚至获得补贴等方面就具有了显著的竞争优势，企业往往会得到较高的估值。

比如说宁德时代。这个公司及其子公司的主要营业范围为锂离子动力电池系统、储能系统以及应用电池回收技术形成的锂电池材料的开发、生产和销售及售后服务。凭借着得天独厚的行业与政策支持优势，宁德时代在过去几年不断获得政府补贴的同时，通过不断发行股票的方式获得资本市场上大量资金，从而为企业发展不断注入活力。

宁德时代 2018 年至 2020 年的几个合并报表数字说明了这一点（见表 9-1）。

表 9-1　宁德时代 2018—2020 年合并报表数据　　　单位：元

时间	2020 年	2019 年	2018 年
利润表项目：			
其他收益	1,135,940,386	646,371,588	507,775,215
营业利润	6,959,489,551	5,758,793,258	4,168,476,327
现金流量表项目：			
经营活动产生的现金流量净额	18,429,902,632	13,471,954,557	11,316,265,701
购建固定资产、无形资产和其他长期资产支付的现金	13,302,355,759	9,626,986,411	6,629,274,673
吸收投资收到的现金	20,536,360,992	1,217,784,890	6,274,955,935
其中：子公司吸收少数股东投资收到的现金	923,523,424	721,974,399	108,785,164
取得借款收到的现金	9,450,920,679	4,616,632,168	4,123,196,326
偿还债务支付的现金	4,743,701,234	2,418,452,429	3,493,721,841
资产负债表项目：			
货币资金	68,424,116,054	32,269,635,327	27,731,189,740
资产总计	156,618,426,941	101,351,976,711	73,883,704,017
货币资金占资产总额比重	43.69%	31.84%	37.53%

　　从 2018 年到 2020 年这三年的数据来看，该企业在各年营业利润较高、经营活动产生现金流量能力更强、购建固定资产与无形资产等支付现金需求远低于当年经营活动现金流净额的情况下，不断获得各类补贴，且连年通过发行股票筹资，同时不忘注重吸纳少数股东入资。不仅如此，企业也在积极进行债务筹资，每年都是贷款借得多、还得少。

　　在盈利挣钱多、筹资来钱快、投资花钱少的情况下，企业各年末的货币资金占资产总额的比重就出现了越来越高的趋势。

　　而在这个过程中，宁德时代的股价也有突出的表现。

　　这就是行业与政策优势在上市公司财务行为与财报数据上的反映。

2. 成长性

我在这里说的成长性指的是企业利润表中营业收入的成长性。请注意，企业的成长性主要是指营业收入的成长性。当然也有关注资产总额成长性的。但是，如果资产总额总是成长，营业收入总不怎么增长，那么资产的成长性要么与业务无关（如大量资产放置于非经营领域），要么就是经营资产结构失衡。

利润表里营业收入的成长性，展示了企业阶段性的业务兴衰。一个营业收入逐年增长并最终带来营业利润增长的企业，总能给人以核心竞争力逐渐强化、朝气蓬勃的感觉；相反，营业收入停滞不前或者加速下滑并伴随着营业利润一并下滑的企业，给人的感觉是前景黯淡、方向不明。

我们看一下上市公司哈药股份2018年至2020年合并利润表的部分数据（见表9-2）。

表9-2　哈药股份2018—2020年合并利润表的相关数据　单位：元

时间	2020年	2019年	2018年
报告期	年报	年报	年报
报表类型	合并报表	合并报表	合并报表
营业收入	10,788,456,549	11,824,561,675	10,813,613,595
营业成本	8,441,040,359	8,994,166,348	7,868,216,908
税金及附加	104,393,380	110,067,302	128,635,760
销售费用	1,075,161,708	861,284,277	619,504,902
管理费用	1,759,422,714	1,536,724,522	1,570,554,993
研发费用	92,526,992	125,142,270	137,262,621
财务费用	50,510,968	45,609,908	（6,211,679）
其中：利息费用	58,269,100	44,251,383	23,225,148
减：利息收入	15,042,013	8,944,404	40,947,351
加：其他收益	106,394,471	51,832,904	58,961,173

（续表）

时间	2020 年	2019 年	2018 年
报告期	年报	年报	年报
报表类型	合并报表	合并报表	合并报表
投资净收益	35,381,686	131,135,994	7,092,709
资产减值损失	−163,048,101	−28,394,261	−35,451,077
信用减值损失	−200,331,878	−28,243,544	
资产处置收益	14,095,071	−155,990	1,117,763
营业利润	−942,108,322	277,742,151	527,370,657

如果你关注第一行，你会感觉企业的营业收入在这一时期一直在110亿元左右徘徊。但如果你关注营业利润，你会发现企业的营业利润是在一步一个脚印地往下走。尤其是在2020年，企业的资产减值损失和信用减值损失突然大幅度增加，这意味着企业资产质量在恶化。如果企业资产质量不佳、营业收入没有起色的状况继续发展的话，企业的发展前景就严峻了。

这样的财务数据对企业的估值很难产生正面影响。

当然，2020年是一个特殊的年份。在这一年，新冠肺炎疫情影响了很多企业。

我注意到，哈药股份在2022年1月5日发布的2021年度业绩预盈公告中写道，"预计2021年度实现归属于上市公司股东的净利润与上年同期相比，将扭亏为盈，实现归属于上市公司股东的净利润34,125万元到40,958万元"。

至于具体原因，该公告指出了如下四点：

第一，报告期内公司聚焦目标管理，持续梳理产品，细分渠道和终端资源，不断提升团队专业化能力，公司工业部分同比销量增长26.2%，实现了销售收入的大幅增长；品种结构较同期明显改善，毛利水平较同期增长 8.9%，2021 年盈利水平较同期大幅提升。

第二，报告期内，公司持续优化和完善选人用人机制及绩效管理体系，为公司市场化经营机制转型和持续稳定发展提供了保障。

第三，报告期内，公司继续实施精益管理，管理效率和产能利用率均得到提高，导致公司成本费用进一步降低，利润同比增加。

第四，报告期内，公司非经常性损益增加系下属分公司处置闲置资产获得征收补偿款 21,114 万元。

从上述公告内容看，企业在营业收入增长的同时，也强化了内部管理。此外，闲置资产处置也带来了效益。

这样的业务成长、效益增长的财务数据，可能对企业股价的估值有积极影响。

看样子，2021 年对哈药股份而言是天时、地利、人和的一年。希望这种状况能够保持下去。

3. 竞争地位与竞争力

在我看来，竞争地位就是产品的市场地位。简单地说，当你比较美的集团和格力电器的竞争地位时，你如果比较营业收入总额就不恰当了。因为两者的产品结构不同。但如果你比较空调业务，两个企业就有可比性了。

这也是格力电器与美的集团长期竞争、较量的关键区域——谁是空调行业老大？

从营业收入来看，截至 2020 年 12 月 31 日，美的集团的空调营业收入首次超越格力电器。

关于企业竞争力的财务表现，首要的是产品的毛利率，然后是核心利润率。

在企业披露信息不全面的情况下，产品的毛利率就是企业产品市场竞争力的主要聚焦点。

如果你分别看格力电器和美的集团2020年的年度报告，就会发现虽然在2020年格力电器空调业务的营业收入被美的集团超越，但其空调业务的毛利率还是远高于美的集团的——截至2020年底，格力电器产品的竞争力还是相当强的。

企业营业收入和毛利率所表现出来的竞争地位和竞争力，应该对企业的股价有一定影响。

但是，你如果关注格力电器和美的集团的股票价格走势就会发现，进入2021年以来，格力电器的股价与公司的市值都显著低于美的集团，感觉资本市场好像不再关注格力电器的内在竞争力了。这说明，影响一个企业股价在资本市场走势的因素是更加复杂的。但较强的产品竞争力对企业股价的表现应该是加分因素。

4. 成长或发展方式

我在前文讲过，从母公司资产结构来看，企业的发展战略可以分为经营主导型、投资主导型及经营与投资并重型三种，其实这也是企业的成长或者发展方式决定的。

采用经营主导发展战略的企业，母公司自己往往具有较为完备的生产经营系统，已经有了一定的市场规模、品牌形象，并形成了一定的竞争力。这个时候母公司的对外控制性投资首要关注的是对外投资与母公司现有业务应该具备一定的协同关系，能够最大限度降低母公司控制的企业整体（包括母公司和子公司以及孙公司等）的综合成本，从而提高企业整体的盈利能力。因此，经营主导型母公司的对外控制性投资更倾向于自己直接设立子公司，让子公司的经营活动与母公司形成战略协同。这样的公司，其合并报表上的商誉往往是不大的。

你如果考察格力电器和恒瑞医药的财务报表就会发现，这两个企业的母公司采取的都是经营主导的发展战略，母公司都具有较为完备的生产经营体系（母公司的资产结构、母公司利润表的各个项目之间的关系可以说明母公司的生产经营以及面向市场的情况），而其对外控制性投资也没有产生较高的商誉（格力电器合并报表中的商誉很少，恒瑞医药的报表中根本就没有商誉）。而两个公司的合并利润表均展示出了比母公司更强的毛利率和综合盈利能力。

在母公司采用投资主导发展战略的情况下，母公司当然可以直接设立一个一个的子公司、孙公司，再由一个一个的子公司、孙公司慢慢开展业务。但如果这样做，企业发展早期在利润表上的表现就不会太好：合并报表的经营资产在早期发展迅速，但合并报表的营业收入会在一段时间之内缓慢增长。至于利润，可能在一段时间之内没有太好的表现，甚至会亏损。

在资本市场的助推下，采用投资主导发展的企业总是希望在较短时间之内获得较多的融资以支持资产快速增长、利润表业绩快速增长。在这种情况下，企业往往采用收购其他企业的方式来迅速增加利润表上的营业收入和净利润。但是，收购有一定盈利能力的企业，代价通常会比较大，在合并资产负债表上特别容易产生商誉以及因被收购企业无形资产评估增值所导致的合并无形资产的超速增长。过高的商誉以及因并购导致的无形资产超速增长都是企业未来发展的重要风险。

你如果考察美的集团和复星医药的财务报表就会发现，这两个企业的母公司都采取了投资主导的发展战略。不同的是，美的集团早期的商誉在合并资产中所占比例并不多，在 2017 年，企业收购了 KUKA 集团。在那一年，合并报表的商誉以及无形资产出现了大幅度增加，从而导致企业在实现业务结构更大跨度多元化的同时，资产出现了无形化的趋势。好在企业合并资产总额足够高，商誉和因并购导致的无形资产增加的风险不至于对企业造成根本性冲击。而复星医药截至 2021 年 12 月

31 日的合并资产总额（约为 933 亿元）中，商誉（约为 94 亿元）与无形资产（约为 103 亿元）占资产总额的比重较高（达到 21.11%），这与企业进行的收购有直接关联。

采用经营主导型发展战略的企业，其业务相对较为集中，横向的跨度不一定很大；而采用投资主导型发展战略的企业，业务跨度既可以较小，也可以较大。

在业务结构影响企业估值的资本市场，投资主导型发展战略的企业如果做得比较成功，其在资本市场上的表现可能更加活跃。

5. 公司治理

公司治理解决的是股东、董事会以及管理层之间的关系问题的。可以这样说，每个企业的公司治理情况都不一样。

你可以这样说：公司治理不是越来越规范吗？

确实，公司治理越来越规范。公司治理中容易规范的往往是程序和形式，但公司治理中看似规范的程序和形式，却可能导致不同企业行政话语权发挥作用的机理显著不同，治理效果也迥然不同。

实际上，除了公司治理中的各种规范和形式以外，在日常经营管理中的行政话语权对公司治理的实际成效影响极大。

那么，在日常经营管理中谁的行政话语权大呢？

不同企业有不同的情形。

有的企业董事长与总裁是同一个人，自己跟自己意见肯定是一致的。这样，企业的治理和日常的管理都集中在一个人身上，这样的人对企业战略执行的影响力极大，对企业治理的效果影响极大。

有的企业董事长与总裁不是同一个人，但都在企业上班。董事长抓治理层面的事，总裁解决日常经营管理的事。这只是工作划分的基本原则。但实际上，具体到每个企业，两个人的分工可能既体现企业发展的历史，也可能体现两个人在企业的影响力。因而在实践中，董事长和总裁之间的分工以及私人关系将决定企业的治理效果。

有的企业董事长与总裁虽然不是同一个人，但董事长不在企业上班。在这种情况下，董事长对企业日常运作的影响就会较小，总裁对企业治理效果的影响将比较大。

企业中具有行政话语权的核心人物的个人素质、阅历、年龄、视野、格局以及综合管理能力等，决定的不仅仅是不同组合状态下的财务数据，还有特定企业的组织文化、人际关系以及组织行为，并最终影响企业的成败及在资本市场上的价值。

有一种常见的公司治理状态——企业皇帝现象。

有的企业家在企业发展的早期，凭着过人的预见性、奉献精神、吃苦精神和管理能力，领导企业不断发展，并最终成为企业领袖。

一路打拼成为企业领袖的企业家，有的很快就具有了洪秀全的特点，我把这类企业家称为"洪秀全式"的企业家。我总结洪秀全的特点是：把早期的成功作为经验和传统不断复制，认为早期的成功一定能够带来未来的成功。"洪秀全式"企业家的特点也是：自信心超强，自认早期的成功一定带来未来的成功。

简单地说，早期的成功为"洪秀全式"企业家奠定了坚实的自信基础和管理原则，并在未来的管理实践中不断复制曾经成功过的管理方法与经营模式。他们自信：自己和企业没有迈不过去的坎儿，在自己的领导下，企业一定能从一个胜利走向另一个胜利。

正是这样强大的心理基础，让企业过去成功了。但是，在"洪秀全式"企业家的管理下，往往是一个人说了算。面对复杂的企业营商环境和市场竞争格局，一个人的管理会越来越吃力。在"洪秀全式"企业家的管理下，企业从胜利走向失败的案例越来越多。

当然，决定企业价值的因素还有很多。本节所讨论的内容是从企业内部所具有的某些特质来展开的。资本市场中企业股份交易价格的确定，不仅仅取决于企业自身的特质，还与资本市场上更多的因素相关联。

第四节 企业财务上可能出现爆雷的区域

不论你是做与某个企业有关的投资决策，还是做与特定交易对象有联系的某些经营决策，如果你做的决策需要持续一段时间才能显现出结果（如购买一个企业的股票，你需要等待时机获得投资收益；如向特定企业以赊销的方式供应货物，你需要在约定的未来某个时间足额收取货款等），你就要尽可能关注这个企业会不会爆雷，如果爆大雷企业还能扛多久等。

在自然界，雷是突然爆发的。在财务上，雷是什么呢？雷就是突然间出现的企业财务困境，包括但不限于企业突然出现的大量资产减损与盈利能力急剧恶化、资金周转不灵、债务违约、官司缠身等。

显然，在财务上出现的雷都会在财务报表上反映出来——一方面，出现雷的资产会质量恶化导致价值减损；另一方面，资产的减损都会导致企业利润下降。

因此，企业在财务上的雷区，主要集中在资产负债表上。

实际上，企业财务上的爆雷，有的是财务造假的结果，有的是长期经营管理不善的结果，有的则是企业重大投资决策的结果。我在本节只讨论可能出现爆雷的主要项目以及爆雷前的迹象，至于爆雷的原因，就不进行讨论了。

企业资产中可能爆雷的项目有货币资金、应收账款、存货、固定资产、无形资产、长期股权投资、商誉，以及在建工程等。

1. 货币资金爆雷

本来，货币资金是最不可能出现爆雷的项目，因为与其他资产项目相比，货币资金具有可核查性，有就是有，没有就是没有。但是，你还要记住：只有想不到的，没有做不到的。

2020年5月13日，中国证监会发布〔2020〕24号行政处罚书（以下简称"处罚书"），对康美药业及相关责任人进行处罚。处罚书认定了这样一个企业财务造假的事实：

> 2016年1月1日至2018年6月30日，康美药业通过财务不记账、虚假记账，伪造、变造大额定期存单或银行对账单，配合营业收入造假伪造销售回款等方式，虚增货币资金。通过上述方式，康美药业《2016年年度报告》虚增货币资金22,548,513,485.42元，占公司披露总资产的41.13%和净资产的76.74%；《2017年年度报告》虚增货币资金29,944,309,821.45元，占公司披露总资产的43.57%和净资产的93.18%；《2018年半年度报告》虚增货币资金36,188,038,359.50元，占公司披露总资产的45.96%和净资产的108.24%。

请注意，企业长期虚增货币资金，导致货币资金突然在某一天爆雷——货币资金没有了。我在这里不讨论造假的手段、原因等，而是要说明一下，如此高额的长时间货币资金虚增，必然导致企业财务报表出现异常情况：纸面上的企业货币资金是不能用的，企业必须在虚增的货币资金以外再进行筹资，这就必然导致企业出现货币资金高、各类借款高、利息费用或财务费用高的情况。在周转不灵的情况下，企业还可能出现债务违约。这些特征在康美药业相关年度的财务数据中都能够看到。

2. 应收账款爆雷

企业在赊销的时候会产生应收账款。正常的赊销，对债务人的偿债能力进行了评估，一般不会产生大规模的坏账（收不回来的债权就是坏账）。但如果企业对赊销对象的偿债能力认知不足，或出现内外勾结掏空企业的违法行为以及为了造成利润表"营业收入"的虚假繁荣而进行虚假销售，就会导致债权最终收不回来而爆雷。

赊销债权质量不高，一般会表现为企业应收账款长期居高不下甚至持续快速增长，在现金流量表上经营活动产生的现金流量净额与核心利润相比往往相对不足，甚至会出现负数。

我们看一下乐视网的相关合并报表财务数据（见表9-3、表9-4和表9-5）。

表 9-3　乐视网合并报表现金流量表 单位：元

项目	2016 年	2015 年	2014 年
营业收入	21,986,878,491	13,016,725,124	6,818,938,622
财务费用	648,027,100	348,979,599	167,915,496
资产减值损失	351,968,232	120,153,303	53,689,255
营业利润	−337,499,261	69,422,833	47,866,453
未减除财务费用和损失前利润	622,496,071	538,555,735	269,471,204
现金流量			
经营活动产生的现金流量净额	−1,068,060,769	875,701,876	234,182,734

表 9-4　乐视网合并报表应收账款情况 单位：元

时间	2018-12-31	2017-12-31	2016-12-31	2015-12-31	2014-12-31	2013-12-31
报表类型	合并报表	合并报表	合并报表	合并报表	合并报表	合并报表
应收账款	1,102,424,978	3,614,408,001	8,685,855,148	3,359,683,070	1,892,606,343	950,248,021

表 9-5　乐视网合并报表坏账损失情况 单位：元

项目	2018 年	2017 年
坏账损失	2,307,374,938	6,093,782,472

上述几个表格里面的内容直接摘自各相关年度报告及其附注，由我整理而成。

企业财报解析：乐视网的应收账款爆雷

如果你看这个企业 2014 年、2015 年和 2016 年连续三年的营业收入，你会发现企业的营业收入增长相当不错。但与此同时，企业的应收账款也出现了大幅度增长的态势。这意味着企业营业收入的获得，相当一部分靠的是赊销。

赊销的结果，就是企业的营业收入增加，货币资金没有相应增加。当然企业货币资金最终是不是由于经营活动而增加的，还要看企业付款的安排。

我们再看一下这几年的利润和经营活动现金流量情况。

由于企业的资产减值损失对营业利润有较大影响，也由于企业有较高的财务费用，我计算了"未减除财务费用和损失前利润"。未减除财务费用和损失前利润等于营业利润加上资产减值损失和财务费用。

未减除财务费用和损失前利润的口径与经营活动产生的现金流量净额应该较为接近。

从企业 2014 年、2015 年和 2016 年连续三年的整体情况来看，未减除财务费用和损失前利润远远大于经营活动产生的现金流量净额。这应该与企业大量赊销有关。

当然，如果未来企业的赊销债权可以顺利回收，企业只是晚一点收回现金，整体上还不至于对企业造成重大影响。

但是，企业在 2017 年和 2018 年，连续两年计提大规模应收账款减值损失（坏账损失），规模达到将近 84 亿元。

应收账款终于爆雷了。

这意味着企业早期的销售要么是虚假销售，要么是销售对象的还款能力太差，企业寻找的交易对象有大量偿债能力不强的单位和个人。

3. 存货爆雷

以生产、存储和销售存货为主要经营活动的企业储存和保有存货，就是为了通过销售来获得毛利并最终获得利润。但是，如果存货存储过多、存货周转不畅，就会出现存货跌价减值问题。如果短时间内集中出现大规模的存货跌价损失，就属于存货爆雷了。

我们看一下康美药业 2020 年度报告中存货的爆雷情况。表 9-6、表 9-7 是该企业 2020 年度合并报表中关于存货的相关信息。

表9-6 康美药业合并资产负债表相关数据　　　　单位：元

时间	账面余额	存货跌价准备 / 合同履约成本减值准备	账面价值
2019 年 12 月 31 日	32,009,048,046.89	600,811,358.64	31,408,236,688.25
2020 年 12 月 31 日	30,111,474,628.22	21,071,311,722.39	9,040,162,905.83

表9-7 康美药业合并利润表相关数据　　　　单位：元

项目	2020 年	2019 年
存货跌价损失及合同履约成本减值损失	20,483,010,416.54	556,349,407.69

企业对计提如此高规模的存货减值损失、出现存货爆雷的原因说明是：

（一）中药材存货跌价准备

本年计提中药材存货跌价准备 1,965,046.47 万元，其中，根茎类计提存货跌价准备 1,352,739.31 万元，矿物类计提跌价准备

22,046.41 万元，滋补类计提跌价准备 590,260.75 万元。

计提的依据说明如下：

第一，数量的确定……

第二，质量确定……

第三，市场价格的确定……

存货减值原因较多，包括公司前期存在存货的管控不善，根茎类和矿物质类存货混杂较多，完全符合《中国药典》规定标准的药材不多，未达药典标准的只能作为药厂提取物用途或日化产品的工业原料；以及经专业机构鉴定和农业专家判断现有的滋补类存货品种与原登记的品种存在差异等。至报告日揭阳公安机关相关案件侦办仍未结束，基于审慎性原则公司将初步评估值作为盘存价值，账面值和评估值的差额，暂作存货减值准备处理。待有关侦办结论出具后，再做相应的处理。

（二）医疗器械存货跌价准备

本年计提医疗器械存货跌价准备 67,002.06 万元，计提的依据如下：

第一，已取得续签经营协议的产品线不计提存货跌价准备。

第二，已经签订回购、处理协议的产品线，按约定赔偿金额的与成本差额计提跌价准备。

第三，代理的进口产品线，国内没有厂家，无法退货的，全额计提跌价准备。

第四，产品线效期一年内全额计提跌价准备，效期一年以上按已经新签订的同类合同约定赔偿比例计提存货跌价准备。

第五，期后已经销售亏损的产品线，计提存货跌价准备。

第六，不合格品库产品全额计提存货跌价准备。

看企业的解释说明，企业对此项工作是高度重视的，也是很认真的。

但问题是：如此高的存货减值处理，如果是正确的话，是不是意味着本年的存货管理太差了？因为短时间内产生如此高规模的资产减损是很不容易的，需要极端低劣的管理质量相配合。极有可能的情况是：这些存货早就出现了减值，如果早期处理，以前年度的财务业绩就会出现大幅度下降或者恶化。

4. 固定资产爆雷

对于很多企业而言，固定资产是其从事生产经营活动的物质技术基础，也是决定企业业务规模的重要条件。当既有固定资产出现重大质量变化或者不能为企业未来的业务发展做出贡献，就要计提减值损失了。

企业如果计提的固定资产减值重大，就属于爆雷的范畴了。

企业出现固定资产减值爆雷，可能反映了两个方面的问题：一是企业面临的外部市场环境出现了重大不利变化，企业不得不对专用性的固定资产进行减值处理；二是企业早期关于固定资产的投资决策出现重大偏差。

上市公司欧菲光 2020 年固定资产计提了巨额减值的减值损失，直接导致企业的营业利润出现亏损。合并报表相关信息见表 9-8。

表 9-8　欧菲光合并报表相关数据

单位：元

项目	2020 年	2019 年
资产减值损失	−2,713,423,068.86	−337,232,340.00
其中：固定资产减值损失	−2,386,755,491.96	−31,892,837.02
营业利润	−1,731,374,049.21	657,009,839.45

显然，企业的固定资产减值损失如果不是巨额的话，2020 年的营业利润还会是正数。

企业对此的解释是：

467

公司于 2021 年 3 月 12 日收到境外特定客户（以下简称"特定客户"）的通知，特定客户计划终止与公司及其子公司的采购关系，后续公司将不再从特定客户取得现有业务订单。

因该突发情况，相关资产减值测试的假设发生重大变化，公司第一时间披露相关风险提示，紧急启动相关资产的评估工作，对相关资产进行全面清查，重新估计相关资产的可收回金额，进行减值测试。

请注意，按照企业的解释，此次巨额减值损失的处理具有不可抗力的色彩，并不属于企业在固定资产方面的重大投资决策失误。

但是，企业对固定资产的减值处理，意味着企业这部分固定资产的专用性较强。在这部分固定资产未来不再发挥效应的条件下，企业的业务结构、业务规模均会出现变化。这种业务结构和规模的变化如果够大，将会对企业未来的业务规模及效益产生重大影响。

5. 无形资产爆雷

企业的无形资产来自三个途径。

一是企业从外部购入的与生产经营活动有关的无形资产，如土地使用权、专利权、专营权等；二是自己开发、建设形成的无形资产，如非专利技术和系统软件等；三是因新增并购的子公司而合并进来的、按照公允价值评估增值后的无形资产。

当企业无形资产预期不再发挥相应作用时，企业就要对无形资产进行减值处理。如果无形资产减值重大，就属于无形资产爆雷了。

无形资产爆雷，预示着企业在无形资产决策、管理以及市场能力等方面可能遇到了重大挫折，企业未来前景面临重大风险。

我们看一下乐视网财报数据中与无形资产有关的相关信息（见表 9–9 ）。

表9-9 乐视网无形资产相关数据

单位：元

时间	2018-12-31	2017-12-31	2016-12-31	2015-12-31	2014-12-31	2013-12-31
报告期	年报	年报	年报	年报	年报	年报
报表类型	合并报表	合并报表	合并报表	合并报表	合并报表	合并报表
资产信息：						
固定资产	344,541,504	546,878,881	1,140,315,635	629,348,190	343,015,085	179,456,278
无形资产	382,000,000	4,567,035,178	6,882,018,054	4,879,832,446	3,338,541,906	2,641,514,257
开发支出		148,085,237	696,578,155	424,155,255	388,056,049	65,931,647
现金流量信息：						
购建固定资产、无形资产和其他长期资产支付的现金	221,116,402	2,611,446,833	5,469,946,152	2,809,349,737	1,273,869,838	906,831,359
利润表信息：						
营业收入	1,557,777,927	7,025,215,802	21,950,951,410	13,016,725,124	6,818,938,622	2,361,244,731
资产减值损失	5,035,393,848	10,881,535,092	351,968,232	120,153,303	53,689,255	27,769,540
无形资产减值损失	2,538,530,320.08	3,279,940,099.37	略	略	略	略
坏账损失	2,307,374,938.51	6,093,782,472.83	略	略	略	略

469

企业财报解析：乐视网无形资产爆雷

我这里收录的是该公司从 2013 年到 2018 年的数据。

从现金流量表的信息可以看到，在 2013 年至 2017 年间，企业在购建固定资产和无形资产等方面持续进行了投资。这种非流动经营资产的投资一般不属于日常经营层面的管理范畴，而应该属于企业的重大投资决策范畴——企业做出这样的决策并积极实施，一定是希望通过购建固定资产和无形资产等支出来强化企业的生产经营能力，扩大市场规模及经营竞争力。

那么，企业的购建固定资产和无形资产等方面的支出形成了什么了呢？这些资产后来的价值和命运又是怎样的呢？

先看一下企业购建固定资产和无形资产等方面的支出与非流动资产的结构和规模变化之间的内在联系。

虽然在此期间企业的固定资产、开发支出也有所增加（2017 年以后的减少应该与企业对资产进行减值或摊销处理有关），但增加最大的是无形资产，且无形资产的规模显著高于固定资产的规模——这应该与企业所从事的经营活动的特征直接相关。

这种增加所体现出来的战略结果是：企业通过持续不断的固定资产、无形资产和开发支出的增加极大地强化了自己的业务能力，已经形成了至少在账面上看来实力越来越强的固定资产、无形资产和开发支出资产。

在营业收入方面，企业在 2013 年至 2016 年间表现也非常突出——营业收入持续走高。看来，企业在这一时期的强化固定资产、无形资产建设取得了实实在在的成效。

但是，如果把目光投向 2017 年至 2018 年，你就会发现，企业前几年的繁荣在很大程度上是不实的——企业除了花出去钱这件事是真的，至于购买了什么对企业有价值的所谓符合企业经营特点与行业特征的无形资产、取得了多少持续增长的营业收入等，都是存疑的——在2017年至2018年营业收入断崖式下跌、无形资产计提巨额减值、应收账款计提巨额坏账损失的数据面前都成了故事和笑话（计提巨额无形资产减值损失意味着企业购买的大都是不能对业务提供有效支撑的所谓"资产"，计提应收账款等债权减值损失意味着企业早前的销售债权大都收不回来，虚假销售的色彩浓重）。

企业无形资产的爆雷，预示着企业的经营能力出现重大逆转性变化、决策管理体制很难被信任，也预示着企业存在着巨大的风险——企业从战略决策到日常经营管理都难以继续推动企业按照早期声称的所谓战略去发展了。

6. 长期股权投资爆雷

按照母公司持股的具体情况，母公司长期股权投资分为控制性投资和非控制性投资。其中，控制性投资在合并报表编制过程中将会分解为被投资者的个别资产和商誉以及负债，然后并入合并资产负债表，非控制性投资将直接与子公司和孙公司的相同项目相加，形成合并报表中的长期股权投资。

合并报表中的非控制性长期股权投资也具有战略意义：这些投资要么可以持续为企业带来持有期间的投资收益，要么未来投资方通过增持股份的方式将其变成自己的子公司，从而拓展新的业务和盈利点。

当长期股权投资出现重大减值损失的时候，企业就应该是爆雷了。

从合并报表的情况看，一般情况下长期股权投资占资产总额的比重不会特别高。因此，一般情况下即使个别长期股权投资项目自身出现重大价值减损，也不会对企业造成全局性冲击——这类长期股权投资风险一般不是致命性的。需要注意的是，有的时候，虽然长期股权投资爆雷不至于对企业支持的生产经营系统产生不利影响，但可能对利润表的盈利状况产生颠覆性影响。

下面我们看一个企业长期股权投资爆雷的情况（见表9-10）。

表9-10　宋城演艺2020年度合并报表相关数据　　　　单位：元

项目	2020年12月31日	2019年12月31日
长期股权投资	1,534,539,625.11	3,468,596,165.08
资产总计	9,195,342,831.06	11,041,076,933.58
利润表部分项目		
营业收入	902,586,125.63	2,611,753,208.86
资产减值损失	−1,877,720,155.72	−17,425,960.27
其中：长期股权投资减值损失	−1,861,297,284.90	0
营业利润	−1,699,345,206.60	1,725,575,244.16

企业财报解析：宋城演艺长期股权投资爆雷

企业对计提巨额长期股权投资减值的说明是：

2020年11月，北京花房科技有限公司（原名：北京六间房科技有限公司）注册资本由5,000万元人民币增加至5,333.33万元人民币，公司持有北京花房科技有限公司投资比例由39.53%被动稀释至37.06%，仍采用权益法核算，公司按照新的持股比例确认应享有的北京花房科技有限公司因增资扩股而增加净资产的份额与应结转持股比例下降部分所对应的长期股权投资账面价值之间的差额−97,391,766.67元计入资本公积；本期因被投资单位北京花房科技有限公司除净损益外所有者权益其他变动调整长期股权投资的账面价值 29,989,479.82 元。

因公司持有的股权在 2020 年 11 月 10 日被动稀释，根据 2020 年 11 月 13 日证监会发布的《监管规则适用指引——会计类第 1 号》的要求规定，采用权益法核算的长期股权投资，若因股权被动稀释而使得投资方产生损失，投资方首先应将产生股权稀释损失作为股权投资发生减值的迹象之一，对该笔股权投资进行减值测试。若发生减值，应先对该笔股权投资确认减值损失，再计算股权稀释产生的影响。公司会计处理采用了《监管规则适用指引——会计类第 1 号》，聘请中联资产评估集团有限公司除对公司基准日为 2020 年 12 月 31 日的长期股权投资进行减值测试评估的基础上，追加对公司基准日为 2020 年 11 月 30 日（股权稀释报表日）的长期股权投资进行减值测试评估。

根据公司聘请的中联资产评估集团有限公司出具的《宋城演艺发展股份有限公司拟对持有的长期股权投资进行减值测试涉及的北京花房科技有限公司可收回金额资产评估项目的资产评估报告》（中联评报字〔2021〕第 1076 号）的评估结果，截至 2020 年 11 月 30 日，北京花房科技有限公司股东全部权益价值为 3,993,000,000.00 元，按照投资比例计算长期股权投资的可收回金额为 1,578,432,900.00 元，低于长期股权投资的账面价值 3,439,730,184.90 元，按其差额计提减值准备 1,861,297,284.90 元。

根据公司聘请中联资产评估集团有限公司截至 2020 年 12 月 31 日的长期股权投资减值测试的评估结果（中联评报字〔2021〕第 1075 号），经过测试，公司长期股权投资可收回金额并未低于已计提长期股权投资减值后的账面价值。

无论是从对资产负债表还是对利润表来看，宋城演艺 2020 年度报告中长期股权投资的爆雷都影响重大。但从重大性来看，企业在 2020

年的长期股权投资减值对资产的冲击相对较小——对经营资产没有影响，对资产总额的影响也不能说是根本性冲击；对利润表的冲击则非常大——直接让企业的营业利润从上一年的盈利变为 2020 年的巨亏（如果不是此项减值计提，企业在疫情冲击下仍然可能实现正数的营业利润）。

从企业的解释来看，此次爆雷既无辜又被动——是由于被投资企业增加实收资本而被稀释的。但是，从常识来看，一个能吸引新的投资的企业，其价值似乎不应该出现即刻的重大减损。仅仅由于有人或机构向被投资者进行了投资，被投资者价值就立即出现了重大减值，这种减值如果处理正确，只能说明被投资企业价值早就减损了。

请持续关注这个企业后续的财务状况的演变。

---

7. 商誉爆雷

商誉的存在，是由于企业收购了相关的子公司。被收购子公司在不能按照收购方收购时的预期贡献未来业绩的情况下，价值出现减损，这时，相关商誉就要进行减值处理。当商誉减值规模较大的时候，商誉就爆雷了。

与个别资产爆雷在很大程度上反映了个别资产的质量（或者由于管理质量或者由于决策质量等）出现严重下滑不同，商誉爆雷意味着被收购企业在整体质量上的大幅度下滑。这反映出企业收购决策出现了重大失误。

关于商誉的问题，本书前面已经做过一些讨论。商誉爆雷的案例在这里就不再进行讨论了。

到现在为止，我在本节对企业财务报表中可能出现爆雷的区域进行了讨论。这些讨论是聚焦在资产区域的，你可以看到，主要资产区域也可能爆雷。

你可能还听说过其他方面的爆雷。比如企业由于债务违约爆雷，企业由于业务急剧下滑爆雷，等等。

实际上，从资产负债表、利润表的对应关系，你就应该体会到：这些爆雷都与资产爆雷有关——当企业资产质量下降、周转和盈利能力都下降的时候，还有能力进行债务清偿吗？当资产质量恶化到一定程度的时候，债务必然难以清偿，企业再融资能力一定会急剧下降。这时债务违约爆雷就是必然的了。过去一段时间出现的房地产开发企业债务违约爆雷的基础大都是这些企业积累的开发楼盘（存货）周转不动、市场萎靡、再融资能力不复存在，根子还是资产质量。

同样道理，我在本节谈到了乐视网的爆雷问题，两点都聚焦在资产方面，但无形资产与应收账款这两个项目是重要的企业经营资产，最重要的经营资产爆雷了，企业的营业收入断崖式下跌爆雷就是正常的了——企业 2017 年、2018 年营业收入下降恰恰与资产爆雷相呼应。

所以，对特定企业资产规模和结构变化予以高度关注，并结合利润表和现金流量表进行综合考察，你就能够对企业在财务上的爆雷具有预判能力。

收获总结
Conclusion

到现在为止，你已经把本书的内容都学完了。

你如果真的认真学习了，收获就会很大。

我不可能把你的全部收获都总结出来，只能把你可能获得的最重要学习收获进行总结。你可以通过我的总结来检验自己的学习质量。

总结一下，你通过学习本书获得了哪些收获。

第一，你对财务报表不再陌生。

如果认真学习下来，现在的你将对下面这些术语或者词汇不再陌生了：资产负债表、利润表、现金流量表。

一提到资产负债表，你的脑海里可能马上想到两个字"底子"——与利润表表达为"面子"、现金流量表表达为"日子"一样，都是我的原创。除此之外，你还对资产负债表的结构与企业发展战略、资产负债表的资产结构与营业利润结构的对应关系非常清楚了。

你还会对企业的资产负债率、流动资产与流动负债的关系有了财务比率以外的认识。

看到利润表，你不会仅仅关注营业收入、净利润的成长性，而且会对营业利润的"三支柱""两搅局"，营业收入的结构与企业战略，毛利率、销售费用率以及研发费用率之间的系统关系产生浓厚兴趣；你还可能已经养成了习惯，在以一个特定企业历史财务数据为基础展望未来的时候，结合企业的资源储备和基础设施的能力建设、所在行业的竞争环境、企业竞争地位的变化以及政策环境的变化等进行综合分析。你还会自觉将企业利润表所展示的核心利润（加上其他收益）与现金流量表中经营活动产生的现金流量净额相结合来考察企业核心利润的质量。

你已经会区分盈利与赚钱的根本差异了：企业的盈利问题，要去看利润表；赚钱问题，要去看现金流量表。

你可以直接在现金流量表中将企业的两个赚钱点给"揪"出来，一个是经营活动产生的现金流量净额，一个是取得投资收益收到的现金。

当然，现金流量表里面的有用信息还不止这些。

投资活动现金流出量尤其是购建固定资产、无形资产和其他长期资产支付的现金所反映出来的企业发展和业务扩张意图具有很强的战略含义。但如果企业这部分现金流出量在一段时期一直非常多，而同时期的营业收入变化不大，或者投资流出量多，营业收入增加不多甚至核心利润倾向于亏损，则投资现金流出的"雷声大"与利润表的"雨点小"的反差可能预示着企业蕴含着较大的风险——企业搞基建、搞筹资能力强，面向市场参与竞争的能力弱，或者说企业圈钱搞基建的能力强，挣钱的能力差。

你现在可能已经习惯于质疑了：为什么企业自由现金流很充分，还要大肆、全方位（发行股票、借款、发行债券等）去融资呢？也就是说，为什么企业挺能赚钱、不太能花钱，还要到处去圈钱呢？真的是为了什么所谓的战略吗？

除此之外，我还讲到了审计报告与企业风险评估之间的关系。最简单地说，标准无保留意见审计报告可能意味着企业财务风险相对较小，财务信息质量相对较高，当然关键审计事项还是提醒了关键风险区域；其他类型的审计意见都预示着企业存在或多或少的风险，审计报告越长，企业风险可能越大，财务信息质量可能就越差。

第二，你掌握了有价值的财报分析方法。

本书明确将杜邦分析体系和战略视角财报分析框架作为中国财报分析的两大工具。

概括一下：杜邦分析体系的核心是比率分析，而战略视角财报分析框架更多的是项目之间的关联分析，我在分析的指向上是用战略来引领的。

毋庸置疑，杜邦分析体系是非常有价值的。在我看来，杜邦分析体系的价值不仅仅在于通过财务比率的变化对企业发展的健康状况进行分析和评价，更在于杜邦分析体系的基本财务比率计算把我们的注意力引导到了需要关注的重要方面。

比如，当一个企业的总资产周转率较低或者变慢的时候，你将被引导到从两个方面进行分析。第一，从资产结构入手进行分析：从资产结构中经营资产与非经营资产的数量对比考察企业在实施什么战略——企业到底有多少资产在从事经营活动；或从经营资产的结构关系考察企业资产配置的成效——在资产结构中经营资产占据主导地位的情况下，经营资产自身的结构是否失衡。第二，从对企业提供产品或者服务的能力和企业竞争地位入手进行分析：企业的业务结构及其变化与企业确立的战略之间是否吻合？企业的营销策略、研发策略乃至用人是否存在失当之处？等等。

学到现在，你是不是已经对杜邦分析体系的价值有了新的体会？对杜邦分析体系的这种运用意识，是你学习本书的一大收获。

你学习本书更大、更有价值的收获是后续内容。恰恰是合并报表分析问题，让企业的战略与财报紧紧结合起来了。

杜邦分析是有价值的，但分析中国企业财报必须解决的问题是：怎样解决合并报表的分析问题，怎样揭示合并报表与母公司报表之间的差异？

战略视角财报分析框架就是从揭示母公司报表的战略信息开始的。

还记得吗？把母公司资产划分为经营资产和投资资产（先剔除货币资金），并按照经营资产与投资资产的权重将母公司的发展战略阐释为三种类型——经营主导型、投资主导型和经营投资并重型。这一划分直接将资产结构与企业发展战略联系起来，并把合并资产与母公司资产之间的差额解释为控制性投资的资产扩张效果。

还记得资产负债表右边的结构与企业的什么战略相关联吗？对，就是引资战略。

在对资产负债表右边进行引资战略分析的基础上，你更应该记住的是企业负债和股东权益的结构中对企业"输血"和"造血"能力的揭示。如果你看到一个企业的本事就是不断发行股票融资、举借各种债务融资，然后大搞基建、大肆购买不能对企业业务发展有实质性贡献的企业，在你不能改变它的时候，你只能离它远点。

你还别说，中国资本市场里这种长于输血、弱于造血的企业还不是一两个。

你如果是个投资者，这个收获对你尤其重要。

至于母公司与子公司之间的资金管理、债务融资管理以及货币资金管理的分析，对从财务数据透视企业管理特征至关重要。

还有企业的竞争力、风险方面与发现雷区等方面的分析。这些内容，能让你把好的企业挑出来。

其他内容我就不一一总结了。

第三，你深化了对企业投资价值的认识。

本书并没有对如何通过财报信息进行股票遴选展开讨论，而是聚焦怎样去看待影响企业投资价值确定的一些关键要素，比如公允价值评估中的问题、商誉确认问题、业绩承诺与企业持续发展问题以及买方的交易目的等。

本书的讲解是要告诉大家：企业价值的确定是动态的、多因素共同决定的。

第四，熟练的财报分析，你需要进一步提高。

前面谈到的几点，应该至少能够让你能想起来，也能串起来。

那么，你现在是一个什么样的状态呢？

你可能是这样的状态：

第一，通过反复学习，你能够跟上我在本书中阐释内容的进度。也就是说，你能够跟着我的节奏和进度，一步一步地完成本书的学习。除了一般知识性的概念、会计处理中与报表有关的内容你可以通过网络来学习，相信本书的大部分内容你都能够理解。

第二，对本书大部分内容你是赞成的，甚至是感同身受的，更有可能思维已经开始发生变化。我特别强调对企业财报数据背后的管理逻辑、数字背后的多维度和多角度的形成原因的分析，希望学习者在思维和视野上能够跳开财报数据来看管理。如果你是一个单位的领导，你可能原来在看你们单位费用的时候，总是希望财务部门来告诉你，企业的费用怎么那么高、利润怎么这么低，等等——通过别人来告诉你，你可能没有想过财务报表里面有你的影子。

通过本书的学习，你可能会主动地把自己的管理行为跟企业的财务报表融在一起了：我的这种行为将导致这个地方有问题，那种管理行为将导致另外的问题出现。比如说，你主导的研发组织问题——研发活动所聘用的研发人员的实力与企业的战略目标一致吗？你的研发人员薪酬和激励制度有竞争力吗？你的研发投入与产品结构和毛利率的关联度较差是什么原因？等等。

又比如，你单位的营销组织问题——销售费用与营业收入之间的关联度是不是恰当？销售费用的结构与同行业企业之间的差异意味着什么？本单位毛利率和营业收入保持理想水平的原因是什么——是研发投入、营销有效性还是品牌影响力，或是少数几个因素的综合？

第三，遇到新企业的财报，你可以看懂，可以分析，但不敢给出结论。遇到新的企业财报，你在用本书学习的方法分析后，不敢得出结论。

这很正常。为什么呢？因为你练得少。也就是说，你现在是看我在书中讲得很明白，自己分析起来却没那么明白。

怎么办呢？

一个关键词：实践。如果自己不去实践，看再多的书也不会有什么大的收获。你可以找几个比较熟悉的企业过去几年的年度报告，先看一下企业各个年度的财务报表，自己先行分析；再去看相关年度企业年报前面部分的文字，对照一下。你一定会发现，你的财报分析对企业所谈的文字内容要么是验证，要么是否定。

不论是验证还是否定，对你来说都是进步。你可以请你身边曾经听过我的课、看过我的书的人帮你看一下，你的分析是不是有道理。记住：千万别找从来没看过我的书、没听过我的课的专家来给你把关。

实践多了，你的自信心就会越来越足。

参考文献

［1］张新民 . 火眼金睛读财报 . 天津：天津科学技术出版社，2022.

［2］张新民 . 从报表看企业（第 4 版）. 北京：中国人民大学出版社，
　　2021.

［3］各相关上市公司发布的年度报告及相关公告。